Al corriente

Cuarta edición

Curso intermedio de español

Robert J. Blake
University of California, Davis

María Victoria González Pagani
University of California, Santa Cruz

Alicia Ramos
Hunter College

Martha A. Marks

Boston   Burr Ridge, IL   Dubuque, IA   Madison, WI   New York   San Francisco   St. Louis
Bangkok   Bogotá   Caracas   Kuala Lumpur   Lisbon   London   Madrid   Mexico City
Milan   Montreal   New Delhi   Santiago   Seoul   Singapore   Sydney   Taipei   Toronto

D0163736

McGraw-Hill Higher Education

A Division of The McGraw-Hill Companies

This is an  book.

Al corriente
Curso intermedio de español

Published by McGraw-Hill, an imprint of The McGraw-Hill Companies, Inc., 1221 Avenue of the Americas, New York, NY 10020. Copyright © 2003, 1998, 1993, 1989, by The McGraw-Hill Companies, Inc. All rights reserved. No part of this publication may be reproduced or distributed in any form or by any means, or stored in a database or retrieval system, without the prior written consent of The McGraw-Hill Companies, Inc., including, but not limited to, in any network or other electronic storage or transmission, or broadcast for distance learning.

Some ancillaries, including electronic and print components, may not be available to customers outside the United States.

This book is printed on acid-free paper.

1 2 3 4 5 6 7 8 9 0 DOC DOC 0 9 8 7 6 5 4 3 2

ISBN 0-07-249640-1 (Student Edition)
ISBN 0-07-252825-7 (Instructor's' Edition)

Editor-in-chief: *Thalia Dorwick*
Publisher: *William R. Glass*
Sponsoring editor: *Christa Harris*
Developmental editors: *Danielle Havens and Pennie Nichols-Alem*
Senior marketing manager: *Nick Agnew*
Editorial assistant: *Jennifer Chow*
Project manager: *David Sutton*
Production supervisor: *Rich DeVitto*
Art director: *Jeanne Schreiber*
Designer: *Sharon Spurlock*
Interior design: *Andrew Ogus*
Photo research coordinator: *Alexandra Ambrose*
Compositor: *TechBooks*
Typeface: *10/12 Palatino*
Printer: *RR Donnelley*
Cover illustration: *The Book of Memory*, (1996) by Pérez Celis. Mixed Media on Canvas, 74 x 78", Miami.

Because this page cannot legibly accomodate all the copyright notices, page 425 constitutes an extension of this copyright page.

Library of Congress Cataloging-in-Publication Data

Blake, Robert J., 1951-
  Al corriente : curo intermedio de español / Robert J. Blake, Alicia Ramos, Martha A. Marks.--4. ed.
    p. cm.
  "This is an EBI book"--CIP t.p. verso.
  Includes index.
  ISBN 0-07-249640-1 (alk. paper) -- ISBN 0-07-252825-7 (alk. paper)
    1. Spanish language--Textbooks for foreign speakers--English. I. Ramos, Rosa Alicia.
  II. Marks, Martha. III. Title.

PC4129.E5 B53 2002
468.2'421--dc21   2002033757

http://www.mhhe.com

Contents

UNIDAD III

Los hispanos que viven en los Estados Unidos   165

Capítulo 7   166

Capítulo 8   188

Preface

Welcome to the Fourth Edition of *Al corriente*, a complete program for intermediate college Spanish. Aimed at building students' proficiency in all four language skills (reading, writing, listening, and speaking), *Al corriente* is a comprehensive, communication-oriented text that offers your students fascinating insights into the people, cultures, and societies of contemporary Spain and Latin America through engaging readings, listening passages, and the Internet.

The *Al corriente* Program

Al corriente consists of a main text and a combined workbook / laboratory manual (*Cuaderno de ejercicios escritos / Manual de laboratorio*). Through the readings and Internet activities in the main text and the listening passages in the *Cuaderno*, students not only improve their comprehension of Spanish but also encounter a wealth of information about the ideas, interests, and values of Hispanic people. Task-based activities in the main text and *Cuaderno* help students use their critical thinking skills to interpret this information and provide them with guided opportunities for speaking, listening, reading, and writing. Vocabulary practice and a systematic review of Spanish grammatical structures supports the functional and communicative goals of the text. Readings and up-to-date Web pages capture the dynamism of contemporary Hispanic cultures and involve students in communicative activities that enhance their linguistic abilities, while affording them a greater understanding of the peoples whose language they are learning.

One of the main goals of *Al corriente* is to help students improve their ability to read and comprehend authentic Spanish language texts. To this end, students work with readings, Web pages, and visuals that convey impressions of life in Spain, Latin America, and the United States as seen through the eyes of Hispanic writers, journalists, artists, and commercial advertisers. The readings in *Al corriente* come from a wide variety of sources: newspaper and magazine articles, interviews, essays, short stories, and poems. Web pages, cartoons, maps, and advertisements round out the presentation of the contemporary Spanish-speaking world. In offering this wide array of materials, our intention is not so much to present a complete overview of the Hispanic cultures as to bridge the gap between English-speaking students and the Spanish-speaking world.

In keeping with the emphasis on authenticity, no reading material appears in translation, nor has any been adapted, simplified, or standardized except to correct occasional grammatical or typographical errors. Some reading selections appear in their entirety, whereas others have been excerpted for reasons of interest or length.

By integrating the content of culturally rich Web pages from around the Spanish-speaking world into the main text, *Al corriente* gives students a modern, hypertextual reading environment, an electronically enhanced window on the Spanish-speaking world that encourages them to explore related Spanish-language Web sites. Students read, reflect on, and write about the topics of these Web pages as part of their regular class assignments. Although these activities can be completed successfully without directly accessing the Internet, students are encouraged to explore additional topics and guided activities via the *Al corriente* Web page.

Hallmarks of the *Al corriente* Program

Among the favorite features and characteristics of the *Al corriente* program are the following, which instructors and students alike will find in the Fourth Edition:

❋ Authentic readings representing a variety of genres: journalistic readings, interviews, first-person accounts, poems, short stories, and essays are among the genres represented.

❋ Activities that encourage collaboration and interaction among students: Most activities are designed for small groups or pairs, and require students to listen attentively and respond thoughtfully in order to draw conclusions or make statements.

❋ A variety of tasks based on real-life or imaginary situations: The former allows students to practice Spanish in scenes that are reflective of their own life, whereas the latter taps student creativity, provides an avenue into the target culture, or encourages greater insight into the reading.

New to the Fourth Edition

In response to the extensive input from instructors and students around the country, we have made the following enhancements to the Fourth Edition of *Al corriente:*

❋ The **Al corriente** section of each chapter has been extensively revised. Containing activities and readings based on Web pages from the Spanish-speaking world, this section can be used with or without direct Web access. The Web site for *Al corriente* is located at

www.mhhe.com/alcorriente

In the Fourth Edition of *Al corriente*, students and instructors will find the following changes in the **Al corriente** sections of every chapter:

❋ A wide variety of exciting, new readings reflecting high-interest, chapter theme–related topics. The new readings include Web articles from a variety of sources. Instructors and students will find new readings on child labor issues, dictatorship and democracy, freedom of the press, Hispanic rock music, multiculturalism in Spain, pre-Colombian civilizations, the role of art in society, and much more.

❋ A new structure and new activities accompany the exciting new Web readings. Every **Al corriente** section of the textbook has the following structure:

❋ **¡A leer!** Following a brief introduction, a high-interest, contemporary reading provides the content for the **Al corriente** section. This authentic reading, glossed as appropriate, relates directly to the chapter theme and content.

❋ **Comprendamos** As the first task following the reading, this activity focuses on the reading itself and aids students in understanding its content.

❋ **Relacionemos** This activity is designed to relate what students have read and learned in the **¡A leer!** and **Comprendamos** sections to a broader view of the topic.

❋ **¡A investigar!** This activity invites students to research a related topic, using the Internet or more traditional research methods. To assist students with Internet research, a **Palabras clave** box includes key terms appropriate for Internet searching.

❋ **¡A escribir!** This writing activity invites students to further develop a topic explored in **¡A investigar!**

❋ **¡A presentar!** This final culminating activity requires students to use what they have learned and researched in the **Al corriente** section of the chapter to prepare a presentation for the class.

These exciting changes to the **Al corriente** sections of the textbook are further enhanced on the *Al corriente* Web site: a variety of additional activities expand upon what students read, investigate, and learn in the corresponding textbook section, thus providing even more resources and activities based on the Web pages highlighted in the textbook.

❋ Readings in the textbook have also been updated to reflect current themes and interests. New readings include:

  ❋ «Familia y jefatura de hogar», a reading about the composition of the comtemporary Latin American family.

  ❋ «El Premio Nobel», by Rigoberta Menchú, in which the author relates what being a hero means to her.

  ❋ «El mejor premio es mi familia», an interview with Carlos Santana in which he explains the importance of family.

  ❋ «Toledo y El Greco», a fascinating reading about this master of Spanish art and the city most closely associated with him.

Organization of *Al corriente*

Al corriente consists of a preliminary chapter followed by five thematic units of three chapters each. The **Capítulo preliminar** offers a variety of visually based activities designed to reacquaint students with speaking Spanish, help them remember what they learned in previous courses, and encourage them to begin working with one another. It contains some basic reading strategies, as well as a concise review of the basic elements of Spanish grammar. Short input activities, included throughout the grammar presentations to aid recall without requiring production, are followed by a variety of communicative activities. Form-focused practice appears in the corresponding section of the *Cuaderno*.

The opening section of each unit introduces the themes and functions of the unit and provides a photograph, along with a brief text, designed to spark students' interest, activate their background knowledge, and help them anticipate the content of the three chapters of the unit. Each chapter has five main sections: **¡Hablemos un poco!, Lectura,**

Gramática en contexto, Español en acción, and **Al corriente.**

❋ **¡Hablemos un poco!**
This opening section presents the chapter's thematic vocabulary through visuals (drawings, realia, and photographs) and activities that give students the opportunity to practice the chapter vocabulary in personalized, communicative settings. It also sets the stage for the reading and grammar activities that follow.

❋ **Lectura**
Each **Lectura** section consists of a reading and, to aid students in reading authentic materials with greater comprehension and enjoyment, prereading strategies and activities. Postreading activities verify students' comprehension of the reading and help them relate what they have just read to their own experience.

❋ **Acercándonos a la lectura** provides background information on the reading and its author, as well as clues about the context and content of the reading.

❋ **Vocabulario para leer** presents a list of key vocabulary, along with brief activities to help students activate the vocabulary. (The **Vocabulario del tema** in the **¡Hablemos un poco!** and the **Vocabulario para leer** together constitute the active vocabulary for the chapter.)

❋ **Comentarios preliminares** provides an avenue to the readings through communicative activities based on the theme of the reading and designed to reinforce the chapter vocabulary.

❋ **Estrategias para leer** presents useful reading strategies. It is followed by **Estrategias en acción,** a set of activities that helps students implement those reading strategies.

❋ **¿Cuánto recuerda Ud.?** offers guided comprehension activities.

❋ **¿Qué se imagina Ud.?** gives students the opportunity to discuss and express their own opinions about topics raised in the readings and to take part in dramatizations, role-plays, and other creative activities derived from situations and contexts in the readings.

❋ **Gramática en contexto**
The structures presented in this section are largely derived from those found in the chapter's readings. Grammar explanations in English make it possible for students to work through the structures on their own, saving valuable class time for communicative practice. Realia and visuals are incorporated into the activities whenever possible.

❋ **Español en acción**
Combining both grammar and thematic vocabulary within interactive activities, **Español en acción** gives students an opportunity to use what they have just learned in a more personalized and creative manner.

❋ **Al corriente**
Completely revised, this six-part section offers students a fully integrated use of Web materials in the context of an intermediate-level Spanish textbook.

For more detail on these sections, please refer to the earlier description of the **Al corriente** section found in this preface.

Program Components

Al corriente, Fourth Edition, includes the following components, designed to complement your instruction and to enhance your students' learning experience. Please contact your local McGraw-Hill sales representative for information on the availability and cost of these materials.

Available to adopters and to students:

❋ *Student edition.* (See Organization of *Al corriente* section of this preface.)

❋ *Cuaderno de ejercicios escritos / Manual de laboratorio.* This combined workbook and laboratory manual, coordinated thematically with the chapters of the main text, offers guided, form-focused grammar and vocabulary exercises—many realia-based—that supplement the interactive activities in the student text and are ideal for at-home study. Answers to the grammar exercises can be found in the back of the *Cuaderno* for students to check their own work. The lab portion of the *Cuaderno* develops productive and receptive skills with discrete-item practice as well as with discourse-level listening comprehension passages related to the themes, vocabulary, and grammatical structures of the main text.

❋ *Audio CD Program to accompany Al corriente.* Corresponding to the laboratory portion of the *Cuaderno,* the *Audio CD Program* contains all of the recorded materials for review of vocabulary and grammatical structures, passages for extensive and intensive listening practice, and guided pronunciation practice.

❋ *The Al corriente Web page.* Located at **http://www.mhhe.com/alcorriente**, this Web site expands on the activities in the **Al corriente** section of the main text.

❋ *MHELT (McGraw-Hill Electronic Language Tutor).* This dual platform computer program includes a broad selection of the form-focused grammar and vocabulary activities found in *Al corriente,* Fourth Edition.

Available to adopters only:

❋ *Instructor's Edition.* This special edition of the main text contains on-page annotations with helpful hints and suggestions for introducing the chapter topics, presenting vocabulary, working with the readings, explaining grammatical concepts, and implementing the activities. Additional cultural information on the readings and realia is also provided in the notes.

❋ *Instructor's Manual / Test Bank.* Revised for the Fourth Edition, this handy manual offers theoretical and methodological guidance in teaching for proficiency and for getting the most out of the *Al corriente program.* It also contains guidelines for developing exams consistent with proficiency-oriented instruction, sample chapter quizzes and unit tests, and an Answer Key for the form-focused exercises in the main text.

- *Audioscript*. This is a complete transcript of the material recorded in the *Audio CD Program to accompany Al corriente*.
- *Instructional videos.* A variety of videotapes is available to instructors who wish to offer their students additional perspectives on the Spanish language and Hispanic cultures and civilizations. A list of videos is available through your local McGraw-Hill sales representative.

Acknowledgments

We wish to acknowledge the help of many people, without whom this edition of *Al corriente* would not have been possible. The following instructors graciously participated in various surveys and reviews that were indispensible in the development of *Al corriente*. The appearance of their names does not necessarily constitute an endorsement of the text or its methodology.

Enrica Ardemagni, Indiana University–Purdue University, Indianapolis
Diana R. Baéz, Fisher College
Elizabeth Dawn Boretz, Eastern Oregon University
Les Ford, Graceland College
Edgar Gutiérrez, Orange County Community College
Mary Ellen Kiddle, Boston College
Lizette Mujica Laughlin, University of South Carolina
Suzanne La Venture, Davidson County Community College
Karin Nelson Meyer, Canisius College
Mercedes C. Obando, Elmira College
Elizabeth Page Vrooman, University of Northern Colorado
Daniel Paniagua, McLennan Community College
Daniel Skidmore, Miami University

We also wish to thank the many authors, artists, publishers, and corporations who have permitted us to reproduce their works.

Many other individuals deserve our gratitude. We are especially grateful to Laura Chastain who, as the native reader of all four editions, edited the language for authenticity, style, and consistency, and to Danielle Havens and Pennie Nichols-Alem, who edited the manuscript and were an absolute joy to work with. We also wish to acknowledge Jennifer Chow for her invaluable assistance, and the editing, production, and design team at McGraw-Hill: Melissa Williams, Rich Devitto, Alexandra Ambrose, David Sutton, Jeanne Schreiber, and Sharon Spurlock. Nick Agnew, Rachel Amparo, and the marketing and sales staff of McGraw-Hill are much appreciated for their loyal support of *Al corriente* through its four editions. Many thanks are owed to our sponsoring editor, Christa Harris, who followed the book through writing and production phases and provided us with encouragement and assistance. Finally, we would like to thank our publisher, William R. Glass, and Thalia Dorwick, our Editor-in-Chief, to whom we owe an enormous debt of gratitude for their continuing support and enthusiasm.

Capítulo preliminar

The purpose of this preliminary chapter is to reaccustom you to speaking and reading Spanish and to introduce you to the kinds of activities you will find throughout *Al corriente*. The preliminary chapter contains a variety of activities to help you start using Spanish again and assess what you do and don't remember from your earlier classes.

Al corriente is structured around authentic materials taken from books, newspapers, magazines, and Web sites, written in Spanish for native speakers of Spanish. In this program, you will learn reading strategies for approaching these texts. *Al corriente* also provides activities and opportunities to speak Spanish with your instructor and in pairs or small groups with classmates.

The first section of the preliminary chapter, **¡Hablemos un poco!,** consists of oral activities based on drawings. The purpose of this section is to reactivate your Spanish.

The second section, **Estrategias para leer,** is designed to help you read and understand the authentic materials: advertisements, cartoons, newspaper and magazine articles, literary selections, and Internet pages, around which *Al corriente* is structured. In the preliminary chapter, you will learn a few basic reading strategies that will enhance your understanding and appreciation of the authentic materials throughout the text. You will learn additional reading strategies in subsequent chapters.

The third section, **Gramática en contexto,** reviews the present indicative tense and certain fundamentals of Spanish grammar, including gender and pluralization of nouns, possession, and various idioms. You will find additional exercises in the *Cuaderno de ejercicios* to aid you in mastering these structures.

The fourth section, **Español en acción,** will help acquaint you with your classmates and give you additional opportunities to express yourself in Spanish.

Have fun with this review in the preliminary chapter and with *Al corriente!*

¡Hablemos un poco!

La vida diaria. Los dos dibujos (*drawings*) a continuación son escenas de la vida diaria en varios países hispanos. Antes de empezar las actividades para los dibujos, y trabajando con un compañero (una compañera), imagine que Uds. son dos de las personas de uno de los dibujos. Preparen una dramatización para presentar a la clase. Usen los verbos de las listas que acompañan cada dibujo y algunos de los siguientes saludos y despedidas.

Saludos y despedidas

Buenos días.	Nos vemos.	¡Qué gusto de
¡Hola!	¡Que te vaya bien!	verte!
¿Cómo estás?	Buenas tardes.	Hasta pronto.
Hasta luego.	¿Qué tal?	Adiós.

Dibujo 1. En casa de la familia Ochoa en Limón, Costa Rica

beber	crecer	hablar	querer	tomar
cantar	desayunar	hay	quitar	vender
comer	estar	mirar	servir	ver
cortar	guardar	preparar		

A. Narración. Con un compañero (una compañera), prepare una narración para presentar a la familia Ochoa. Incluyan la siguiente información en su descripción.

❀ ¿Cómo es la familia Ochoa? (Por ejemplo, ¿cuántas personas hay?)
❀ ¿Cómo es la casa de los Ochoa?
❀ ¿Qué hay en el comedor?
❀ ¿Para qué sirven los objetos que se ven en la escena?

❀ ¿A qué hora desayuna la familia?

❀ ¿Qué hacen los Ochoa durante el desayuno?

❀ ¿Qué van a hacer dentro de poco?

B. Un anuncio de televisión. Con un compañero (una compañera), prepare una versión del anuncio comercial para la televisión. Después, presenten el anuncio ante la clase. El anuncio debe incluir la siguiente información.

❀ ¿Cómo se llama el producto?

❀ ¿Cómo es?

❀ ¿Para qué sirve?

❀ ¿Por qué hay que comprarlo?

❀ ¿Cuánto cuesta?

❀ ¿Dónde lo venden?

C. La conversación familiar. Trabajando con cuatro compañeros/as, imagine que cada uno/a de Uds. es un miembro de la familia Ochoa. Preparen la conversación de la familia durante el desayuno. Incluyan en el diálogo los siguientes elementos. Después, representen la escena ante la clase.

❀ Tres de las personas hacen comentarios sobre la comida.

❀ Dos de ellos comentan sobre el anuncio de televisión.

❀ Los dos hermanos hablan de deportes y del colegio.

❀ La madre y la niña hablan de sus planes para el día.

❀ El padre hace un comentario sobre el canario y también sobre las conversaciones de sus hijos y su esposa.

Dibujo 2. En la Plaza Mayor de Madrid, España

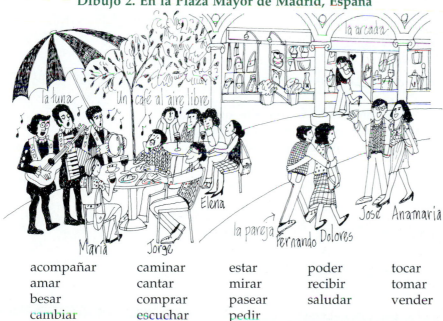

acompañar	caminar	estar	poder	tocar
amar	cantar	mirar	recibir	tomar
besar	comprar	pasear	saludar	vender
cambiar	escuchar	pedir		

A. Narración.   Con un compañero (una compañera), prepare una descripción de la escena. Después nárrenla ante la clase. Incluyan comentarios sobre los siguientes puntos.

> la gente
> la hora
> el lugar
> la tuna

B. Mesa de tres: María, Jorge y Luis.   Trabajando con dos compañeros/as, imagine que cada uno/a de Uds. es una de las personas en la mesa. Preparen un diálogo que incluya la siguiente información. Representen la escena ante la clase.

❀ ¿Qué come y/o bebe cada uno?
❀ ¿Qué hacen Uds. en la Plaza? ¿Qué ven y escuchan?
❀ ¿Están contentos en el café? ¿Por qué sí o por qué no?
❀ ¿Qué tipo de relación hay entre Uds. ¿Son amigos, parientes, compañeros de clase o compañeros de trabajo?
❀ ¿Qué van a hacer después?

C. La tuna.   Con cuatro compañeros/as, forme una tuna. Inventen una canción alegre para cantarle a la clase.

D. La mesa de cuatro: Elena, Rosa, Juan y Carmen.   Trabajando con tres compañeros/as, imagine que cada uno/a de Uds. es una de las personas en esta mesa. Preparen un diálogo que incluya la siguiente información. Después, representen la escena ante la clase.

❀ ¿Qué toman?
❀ ¿Por qué no comen?
❀ ¿Por qué (no) les gusta la música de la tuna?
❀ ¿Qué tipo de relación hay entre Uds.
❀ ¿Por qué están allí?
❀ ¿Qué van a hacer después?

E. Las dos parejas.   Trabajando con tres compañeros/as, imagine que cada uno/a de Uds. es una de las cuatro figuras en la calle. Preparen un diálogo que incluya la siguiente información. Después representen la escena ante la clase.

❀ ¿De dónde vienen?
❀ ¿Adónde van?
❀ ¿Qué van a hacer?
❀ ¿Qué piensan del café al aire libre?
❀ ¿Qué piensan de la tuna?

Estrategias para leer

Skillful Reading

Thoughtful and effective reading is a skill that requires cultivation, whether in your native language or in a foreign language. One of the first things to understand about skillful reading, especially in a foreign language, is that it is not synonymous with knowing the meaning of every word. Just as it is possible to know every word and still not understand a passage, it is also possible to make sense of a passage without knowing the meaning of every word. A skillful reader uses many techniques to understand a new reading selection without necessarily knowing the meaning of every word it contains. In this first reading strategies section, you will learn to use some basic techniques, including intelligent guessing, skimming, and scanning.

Intelligent guessing involves making preliminary judgments about the content of a selection based on photos, graphs, text organization, layout, and so on. It also includes using what you already know about the subject in order to understand the meaning of a selection, as well as making judgments about the meaning of unfamiliar words based on roots, cognates, or the context.

A great deal of reading comprehension is based on the knowledge a reader brings to a text. Learning to apply the knowledge you already possess will help increase your understanding of an unfamiliar reading text. For example, based on your reading experience in English, you will be able to recognize a selection in Spanish as an advertisement, a letter to the editor, or a recipe. You can also assume that the advertisement will attempt to interest and persuade, that the letter to the editor will offer a personal opinion, and that the recipe will list ingredients, measures, and procedures.

Similarly, knowing that **feliz** means *happy,* you can easily guess that **felicidad** means *happiness* and **felizmente** means *happily.* In addition, learning to recognize words such as **realidad, estereotipo,** and **conflicto** as cognates— that is, Spanish words that resemble their English equivalents—will increase your Spanish vocabulary many times over.

Skimming involves reading a passage quickly for the gist of it, and scanning is the practice of searching a passage for specific information. You will learn more about these strategies in the **Estrategias para leer** sections of subsequent chapters.

Throughout *Al corriente* you will read cartoons, advertisements, magazine and newspaper articles, short stories, and other authentic materials. Using skimming and scanning as well as other skills that you will learn in subsequent chapters will make it easier for you to read and understand these texts. With continued practice, you will discover that you can read Spanish language newspapers and magazines and understand them almost as well as the Spanish speakers to whom they were originally directed.

Estrategias en acción

Los libros para niños.   Read the title of the following selection from the Spanish language magazine, *Más*. Then look at its overall format and the two pictures that accompany it.

1. Based solely on this brief survey, what type of selection do you think this piece is? Explain how you reached your decision.
   a. _____ a scientific article
   b. _____ a letter to the editor
   c. _____ an article relating to children

2. What do you think the title means?
   a. _____ "So That People Will Like Spanish"
   b. _____ "So That Children Will Read Spanish"
   c. _____ "For Spanish Children Who Like to Read"

3. What do you think the two pictures represent?
   a. _____ covers of popular albums
   b. _____ covers of children's books
   c. _____ children's pets

Based on what you now know, what do you think the selection will be about? Skim the selection to see if your guess about the content was correct. Read the text quickly, and do not stop to look up any words you don't know. Use what you already know to fill in any gaps you may encounter.

4. Now scan the selection to find the following information.
   a. the publisher that is coming out with a series of children's books in Spanish
   b. the name of that series
   c. the number of books in the series that will be published each year
   d. the market this publisher is targeting
   e. the percentage of children who do not speak English well who are Hispanic
   f. the source material for these books
   g. where they will be available

PARA QUE LOS NIÑOS LEAN EN ESPAÑOL

Ahora nuestros niños pueden disfrutar de[a] traducciones directas de cuentos populares como *El gato con botas* (*Puss in Boots*) de Charles Perrault, y *Alfa y el bebé sucio* (*Alpha and the Dirty Baby*) de Brock Cole. Farrar, Straus & Giroux, una de las mayores casas editoriales de Estados Unidos, introdujo este

otoño la serie *Mirasol: Libros Juveniles*, con cinco libros en español para niños.

Esta nueva línea de libros planea publicar 14 títulos en español cada año. Otras casas editoriales estadounidenses como Penguin U.S.A. y MacMillan también publican libros en español para niños, pero no tienen un programa extenso.

La falta de más publicaciones se debe a que se desconoce[b] el mercado hispano. Los libros en español se venden en bodegas[c] y tiendas menores, lo cual exige[d] otras estrategias de mercadeo y distribución.

Con *Mirasol*, la casa editorial Farrar, Straus & Giroux intenta alcanzar[e] una audiencia mayor y aprovechar[f] el creciente mercado de libros en español. Según el departamento de educación, los niños hispanos componen el 73% de los 2 millones de niños en Estados Unidos que tienen una habilidad limitada en inglés.

Los títulos están tomados de libros ya publicados para Farrar, Straus & Giroux y utilizan el mismo arte e ilustraciones de calidad de las versiones en inglés.

Otros títulos que se publicaron este otoño incluyen *Tuck para siempre* de Natalie Babbitt, *Tontimundo y el barco volador* de Arthur Ransome e *Irene, la valiente* de William Steig. Los precios de los libros —disponibles en bibliotecas, librerías y como textos en algunas escuelas con programas bilingües— varían entre $13.95 y $14.95.

—*Christina Simon*

El gato con botas y Alfa y el bebé sucio, **lectura infantil**

¿Cuánto recuerda Ud.?

Empareje cada frase a la izquierda con una frase de la derecha para formar oraciones completas y lógicas, según el artículo.

1. Esta lectura habla…
2. El mercado para libros en español está…
3. En los Estados Unidos los niños hispanos componen…
4. Hay varias casas editoriales que publican…
5. *Mirasol* es…
6. La serie *Mirasol* planea publicar…
7. Los libros en español se venden…
8. Los precios de los libros varían…

a. el 73% de los niños con habilidad limitada en inglés.
b. 14 títulos en español cada año.
c. en bodegas y tiendas menores.
d. libros en español.
e. creciendo.
f. de los libros para niños que se publican en español.
g. una línea de libros en español para niños.
h. entre $14 y $15.

[a] disfrutar... *enjoy*
[b] se... *is not known*
[c] *shops*
[d] *demands*
[e] *to reach*
[f] *to take advantage of*
[g] *available*

¿Qué se imagina Ud.?

A. Los libros clásicos para niños. 1. Trabajando en grupos, descubran quiénes han leído los siguientes libros para niños. Luego, Hagan una lista de otros títulos de libros clásicos para niños y traten de traducirlos al español.

a. *La isla del tesoro*
b. *Caperucita Roja*
c. *Los 3 cerditos*
d. *El principito*
e. *Pulgarcito*
f. *Blanca Nieves y los siete enanitos*

B. Los niños bilingües. Trabajando en grupos, determinen quiénes de la clase nacieron hablando una lengua diferente que el inglés. Averigüen (*find out*) si estos individuos leían de niño en su lengua materna. ¿Es razonable comenzar a leer en una lengua materna que no sea la lengua principal del país? ¿Deben los padres hispanohablantes en este país enseñar a sus niños a leer en español o en inglés primero? ¿Por qué?

C. El cine infantil. En grupos pequeños, decidan cuál es la mejor película para niños y expliquen por qué (piensen en *Bambi; Mary Poppins; La bella y la fiera; Monsters, Inc.; Shrek; Pokémon* u otros títulos). A continuación, se ofrecen unos criterios.

✺ la trama (*plot*)
✺ la música
✺ los efectos especiales o la animación
✺ la actuación o las voces de los actores

Gramática en contexto

The information that follows is provided primarily for review purposes, because you probably remember basic aspects of Spanish from previous courses. Study the following sections and work through the activities that accompany them. You may want to work through the **Repaso diagnóstico** and subsequent exercises in the *Cuaderno de ejercicios* for additional practice with these structures.

Subject Pronouns

	SINGULAR	PLURAL
first person	yo	nosotros, nosotras
second person	tú	vosotros, vosotras
third person	él, ella, usted (Ud.)	ellos, ellas, ustedes (Uds.)

Present Indicative Tense

Regular **-ar** Verbs

aceptar	
acept**o**	acept**amos**
acept**as**	acept**áis**
acept**a**	acept**an**

Other verbs in this group include: **amar, andar, ayudar, bajar, besar, buscar, cambiar, caminar, cantar, cenar, charlar, comentar, comprar, crear, dejar, desayunar, descansar, durar, enseñar, entrar, escuchar, esperar, estudiar, ganar, guardar, indicar, llamar, llegar, llenar, llevar, llorar, lograr, mirar, nadar, necesitar, olvidar, pagar, parar, pasar, pescar, preparar, quedar, quitar, sacar, saludar, señalar, tirar, tocar, tomar, trabajar.**

En esta clase **estudiamos** español.   Todo el mundo **llega** a tiempo.

Regular **-er** Verbs

aprender	
aprend**o**	aprend**emos**
aprend**es**	aprend**éis**
aprend**e**	aprend**en**

Other verbs in this group include: **beber, comer, comprender, correr, creer, deber, leer, responder, romper, vender.**

Leo el periódico todos los días.   Ellos siempre **comen** a las diez.

Regular **-ir** Verbs

abrir	
abr**o**	abr**imos**
abr**es**	abr**ís**
abr**e**	abr**en**

Other verbs in this group include: **describir, dividir, escribir, interrumpir, recibir, subir, vivir.**

No **abrimos** las ventanas en invierno.   ¿**Escribe** Ud. muchas cartas?

MANIFIESTO DE LA FAMILIA

LA FAMILIA...

...SUFRE
...QUIERE
...ESPERA

acción familiar

¡Practiquemos!

En mi vida... Según (*According to*) su propia experiencia, ¿son ciertas (C) o falsas (F) las siguientes afirmaciones? Después corrija las oraciones que son falsas para Ud., explicando por qué.

1. _____ Siempre ceno con mis amigos en la cafetería.
2. _____ Preparo casi todas las comidas que como.
3. _____ Mi mejor amigo/a (mi compañero/a de cuarto) vive en una casa muy grande cerca de la universidad.
4. _____ El/Ella mira mucho la televisión pero no escucha música.
5. _____ Mis amigos y yo pasamos mucho tiempo en la biblioteca.
6. _____ No leemos nunca el periódico, pero sí compramos las revistas *Time, Sports Illustrated* y *Glamour.*
7. _____ Los estudiantes universitarios dividen su tiempo igualmente entre los estudios y las diversiones.
8. _____ Ellos comprenden todo lo que (*everything that*) les explican sus profesores y siempre sacan buenas notas.

Stem-Changing Verbs

Stem-changing verbs may be categorized into three groups according to the vowel changes they undergo. These changes are identified throughout *Al corriente* by the vowels in parentheses that follow their infinitive form: **(ie), (ue),** or **(i).**

In the present indicative, stem-changing verbs change their stem according to the following pattern.

infinitive	
change	no change
change	no change
change	**change**

Verbs with an **e → ie** Change

entender*	
entiendo	entendemos
entiendes	entendéis
entiende	entienden

Other verbs in this group include: **cerrar, comenzar, empezar,*** **nevar,†** **pensar, perder, preferir,*** **querer, recomendar,*** **sentir.**

---

*Note that it is the middle **e**, the stem vowel closest to the ending, that changes.
†**Nevar** is conjugated only in the third-person singular: *Nieva* **en invierno.**

¿Cuándo **comienza** el programa?   Nunca **cierran** la puerta.

Verbs with an **o (u)** → **ue** Change

almorzar	
almuerzo	almorzamos
almuerzas	almorzáis
almuerza	almuerzan

Other verbs in this group include: **contar, dormir, encontrar, jugar, llover,*
morir, mostrar, poder, recordar, resolver, soler, volver.**

Duermo nueve horas cada noche.
Ana **suele** dormir cinco horas.

Verbs with an **e** → **i** Change

pedir	
pido	pedimos
pides	pedís
pide	piden

Other verbs in this group include: **competir, reír,[†] repetir,[‡] seguir, servir.**

Siempre **pido** pollo frito.   ¿Qué **servís** hoy?

¡Practiquemos!

Cuando hace mal tiempo... Indique si los niños hacen las siguientes actividades frecuentemente (F), a veces (AV) o nunca (N) cuando hace el tiempo indicado. Después diga si Ud. y sus amigos hacen lo mismo (*the same thing*) u otra cosa.

MODELO: Cuando nieva, no asisten a la escuela. → AV: Cuando nieva, (no) asistimos a clase. (Nos quedamos en casa.)

1. _____ Cuando nieva, juegan al béisbol.
2. _____ Cuando llueve, piensan en organizar un club secreto.
3. _____ Cuando llueve, almuerzan con sus padres en el patio.
4. _____ Cuando nieva, compiten para modelar los mejores muñecos de nieve (*snowmen*).
5. _____ Cuando llueve, duermen más tarde por la mañana.

***Llover** is conjugated only in the third-person singular: *Llueve* **mucho en Seattle.**
[†]All the forms of **reír** in the present indicative take a written accent mark to maintain correct stress: **río, ríes, ríe, reímos, reís, ríen.**
[‡]Note that it is the second **e**, the stem vowel closest to the ending, that changes.

Irregular Verbs

-Ir Verbs with a -y- Change

construir	
construyo	construimos
construyes	construís
construye	construyen

Other verbs in this group include: **concluir, destruir, influir.**

Los Sres. García **construyen** una casa.

Verbs with Irregular First-Person (yo) Forms

Verbs with **c** → **zc** *Change*

conocer	
conozco	conocemos
conoces	conocéis
conoce	conocen

Other verbs in this group include: **crecer, obedecer, ofrecer, parecer, producir, reconocer, traducir.**

Obedezco a mis padres.

Verbs with **g** → **j** *Change*

escoger	
escojo	escogemos
escoges	escogéis
escoge	escogen

Other verbs in this group include: **coger, recoger.**

Recogen flores.

Verbs with **-g-** *or* **-ig-** *Change*

Note that the following verbs in this category also undergo stem changes. Those that do not undergo stem changes are listed below with the irregular **yo** form in parentheses.

tener		venir	
tengo	tenemos	vengo	venimos
tienes	tenéis	vienes	venís
tiene	tienen	viene	vienen

decir		oír	
digo	decimos	oigo	oímos
dices	decís	oyes	oís
dice	dicen	oye	oyen

Other verbs in this group include: **caer (caigo), hacer (hago), poner (pongo), salir (salgo), traer (traigo).**

No lo **hago** así.　　　　¿Por qué no **vienen?**

Verbs Adding **-oy**

dar		estar	
doy	damos	estoy	estamos
das	dais	estás*	estáis*
da	dan	está*	están*

Les **damos** diez dólares.　　　　**Estoy** muy contento hoy.

Additional Verbs with Irregular **yo** Forms

saber		ver	
sé	sabemos	veo	vemos
sabes	sabéis	ves	veis
sabe	saben	ve	ven

No **sé** la respuesta.　　　　¿**Ves** el carro?

---

*Note the written accent.

Ir and ser

These verbs are completely irregular in the present indicative.

ir		ser	
voy	vamos	soy	somos
vas	vais	eres	sois
va	van	es	son

¿Adónde **vas**?   **Soy** estudiante.

Haber

The verb **haber*** has an irregular and unchangeable present indicative form
that is both singular and plural: **hay.**

Hay un profesor en la clase.   *There is a professor in class.*
Hay veintitrés estudiantes   *There are twenty-three students*
  también.   *too.*

Hay serves both as a question and its answer.

—¿**Hay** ventanas en la biblioteca?
—Sí, claro. **Hay** muchas.

¡Practiquemos!

Declaraciones personales.   Indique quién haría (*would make*) las siguientes
declaraciones: una profesora universitaria de química (P), una estudiante de
veinte años (E) o su madre (M). ¡OJO! (*Watch out!*) A veces es posible que
más de una mujer lo diga. Ahora cambie cada oración para que sea un
comentario sobre la persona indicada.

MODELO: Casi siempre obedezco a mis padres, pero no siempre. →
         E: *La estudiante* casi siempre *obedece* a *sus* padres, pero no
         siempre.

1. _____ Conozco a muchas personas inteligentes y bien educadas.
2. _____ Recojo los exámenes al final de la clase y los leo más tarde en
       casa.
3. _____ Hago todo lo posible para ayudar a mis hijos con sus estudios.
4. _____ Salgo cada noche con mi novio, a quien siempre le digo mis
       opiniones.

---

*The conjugated forms of **haber** are used to form the present perfect tense (**he hablado, has
hablado,** and so on), which you will study in **Capítulo 2.**

5. _____ Cuando oigo esa música horrible que toca mi hija, tengo que salir de la casa.
6. _____ Estoy muy contenta con mis estudiantes porque sé que están aprendiendo mucho.
7. _____ Voy a la clase de español todos los días porque reconozco que la constancia es lo más importante para un estudiante de idiomas.

Articles and Gender

All nouns in Spanish have gender; that is, they are either masculine or feminine, as are their corresponding articles (**el, la, los, las; un, una, unos, unas**).

Most nouns that end in **-o** are masculine; most that end in **-a** are feminine. There are, however, a few exceptions. These include **el día, la mano, la radio, el sofá, el tema,** and many others ending in **-ma, -pa,** or **-ta: el drama, el telegrama, el mapa, el planeta, el poeta,** and so on.

The following endings occur only with feminine nouns: **-d (la actitud, la universidad, la libertad), -ción/-sión (la acción, la división), -umbre (la costumbre).**

Plurals of Nouns

Nouns ending in vowels are pluralized by adding **-s.**

un **hombre** alto	unos **hombres** altos
otra **casa** grande	otras **casas** grandes

Nouns ending in consonants are pluralized by adding **-es.**

una **ciudad** famosa	unas **ciudades** famosas
el **rey** español	los **reyes** españoles

Nouns whose singular form ends in **-es** or **-is** show no change in the plural.

No voy a clase los **martes** y los **jueves.**
Esta **crisis** no es nada; hay otras **crisis** más difíciles en la vida.

Nouns and adjectives that end in **-z** form their plurals with **-ces.**

una **vez**	muchas **veces**
Soy **feliz.**	Somos **felices.**

Demonstrative Adjectives and Pronouns

The following adjectives are used to point out objects in a spatial relationship with the speaker. A demonstrative adjective agrees in number and gender with the noun it modifies.

DEMONSTRATIVE ADJECTIVES		
	Masculine (pl.)	*Feminine (pl.)*
this / these (*near the speaker*)	este / estos	esta / estas
that / those (*near the person spoken to*)	ese / esos	esa / esas
that / those (*away from both the speaker and the person spoken to*)	aquel / aquellos	aquella / aquellas

Este hombre es nuestro vecino; vive en **esa** casa.	*This man is our neighbor; he lives in that house.*
Esas señoras son las mujeres de **aquellos** hombres.	*Those women are the wives of those men.*

A demonstrative pronoun can be used to avoid repeating a noun that has already been mentioned. Demonstrative pronouns are distinguished from the demonstrative adjectives by a written accent.

DEMONSTRATIVE PRONOUNS		
	Masculine (pl.)	*Feminine (pl.)*
this one / these	éste / éstos	ésta / éstas
that one / those	ése / ésos	ésa / ésas
that one / those	aquél / aquéllos	aquélla / aquéllas

Este hombre es nuestro vecino; **ése** no vive aquí.	*This man is our neighbor; that one doesn't live here.*
Aquellas señoras, no **éstas,** son de Buenos Aires.	*Those women, not these, are from Buenos Aires.*

Esto, eso, and **aquello** are the neuter pronouns used to refer to ideas, concepts, general situations or statements, or to an unidentified or nonspecific object. Their form never varies and, because they are pronouns, they are never used directly before nouns.

Esto es muy curioso.	¿Qué es **eso?**

Esta familia mexicana celebra
la primera comunión de su hija.

LA FAMILIA Y LAS TRADICIONES

En la plaza mayor
de Salamanca se
divierten tanto los
adultos como los
niños.

Las familias argentinas hacen una parrillada
(*barbecue*) con frecuencia.

El domingo por la tarde esta familia
tejana se pasea a orillas del Río
Grande en San Antonio.

ANTE EL PÚBLICO

Wide World Photos

Isabel Allende, la conocida escritora chilena, promociona una de sus novelas.

Presidentes latinoamericanos en una reunión cumbre.

Christina Aquilera, la conocida cantante neoyorquina de origen hispano, canta para su público.

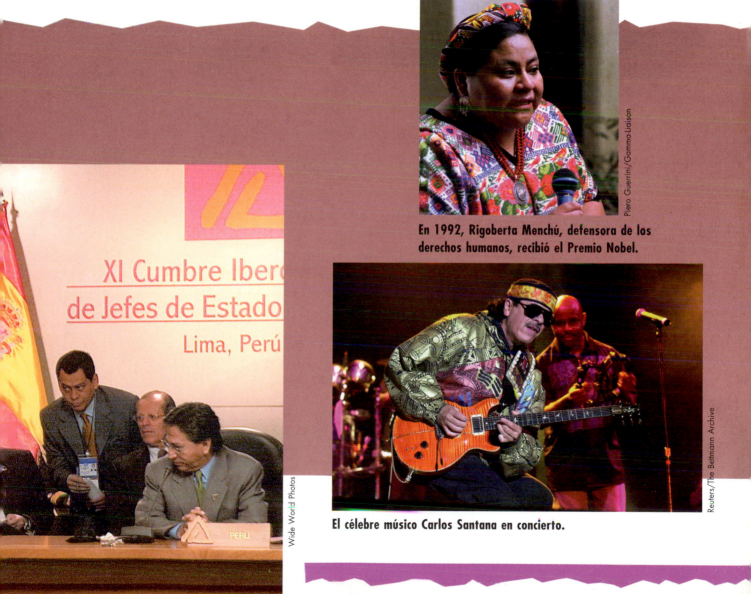

Piero Guerrini/Gamma-Liaison

En 1992, Rigoberta Menchú, defensora de los derechos humanos, recibió el Premio Nobel.

Wide World Photos

Reuters/The Bettmann Archive

El célebre músico Carlos Santana en concierto.

LOS HISPANOS QUE VIVEN EN LOS ESTADOS UNIDOS

Edward James Olmos, el actor y director chicano, aparece en una escena de su película *American Me*.

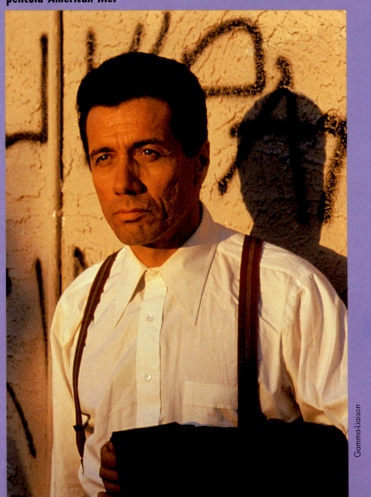

Gamma-Liaison

Estos niños, el rey y la reina del Día de la Independencia de México, encabezan un desfile en San Antonio.

Bob Daemmrich/Stock, Boston

Murray Greenberg/Monkmeyer Press Photo

En ciertas áreas de Miami se ven letreros tanto en español como en inglés.

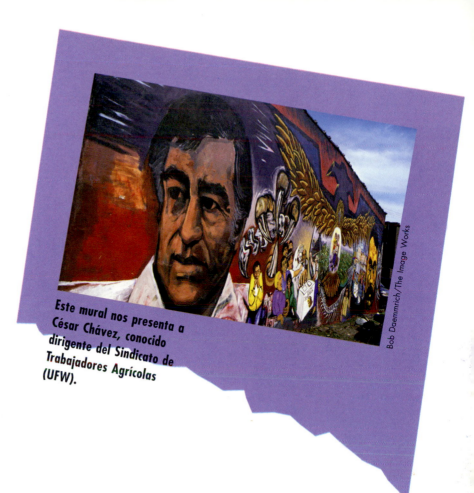

Este mural nos presenta a César Chávez, conocido dirigente del Sindicato de Trabajadores Agrícolas (UFW).

En un mercado latino de Nueva York, se puede comprar productos especiales para la comida caribeña.

Odyssey/Frerck/Chicago

ESPAÑA

En Barcelona, estos niños juegan al básquetbol a la sombra de la catedral de la Sagrada Familia, diseñada por el arquitecto catalán, Antonio Gaudí.

Odyssey/Frerck/Chicago

A la derecha se ve el Alcázar y a la izquierda asoma la catedral en esta foto de la ciudad de Toledo, corazón espiritual de España.

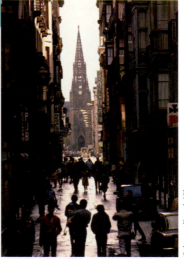

Calles estrechas, paredes blancas y balcones llenos de flores son un aspecto eterno del Barrio Albacín de Granada.

Odyssey/Frerck/Chicago

Odyssey/Frerck/Chicago

El conocido grupo de pop español, Mecano, habla con reporteros sobre sus éxitos musicales.

AMÉRICA LATINA

Odyssey/Frerck/Chicago

Machu Picchu, la misteriosa ciudad perdida de los incas, sigue siendo la atracción turística más conocida de la zona andina.

La Plaza del Ángel en México, D.F., es impresionante de noche.

Grant LeDuc/Stock, Boston

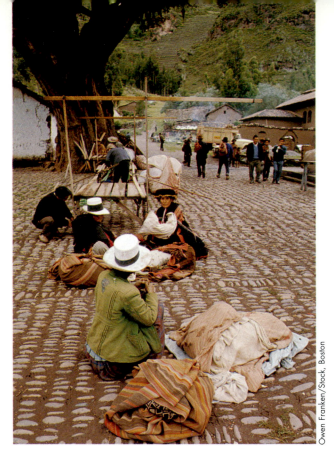

Owen Franken/Stock, Boston

Estas vendedoras peruanas
ofrecen sus mercancías al
aire libre.

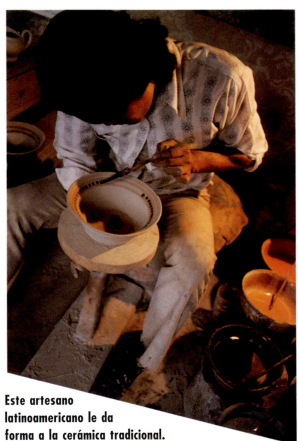

Odyssey/Frerck/Chicago

Este artesano
latinoamericano le da
forma a la cerámica tradicional.

Odyssey/Frerck/Chicago

La vida en las calles de las ciudades
latinoamericanas es siempre animada
y divertida.

Expressing Ownership

Remember that the apostrophe (*Martin's dog*) doesn't exist in Spanish. Instead, possession is expressed by the preposition **de (el perro de Martín)** or with a possessive adjective (*su* **perro).**

Remember also that the form of the possessive adjective is singular or plural according to the thing possessed. The two forms that end in **-o** (**nuestro** and **vuestro**) must also reflect the gender of the thing or things possessed.

POSSESSIVE ADJECTIVES	
mi, mis	nuestro, nuestra, nuestros, nuestras
tu, tus	vuestro, vuestra, vuestros, vuestras
su, sus	su, sus

Veo a Martín y a **su** perro.	*I see Martin and his dog.*
¿Cuándo vienes a **nuestra** casa?	*When are you coming to our house?*

¡Practiquemos!

Una tradición universitaria. Escoja las palabras apropiadas entre paréntesis para completar la siguiente descripción.

En (esta/ésta[1]) universidad hay (un/una[2]) tradición muy divertida. Cada semestre, la noche antes del comienzo de los exámenes finales, (los/las[3]) profesores les hacen (un/una[4]) fiesta a los pobres (estudiante/estudiantes[5]) que tienen que estudiar tanto para salir bien en (su/sus[6]) clases. (Los/Las[7]) chicos se reúnen por (unos/unas[8]) horas en (el/la[9]) edificio llamado «(el/la[10]) unión estudiantil», donde sus (profesor/profesores[11]) les sirven pizza, helado y refrescos mientras otros cantan y tocan música. (Esto/Esta[12]) fiesta ocurre (un/una[13]) domingo por la noche, y cuando (el/los[14]) estudiantes vuelven a clase (el/la[15]) lunes para tomar (su/sus[16]) primer examen, se sienten un poco menos nerviosos porque saben que también (el/la[17]) profesor es (un/una[18]) persona a quien le gusta (un/una[19]) buen helado.

Personal *a*

The personal **a** is used before the direct object of a verb when it refers to a specific person.

No conozco **a** las tías de Carlota.
A veces visito **a** mis primas en Veracruz.

This **a** is needed to mark a noun as being the object (as opposed to the subject) because Spanish word order does not always make the distinction clear. Note that without a personal **a,** the following question makes no sense.

> ¿Ve Juan María?

The addition of a personal **a** distinguishes the subject from the object, making sense of the question.

> ¿Ve Juan **a** María?   *or*
> ¿Ve **a** María Juan?

Contractions

There are two contractions in Spanish: the combinations of **a** and **de** with the masculine singular article.

> a + el = al   No veo **al** chico.
> de + el = del   Es el perro **del** chico.

No other articles form contractions.

> No veo **a la** profesora (**a los** hombres).
> Es el perro **de la** niña (**de las** hermanas).

¡Practiquemos!

Figuras famosas.   ¿Cuánto recuerda Ud. acerca de los siguientes personajes históricos o literarios? Escoja la mejor respuesta para cada pregunta.

> MODELO: ¿A quién quiere Scarlett? → A Rhett.

1. _____ ¿A quién mira afectuosamente George Washington?
2. _____ ¿Adónde va a volver el general MacArthur?
3. _____ ¿A quién busca el inglés Stanley?
4. _____ ¿De quién está enamorado Romeo?
5. _____ ¿De dónde es Cristóbal Colón?
6. _____ ¿A quién crea Mary Shelley?
7. _____ ¿De dónde es el Conde Drácula?
8. _____ ¿A quién mata Henry VIII?

a. A las islas Filipinas.
b. Del puerto de Génova.
c. A la reina, Anne Boleyn.
d. Al doctor Livingston.
e. De la provincia de Transilvania.
f. De la joven y bellísima Julieta.
g. Al monstruo Frankenstein.
h. A Martha, su esposa.

Idioms with *tener*

The verb **tener** is used to form many common expressions. ¡OJO! Be sure that you do not use **ser** or **estar** to express these ideas.

(no) tener (mucho)	calor	(*not*) *to be* (*very*) *warm/hot*
	cuidado	(*not*) *to be* (*very*) *careful*
	frío	(*not*) *to be* (*very*) *cold*
	miedo	(*not*) *to be* (*very*) *scared*
	sueño	(*not*) *to be* (*very*) *sleepy*
(no) tener (mucha)	hambre	(*not*) *to be* (*very*) *hungry*
	razón	(*not*) *to be* (*very*) *right*
	sed	(*not*) *to be* (*very*) *thirsty*
	suerte	(*not*) *to be* (*very*) *lucky*
tener... años		*to be . . . years old*
tener lugar		*to take place*
tener que + *infinitive*		*to have to* (*do something*)
tener (muchas) ganas de + *infinitive*		*to feel like* (*doing something*)

Cuando **tengo mucha sed,** tomo agua.
When I'm very thirsty, I drink water.

Tenemos muchas ganas de volver a Barcelona.
We have a strong desire to return to Barcelona.

¡Practiquemos!

Cuando tengo miedo...   Complete cada oración lógicamente.

1. Cuando tengo miedo, busco ___c___.
   a. una tienda   b. a mis amigos   c. un lugar seguro
2. Cuando mi amigo/a (esposo/a) tiene hambre, pide ___a___.
   a. una hamburguesa con papa fritas
   b. un coche nuevo
   c. un vaso de agua
3. Cuando una persona tiene frío, generalmente busca ___c___.
   a. un paraguas   b. un traje de baño   c. un suéter
4. Cuando mi padre/madre (esposo/a) tiene sueño durante el día, ___b___ por una hora.
   a. trabaja   b. duerme   c. come
5. Cuando los atletas tienen sed, toman ___c___.
   a. salsa picante   b. leche   c. agua

6. Cuando tengo buena suerte, _c_.
   a. lloro **b.** grito **c.** sonrío
7. Cuando tenemos ganas de escuchar música, _c_.
   a. miramos televisión
   b. empezamos una buena novela
   c. ponemos la radio
8. Cuando tengo que estudiar, _a_.
   a. voy a la biblioteca
   b. pido una hamburguesa
   c. llamo a un amigo mío

Saber **Versus** *conocer;*
pedir **Versus** *preguntar*

Although the verbs in each pair have similar meanings in English, they express different ideas in Spanish and cannot be used interchangeably.

Saber means *to know a fact* or *to know how to do something.*

No **sé** dónde está la biblioteca.	*I don't know where the library is.*
¿**Sabes** la fecha?	*Do you know the date?*
Sabemos hablar un poco de español.	*We know how to speak a little Spanish.*

Conocer means *to be acquainted with* (*a person, place, or thing*). The personal **a** is always used when the object of **conocer** is a person.

Conozco al abuelo de Lupita.	*I know Lupita's grandfather.*
¿**Conoces** la capital de México?	*Do you know the capital of Mexico?*
No **conocen** el poema «Preciosa y el aire».	*They don't know the poem "Preciosa y el aire."*

Pedir means *to ask for* or *to request* (*something*).

Me **piden** la receta.	*They are asking me for the recipe. (They are requesting the recipe from me.)*
Les **pedimos** un gran favor.	*We are requesting a great favor of them. (We are asking them for a great favor.)*

Preguntar means *to inquire* or *to ask for* (*information*).

Nadie me **pregunta** mi nombre.	*Nobody asks me my name.*
Les **preguntamos** dónde viven.	*We ask (inquire) where they live.*

¡Practiquemos!

A. Confesiones. Nadie lo sabe todo, y nadie conoce a todo el mundo. Indique si Ud. sabe los siguientes datos o conoce a las siguientes personas.

> (No) Sé... (No) Conozco a...

1. la fecha del descubrimiento de América
2. el nombre del segundo presidente de los Estados Unidos
3. el secretario de estado
4. dónde vive la reina de Inglaterra
5. Gloria y Emilio Estefan
6. muchos profesores de esta universidad
7. quién fue (*was*) el primer esposo de Cher
8. el cumpleaños de Oprah Winfrey

B. Favores y preguntas. Ahora indique si una persona pide (PI) o pregunta (PR) las siguientes cosas.

1. _____ ayuda cuando no comprende algo que dice la profesora
2. _____ el nombre de un hombre (una mujer) que le interesa
3. _____ un regalo especial para su cumpleaños
4. _____ el teléfono de sus profesores
5. _____ un favor especial de sus amigos
6. _____ dónde está algo en la universidad

Time Expressions with *hacer*

The verb **hace** can be used idiomatically to refer to an action that has been going on for some time and may still be going on. This idiomatic expression is followed by a present-tense verb.

> **hace** + *time expression* + **que** + *present-tense verb*

Hace más de un año **que** estudio español.	*I've been studying Spanish for over a year.*

When **hace** follows the verb, the adverb **desde** (*since*) is used along with **hace**.

> *present-tense verb* + **desde hace** + *time expression*

Estudio español **desde hace** más de un año.	*I've been studying Spanish for over a year.*

To ask how long something has been going on, use one of the following patterns.

¿**Hace mucho (tiempo) que** + *present-tense verb*?
¿**Cuánto tiempo**
¿**Cuántos días/meses** } + **hace que** + *present-tense verb*?
¿**Cuántas horas/semanas**

¿**Cuánto tiempo hace que** estudias español?	*How long (How much time) have you been studying Spanish?*
¿**Cuántos años hace que** están casados?	*How many years have they been married?*
¿**Cuántas semanas hace que** estamos aquí?	*How many weeks have we been here?*

¡Practiquemos!

A. Para decirle la verdad... Indique si las siguientes declaraciones son ciertas (C) o falsas (F) según su propia experiencia. Corrija (*Correct*) las oraciones falsas.

1. _____ Hace tres años que estudio en esta universidad.
2. _____ Hace dos semanas que usamos este libro.
3. _____ Vivo en esta ciudad desde hace cinco días.
4. _____ Conozco a un matrimonio que está casado desde hace veinte años.
5. _____ Hace mucho (tiempo) que sé manejar un carro.

B. Con su compañero/a... Ahora escriba cinco preguntas para un compañero (una compañera) de clase usando una expresión con **hace**. Hágale esas preguntas a su compañero/a y conteste las de él/ella.

Additional Idioms

The present tense of **acabar de** + *infinitive* expresses an action that has just been completed.

Acabamos de empezar otro año académico.	*We've just begun another academic year.*
Acabo de llegar a casa.	*I've just arrived home.*

The present tense of **ir a** + *infinitive* expresses a future action.

Mis padres me **van a llamar** esta noche.	*My parents are going to call me tonight.*

Vamos a almorzar en una hora.	*We're going to eat lunch in an hour.*

The present tense of **pensar** + *infinitive* expresses an action planned in advance.

Pienso ir al cine con ellos.	*I'm planning to go to the movies with them.*
¿Piensan volver mañana?	*Are they planning to go back tomorrow?*

The present tense of **volver a** + *infinitive* expresses an action that is repeated.

El profesor **vuelve a explicar** el problema.	*The professor is explaining the problem again.*
¿Vuelves a salir con esa chica?	*Are you going out with that girl again?*

¡Practiquemos!

Nuestras actividades.   Complete las siguientes oraciones para indicar lo que Ud., sus familiares y sus amigos acaban de hacer y los planes que tienen.

1. Acabo de _____ .
2. Mis compañeros de clase y yo acabamos de _____ .
3. Mi amigo/a (esposo/a) y yo vamos a _____ .
4. Este semestre voy a _____ .
5. Mi amigo/a (esposo/a) piensa _____ .
6. Pienso ir a _____ en las próximas vacaciones.
7. Mis amigos y yo siempre volvemos a _____ .
8. Vuelvo a _____ .

Español en acción

A. Conversación.   Trabajando en un grupo pequeño, averigüen los siguientes datos acerca de cada uno/a de sus compañeros/as. Apunten las respuestas de sus compañeros/as y sigan las instrucciones de su profesor(a) para hacer esta actividad.

su nombre completo	sus pasatiempos favoritos
su cumpleaños	su lugar favorito
dónde vive	su color favorito
el número de personas en su familia	su libro favorito o película favorita
	un regalo que le gustaría recibir
qué estudia	¿algo más?

B. Composición. Usando los datos obtenidos en la actividad A, escriba una descripción de uno/a de sus compañeros/as para el periódico escolar. Siga las instrucciones de su profesor(a) para hacer esta actividad.

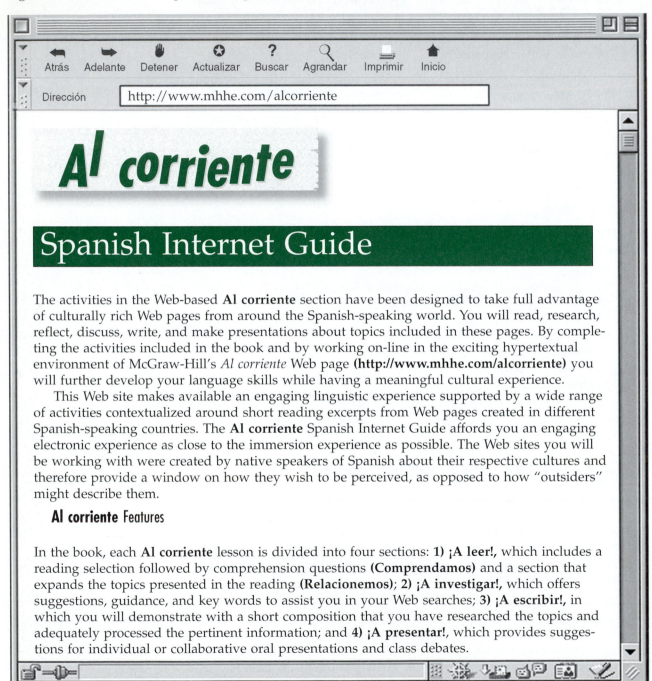

Al corriente

Spanish Internet Guide

The activities in the Web-based **Al corriente** section have been designed to take full advantage of culturally rich Web pages from around the Spanish-speaking world. You will read, research, reflect, discuss, write, and make presentations about topics included in these pages. By completing the activities included in the book and by working on-line in the exciting hypertextual environment of McGraw-Hill's *Al corriente* Web page **(http://www.mhhe.com/alcorriente)** you will further develop your language skills while having a meaningful cultural experience.

This Web site makes available an engaging linguistic experience supported by a wide range of activities contextualized around short reading excerpts from Web pages created in different Spanish-speaking countries. The **Al corriente** Spanish Internet Guide affords you an engaging electronic experience as close to the immersion experience as possible. The Web sites you will be working with were created by native speakers of Spanish about their respective cultures and therefore provide a window on how they wish to be perceived, as opposed to how "outsiders" might describe them.

Al corriente Features

In the book, each **Al corriente** lesson is divided into four sections: **1) ¡A leer!,** which includes a reading selection followed by comprehension questions **(Comprendamos)** and a section that expands the topics presented in the reading **(Relacionemos); 2) ¡A investigar!,** which offers suggestions, guidance, and key words to assist you in your Web searches; **3) ¡A escribir!,** in which you will demonstrate with a short composition that you have researched the topics and adequately processed the pertinent information; and **4) ¡A presentar!,** which provides suggestions for individual or collaborative oral presentations and class debates.

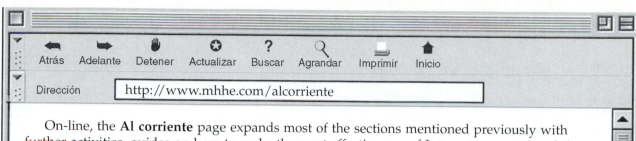
On-line, the **Al corriente** page expands most of the sections mentioned previously with further activities, guides on how to make the most effective use of Internet resources and the computer medium, as well as detailed writing guidance. It includes pre-reading activities in the **¡A ver!** section that can be assigned as homework and/or can be done in class to activate knowledge you may already have about the content of the reading passage. An additional section, **¡A discutir!,** features interesting topics for group discussion. One very useful resource that is available on-line are the audio recordings of all reading selections as well as additional audio input.

The **Expansión** icon <u>Expansión</u>, which you will see noted frequently throughout this section, indicates that the on-line version will take you to additional activities and resources. For example, the **Expansión** icon in **Relacionemos** leads you to introductions and suggestions on topics related to the items in the section and gives guidance for doing your homework using Internet resources. Likewise, the **Expansión** icon in **¡A investigar!** will lead you into further research in the Spanish-speaking world, building upon your previous knowledge and experience, and helping you in the effective use of the electronic environment. Lastly, the **Expansión** icon in **¡A escribir!** and **¡A presentar!** will take you step by step through strategies and techniques for further development of your writing and speaking skills.

Getting Started

The Internet allows you to explore more fully the cultural presentations found in each chapter and gives you and your instructor the opportunity to take advantage of the exciting technological tools available nowadays. Use your favorite browser (Netscape Navigator, Internet Explorer, and so on) to connect to the **Al corriente** Spanish Internet Guide in the McGraw-Hill server **(http://www.mhhe.com/alcorriente).** At the top of the home page for each lesson, type your name and e-mail address, as well as that of your instructor, in the fields provided. Before you start to input your answers, make sure you read the directions posted in the on-line version of the **Capítulo preliminar.** Answer the questions in the activities by clicking on the buttons or typing answers in the response fields.

When you finish a lesson, click on **Entregar** and use your e-mail setup to send it to your instructor. You can also print out a hard copy of your answers by following the normal procedures provided by your Web browser. As you progress through the **Expansión** icon sections, you will get additional detailed directions and guidance on all technical aspects and functions necessary to complete the lesson. Here are a few tips for all Web users.

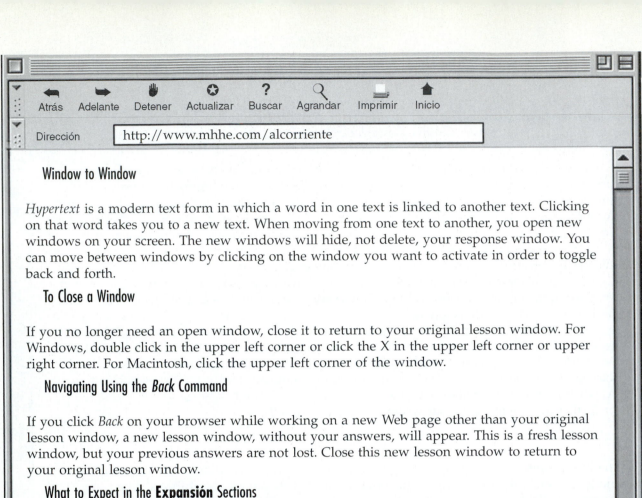

Window to Window

Hypertext is a modern text form in which a word in one text is linked to another text. Clicking on that word takes you to a new text. When moving from one text to another, you open new windows on your screen. The new windows will hide, not delete, your response window. You can move between windows by clicking on the window you want to activate in order to toggle back and forth.

To Close a Window

If you no longer need an open window, close it to return to your original lesson window. For Windows, double click in the upper left corner or click the X in the upper left corner or upper right corner. For Macintosh, click the upper left corner of the window.

Navigating Using the *Back* Command

If you click *Back* on your browser while working on a new Web page other than your original lesson window, a new lesson window, without your answers, will appear. This is a fresh lesson window, but your previous answers are not lost. Close this new lesson window to return to your original lesson window.

What to Expect in the **Expansión** Sections

The on-line **Expansión** sections provide tools and guidance to work with the resources of the Spanish-language Internet without imposing a preselected portfolio of recommended Web sites. Sites are often unstable and come and go frequently, therefore **Expansión** helps you search for the sites you need for your work and assists you in selecting sites with reliable, authentic, and intellectually pertinent content and language from sites of lesser quality.

If you are uncomfortable in a computer environment, the **Expansión** sections will gradually bring you up to speed on the utilization of your computer, browser operations, word processing, and getting around on the Web. You will improve your Spanish language skills and gain cultural knowledge as you enhance your computer skills—all in Spanish of course!

The **Expansión** activities, although flexible and with plenty of room for creativity, are structured in such a way that you will always be working with predetermined goals, guided steps, and specific tasks. This will minimize the likelihood of getting lost, frustrated, overwhelmed, and wasting time while you work with your assignments on the Web.

Ahora, ¡a trabajar!

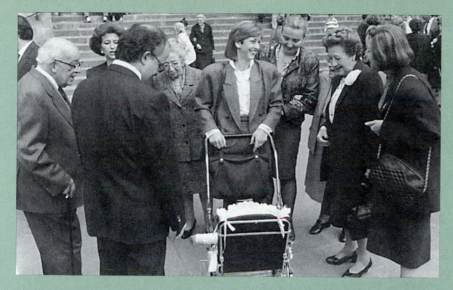

Una familia barcelonesa admira a su miembro más joven.

UNIDAD I
La familia y las tradiciones

Unidad I focuses on the family and its traditions.

❋ **Capítulo 1** features a poem about a Chicano boy's love for his grandmother.

❋ **Capítulo 2** takes a statistical look at Latin American women and the home.

❋ **Capítulo 3** offers an unconventional children's tale about **la Llorona,** the crying woman, and a young girl's determination to help her mother.

Una familia de Cuernavaca, México.

Vocabulario del tema

La personalidad, unos contrastes

ser...

altruista	**egoísta** (selfish)	**generoso/a**	**tacaño/a** (stingy)
amistoso/a (friendly)	**hostil**	**hablador(a)**	**callado/a** (quiet)
atrevido/a (daring)	**tímido/a**	**humilde**	**arrogante**
animado/a	**reservado/a**	**optimista**	**pesimista**
cariñoso (affectionate)	**frío/a**	**realista**	**soñador(a)** (dreamer)
chistoso/a (funny)	**melancólico/a**	**romántico/a**	**práctico/a**
compasivo/a	**cruel**	**sabio/a** (wise)	**tonto/a** (foolish)
conservador(a)	**vanguardista**	**serio/a**	**frívolo/a**
cortés (polite)	**descortés**	**simpático/a** (pleasant)	**antipático/a**
flexible	**terco/a** (stubborn)	**trabajador(a)**	**perezoso/a** (lazy)

Hablando del tema

A. En mi familia. Trabajando con un compañero (una compañera), describa a *una* de las siguientes personas de su familia. ¿Esta persona se comporta (*behaves*) de otra manera cuando no está con los otros miembros de la familia? Expliquen sus respuestas.

> a su madre/padre
> a su hermano/a
> a su abuelo/a
>
> a su tío favorito / a su tía
>   favorita
> a Ud. mismo/a

B. ¡Adivinen cómo es! Formen pequeños grupos para relatar cada uno/a un incidente que revele la verdadera personalidad de uno de los siguientes miembros de la familia. Trate de *no* mencionar la característica principal. ¡Sus compañeros/as tienen que adivinarla!

> su madre/padre
> su abuelo/a
>
> su hermano/a
> Ud. mismo/a

C. Retrato y autorretrato. Trabaje con un compañero (una compañera) para hacer descripciones. Primero, escoja cinco adjetivos que le sirvan para describirse a sí mismo (*self description*). (Los adjetivos pueden ser de la lista o no.)

Luego, observe a su compañero/a para elaborar una lista de cinco adjetivos para describirlo/la. Finalmente, comparen los dos autorretratos con las descripciones. Explíquense por qué piensan que los adjetivos que escogieron en cada caso son los más apropiados.

Lectura

Acercándonos a la lectura

Francisco X. Alarcón, Chicano poet and educator, was born in Los Angeles, California, but grew up in Guadalajara, Mexico. He received his B.A. from California State University, Long Beach, and did his graduate studies at Stanford University. He now lives in Davis, California, where he teaches in the Spanish Department of the University of California and directs the Spanish for Native Speakers program. He has published many collections of poetry, including *No Golden Gate for Us, Snake Poems: An Aztec Invocation,* and *Body in Flames / Cuerpo en llamas.* He was awarded both the American Book Award and the PEN Oakland Josephine Miles Award in 1993. His poetry often uses bicultural and bilingual themes, such as the following selection, **"En un barrio de Los Angeles,"** that contrasts a child's personal world (Spanish) with his public world (English).

Vocabulario para leer

oler* (huelo, hueles...)	to smell	**la nube**	cloud
platicar	to chat, talk, converse	**el oído**	(inner) ear, hearing
reconocer (zc)	to recognize	**antiguo/a**	old, ancient, traditional
mijito (*colloquial:* **mi hijito**)	my son, my little one	**barrigón (barrigona)**	chubby, big bellied

Asociaciones. Identifique la palabra de la lista del vocabulario que se asocia con cada uno de los siguientes pares de términos y explique por qué. ¡OJO! Es posible que dos palabras de la lista se asocien con el mismo grupo.

1. el estómago, gordo
2. ver, conocer
3. la nariz, el olor
4. viejo, de otra época
5. hablar, conversar
6. oír, la oreja
7. el niño, el cariño
8. el cielo, la lluvia

---

*In addition to the (o → ue) stem change, the verb **oler** has a spelling change in all forms with the stem change: *h*uelo, *h*ueles, *h*uele, olemos, oléis, *h*uelen. This orthographic change does not affect pronunciation.

Comentarios preliminares

A. Los parientes y sus actividades. Trabajando en un grupo pequeño, escojan *una* de las siguientes relaciones familiares y hagan una lista de las actividades típicas de esa relación. Después, comparen y discutan las listas de los grupos.

> MODELO: madre e hijos → 1. Las madres juegan con sus hijos.
> 2. Los hijos escuchan a las madres.
> 3. Las madres cuidan a los hijos.

1. madres e hijas **2.** padres e hijos **3.** entre hermanos **4.** entre hermanas **5.** abuelas y nietos **6.** abuelos y nietos **7.** tíos y sobrinos

B. Mi pariente favorito: ¡Adivine quién es! Trabajando en un grupo pequeño, describa a su pariente favorito/a sin revelar quién es. Sus compañeros/as pueden hacerle dos preguntas antes de adivinar quién es.

C. La familia típica en mi barrio. Trabaje en un grupo pequeño para describir a familias típicas. Primero, describan a una familia típica en la comunidad donde vive. (Pueden pensar en una familia específica como modelo para organizar mejor sus ideas.) Incluyan información de la siguiente lista. Luego escuchen y apunten las descripciones de sus compañeros/as para comparar las semejanzas y diferencias entre las diversas familias típicas.

1. el número de personas en una familia típica
2. quiénes son los miembros de la familia (por ejemplo, ¿incluye tíos o abuelos?)
3. cómo son las casas
4. quién(es) trabaja(n) y en qué
5. quién(es) hace(n) el trabajo doméstico
6. quién(es) cuida(n) a los niños
7. qué hacen en su tiempo libre

Estrategias para leer

Intelligent Guessing

Anticipating and guessing the content of a passage are important strategies that will improve your reading skills. Use details that provide hints about content, such as the title (*el título*), the art that accompanies the text, graphic elements (for example, upper- versus lower-case letters, italics, bold, punctuation marks), and the layout of the text. You can also scan the text to see what words it contains, noting the words you recognize and speculating on the meaning of the words you do not. These strategies combined with the knowledge that you bring to the text can be useful for understanding the theme (*el tema*), the tone (*el tono*), and the purpose of the reading passage.

Estrategias en acción

A. Anticipación. Trabajando con un compañero (una compañera) o en grupo, primero examine (sin leer) el texto completo para adivinar las respuestas a las siguientes preguntas. Apunten sus respuestas y después compárenlas. Después cada uno/a debe explicarles a sus compañeros/as en qué se apoya para formular sus especulaciones. Señalen la evidencia textual (el título, las palabras, la organización o la puntuación del poema) y/o extra-textual (información adicional que saben sobre algunos elementos en el texto, por ejemplo, sobre Los Angeles, el español, los abuelos o los niños).

1. ¿Dónde tiene lugar?
2. ¿Hay otro personaje importante en el poema además del poeta? ¿Quién es?
3. ¿Cuáles serán las condiciones socioeconómicas de los personajes?
4. ¿Qué emociones piensa Ud. que predominan en el poema?
5. ¿Cómo cree Ud. que los dos personajes pasan su tiempo juntos? Mencione por lo menos dos actividades que comparten.

B. Comparación. Basándose en sus respuestas a las preguntas en la Actividad A, explíqueles a sus compañeros/as cómo cree Ud. que la experiencia del poeta se va a comparar con su propia experiencia infantil. ¿Cree que las experiencias serán similares o diferentes?

En un barrio de Los Angeles

Francisco X. Alarcón

el español
lo aprendí
de mi abuela

mijito
no llores
me decía

en las mañanas
cuando salían
mis padres

a trabajar
en las canerías[1]   [1]*canning factories*
de pescado

mi abuela
platicaba
con las sillas

les cantaba
canciones
antiguas

les bailaba
valses[2] en   [2]*waltzes*
la cocina

cuando decía
niño barrigón
se reía

con mi abuela
aprendí
a contar nubes

a reconocer
en las macetas[3]   [3]*flower pots*
la yerbabuena[4]   [4]*mint*

mi abuela
llevaba lunas
en el vestido

la montaña
el desierto
el mar de México

en sus ojos
yo los veía
en sus trenzas[5]   [5]*braids*

yo los tocaba
con su voz
yo los olía

un día
me dijeron:
se fue muy lejos

pero yo aún
la siento
conmigo

diciéndome
quedito[6] al oído   [6]*softly*
mijito

Extraído de *Body in Flames* / *Cuerpo en llamas*

¿Cuánto recuerda Ud.?

Cierto/Falso. Indique si las siguientes afirmaciones son ciertas (C) o falsas (F). Si son falsas, corríjalas. Después, trabajando en grupo, comparen sus respuestas y señalen la evidencia —textual y extra-textual— que apoya sus respuestas.

1. _____ El poeta lloraba cuando sus padres salían a trabajar.
2. _____ El poeta aprendió el español con sus padres.
3. _____ La abuela consolaba al nieto cuando lloraba.
4. _____ La abuela tenía una personalidad alegre: le gustaba cantar, bailar y reír.
5. _____ De niño, el poeta era delgado.
6. _____ La abuela le enseñaba al nieto el nombre de sus plantas medicinales.
7. _____ La abuela recordaba con nostalgia el paisaje de México.
8. _____ La abuela le comunicaba al nieto sus recuerdos.
9. _____ La abuela cambió de casa: ahora vive en Los Angeles, pero lejos de su nieto.
10. _____ El poeta —ahora adulto— recuerda las palabras cariñosas de su abuela.

¿Qué se imagina Ud.?

A. La abuela: Un retrato póstumo.   Imagínese que Ud. acaba de recibir la noticia de la muerte de la abuela del poeta y desea escribir para el periódico el retrato de esta mujer. Primero haga un borrador (*draft*) de cinco oraciones describiendo a la abuela. Trate de usar adjetivos del **Vocabulario del tema.** Luego, trabajando en grupo, comparen sus retratos. Escojan elementos esenciales para integrarlos en un párrafo de siete oraciones.

B. Un niño y su abuela: Escenas para un video-álbum.   Aunque el poema es breve y conciso, las experiencias narradas revelan una relación especial entre la abuela y el niño. Imagínese que se graban escenas de la vida de ellos para el video-álbum de la familia. Trabajando con un compañero (una compañera), construyan las siguientes escenas de la vida del niño y la abuela para representar ante la clase escenas entre ellos.

1. El niño se siente triste cuando sus padres salen a trabajar.
2. El niño no quiere hablar español en la casa.
3. El niño no entiende por qué la abuela platica con las sillas y baila en la cocina.
4. El niño está inquieto y la abuela le habla de las nubes y las plantas.
5. La abuela le habla al niño de México y él le hace muchas preguntas.
6. El niño y su abuela hablan por última vez.

C. Las tradiciones familiares: ¿Valen la pena? ¿Hay tradiciones en su familia heredadas de sus abuelos? Por ejemplo, una comida, un día de fiesta o una actividad. ¿Qué piensan de ellas sus padres? ¿Las practican alegremente o sólo por respeto a los padres? Y Ud., ¿qué piensa? ¿Cree que son costumbres anticuadas, sin sentido o que dan un sentido de unidad y continuidad familiar? ¿Piensa Ud. transmitir esta(s) costumbre(s) a sus hijos y nietos?

D. El bilingüismo. El niño del poema aprende español en casa. Podemos suponer que es bilingüe y que habla inglés en la escuela. ¿Piensa Ud. que esto es bueno o que debe hablar inglés en casa también? Trabajando en grupo, exploren los aspectos positivos y negativos de las siguientes alternativas para familias de inmigrantes. Después de explorar los factores a favor y en contra, expresen sus propias conclusiones y explíquenselas entre sí.

1. hablar español (o chino, etcétera) en casa e inglés en la escuela
2. hablar inglés en casa y en la escuela
3. enseñanza escolar sólo en inglés para todos
4. enseñanza escolar en inglés y español (o chino, etcétera) sólo para los estudiantes inmigrantes
5. enseñanza escolar en inglés y español (o chino, etcétera) para todos

Gramática en contexto

1. Defining, Describing, and Locating: *ser* Versus *estar*

You will recall that Spanish has two verbs that mean *to be:* **ser** and **estar.** The following summary will help you understand how each is used.
Use **ser** to link the subject with . . .

1. nouns or pronouns

> Esta mujer **es** mi **abuela.**
> Yo **soy** su **hijito.**

2. adjectives that express usual or inherent qualities

> Esas canciones **son antiguas.**
> Tú **eres** muy **barrigón.**

3. expressions of origin, possession, or material composition

> Mi abuela **es de México.**
> Las macetas **son de mi abuela.**
> Su vestido **es de lunas (polka dots).**

4. expressions of time and place*

> **Son las seis** de la mañana.
> El baile de sillas **es en la cocina.**

Use **estar** to link the subject with . . .

1. expressions of location

> Mi abuela **está lejos** pero aún **está conmigo.**
> La yerbabuena **está en las macetas.**

2. adjectives that express a current state or condition that is subject to change

> Mi abuela **está contenta** con su vida.
> **Estoy triste** cuando salen mis padres.

3. the present participle (**-ando/-iendo**)†

> **Estoy riendo** mucho.
> Mi abuela **está cantando** canciones antiguas.

4. with certain idiomatic expressions

> **Estamos de buen/mal humor.**   *We're in a good/bad mood.*
> **Están de acuerdo.**   *They're in agreement.*
> **Estoy de vacaciones** esta semana.   *I'm on vacation this week.*

¡Practiquemos!

A. ¿Es verdad?   Decida si las siguientes declaraciones describen a la abuela del poeta. Luego explique por qué se usa **ser** en cada oración.

1. La abuela es muy antipática.
2. Parece que es muy generosa y trabajadora.
3. El niño y su abuela son muy arrogantes.
4. La abuela es perezosa.
5. El niño es un poco melancólico y por eso llora.
6. Ellos son cariñosos.

---

*Ser is used when *to be* means *to take place.*
†You will learn more about the present progressive in **Capítulo 5.**

B. Una familia activa. Complete los espacios en blanco con la forma apropiada de **estar.** Luego explique por qué se usa **estar** en cada oración.

En esta familia los padres no pueden _____[1] en casa durante el día. Cuando los padres salen a trabajar, la abuela ya _____[2] cuidando al niño en casa. La abuela siempre _____[3] de buen humor, aun cuando _____[4] cansada. Esta mañana los dos _____[5] en la cocina. La abuela _____[6] cantando una canción mexicana tradicional y su nieto _____[7] contando las nubes. Los dos _____[8] orgullosos de su herencia hispánica.

C. Un retrato de familia. Complete la siguiente descripción de la familia del poeta con la forma apropiada de **ser** o **estar.** Luego explique por qué se usa el verbo que Ud. escogió en cada caso.

La familia del poeta _____[1] humilde. Los miembros de esa familia _____[2] trabajadores. Nadie _____[3] solo porque todos se ayudan. Cuando los padres no _____[4] en casa, la abuela _____[5] allí para cuidar a los niños. El niño barrigón _____[6] un poco tímido pero _____[7] alegre al lado de su abuela. Los dos _____[8] buenos amigos. La abuela _____[9] de Guadalajara, México. La vida en los Estados Unidos _____[10] muy diferente para ella, pero (ella) _____[11] generosa y simpática, y le enseña a su nieto el idioma y la cultura de ella. Las canciones tradicionales que canta _____[12] de México. El niño _____[13] conociendo la cultura de su abuela a través de las canciones, la comida y las palabras de ella.

As you saw at the beginning of this grammar section, both **ser** and **estar** can link the subject with adjectives. The following examples show how an adjective used with **ser** expresses a normal association with the person or thing being described, whereas **estar** expresses a changing association.

ser: NORMAL ASSOCIATIONS	**estar:** CHANGING ASSOCIATIONS
Ella **es** una persona alegre. (*She's a happy person.*)	¡Qué alegre **está** hoy! (*She's happier than normal.*)
El **es** tranquilo. (*He is calm* [*by nature*].)	El **está** tranquilo hoy. (*He is calm* [*subdued*] *today.*)
Las nubes **son** grandes. (*The clouds are big.*)	Las nubes **están** grandes hoy. (*The clouds are bigger than normal today.*)

Some adjectives are linked to the subject primarily with **ser;** others primarily with **estar.**

ser	**estar**
capaz (*capable*) / incapaz	ausente / presente
concienzudo (*conscientious*)	cansado / descansado
constante / inconstante	contento / molesto, enojado
cuidadoso (*careful*) / descuidado	dispuesto (*willing*)

ser	estar
justo / injusto	harto (*fed up*)
respetuoso / descortés	libre (*free*) / ocupado
	lleno (*full*) / vacío
	orgulloso / avergonzado
	(*ashamed*)

Este niño **es** muy **capaz.**

Siempre **es** muy **respetuoso** con sus padres y con su abuela.

Esta tarde la abuela **está libre** para jugar con su nieto.

La abuela **está dispuesta** a enseñarle al niño muchas cosas.

In addition, the following adjectives have different English equivalents according to whether they are used with **ser** or **estar.**

ser	estar
El niño **es aburrido.**	El niño **está aburrido.**
The boy is boring.	*The boy is bored.*
Fue muy **malo.**	**Estuvo malo.**
He was very bad.	*He was ill.*
Es verde.	**Está verde.**
It's green.	*It isn't ripe.*
La abuela **es** muy **viva.**	La abuela no **está viva; está muerta.**
The grandmother is very lively.	*The grandmother isn't alive; she's dead.*
Soy listo.	**Estoy listo.**
I'm clever.	*I'm ready.*

¡Practiquemos!

A. Familias famosas. Complete las oraciones con el verbo apropiado y explique en cada caso por qué se usa **ser** o **estar.**

1. El presidente es/está ocupado hoy. Su esposa es/está un poco cansada después de las últimas elecciones.
2. Billy Cristal nunca es/está aburrido. Por eso sus reuniones familiares son/están divertidas.
3. Arnold Schwarzenegger y su esposa Maria Shriver son/están famosos. El es/está rodando (*filming*) una película en el Japón, pero ella todavía es/está en Nueva York.
4. Bill Clinton y su esposa Hillary son/están ambiciosos. Hay gente que dice que ella es/está más lista que él.

B. La familia González. Un estudiante norteamericano visitó a una familia española y le mandó la siguiente descripción de ellos a un amigo en los Estados Unidos. Complétela con la forma apropiada de **ser** o **estar.**

Los González _____[1] una familia típica de la clase profesional. Ellos _____[2] miembros de familias importantes de España. El nivel de educación que tienen _____[3] alto. Los dos fueron a la Universidad Complutense que _____[4] en Madrid. El padre _____[5] abogado (*lawyer*). La madre estudió administración de empresas (*business*) pero _____[6] dispuesta a abandonar su carrera porque quiere _____[7] en casa con sus hijos. Ella _____[8] preocupada por la atención que deben recibir los niños a una edad temprana. Cree que ella y su esposo deben _____[9] con los niños durante los primeros años porque la presencia de los padres _____[10] indispensable para el desarrollo (*development*) infantil. El Sr. González _____[11] de acuerdo con su mujer pero a veces no _____[12] en casa a la hora de la cena porque él _____[13] bastante ocupado en su oficina. Claro que hay momentos en que el trabajo de la oficina _____[14] aburrido, pero él _____[15] satisfecho con su carrera de todos modos. El _____[16] paciente y sabe que no siempre va a _____[17] ausente de su casa todos los días a la hora de la cena porque quiere _____[18] con sus niños lo más posible. Para la Sra. González la vida _____[19] llena de sorpresas diarias con las dos criaturas pequeñas que _____[20] el amor de su vida y, por el momento, el centro de su universo.

C. En el gimnasio. Describa al Sr. Cerdá antes y después de hacer su régimen para perder peso (*weight*), según los dibujos y el vocabulario indicado (también puede usar otro vocabulario que conoce).

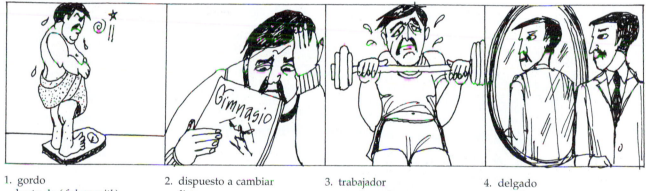

1. gordo
   harto de (*fed up with*)
   avergonzado

2. dispuesto a cambiar
   listo

3. trabajador
   concienzudo
   cansado
   sudando (*sweating*)

4. delgado
   orgulloso
   contento
   elegante

D. Hablando de la abuela. Conteste las siguientes preguntas acerca de la abuela del poema de Francisco Alarcón. Use su imaginación cuando sea necesario.

1. ¿De qué país es la abuela?
2. ¿Cómo es físicamente?
3. ¿Dónde está durante la mayor parte del día?
4. ¿Cómo es cuando está en la cocina?
5. ¿Está de mal humor a menudo?
6. ¿Está satisfecha con su vida? ¿Por qué sí o por qué no?

2. Asking Questions: Interrogative Forms

You will remember that you ask yes/no questions in Spanish by making your voice rise at the end. The normal subject-verb word order is often inverted as well, but not always.

NORMAL STATEMENTS	YES/NO QUESTIONS
La canción es mexicana.	1. ¿Es la canción mexicana?
	2. ¿Es mexicana la canción?
	3. ¿La canción es mexicana?
	4. ¿Es mexicana?

To ask for more detailed information, you will need to use one of the following *interrogative words*. (Notice that all of them have written accents.)

¿qué?	*what?*
¿por qué?	*why?*
¿para qué?	*why? what for?*
¿cuándo?	*when?*
¿cómo?	*how?*
¿dónde?	*where?*
¿adónde?	*(to) where?*
¿de dónde?	*(from) where?*
¿quién(es)?	*who?*
¿cuál(es)?	*which (one[s])?*
¿cuánto(s)?/¿cuánta(s)?	*how much? (how many?)*

¿Qué? Versus ¿cuál(es)?

Use **¿qué?** (*what?*) when asking for a definition.

¿Qué es un vals?	*What's a waltz?*

Use **¿cuál(es)?** (*which?*) when selecting an item from among many.

¿Cuál es el niño barrigón?	*Which (one) is the chubby kid?*

In standard Spanish, **¿cuál(es)?** (*which? which one?*) is a pronoun and is not immediately followed by a noun; only **¿qué?** can be used as an adjective.*

---

*However, in colloquial speech **¿cuál?** is often used as an adjective.

¿**Cuál** de los chicos habla español?	*Which child (which one of the children) speaks Spanish?*

but

¿**Qué** chico habla español?	*Which child speaks Spanish?*

¿Qué? Versus ¿quién(es)?

When asking questions about things, use the pronoun ¿**qué?**

¿**Qué** llega a las 9:00? —El tren de Lima.	*What arrives at 9:00?—The train from Lima.*

When asking questions about people, use the pronoun ¿**quién(es)?**

¿**Quiénes** llegan a las 9:00? —Mis hermanos.	*Who is arriving at 9:00?—My brothers (and sisters).*

Prepositions with Interrogatives

When associated with certain verbs, the prepositions **de, con,** and **a** must precede the interrogative pronouns in questions.

ir a	¿*Adónde* vas?	*Where are you going (to)?*
ser de	¿*De* dónde eres?	*Where are you from?*
salir con	¿*Con* quién sales esta noche?	*Who are you going out with tonight?*
ver a	¿*A* quién vas a ver este fin de semana?	*Who are you going to see this weekend?*

¿Por qué? Versus porque

Remember that you ask a question with ¿**por qué?** (two words with a written accent mark on the second), but you answer it with **porque** (one word, no written accent).

¿**Por qué** dices eso? —¡**Porque** es verdad!	*Why do you say that?—Because it's true!*

¡Practiquemos!

A. Preguntas apropiadas.   Indique si las siguientes preguntas son apropiadas para un niño (N) o un adulto (A). Después vuelva a mirar las preguntas. Con las que son apropiadas para un niño, haga la pregunta apropiada para un adulto, y viceversa.

1. _____ ¿Cuántos años tienes?
2. _____ ¿De dónde es Ud.?
3. _____ ¿Con quién juegas esta tarde?
4. _____ ¿Adónde van Uds. después de terminar la conferencia?

5. _____ ¿Por qué no deja su coche en nuestro garaje?

6. _____ ¿Cuál es el apellido de su esposa?

7. _____ ¿Cuántos hermanos tienes?

8. _____ ¿Cómo es tu maestra?

B. ¿Quién es? Todas las siguientes oraciones se refieren al niño y a la abuela del poema de Francisco Alarcón. Haga una pregunta apropiada para cada una. **¡OJO!** Más de una pregunta puede ser apropiada.

MODELO: Está llorando. → ¿Qué hace el niño?

1. Este niño barrigón se ríe mucho.
2. El habla con su abuela en español.
3. El niño está bailando valses en la cocina.
4. Ella platica con las sillas, no con él.
5. La timidez es el mayor problema del niño.
6. El niño pasa todo el tiempo con la abuela.

3. More About Description: Adjective Agreement

As you know, adjectives must agree with the nouns they modify in number (singular/plural) and gender (masculine/feminine). They can be divided into six groups by their endings.

1. Adjectives that end in **-o/-a** form their plurals with **-os/-as.**

   un niño **listo**   unos niños **listos**
   una niña **lista**   unas niñas **listas**

2. Adjectives that end in **-dor/-dora** form their plurals with **-dores/-doras.**

   un chico **trabajador**   unos chicos **trabajadores**
   una chica **trabajadora**   unas chicas **trabajadoras**

3. Adjectives that end in **-e** form their plurals with **-s.**

   un hombre **inteligente**   unos hombres **inteligentes**
   una mujer **inteligente**   unas mujeres **inteligentes**

4. Adjectives whose masculine singular forms end in a consonant or an accented vowel form their plurals with **-es.**

   un estudiante **superior**   unos estudiantes **superiores**
   una estudiante **superior** unas estudiantes **superiores**

   un hombre **israelí**   unos hombres **israelíes**
   una mujer **israelí**   unas mujeres **israelíes**

5. Adjectives of nationality that end in consonants have four forms.

un viajero **alemán**	unos viajeros **alemanes**
una viajera **alemana**	unas viajeras **alemanas**

6. Adjectives that end in **-ista** can be either masculine or feminine.

un profesor **optimista**	unos profesores **optimistas**
una profesora **optimista**	unas profesoras **optimistas**

¡Practiquemos!

A. La abuela y el niño. La abuela y el niño se parecen mucho. Describa a la abuela según lo que se dice de su nieto, siguiendo los modelos.

MODELO: El niño es muy generoso. → La abuela también es generosa.

1. El niño es mexicano.
2. El niño es trabajador.
3. El niño es cortés.

MODELO: El niño no es perezoso. → La abuela tampoco es perezosa.

4. El niño no es callado.
5. El niño no es arrogante.
6. El niño no es pesimista.

B. ¿Cómo eran? Forme tres oraciones para describir a cada figura histórica. Use un adjetivo de la lista de nacionalidades y dos adjetivos del **Vocabulario del tema.**

Adjetivos de nacionalidad: chino, egipcio, francés, indio, inglés, israelí, italiano, mexicano, norteamericano, ruso, venezolano

MODELO: Lizzie Borden → Lizzie Borden era norteamericana. Era hostil con sus padres. No era simpática.

1. Joseph Stalin
2. Simone de Beauvoir
3. Abraham Lincoln
4. Florence Nightingale
5. Simón Bolívar
6. Golda Meir
7. Anwar Sadat
8. Indira Gandhi

C. La pregunta es... Trabajando en grupo, hagan una lista de cinco figuras públicas bien conocidas. Después escriban una descripción de cada una de esas personas usando **ser** y los adjetivos del **Vocabulario del tema.** Luego, un miembro del grupo lee la descripción a la clase y los estudiantes tratan de formar una pregunta al estilo *Jeopardy.*

MODELO: Es deportista, alto y muy atlético y parece volar cuando juega. → ¿Quién es Michael Jordan?

Español en acción

A. Adivinanza (*Guessing Game*). Un(a) estudiante piensa en una persona a quien admira mucho, y la describe, pero sin mencionar el nombre. (Puede ser un miembro de su familia, un profesor, un artista, un político, etcétera.) Luego los otros miembros de la clase le hacen preguntas y tratan de adivinar en quién piensa. La primera persona que adivina gana.

B. ¿Dónde está la mayonesa? Trabajando con un compañero (una compañera) invente una historia para la siguiente foto. ¿Quiénes son estas personas? ¿Qué tipo de persona es la mujer? ¿el hombre? ¿Dónde están? ¿Qué están haciendo? ¿Están contentos, sorprendidos (*surprised*), molestos, enojados, etcétera? ¿Por qué? ¿Cómo están preparadas las tapas (*hors d'oeuvres*)?

¡Aaajj!... ¡No tiene mayonesa!

C. Chismes (*Gossip*). La familia Rodríguez, de Monterrey, México, acaba de ganar «El Gordo», el premio (*prize*) mayor de la lotería nacional.

Imagínese que su profesor(a) es periodista (*reporter*) y que busca información acerca de los Rodríguez. Los demás estudiantes del grupo son los vecinos (*neighbors*) de la familia. El/La periodista tiene un álbum de fotos de los Rodríguez, pero todo lo que sabe de ellos es la información que sigue.

❀ El Sr. Rodríguez tiene 42 años. Es profesor.
❀ La Sra. Rodríguez es de Costa Rica.
❀ Pedro tiene 20 años. Acaba de comprar un coche viejo.
❀ Amelia tiene 18 años. Va con frecuencia a la discoteca «Luna Azul».

- Luis tiene 15 años. Trabaja en el mercado por las tardes.
- Graciela tiene 10 años. Está en la escuela primaria.
- Roberto tiene 7 años. Es un niño travieso (*mischievous*).

¡Pedro está tan orgulloso de su coche!

¿Con quién baila nuestra Amelia?

Dentro de poco Luis va a jugar mejor que su papá.

¡Qué lindo es nuestro país!

¡Roberto no le tiene miedo a nada!

Graciela y Roberto están aprendiendo a nadar.

¿Veintidós años? ¡Dios mío!

Usen esta información y la que sacan de las fotos para darle al / a la periodista una descripción tan detallada como sea posible de cada miembro de la familia Rodríguez.

1. ¿Cómo es cada persona? Describa su apariencia física y también su personalidad.
2. ¿Cuáles son sus intereses? ¿sus pasatiempos favoritos?
3. ¿Hay actividades que hacen juntos (*together*) todos los miembros de la familia? ¿Por qué les interesan esas actividades?
4. ¿Hay otras actividades que *no* hacen juntos? ¿Cuáles son? ¿Con quiénes las hacen? ¿Por qué?

Al corriente

La Sagrada Familia

¡A leer!

La siguiente lectura de dos páginas de la red presenta la ciudad de Barcelona y uno de sus monumentos más importantes, el Templo de la Sagrada Familia, construido por Antonio Gaudí. Léala con detenimiento (*carefully*) y conteste las preguntas continuación.

Barcelona, España: El Templo de la Sagrada Familia, del arquitecto Antonio Gaudí

BARCELONA

Barcelona, con sus casi dos millones de habitantes, es la capital de Cataluña. Por su población, situación e infraestructuras, Barcelona es hoy un eje clave[1] en la vida y la economía del Mediterráneo occidental[2] y del sur de Europa. La celebración de los Juegos Olímpicos (1992) ha dado un enorme impulso[3] a la ciudad y la ha catapultado[4] como una de las más atractivas para vivir y trabajar en Europa.

Entre los monumentos de la ciudad destaca[5] por su carácter emblemático[6] el Templo de la Sagrada Familia, la gran obra inacabada[7] del arquitecto Antonio Gaudí (1852–1926). Su peculiar estilo[8] arquitectónico encuentra su reflejo[9] en otros puntos de la ciudad como el Parque Güell o la Casa Batlló.

---

[1]eje... *key component* [2]*western* [3]*boost, push* [4]*launched* [5]*stands out* [6]*emblematic* [7]*unfinished* [8]*style* [9]encuentra... *is reflected*

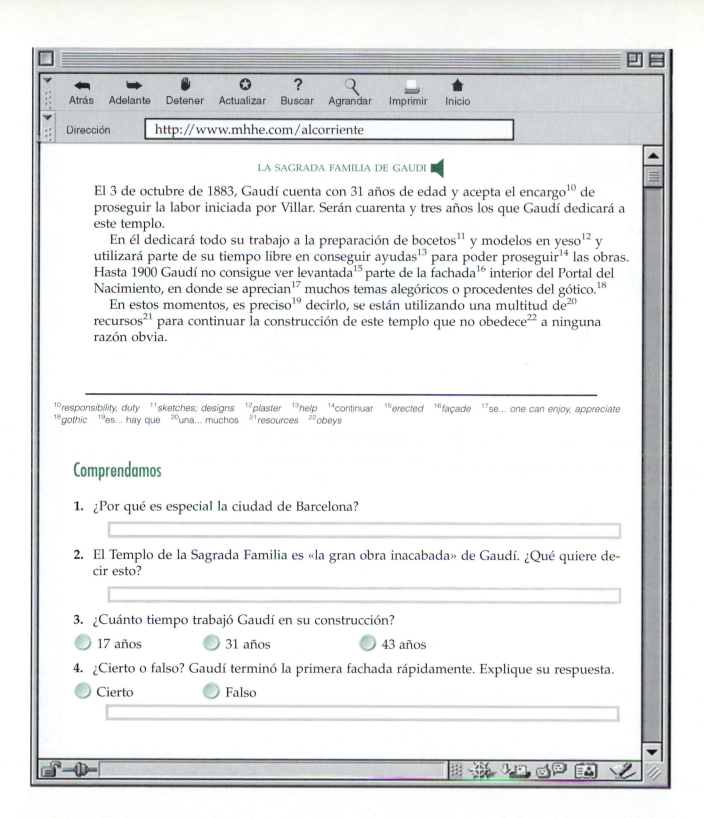

LA SAGRADA FAMILIA DE GAUDI

El 3 de octubre de 1883, Gaudí cuenta con 31 años de edad y acepta el encargo[10] de proseguir la labor iniciada por Villar. Serán cuarenta y tres años los que Gaudí dedicará a este templo.

En él dedicará todo su trabajo a la preparación de bocetos[11] y modelos en yeso[12] y utilizará parte de su tiempo libre en conseguir ayudas[13] para poder proseguir[14] las obras. Hasta 1900 Gaudí no consigue ver levantada[15] parte de la fachada[16] interior del Portal del Nacimiento, en donde se aprecian[17] muchos temas alegóricos o procedentes del gótico.[18]

En estos momentos, es preciso[19] decirlo, se están utilizando una multitud de[20] recursos[21] para continuar la construcción de este templo que no obedece[22] a ninguna razón obvia.

---

[10]*responsibility, duty* [11]*sketches; designs* [12]*plaster* [13]*help* [14]*continuar* [15]*erected* [16]*façade* [17]*se... one can enjoy, appreciate*
[18]*gothic* [19]*es... hay que* [20]*una... muchos* [21]*resources* [22]*obeys*

Comprendamos

1. ¿Por qué es especial la ciudad de Barcelona?

2. El Templo de la Sagrada Familia es «la gran obra inacabada» de Gaudí. ¿Qué quiere decir esto?

3. ¿Cuánto tiempo trabajó Gaudí en su construcción?

  ⬤ 17 años   ⬤ 31 años   ⬤ 43 años

4. ¿Cierto o falso? Gaudí terminó la primera fachada rápidamente. Explique su respuesta.

  ⬤ Cierto   ⬤ Falso

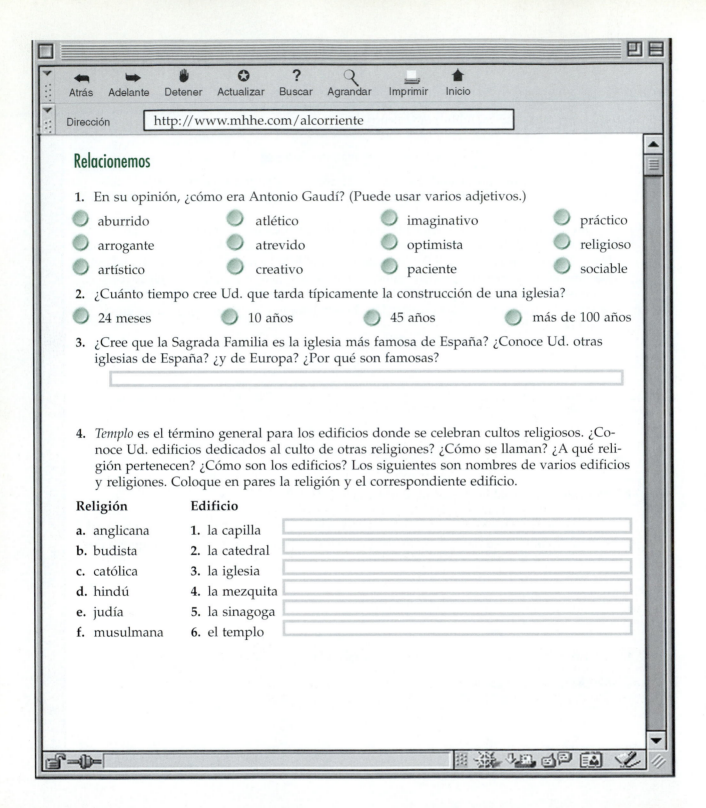

Relacionemos

1. En su opinión, ¿cómo era Antonio Gaudí? (Puede usar varios adjetivos.)

- aburrido
- atlético
- imaginativo
- práctico
- arrogante
- atrevido
- optimista
- religioso
- artístico
- creativo
- paciente
- sociable

2. ¿Cuánto tiempo cree Ud. que tarda típicamente la construcción de una iglesia?

- 24 meses
- 10 años
- 45 años
- más de 100 años

3. ¿Cree que la Sagrada Familia es la iglesia más famosa de España? ¿Conoce Ud. otras iglesias de España? ¿y de Europa? ¿Por qué son famosas?

4. *Templo* es el término general para los edificios donde se celebran cultos religiosos. ¿Conoce Ud. edificios dedicados al culto de otras religiones? ¿Cómo se llaman? ¿A qué religión pertenecen? ¿Cómo son los edificios? Los siguientes son nombres de varios edificios y religiones. Coloque en pares la religión y el correspondiente edificio.

Religión

Edificio

a. anglicana
b. budista
c. católica
d. hindú
e. judía
f. musulmana

1. la capilla
2. la catedral
3. la iglesia
4. la mezquita
5. la sinagoga
6. el templo

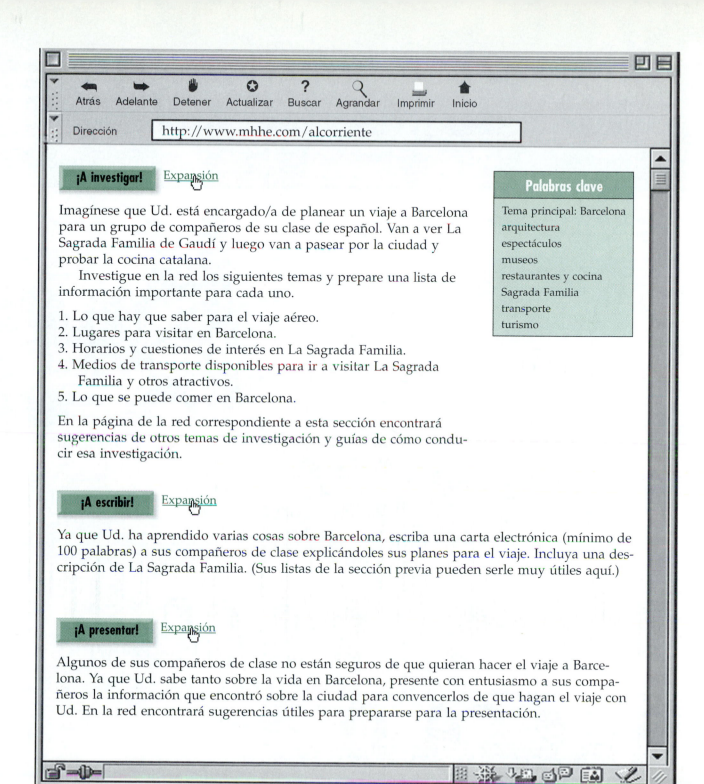

¡A investigar!   Expansión

Imagínese que Ud. está encargado/a de planear un viaje a Barcelona para un grupo de compañeros de su clase de español. Van a ver La Sagrada Familia de Gaudí y luego van a pasear por la ciudad y probar la cocina catalana.

Investigue en la red los siguientes temas y prepare una lista de información importante para cada uno.

1. Lo que hay que saber para el viaje aéreo.
2. Lugares para visitar en Barcelona.
3. Horarios y cuestiones de interés en La Sagrada Familia.
4. Medios de transporte disponibles para ir a visitar La Sagrada Familia y otros atractivos.
5. Lo que se puede comer en Barcelona.

En la página de la red correspondiente a esta sección encontrará sugerencias de otros temas de investigación y guías de cómo conducir esa investigación.

Palabras clave

Tema principal: Barcelona
arquitectura
espectáculos
museos
restaurantes y cocina
Sagrada Familia
transporte
turismo

¡A escribir!   Expansión

Ya que Ud. ha aprendido varias cosas sobre Barcelona, escriba una carta electrónica (mínimo de 100 palabras) a sus compañeros de clase explicándoles sus planes para el viaje. Incluya una descripción de La Sagrada Familia. (Sus listas de la sección previa pueden serle muy útiles aquí.)

¡A presentar!   Expansión

Algunos de sus compañeros de clase no están seguros de que quieran hacer el viaje a Barcelona. Ya que Ud. sabe tanto sobre la vida en Barcelona, presente con entusiasmo a sus compañeros la información que encontró sobre la ciudad para convencerlos de que hagan el viaje con Ud. En la red encontrará sugerencias útiles para prepararse para la presentación.

Tres generaciones de esta familia colombiana —abuelos, padres, hijos, cuñados, suegros, tíos, nietos y sobrinos— se divierten juntos.

Antonia Roberto

Teresa Enrique

Marta Carlos José María Ana Magali Raúl Adriana Javier

Daniel Susana (divorciados) Manuel Isabel Martín Carla Mariana

Luisa Adrián Antonio Guillermo Rosa Blanca

Vocabulario del tema

Los parientes (relatives)

el padre, la madre	father, mother
el padrastro, la madrastra	stepfather, stepmother
el suegro, la suegra	father-in-law, mother-in-law
el hijo, la hija	son, daughter
el hijastro, la hijastra	stepson, stepdaughter
el yerno, la nuera	son-in-law, daughter-in-law
el hermano, la hermana	brother, sister
el mellizo, la melliza	twin brother, twin sister
el hermanastro, la hermanastra	stepbrother, stepsister
el medio hermano, la media hermana	half-brother, half-sister
el cuñado, la cuñada	brother-in-law, sister-in-law
el abuelo, la abuela	grandfather, grandmother
el bisabuelo, la bisabuela	great-grandtfather, great-grandmother
el nieto, la nieta	grandson, granddaughter
el bisnieto, la bisnieta	great-grandson, great-granddaughter
el tío, la tía	uncle, aunt
el sobrino, la sobrina	nephew, niece
el primo (hermano), la prima (hermana)	(first) cousin

Hablando del tema

A. Toda familia es diferente.   Algunos jóvenes tienen padrastro o madrastra, hermanastros o medio hermanos. Otros son hijos únicos (*only children*), y unos pocos son mellizos. Casi todos los jóvenes tienen abuelos, tíos y primos. Muchos adultos también tienen sobrinos, cuñados, suegros, yernos y nueras. Con sus compañeros de clase, echen la cuenta (*make a tally*) de cuántos tienen padrastros, abuelos, bisabuelos, mellizos, etcétera.

Luego decidan entre sí (*among yourselves*) qué persona de la clase tiene la familia extendida más grande, la más pequeña y la más complicada.

B. Tradición y cambio en la familia.   ¿En qué consiste tradicionalmente la «familia típica» norteamericana? ¿Es tan común ahora como hace treinta años? ¿En qué son diferentes las familias hoy en día? Trabajando con un compañero (una compañera), haga una lista de todos los cambios que han notado. ¿Cuáles son algunas de las causas de los cambios que Uds. han incluido en su lista?

C. La familia a través de la televisión. Muchos de los programas populares de televisión tratan de representar la familia contemporánea norteamericana. Trabajando con un compañero (una compañera), identifique un programa de este tipo de la década de los noventa y otro de esta década. ¿De qué forma son esas familias representativas de su década?

Lectura

Acercándonos a la lectura

Can you remember your childhood dreams and goals? Can you explain if those aspirations were shaped mostly by your family, your friends and schooling, or by some special quality of your own? For most of us, the first question is easier to answer than the second. Does the composition and health of the family unit make a difference to children as they grow up? The following reading selection offers a statistical analysis of the Latin American family: its size, number of single-parent households, and the respective roles that the parents and/or relatives play in the home. While reading, you should think of how this statistical profile of Latin America compares with the notion of family in this country. Is it the same or different? Is the family profile the same for all of the Latin American countries? Where is the divorce rate the highest in Latin America? Are the figures comparable to the divorce rates in the United States? You will have to sort through the statistics to find out.

Vocabulario para leer

alcanzar to reach
crecer (zc) to grow
destacar to stand out
disminuir (y) to diminish, to decrease, to lessen
dirigir to direct
empujar to push
el aumento increase

el cónyuge spouse
la disminución lessening, reduction
el hogar home, household
la jefatura del hogar head of household
el promedio average
el tamaño size
compuesto/a mixed
escaso/a rare

A. Correspondencias. Escoja las palabras de la lista del vocabulario que mejor corresponden a las siguientes definiciones.

1. Hacer algo más pequeño.
2. Hacer algo más grande.
3. Llegar a una destinación.
4. Tratar de mover algo que no quiere cambiar de lugar.

5. Controlar la dirección de los eventos.

6. Ser más evidente, más notable.

B. Definiciones.   Explique en español qué significan las siguientes palabras.

1. el hogar

2. el tamaño

3. los cónyuges

4. la jefatura

5. el promedio

6. escaso

C. Antónimos.   Escoja de la lista del vocabulario los antónimos de las siguientes palabras o expresiones.

1. abundante

2. el mejor de todo el grupo

3. no llegar

4. un soltero

5. el aumento

6. separado

Comentarios preliminares

A. ¿Cómo se define la familia?   Hoy en día hay diferentes patrones (*models*) para lo que constituye la familia. No todo el mundo se cría dentro de un hogar (*home*) nuclear, o sea, una familia con una madre y un padre; asimismo, la familia extendida tampoco es una experiencia común a todos. Trabajando con un compañero/a, haga una lista de los diferentes tipos de familia. ¿A cuál pertenece Ud.? En su opinión, ¿qué modelo es mejor para los niños? ¿Y para los padres? ¿Por qué se usa el término *una familia disfuncional*? ¿Qué factores pueden causar este problema? ¿Cómo cree Ud. que va a cambiar la familia en el futuro?

B. Familias famosas: ¿De tal palo, tal astilla?   A lo largo de la historia, hay familias con varios miembros de renombre. Por ejemplo, los presidentes Theodore Roosevelt y Franklin D. Roosevelt eran primos, el actor Martin Sheen es el padre de los actores Charlie Sheen y Emilio Estévez, la diseñadora Paloma Picasso es hija del artista Pablo Picasso y el presidente John F. Kennedy era hermano del senador Edward M. Kennedy y del senador Robert Kennedy. ¿Es esto sólo coincidencia? ¿O le dan estos casos validez al refrán «De tal palo, tal astilla»? ¿O cree Ud. que los talentos y aficiones de estos famosos se han cultivado en sus familias?

Trabaje con un compañero (una compañera) para escoger un par de parientes famosos: éstos pueden tener cualquier parentesco y ser famosos en cualquier campo (el cine, la ciencia, los deportes, etcétera). Después, consideren los siguientes puntos. Finalmente, compartan sus observaciones con la clase.

1. ¿Cuál es el parentesco entre ellos?

2. ¿En que se basa la fama de cada uno?

3. Describa a cada uno de ellos.

4. ¿Es la fama de ellos producto de valores familiares, sociales/culturales o individuales?

C. Mis aficiones: ¿de dónde (me) vienen? Las cosas que nos gustan son un componente importante de nuestra personalidad. Si nos preguntamos de dónde nos vienen esas aficiones, podemos señalar en algunos casos la influencia de la familia, de la escuela y de los amigos y, en otros casos, reconocemos que la afición es un gusto individual.

Considere si las siguientes aficiones suyas son producto de la influencia de la familia, la escuela o la sociedad o si nacen de un gusto personal. Identifique sus aficiones y marque (X) el espacio que corresponda al origen de cada afición. Después determine cuáles de los factores influyen más en Ud. Finalmente, comparta sus observaciones con sus compañeros/as.

Matthew

AFICION	INFLUENCIA FAMILIAR	INFLUENCIA ESCOLAR	INFLUENCIA SOCIAL/CULTURAL	GUSTO PERSONAL
1. Deporte favorito: _____		X		
2. Música preferida: todas	X		X	
3. Lecturas favoritas: harry Potter	X			X
4. Comida favorita: _____	X			
5. Color favorito: _____				X
6. Clase favorita: _____				X
7. Tipo de película preferido: _____	X			
8. Otra afición importante: _____				X

D. ¿Seguir los pasos de la familia? Trabajen en pares o grupos para elaborar un diálogo en que un padre o una madre discute con su hijo/a sobre la selección de oficio o profesión. ¿Debe el/la joven seguir la profesión de sus mayores? Escojan *una* de las siguientes situaciones.

1. El hijo desea ser policía como su padre, pero éste no se lo recomienda.
2. La madre es maestra de escuela primaria; la hija prefiere seguir la carrera de astronauta, contra los deseos de su madre.
3. El padre es escritor; la hija tiene gran afición por la literatura pero no tiene habilidad para escribir.

4. La madre es dentista y le gustaría que su hijo fuera dentista también. El chico está indeciso.
5. La familia tiene una pequeña finca. Los hijos quieren quedarse en ella. Padres e hijos discuten las ventajas y los riesgos de quedarse allí.
6. La madre es cantante de música campera y no gana mucho dinero; quiere triunfar formando un dúo con su hijo de 18 años.

Estrategias para leer

Word Order and Formal Discourse: Pay Attention to What Comes Last!

The normal word order in Spanish is subject, then verb (**SV**). However, word order is more flexible in Spanish than English since the Spanish verb's personal endings make it clear who or what constitutes the subject. (The personal **a** that marks human objects helps, too.) In formal discourse, writers tend to put the most important items toward the end of each sentence, including the subject if it represents the newer or more important information being offered to the reader. In this case, it's normal for the subject to follow the verb (**VS**).

> Entre los jefes hombres **predominan** (V) **los casados** (S).
>
> *Among households headed by men, **married men predominate.***

The reader must pay close attention to the verb's personal endings in order to locate the subject, which will often occur after the verb. Impersonal verbs such as *to grow, to stand out, to diminish*, and *to include* follow this tendency as well. This inverted order of verb/subject (**VS**) should be expected in this chapter's reading, a statistical characterization of the Latin American family.

Estrategias en acción

Las siguientes frases tienen ver con la lectura. Indique las que tienen el orden de palabras **SV** (sujeto/verbo) o **VS** (verbo/sujeto).

1. _____ La constitución de los hogares latinoamericanos presenta una clara tendencia a la disminución de su tamaño.
2. _____ La composición familiar exhibe un nítido predominio de los hogares nucleares.
3. _____ Va aumentando la heterogeneidad de los tipos de familia.
4. _____ Los hogares extendidos alcanzan al 17% en México.
5. _____ Entre los fenómenos, destacan las familias monoparentales.
6. _____ Donde más creció la jefatura femenina es en México.

Familia y jefatura de hogar

Teresa Valdés y Enrique Gomáriz (Coord.), *Mujeres latinoamericanas en cifras*

La constitución de los hogares latinoamericanos presenta en la mayoría de los países una clara tendencia a la disminución de su tamaño. Esta se origina en varios factores: la reducción del número de hijos y de los hogares multigeneracionales, así como el aumento de las familias monoparentales[a] y de las personas que viven solas.

Entre 1970 y 1990 Costa Rica disminuyó el promedio de personas por hogar de 5,6 a 4,3, y Brasil, en igual período, se redujo de 5,1 a 4,2.

Bolivia, Guatemala y México se cuentan entre los pocos países que no disminuyeron el tamaño medio de sus hogares.

La composición familiar exhibe un nítido[b] predominio de los hogares nucleares, o sea aquéllos que incluyen a uno o ambos cónyuges con o sin hijos. En los países examinados este tipo de hogar alcanza al 75% en México, al 65% en Argentina, y en el país de menor incidencia, Venezuela, supera el 54%.

Si bien la importancia de este tipo de hogar se ha incrementado en la última década, también va aumentando la heterogeneidad de su composición al proliferar los monoparentales y los hogares con ambos cónyuges pero sin hijos, aunque los nucleares completos, es decir, con ambos cónyuges y con hijos, siguen predominando en esta categoría.

Segundos en importancia continúan siendo los hogares extendidos, que incluyen a otros parientes, pese a que se aprecia una tendencia a la disminución de los integrados por familias multigeneracionales. Los hogares extendidos representan en Colombia el 30% del total, el 27% en Venezuela y en el de menor incidencia, México, alcanzan al 17%.

El tercero en proporción es el grupo de los hogares unipersonales, que también ha crecido en la última década debido al envejecimiento de la población y a la tendencia de los jóvenes a postergar la edad en que forman sus propias familias. Estos hogares unipersonales representan el 15% del total en Uruguay, el 14% en Argentina y sólo el 4% en Colombia.

Por su parte, los hogares compuestos, que incluyen a uno o más integrantes que no son parientes, representan el 12% en Venezuela, el 10% en Bolivia y sólo alrededor del 2% en Argentina y México.

Una creciente proporción de hogares latinoamericanos está siendo dirigido por una mujer, alcanzando a algo menos de uno de cada cuatro hogares en las áreas urbanas de la región. En éstas creció de 21% alrededor de 1980 a cerca de 23% en 1990.

Entre los fenómenos que empujan el crecimiento de los hogares con jefatura femenina, destacan el aumento de los hogares monoparentales, los que predominantemente son de jefas mujeres jóvenes o maduras, y el aumento de los hogares unipersonales por envejecimiento de la población, en combinación con la mayor longevidad de las mujeres y su menor propensión que los hombres a formar pareja nuevamente.

---

[a]las... *single-parent households* [b]*sharp, clear*

Entre los países con mayores proporciones de hogares con jefatura femenina se encuentran Nicaragua con aproximadamente 36%, Honduras con 27%, Bolivia con 26%. Los que presentan menores porcentajes son México y Ecuador con 18% y Perú con 19%.

Donde más creció la jefatura femenina es en México, Argentina y Uruguay, países que presentan un aumento de más de tres puntos porcentuales en los últimos diez años.

Los hogares con jefatura femenina registran una significativa menor presencia del cónyuge respecto a los hogares con jefes hombres. Como ejemplos, en Brasil en 1989 sólo el 2,8% de las jefas tenía pareja conviviente, mientras sí la tenían el 91,4% de los jefes varones, y aun en Cuba, donde las diferencias son menores, el 25% de las mujeres jefas vivía con el cónyuge y el 83% de los jefes hombres.

Desde otro punto de vista, salvo[c] escasas excepciones, las jefas mujeres están principalmente divorciadas, viudas o solteras, mientras entre los jefes hombres predominan los casados o convivientes.

EVOLUCION DE LOS DIVORCIOS EN PAISES SELECCIONADOS

País	Divorcios Circa 1980		Divorcios Circa 1990	
	N°	Tasa (divorc. por cada 100 matrim.)	N°	Tasa (divorc. por cada 100 matrim.)
BRASIL	22.739	2,4	34.054	3,6
COSTA RICA	2.010	11,5	3.152	13,9
CUBA	24.655	35,8	37.646	37,1
ECUADOR	2.737	5,8	5.663	10,0
MEXICO	21.674	4,4	34.114	6,0
NICARAGUA	1.060	6,2	1.521	11,6
PANAMA	1.116	10,9	1.721	14,2
R. DOMINICANA	11.380	38,5	5.387	34,4
URUGUAY	4.297	19,0	4.611	20,3
VENEZUELA	20.625	22,3	24.774	21,9

[c]except for, barring

¿Cuánto recuerda Ud.?

La típica familia latinoamericana. Complete cada oración o conteste cada pregunta según lo que expone la lectura.

1. El tamaño de la familia latinoamericana…
   a. va en aumento.
   b. va en disminución.
   c. no ha cambiado nada.
   d. ha crecido mucho.

2. ¿Por qué se ha reducido el tamaño de la familia latinoamericana?
   a. A causa de la reducción del número de hijos
   b. A causa de la disminución de hogares multigeneracionales
   c. A causa del aumento de familias monoparentales
   d. Todas las respuestas (a, b y c)

3. ¿En qué país no disminuyó el tamaño de la familia?
   a. Bolivia
   b. Guatemala
   c. México
   d. Todas las respuestas (a, b y c)

4. ¿Cuál es el tipo de familia más frecuente?
   a. unipersonal   b. nuclear   c. extendido   d. compuesto

5. La proporción de hogares latinoamericanos dirigidos por jefatura femenina…
   a. va en aumento.
   b. no ha cambiado.
   c. va disminuyendo.
   d. ninguna de estas respuestas

6. La jefatura femenina ha crecido más en…
   a. Bolivia.   b. Ecuador.   c. el Perú.   d. México.

7. Hay más divorcios en…
   a. Cuba, el Brasil y Panamá.
   b. México, Nicaragua y Ecuador.
   c. Cuba, La República Dominicana y Panamá.
   d. La Argentina, Colombia y el Perú.

¿Qué se imagina Ud.?

A. El tipo de familia.   Hay muchos tipos de familia: monoparental, nuclear, extendida, compuesta. ¿Cómo es su propia familia? ¿Cómo son las familias de sus amigos? ¿Por qué es o no es ideal el tipo de familia que tienen ellos? En su opinión, ¿cuál sería el tipo de familia ideal para criar niños? ¿Por qué?

B. El tamaño de la familia.   Con un compañero/a, discuta cuál sería el tamaño de la familia ideal. Hagan una lista de todas las razones que justifican un tamaño pequeño y luego, uno grande.

❊ ¿Cuales son los factores negativos de una familia con sólo un niño: la típica familia «yuppie»?
❊ ¿Cuáles son los factores negativos de una familia con más de seis niños?
❊ ¿Por qué varía tanto el tamaño de la familia en el mundo? ¿Tiene que ver con la economía, el tipo de gobierno, la religión, otro factor?

C. Un retrato (*portrait*) **de los miembros de la familia.** Haga un retrato de los diferentes miembros de la familia.

❀ la madre
❀ el padre
❀ los abuelos
❀ los hermanos
❀ los tíos

En grupo comparen sus retratos. Hagan una encuesta (*survey*) para determinar quién es la figura predominante en la familia norte-americana.

D. ¿Quién ha sido importante? En la lectura del **Capítulo 1,** vimos que la abuela del poema tuvo una influencia importante sobre el narrador. Escoja a una persona de su propia familia o la familia extendida que ha tenido mucha influencia sobre usted y explique cómo y por qué ha tenido esa influencia. Trabajando en pares, ayúdense a desarrollar sus ideas. **Vocabulario útil:** ayudar, apoyar (*to support*), comprender, tener confianza; el estímulo (estimular), el modelo, el héroe.

Gramática en contexto

4. Talking About What You Have Done: The Present Perfect

The present perfect tense expresses an action that has already happened and may still be relevant to the present time. It is formed with the present tense of **haber** plus the past participle. Remember that the past participle is formed by replacing the ending of **-ar** verbs with **-ado,** and the ending of **-er** and **-ir** verbs with **-ido.**

he	hemos		
has	habéis	+	llegado (llegar)
ha	han		querido (querer)
			subido (subir)

El tamaño **ha crecido.**   *The size has increased.*
La proporción **ha alcanzado**   *The ratio has reached 75%.*
    al 75 por ciento.

The following verbs have past participles that are irregular in form.

abrir	**abierto**	morir	**muerto**
cubrir	**cubierto**	poner	**puesto**
decir	**dicho**	componer	**compuesto**
escribir	**escrito**	romper	**roto**
hacer	**hecho**	ver	**visto**
		volver	**vuelto**

No les **hemos dicho** nada nunca.

We've never said anything to them.

Algunos hombres **han muerto** a una edad temprana.

Some men have died at a young age.

¡Practiquemos!

A. Gente famosa. Indique si las siguientes oraciones son ciertas (C) o falsas (F). Si son falsas, corríjalas.

1. _____ Millones de personas han leído las novelas de Danielle Steele.
2. _____ Jennifer Capriati y Martina Hingis han llegado a ser famosas porque son actrices maravillosas y hermosas.
3. _____ En esta clase hemos estudiado las obras de Cervantes, Calderón y Lope de Vega.
4. _____ He visto a los presidentes de México, España y los Estados Unidos en la televisión.
5. _____ Bob Dylan ha escrito muchas canciones en contra de (*against*) la guerra.

B. ¿Qué ha hecho el niño? Cambie todos los verbos al presente perfecto del indicativo, según el modelo.

MODELO: Pablo *llega* a las ocho. → Pablo *ha llegado* a las ocho.

Julián *sale*[1] al campo. *Ve*[2] los caballos y toros y *ayuda*[3] a su padre. Los toros le *hacen*[4] querer ser torero. Por eso *decide*[5] preparars, y le *pide*[6] a su padre permiso para asistir a la escuela taurina. Su padre le *dice*[7] que sí pero sólo si Julián aprueba sus cursos. Desde entonces el chaval *asiste*[8] al colegio del pueblo hasta las cuatro y media y *entrena*[9] para ser torero por la tarde. *Es*[10] muy dedicado a su afición.

C. ¿Qué has hecho tú? Con un compañero (una compañera), haga y conteste las siguientes preguntas.

1. ¿Cuántos días feriados (*holidays*) has tenido este año? ¿Qué has hecho durante alguno de estos días?
2. ¿Has ido a un restaurante de lujo (caro)? ¿Cuántas veces?
3. ¿Cuál es la comida más exótica (o extraña) que has comido?
4. ¿Has ido al cine recientemente? ¿Qué película has visto?
5. ¿Has vuelto a algún sitio donde te gustaba ir de niño/a? ¿Qué has sentido?

5. Expressing -self (-selves) and each other: Reflexive Verbs

Normally, the object of a verb is different from the subject.

> Roberto lava los platos. *Roberto washes the dishes.*
>
> SUBJECT   OBJECT

In some constructions, however, the subject and the object refer to the same person or thing.

> Roberto **se** lava. *Roberto washes himself.*
>
> SUBJECT   (OBJECT: Roberto)

Verbs in Spanish accompanied by object pronouns that refer to the subject are known as *reflexive verbs.* The pronouns that accompany these verbs are reflexive pronouns. They must agree in person and number with the subject.

REFLEXIVE PRONOUNS	
me	nos
te	os
se	se

You have probably used reflexive verbs to talk about your daily activities. Some of these verbs include **acostarse (ue), afeitarse, bañarse, despertarse (ie), lavarse, levantarse, peinarse, secarse, vestirse (i).**

me afeito	nos afeitamos
te afeitas	os afeitáis
se afeita	se afeitan

Most verbs that take direct objects* can be used reflexively (usually expressed in English with *myself, yourself, herself,* and so on). Compare the following examples in which the reflexive pronouns take the place of the direct objects.

NONREFLEXIVE	REFLEXIVE
bañar *to bathe*	bañarse *to bathe oneself*
Pablo baña al perro.	Pablo **se** baña.
Pablo bathes the dog.	*Pablo bathes himself.*
mirar *to look*	mirarse *to look at oneself*
Papá mira el coche en el espejo.	Papá **se** mira en el espejo.
Dad looks at the car in the mirror.	*Dad looks at himself in the mirror.*

*If you need clarification on the function of direct and indirect objects, turn to grammar point 9 in **Capítulo 3.**

Similarly, reflexive pronouns can take the place of indirect objects.

<table>
<tr><td align="center">NONREFLEXIVE</td><td align="center">REFLEXIVE</td></tr>
<tr><td>

poner   *to put, place*
Julia le pone los zapatos a su hijo.
Julia puts the shoes on her son.

</td><td>

ponerse   *to put (clothing) on
oneself*
Julia **se** pone los zapatos.
Julia puts her shoes on.

</td></tr>
<tr><td>

escribir   *to write*
Mi hermana le escribe una nota a
    su novio.
My sister writes a note to her boyfriend.

</td><td>

escribirse   *to write to or for
oneself*
Mi hermana **se** escribe una
    nota.
My sister writes herself a note.

</td></tr>
</table>

Phrases such as **a mí mismo/a, a ti mismo/a, a sí mismo/a/os/as, a nosotros/as mismos/as, a vosotros/as mismos/as** can also be added for emphasis.

Papá **se** lee el poema **a sí mismo.**   *Father reads the poem to himself.*
Yo **me** escribo versos **a mí mismo/a.**   *I write poetry for myself.*

Reciprocal Actions

The reflexive pronouns **se, nos,** and **os** can also express reciprocal actions (actions performed to or for each other or one another). In this case, **mutuamente** or **el uno al otro** can be added for emphasis or clarity.

Se escriben (mutuamente)   *They write each other love poetry.*
    versos de amor.
Nos llamamos (el uno al otro)   *We call each other every day.*
    cada día.

Pronoun Placement

Reflexive pronouns either precede the conjugated verb or follow (and are attached to) the infinitive and gerund.

Nos vestimos rápidamente.
Nos vamos a vestir rápidamente.
Acabamos de vestir**nos** rápidamente.

¡Practiquemos!

A. Nuestra rutina diaria.   Combine los verbos de la primera columna con las frases de la segunda para formar una descripción de la rutina diaria de la familia de Alicia. Note que no todos los verbos que se usan son reflexivos.

MODELO: lavarse (mi hermano) / el pelo con este champú →
          Mi hermano se lava el pelo con este champú.

1. _____ poner (tú)
2. _____ ponerse (mi hermana)
3. _____ lavar (mis hermanos)
4. _____ lavarse (la abuela)
5. _____ mirar (nosotros)
6. _____ mirarse (yo)
7. _____ quitar (mamá)
8. _____ quitarse (papá)

a. en el espejo por un rato
b. los pijamas antes de desayunar
c. la ropa para ir a clase
d. los platos del desayuno
e. la mesa cuando te lo piden
f. televisión por la noche
g. los dientes por la mañana
h. de la mesa los platos sucios

Ahora ponga todas las acciones en orden cronológico, imaginándose que ésta es la rutina diaria de Ud.

MODELO: Primero, me lavo el pelo con este champú.
Luego… Entonces… y… Finalmente…

B. ¿Qué hacen esta mañana?   Describa lo que hacen las siguientes personas esta mañana.

1   2   3   4

C. ¡Así es el amor!   Trabajando con un compañero (una compañera), indique qué acciones hacen de manera recíproca dos jóvenes enamorados por primera vez. Inventen sus respuestas según el modelo y usando los verbos indicados. **Vocabulario útil:** tonterías (*silly things*), flores, recados (*messages*), cariñosamente (*affectionately*), a todas partes (*everywhere*), constantemente.

MODELO: decir → Se dicen cosas bonitas.

1. llamar   3. comprar   5. abrazar   7. besar
2. escribir   4. acompañar   6. mandar   8. mirar

6. Indicating Change: More Reflexive Verb Forms

Many verbs in Spanish have reflexive forms although they do not have reflexive meanings. One group of such verbs expresses changes in psychological or physical states or in one's status. These verbs frequently express the idea of mental change, which is rendered in English with *to become* or *to get*. Many of these verbs are often followed by a preposition such as **con, de, en,** or **por.**

aburrirse (de)	to get bored (with)
acordarse (ue) (de)	to remember; to become aware of
alegrarse (de)	to become happy (about)
cansarse (de)	to get tired (of)
casarse (con)	to get married (to)
convertirse (ie) (en)	to become, change (into)
divertirse (ie) (con)	to have fun, be entertained (with)
divorciarse (de)	to get divorced (from)
enamorarse (de)	to fall in love (with)
enojarse (con)	to get mad (at)
entristecerse (zc)	to become sad
olvidarse (de)	to forget (about)
preocuparse (por)	to worry, get worried (about)
sentirse (ie)	to feel; to become (+ adjective/adverb)

Mi padre **se entristece** cuando llueve.	*My father gets sad when it rains.*
Nunca **nos acordamos** de llamarlo.	*We never remember to call him.*

These verbs may also be used nonreflexively.

NONREFLEXIVE	REFLEXIVE
Esa clase me **aburre.**	**Me aburro** en esa clase.
That class bores me.	*I get bored in that class.*
Tú me **cansas** mucho.	**Me canso** mucho.
You tire me out.	*I get tired a lot.*

The following verbs are best rendered in English with expressions that include adverbs.

caerse	to fall *down*
comerse	to eat *up*
enterarse (de)	to find *out* (about)
irse	to go *away*, leave
llenarse (de)	to fill *up* (with)
sentarse (ie)	to sit *down*
tranquilizarse	to calm *down*

De noche el cielo **se llena** de estrellas.	*At night the sky fills up with stars.*
Tengo que **irme** por un rato.	*I have to go away for a while.*

A small group of verbs has no patterned translation into English. These verbs always have reflexive forms.

atreverse (a)	to dare (to)	**equivocarse**	to make a mistake
burlarse (de)	to make fun (of)	**jactarse (de)**	to brag (about)
comportarse	to behave	**quedarse (en)**	to stay (in/at)
darse cuenta (de)	to realize	**quejarse (de)**	to complain (about)

Mis padres nunca **se equivocan.**	*My parents never make a mistake.*
Diego **se jacta de** su propia fuerza.	*Diego brags about his own strength.*

¡Practiquemos!

A. ¿Quién?   ¿Sabe Ud. a quién(es) se refiere cada oración?

1. _____ Se enamora de Julieta.
2. _____ Se divorcia de su esposa Nicole.
3. _____ Se preocupan por lo que hacen Lucy y Ethel.
4. _____ Se convierte en una princesa para ir al baile.
5. _____ Se quejan y se burlan el uno del otro.

a. la Cenicienta (*Cinderella*)
b. Romeo
c. Ricky y Fred
d. Stan Laurel y Oliver Hardy
e. Tom Cruise

B. Diario de un estudioso.   Complete la siguiente descripción con el verbo apropiado en el presente del indicativo. Use la primera persona singular **(yo)** en cada oración. ¡OJO! Hay un verbo que no se usa.

irse	olvidarse	quedarse	sentarse
levantarse	preocuparse	resfriarse	vestirse

Por la mañana yo _____[1] a las cinco porque _____[2] por los estudios. Inmediatamente _____[3] a la mesa y desayuno. Después _____[4] rápido y estudio unas tres horas. Entonces, _____[5] de casa y camino a la universidad. Me concentro tanto en los estudios que siempre _____[6] de algo. De noche normalmente no salgo; _____[7] en casa para poder hacer la tarea.

C. Conversación.   Trabaje con un compañero (una compañera) para hacer y contestar las siguientes preguntas entre sí.

MODELO: ¿cuándo? / acostarse por la noche →
¿Cuándo te acuestas por la noche?   Me acuesto a las once.

1. ¿cuándo? / levantarse por la mañana
2. ¿quién? / burlarse de tus manías (*whims*)
3. ¿de qué? / quejarse frecuentemente
4. ¿con quién? / enojarse muchísimo
5. ¿qué? / olvidarse de hacer frecuentemente
6. ¿adónde? / irse de vacaciones
7. ¿por qué? / (no) divertirse en esta universidad
8. ¿cuándo? / resfriarse fácilmente
9. ¿de quién? / acordarse cariñosamente
10. ¿de qué actividad? / cansarse mucho

D. Preguntas más indiscretas.   Trabajando con un compañero (una compañera), haga y conteste las siguientes preguntas.

1. ¿Qué haces generalmente cuando te enojas con tu mejor amigo/a (novio/a, esposo/a)? ¿cuando él/ella se enoja contigo? ¿Se han enojado los/las dos alguna vez?
2. ¿Cómo te sientes cuando otra persona se jacta mucho de algo? ¿Te irritas? ¿Te jactas de algo también para «competir»? ¿Tienes algún amigo o pariente que siempre se jacta de su trabajo, de sus posesiones o de sus hijos padres?
3. ¿Cómo te comportas cuando tu amigo/a (novio/a, esposo/a) se equivoca? ¿Lo/La perdonas fácilmente? Si los dos se equivocan, ¿Uds. se perdonan mutuamente?
4. ¿Crees que te vas a casar con una persona rica y famosa algún día? ¿Por qué eres tan optimista/pesimista? ¿Crees que te vas a divorciar algún día? ¿Por qué sí o por qué no?
5. ¿Qué haces para olvidarte de tus problemas personales? ¿y para tranquilizarte cuando estás nervioso/a?
6. ¿Qué quieres hacer pero no te atreves a hacerlo?

Español en acción

A. ¡No me han molestado!   Trabajando con un compañero (una compañera), imagínese dos conversaciones: (a) la primera entre la mamá de la historieta y su esposo; (b) la segunda entre la mamá y uno de sus hijos. Usen el presente perfecto para hacer preguntas y contestarlas según el modelo.

MODELO: MAMA: ¿Qué han hecho hoy los niños?
    PAPA: Han pasado todo el día en la casa.
    MAMA: Y ¿qué has hecho tú?
    PAPA: He jugado con ellos un poco.

[a]O... *In other words, I will never be able to call you*

—¿Cómo? ¿Los niños? ¡Ah, muy bien! ¡No me han molestado en toda la tarde!

Para preparar sus preguntas y sus respuestas, pueden usar las siguientes sugerencias o su imaginación.

LA MAMA	EL PAPA	EL HIJO O LA HIJA
¿ir a trabajar?	leer el periódico	pintar las paredes
¿limpiar la casa?	mirar televisión	poner los juguetes
¿preparar la cena?	dormir un rato	en el dormitorio
¿bañar a los	terminar el	no molestar a papá
niños?	crucigrama	romper una
¿hacerse daño?	(*crossword puzzle*)	ventana
¿llamar a los	hablar con el vecino	cazar pajaritos
abuelos?	pensar en asuntos	jugar en la lluvia
¿escribir una carta?	importantes	subir a un árbol

B. Una discusión. El problema es que el hijo (la hija) quiere irse a una universidad lejana. Los padres sugieren una universidad en su propia ciudad. Divídanse en grupos de tres. Uno hace el papel (*plays the role*) del hijo (de la hija) y los otros los de los padres. Usando los siguientes y otros verbos, inventen la discusión entre padres e hijo/a.

PADRE/MADRE	HIJO/HIJA
quedarse en casa	irse lejos
perderse	divertirse
preocuparse	cuidarse bien
entristecerse	tranquilizarse
casarse	olvidarse de
convertirse en	darse cuenta de

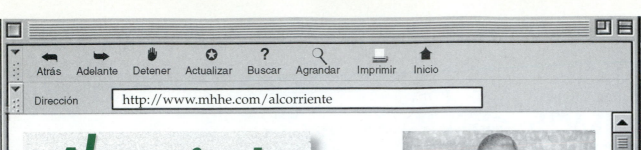

Al corriente

Eva Perón

¡A leer!

El siguiente fragmento proviene del libro *La razón de mi vida* de Eva Perón, la esposa del que fuera presidente de la Argentina en la década del cuarenta y comienzos de la década del cincuenta. El libro fue publicado en 1951 y su versión completa se encuentra en la red. Léa la selección con detenimiento (*carefully*) y conteste las preguntas que se encuentran a continuación.

Carátula (title page) *del libro de Eva Perón.*

UNA IDEA

Pienso que habría que empezar por señalar[1] para cada mujer que se casa una asignación mensual[2] desde el día de su matrimonio. Un sueldo que pague a las madres toda la nación y que provenga de[3] los ingresos[4] de todos los que trabajan en el país, incluidas las mujeres.

Nadie dirá que no es justo que paguemos un trabajo que, aunque no se vea, requiere cada día el esfuerzo[5] de millones y millones de mujeres cuyo tiempo, cuya vida se gasta en esa monótona pero pesada tarea de limpiar la casa, cuidar la ropa, servir la mesa, criar a los hijos... , etcétera.

Aquella asignación podría ser inicialmente la mitad del salario medio nacional y así la mujer ama de casa, señora del hogar, tendría un ingreso propio[6] ajeno a[7] la voluntad[8] del hombre. Luego podrían añadirse[9] a ese sueldo básico los aumentos[10] por cada hijo, mejoras en caso de viudez,[11] pérdida por ingreso a las filas del trabajo,[12] en una palabra todas las modalidades que se consideren útiles a fin de que no se desvirtúen[13] los propósitos iniciales.

---

[1]indicar [2]asignación... sueldo por mes [3]provenga de... tenga origen en [4]*income* [5]*effort* [6]*of her own*
[7]ajeno... separado de [8]*will* [9]*add* [10]*raises* [11]*being widowed* [12]por... *joining the workforce* [13]se... cambien de forma

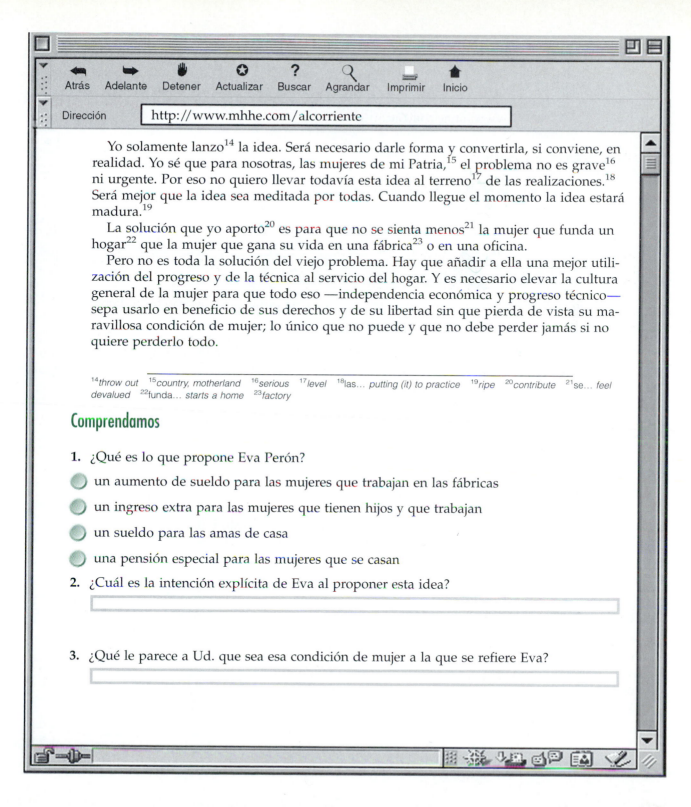

Yo solamente lanzo[14] la idea. Será necesario darle forma y convertirla, si conviene, en realidad. Yo sé que para nosotras, las mujeres de mi Patria,[15] el problema no es grave[16] ni urgente. Por eso no quiero llevar todavía esta idea al terreno[17] de las realizaciones.[18] Será mejor que la idea sea meditada por todas. Cuando llegue el momento la idea estará madura.[19]

La solución que yo aporto[20] es para que no se sienta menos[21] la mujer que funda un hogar[22] que la mujer que gana su vida en una fábrica[23] o en una oficina.

Pero no es toda la solución del viejo problema. Hay que añadir a ella una mejor utilización del progreso y de la técnica al servicio del hogar. Y es necesario elevar la cultura general de la mujer para que todo eso —independencia económica y progreso técnico— sepa usarlo en beneficio de sus derechos y de su libertad sin que pierda de vista su maravillosa condición de mujer; lo único que no puede y que no debe perder jamás si no quiere perderlo todo.

---

[14]*throw out* [15]*country, motherland* [16]*serious* [17]*level* [18]*las... putting (it) to practice* [19]*ripe* [20]*contribute* [21]*se... feel devalued* [22]*funda... starts a home* [23]*factory*

Comprendamos

1. ¿Qué es lo que propone Eva Perón?

⦿ un aumento de sueldo para las mujeres que trabajan en las fábricas

⦿ un ingreso extra para las mujeres que tienen hijos y que trabajan

⦿ un sueldo para las amas de casa

⦿ una pensión especial para las mujeres que se casan

2. ¿Cuál es la intención explícita de Eva al proponer esta idea?

3. ¿Qué le parece a Ud. que sea esa condición de mujer a la que se refiere Eva?

Relacionemos Expansión

1. De lo que sabe Ud. de Eva Perón, dé su opinión sobre ella. (¡OJO! Puede haber más de una respuesta correcta.)

- ○ tenía ideas muy adelantadas para su tiempo
- ○ era feminista
- ○ era popular entre los hombres
- ○ estaba interesada en un sueldo para las amas de casa porque ella necesitaba el dinero
- ○ trabajaba o trabajó alguna vez en una fábrica

2. El libro de Eva Perón fue escrito hace medio siglo. Haga una lista de las similitudes y las diferencias entre el papel de la mujer en la década del cincuenta y ahora.

SIMILITUDES	DIFERENCIAS

3. El derecho al voto es sólo uno de los derechos que pueden tener los ciudadanos de muchos países. ¿Qué otros derechos tiene la mujer ahora en su país que no tenía en el pasado? Dé información en los casos que pueda hacerlo. **Vocabulario útil:** la educación, la libertad de culto (religión), la libre expresión, la propiedad, el trabajo.

¡A investigar! Expansión

Eva Perón fue una figura controversial en su tiempo y lo sigue siendo en la actualidad. Imagínese que Ud. es reportero/a y quiere hacer una investigación sobre esta influyente mujer. Investigue en la red los siguientes temas. Luego, prepare un resumen con los datos más importantes.

Palabras clave

Tema: Eva Perón / Evita
biografía
controversia
imagen
influencia
mito o leyenda
política

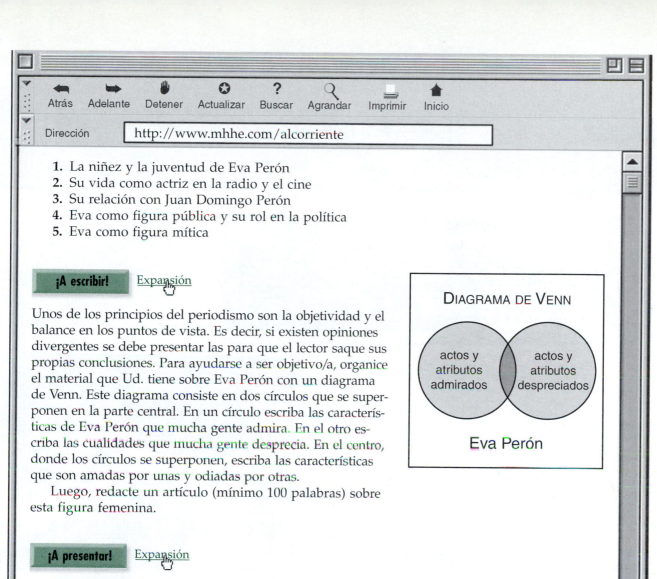

1. La niñez y la juventud de Eva Perón
2. Su vida como actriz en la radio y el cine
3. Su relación con Juan Domingo Perón
4. Eva como figura pública y su rol en la política
5. Eva como figura mítica

¡A escribir!   Expansión

Unos de los principios del periodismo son la objetividad y el balance en los puntos de vista. Es decir, si existen opiniones divergentes se debe presentar las para que el lector saque sus propias conclusiones. Para ayudarse a ser objetivo/a, organice el material que Ud. tiene sobre Eva Perón con un diagrama de Venn. Este diagrama consiste en dos círculos que se superponen en la parte central. En un círculo escriba las características de Eva Perón que mucha gente admira. En el otro escriba las cualidades que mucha gente desprecia. En el centro, donde los círculos se superponen, escriba las características que son amadas por unas y odiadas por otras.

Luego, redacte un artículo (mínimo 100 palabras) sobre esta figura femenina.

DIAGRAMA DE VENN

actos y atributos admirados

actos y atributos despreciados

Eva Perón

¡A presentar!   Expansión

Eva Perón ha adquirido con el tiempo la estatura de un mito. Imagínese que Ud. y un compañero (una compañera) de clase van a hablarle a un grupo político de la universidad sobre el tema del mito de Eva Perón. Para prepararse para la presentación, hablen Uds. entre sí de los elementos o características generales de un mito y cómo se manifiestan en el caso de Eva Perón. Cuando lo tengan todo listo, presenten el tema con entusiasmo a este grupo de estudiantes (la clase).

CAPITULO 3

¡Hablemos un poco!

ªquien… *the one who most rejects me is myself*

Este hombre se distrae leyendo el periódico en el aeropuerto de Bogotá, Colombia.

Vocabulario del tema

Las emociones

estar...

aburrido/a	**entusiasmado/a,** **emocionado/a** (excited)	**contento/a** **enamorado/a** (in love)	**enojado/a, frustrado/a**
alegre	**triste, deprimido/a** (sad, depressed)	**orgulloso/a** (proud)	**avergonzado/a** (embarrassed)
asustado/a (frightened) **celoso/a** (jealous)	**tranquilo/a**	**preocupado/a** **seguro/a** (sure, certain)	**sereno/a** **confundido/a**

Hablando del tema

A. Una situación perpleja. ¿Cómo está en este momento Mafalda, la niña de la tira cómica? ¿Puede Ud. explicar por qué? ¿Cómo están las otras personas? ¿y las muñecas (*dolls*)? ¿A qué conclusión llega Mafalda al final? ¿Cree Ud. que ella tiene razón?

B. Situaciones y emociones. Una misma situación puede producir emociones diferentes en diferentes personas. Trabaje con dos o tres compañeros/as para enumerar las posibles reacciones emotivas de las personas en *una* de las situaciones siguientes. Luego, expliquen sus conclusiones al resto de la clase.

1. Los padres de Lupe, que viven en México, nunca la han visitado en los Estados Unidos porque no se llevan bien con su marido norteamericano. Hoy Lupe se ha enterado de que sus padres han decidido venir a visitarla para conocer a sus nietas. ¿Qué emociones se imagina Ud. que se siente Lupe ante esta noticia? ¿Y sus hijas? ¿Y su esposo? Hagan una lista de las emociones que sentirá cada uno.

PERSONAJES	REACCIONES EMOTIVAS		
Lupe	1.	2.	3.
Las hijas	1.	2.	3.
El esposo	1.	2.	3.

Como cualquier madre, esta madre costarricense protege y consuela a su hija.

2. Esteban, el mejor jugador de un equipo profesional de béisbol, se rompe el brazo un día antes de un partido importante y no puede jugar. ¿Cómo se imagina Ud. que se siente Esteban? ¿Y sus compañeros de equipo? ¿Y cómo creen que reaccionarán los jugadores del otro equipo? Hagan una lista de las posibles reacciones de cada uno.

PERSONAJES		REACCIONES EMOTIVAS	
Esteban	1.	2.	3.
Sus compañeros	1.	2.	3.
El otro equipo	1.	2.	3.

C. ¿Cómo combatir la depresión? Es natural sentirse triste, preocupado o avergonzado a veces. ¿Qué se puede hacer cuando uno sufre emociones negativas? Con un compañero (una compañera), escoja *una* de las emociones negativas de la lista de vocabulario. Luego, hagan una lista de lo que se puede hacer para combatir esa emoción (tres cosas). Finalmente, expongan sus ideas a los demás estudiantes de la clase.

Lectura

Acercándonos a la lectura

The theme of the mother-child bond is central to Hispanic culture. The common image is that of a caring, nurturing mother willing to endure any danger or sacrifice for the sake of her offspring, while the child thrives in this love. In *Prietita y la Llorona,* the Chicana writer Gloria Anzaldúa expands on the traditional theme by imagining a child who seizes an occasion to express reciprocal devotion, responsibility, and commitment. Another mother figure in the Hispanic tradition is la Llorona, a mother whose soul wanders the night in search of her children. Some believe she brings harm to living children out of grief and spite, but in Anzaldúa's story, the brave girl ventures through the night in search of medicinal herbs only to discover that the feared Llorona is kind and helpful. Thus the myth of the Mother, all loving and all good, prevails.

Vocabulario para leer

acercarse	to approach	tropezar (ie) con	to bump into
(des)aparecer (zc)	to (dis)appear	volar (ue)	to fly
apuntar	to point out, indicate		
asegurar(se)	to assure; to make sure	la enfermedad	illness, disease
crecer (zc)	to grow	el/la guía	guide
curar	to cure	el llanto	cry, weeping
darse cuenta	to realize	el sonido	sound
guiar	to guide	el/la vecino/a	neighbor
hallar	to find		
quedarse	to remain	ancho/a	wide, broad
		estar parado/a	to be standing still

A. Sinónimos.   Escoja de la lista del vocabulario los sinónimos de las siguientes palabras.

1. encontrar
2. comprender
3. ruido
4. caerse
5. malestar

B. Definiciones.   Explique en español qué significan las siguientes palabras o expresiones.

1. crecer
2. volar
3. estar parado
4. vecino
5. acercarse
6. desaparecer
7. ancho
8. guía
9. curar

Comentarios preliminares

A. ¡Soy héroe!   ¿Ha hecho Ud. alguna vez un acto heroico? Trabaje con dos o tres compañeros/as para narrar cada uno/a su propio acto de heroísmo. Mientras Ud. habla, sus compañeros/as apuntan su historia, y Ud. hace lo mismo cuando otro habla. Luego, comparen las diversas historias para hacer una lista de los elementos que todas tienen en común. Incluyan en su narración los siguientes datos.

1. ¿Cuántos años tenía Ud. cuando tuvo lugar el incidente?
2. ¿Qué circunstancias le motivaron a Ud. a hacer esta acción?
3. Describa la acción.
4. ¿Pasaron cosas que Ud. no esperaba mientras realizaba su acto de heroísmo?
5. Describa sus emociones durante la acción: ¿sentía miedo, coraje u otras emociones?

6. ¿Cómo se resolvió el incidente? ¿Terminó como Ud. quería?
7. Describa la reacción de los demás ante su acción.

B. La medicina moderna frente a la medicina tradicional.   Muchas personas están insatisfechas hoy con la medicina moderna y por eso buscan otros tipos de tratamientos. Estos también tienen sus desventajas. Trabajando con cuatro compañeros/as, comparta ideas para hacer listas sobre las ventajas y desventajas de los dos tipos de medicina. Después, presenten sus ideas a toda la clase para hacer una lista colectiva de las ideas presentadas.

MEDICINA MODERNA		MEDICINA TRADICIONAL	
pro	*contra*	*pro*	*contra*
1.	1.	1.	1.
2.	2.	2.	2.
3.	3.	3.	3.

C. Un cuento al revés.   De niños aceptamos como verdad los cuentos y leyendas que nos narran las personas mayores. Después, de adultos, nos damos cuenta de que los cuentos de hadas (*fairy tales*) y leyendas son pura fantasía, y que las cosas pueden tener otra explicación. Podemos, entonces, reinventar los cuentos a nuestro gusto. Trabaje con dos o tres compañeros/as para recontar uno de los siguientes cuentos.

1. *La Caperucita Roja* (*Little Red Riding Hood*)
2. *Blanca Nieves* (*Snow White*)
3. *La Cenicienta* (*Cinderella*)
4. Otro cuento que Uds. recuerden

Estrategias para leer

The Fairy Tale: Genre as Background Knowledge

Narrative genres generally adhere to conventions or patterns that enable readers to follow the story line with ease. Think of detective fiction, for instance: The reader can expect a crime, a criminal at large, clues, false suspects, and a highly intelligent and perceptive investigator who identifies the true culprit at the end. Thus the reader approaches the story equipped with a basic structure of the events that make up the plot. Similarly, the fairy tale **(cuento de hadas)** is a genre with which we are all familiar. The title of this chapter's selection highlights its sources in folklore. In *Prietita y la Llorona,* Anzaldúa incorporates the legend of **la Llorona**—a soul who wanders at night mourning her lost children—into a fairy tale structure set on the Texas-Mexico border.

Knowing that this story is essentially a fairy tale about a little girl (like *Little Red Riding Hood*), what elements would you expect the plot to contain? The following exercise will remind you of some concrete elements in most fairy tale or legend plots.

Estrategias en acción

Los cuentos de hadas. Marque (X) los elementos que son típicos de los cuentos de hadas.

1. _____ Hay muchos héroes.
2. _____ Al héroe (a la heroína) le prohiben algo.
3. _____ El héroe (o la heroína) comete un acto de desobediencia.
4. _____ Hay guerras u otros conflictos políticos.
5. _____ El héroe (o la heroína) se pone en camino o hace un viaje.
6. _____ El héroe (o la heroína) pasa por una serie de obstáculos o dificultades.
7. _____ Hay una hada madrina (*fairy godmother*) y/o personas y animales que ayudan al personaje principal.
8. _____ Hay plantas y/o animales que hablan.
9. _____ La historia tiene un final trágico.
10. _____ Triunfa el/la protagonista.

Prietita y la Llorona

Gloria Anzaldúa

Prietita estaba en la casa de la curandera[1] trabajando en el jardín cuando su hermanita Miranda llegó corriendo a donde ella estaba. Prietita al momento se dio cuenta que estaba asustada.

«Prietita, Mami se siente muy mal. Le pegó[2] la vieja enfermedad otra vez. ¿Le puedes pedir ayuda a la curandera?»

«Sí, le voy a preguntar», dijo Prietita levantándose y abrazando a su hermanita. «Doña Lola puede curar casi cualquier enfermedad. Ella conoce muchos remedios. Me está enseñando todo sobre los remedios.»

«Doña Lola», dijo Prietita con mucho respeto, «usted conoce todas las

---

[1] *healer*   [2] *Le... She came down with*

plantas curativas de este valle.[3] Mi madre sufre de la vieja enfermedad otra vez. ¿Hay algún remedio que la pueda ayudar?»

«Sí, hay un remedio. Yo tengo todos los ingredientes pero me falta uno, las hojas[4] de la planta llamada ruda.[5] Lo siento, mijita,[6] pero he usado toda la ruda que tenía y ninguno de los vecinos la cultiva. Pero ven a la cocina que te voy a dibujar cómo es esta planta.»

Prietita observó con mucho interés mientras la curandera dibujaba la ruda. Estaba preocupada de cómo iba a encontrar la planta curativa para Mami.

«Ay, doña Lola, usted debe saber dónde se puede encontrar un poco de ruda.»

«Bueno, yo sé que hay plantas de ruda en los montes[7] del Rancho King» contestó la curandera. «Pero es peligroso meterse[8] allí. He oído que les dan de balazos[9] a los intrusos.» La curandera fijó[10] su vista[11] en Prietita. «No es un lugar seguro para una niña.»

Prietita decidió que tenía que hallar la planta curativa. Esa tarde, caminó despacio por fuera de la «kineña» como aquí le dicen al Rancho King, buscando las hojas de color verde oscuro y las flores amarillas de la ruda. Varias veces pensó que la había encontrado, pero en cada vez la planta era un poco diferente al dibujo de doña Lola.

Clavó[12] la vista en el monte que quedaba al otro lado de la cerca.[13] Por ahí estaba la planta de la ruda que podía ayudar a su mamá. Asegurándose que nadie la veía, se escurrió bajo el alambre de púas[14] y entró a la kineña.

Al principio Prietita se quedó cerquita de la cerca, pero más y más se fue adentrando en el monte buscando la planta de la ruda. De pronto pensó que había oído un sonido como un chillido[15] y se acordó de las historias de su abuela sobre la Llorona, la mujer fantasma vestida de blanco. Su abuela decía que la Llorona se aparecía en la noche por los ríos o las lagunas llorando por sus hijos perdidos y buscando a otros niños para robárselos.

Prietita tembló.[16] Se dio la vuelta y buscó la cerca pero ésta no se veía por ninguna parte. Estaba perdida.

Respiró el olor del agua y pronto vio una venadita[17] con una colita blanca que parada junto a la laguna, agachaba la cabeza para beber. Prietita sin hacer ruido se le acercó a la venadita y le dijo en voz baja: «Por favor, venadita, ¿me puedes ayudar para encontrar un poco de ruda?»

La venadita levantó su cabeza y miró a Prietita. Hizo un sonido suave y comenzó a dirigirse hacia el monte. Prietita pensó que le había dicho: «Sígueme», así que la siguió pero los huizaches,[18] los encinos[19] y los nopales[20] se lo impidieron. Pronto la venadita no se veía por ningún lado.

Prietita se sentó en un leño[21] caído. Se limpió la cara con su camiseta y miró hacia abajo. Una salamandra la observaba. Ella había leído en su libro sobre la naturaleza en la escuela que las salamandras no tienen voz.

---

[3]valley   [4]leaves   [5]rue plant   [6]mi hijita   [7]hills   [8]ir   [9]bullets, gun shots   [10]puso   [11]su... los ojos, la mirada   [12]Puso   [13]fence   [14]alambre... barbed wire   [15]shriek   [16]trembled   [17]small deer   [18]acacias   [19]oaks   [20]cactus plants   [21]árbol

«Salamandra, por favor ayúdame. Tú no puedes hablar pero quizás me puedes mostrar dónde hay un poco de ruda», dijo Prietita.

Ella siguió a la salamandra hasta que ésta desapareció entre la maleza.[22] Fue entonces que oyó el chillido otra vez.

«Cucurrucucú.» Una paloma blanca estaba parada en un mezquite cantando su triste canción. Prietita se acercó de puntillas al árbol y le susurró: «Por favor, palomita blanca, necesito algo de ruda.»

«Cucurrucucú», cantó la paloma y luego se fue volando.

Prietita tenía hambre y sed, y le dolían los brazos porque los acantos espinosos de Texas la habían arañado. Empezó a llorar pero luego se dijo a sí misma: «No te rajes,[23] Prietita. Tú tienes que encontrar la ruda para Mami.» Se secó las lágrimas, enderezó los hombros[24] y levantó la vista.

«Ah, sí, el árbol.» Se trepó[25] al árbol donde había estado la paloma. Quizás así pudiera ver a dónde dirigirse en seguida.

Desde esa rama del árbol, Prietita miró a cada dirección, pero nomás vio mezquites y nopales. Luego vio algo en los arbustos. Un jaguarundi. Se parecía a las ilustraciones que ella había visto de los jaguares en el México antiguo. Prietita dio un salto para bajarse y lo siguió. Pero pronto, él también se había ido.

Unas lucecitas se movían frente a ella. ¿Acaso eran linternas[26]? Doña Lola había dicho que les dan de balazos a los intrusos. Pero no, éstas eran sólo luciérnagas.[27] Quizás ellas la guiarán hacia la planta de la ruda. Prietita corrió tras de ellas, pero se tropezó con una raíz[28] que salía de la tierra. Cuando levantó la vista, las luciérnagas habían desaparecido.

La noche estaba muy oscura «¿Por qué no puedo ver las estrellas?» se preguntó. «¿Adónde se han ido?» Luego se dio cuenta que una ramada llena de hojas las había tapado.

Otra vez Prietita oyó un apagado chillido pero no era el sonido de la paloma. Esta vez estaba segura que era el llanto de una mujer. Prietita quería correr, pero se dio fuerzas y caminó hacia donde salía ese sonido.

Pronto se encontró en una área sin árboles donde la luna se reflejaba en la superficie de la laguna. Prietita miró hacia la otra orilla de la laguna y vio una luz blanca entre los árboles. Luego vio a una mujer oscura vestida de blanco salir por entre los árboles y flotar sobre el agua.

En una voz temblorosa, Prietita se dirigió a la mujer fantasma: «Por favor, señora, ¿me puede ayudar a encontrar un poco de ruda?»

La mujer fantasma se fue flotando por la orilla de la laguna y Prietita la siguió. Pronto la mujer se detuvo y apuntó a un lugar en la tierra. Prietita se arrodilló.[29] La luna se movió en el cielo y de pronto Prietita pudo ver la planta. La examinó y ¡sí, era la ruda! Ya sin miedo, cortó unas ramitas y alzó la vista hacia la mujer fantasma.

«Muchas gracias, señora Llorona.»

---

[22]weeds [23]No... Don't give up [24]enderezó... straightened her shoulders [25]Se... She climbed [26]flashlights [27]fireflies [28]root [29]se... knelt

La mujer fantasma guió a Prietita a través del monte. Pronto se encontraron moviéndose rápido por una vereda ancha y bien marcada. Prietita sintió como si estuviera volando.

Al fin, Prietita vio la cerca adelante y rápidamente cruzó bajo el alambre de púas. Luego cuando se volteó para despedirse de su nueva amiga ya no había nadie. La mujer fantasma había desaparecido.

Prietita miró a gente con linternas. Inmediatamente después se dio cuenta que Miranda corría hacia ella. Prietita abrazó a su hermanita. «Muchas gracias por venir a buscarme», dijo ella.

«¿Cómo pudiste salir del monte?» le preguntó doña Lola.

«Una mujer fantasma vestida de blanco fue mi guía.»

«¡La Llorona!» dijo Teté, el primo de Prietita. «Pero todos saben que ella se lleva a los niños y que no los regresa.»

«Tal vez ella no sea como mucha gente piensa que es», dijo doña Lola.

En silencio, Prietita puso las ramitas de ruda en manos de la curandera.

«Gracias, mijita», dijo doña Lola. Prietita se sonrió.

«Ven, vámonos a casa», dijo doña Lola. «Es tarde. Las acompañaré a ti y a Miranda hasta la casa de tu mamá.»

«Muchas gracias, señora», dijo Prietita.

«Mañana te mostraré cómo se prepara el remedio curativo para tu mamá», dijo doña Lola. «Me siento muy orgullosa de ti. Esta noche has crecido.»

Tomado de *Prietita y la Llorona*

¿Cuánto recuerda Ud.?

A. ¿Cierto o falso?   Indique si las oraciones sobre la lectura, *Prietita y la Llorona*, son ciertas (C) o falsas (F).

1. _____ La madre de Prietita se llama doña Lola.
2. _____ La ruda puede curar la enfermedad de la madre.
3. _____ La planta curativa se halla en unos montes peligrosos.
4. _____ La madre de Prietita le pide a ella que le busque la ruda para curarse.
5. _____ La gente decía que por la noche la Llorona robaba niños.
6. _____ Después de encontrar el venadito, la salamandra y la paloma, Prietita paró para descansar y comer.
7. _____ Una mujer vestida de blanco salió de entre los árboles para ayudar a Prietita en su misión.
8. _____ Miranda y doña Lola fueron a buscar a Prietita por el monte.
9. _____ La Llorona fue a casa de Prietita para darle el remedio.
10. _____ Doña Lola se siente orgullosa del valor y la devoción que ha demostrado Prietita.

B. *Prietita y la Llorona: ¿cuento de hadas?*   Trabajando con un compañero (una compañera), vuelva al ejercicio de **Estrategias en acción.** Comenten cuáles de los elementos del cuento de hadas se hallan en *Prietita*. Apoyen sus observaciones con ejemplos concretos del cuento.

¿Qué se imagina Ud.?

A. De nuevo en casa: diálogo entre Prietita y su madre. ¿Cómo se imagina Ud. la conversación entre madre e hija cuando Prietita vuelve a casa con la planta medicinal? Trabaje con un compañero (una compañera) para inventar ese diálogo. Después, representen el diálogo ante la clase.

B. Después de la aventura: una conferencia de prensa. Imagínese que la acción de Prietita despierta mucho interés entre los reporteros de todos los periódicos, la radio, la televisión, etcétera, y quieren entrevistar a Prietita y a todos los que participaron en esa aventura. Estos deciden dar una conferencia de prensa para todos.

Entre todos, asignen un papel a cada uno. Pueden ser reportero/a o uno de los siguientes personajes. Los reporteros tendrán listas de sus preguntas, y los otros estarán preparados para contestarlas.

1. Prietita
2. el venadito
3. la salamandra
4. la paloma
5. Miranda
6. doña Lola
7. la Llorona

C. Un premio para Prietita. Todos los vecinos de Prietita creen que su comunidad debe reconocer la acción heroica de la niña. El alcalde / La alcaldesa (*The mayor*) está de acuerdo, pero no sabe qué darle de premio: ¿una medalla, dinero, un diploma, un viaje u otra cosa? Imagínese que Ud. está en un comité que ha de recomendar al alcalde / a la alcaldesa el premio para Prietita. Trabaje con tres o cuatro compañeros/as para considerar cuál es el premio más apropiado para Prietita. Apoyen su recomendación con tres razones. Después, el alcalde / la alcaldesa (profesor[a]) considerará todas las recomendaciones.

Gramática en contexto

7. Expressing Resulting Conditions: Adjectives Related to Reflexive Verb Forms

As you saw in **Capítulo 2**, verbs such as **aburrirse, alegrarse, enamorarse, enojarse,** and the like express changes in psychological or physical states or in one's status. The conditions resulting from these changes are expressed by **estar** plus an adjective derived from those verbs. You have already used some of these adjectives in the **Vocabulario del tema** at the beginning of this chapter.

REFLEXIVE VERB OF CHANGE	RESULTING CONDITION
aburrirse (de)	estar aburrido/a (de)
alegrarse (de)	estar alegre (de)
cansarse (de)	estar cansado/a (de)
casarse (con)	estar casado/a (con)
convertirse (ie) (en)	estar convertido/a (en)
divorciarse (de)	estar divorciado/a (de)
enamorarse (de)	estar enamorado/a (de)
enojarse (con)	estar enojado/a (con)
enterarse (de)	estar enterado/a (de)
equivocarse	estar equivocado/a
pararse	estar parado/a
preocuparse (por)	estar preocupado/a (por)
sentarse (ie)	estar sentado/a
tranquilizarse	estar tranquilo/a

Prietita **se preocupa por** su
   madre.
*Prietita worries about her
   mother.*

Prietita **se sentó** a hablar con
   su amiga.
*Prietita sat down to talk with her
   friend.*

Prietita **está preocupada por** su
   madre.
*Prietita is worried about her
   mother.*

Prietita **está sentada** con su
   amiga.
*Prietita is sitting down (seated)
   with her friend.*

¡Practiquemos!

A. ¿Por qué está así?   Siga el modelo para explicar lo que ha ocurrido para
producir el cambio indicado en la vida de estas personas.

MODELO: Marta está muy cansada. → *Se ha cansado* discutiendo con sus
   hijastros.

1. ¡Esta vez Miguel está enamorado de verdad! _____ de la hija de los
   vecinos.
2. Todavía estoy enojada con mi novio. _____ porque me molesta su
   machismo.
3. Juan y María están casados desde hace sólo dos semanas. _____ en
   San Juan.
4. Papá, estás equivocado. _____ porque publicaron los datos erróneos.
5. Estamos alegres hoy. _____ de las buenas noticias.

6. Por fin estoy enterada sobre la situación política. _____ leyendo el periódico todos los días.

7. Ah, ya estás sentado a la mesa. ¿_____ porque tienes hambre?

B. ¿Cómo están? Indique el resultado de las siguientes situaciones.

MODELO: Hace dos años Nando y su esposa decidieron que no podían vivir juntos. → Están divorciados.

1. Ramón y Concepción no quieren que sus hijas vivan solas en la ciudad porque hay mucho crimen allí.
2. Bárbara ha ganado 25 millones de dólares en la lotería.
3. Alicia y Manuel van a tomar un examen difícil mañana.
4. La semana pasada trabajamos más de ochenta horas en la oficina.
5. Después de tanta angustia, sé que he tomado la mejor decisión.

8. More About Indicating Change: Reflexive Verb Forms with Adjectives

The following four verbs are used with specific adjectives to indicate the moment when psychological or physical changes, or changes in one's status, occur or begin. They are listed here alongside the adjectives most commonly used with them.

ponerse
- alegre
- contento/a
- enfermo/a
- furioso/a
- nervioso/a
- triste

La señora **se puso furiosa** cuando Jacinta salió con el portero.
The woman got furious when Jacinta went out with the doorman.

hacerse*
- famoso/a
- rico/a

Gregorio **se hizo famoso** cuando salió su primera película.
Gregorio became famous when his first movie came out.

---

*Hacerse can also be used with nouns.
Se hizo presidenta de la compañía en poco tiempo.

She became president of the company in a short time.

		El padre **se quedó confundido**
quedarse	agotado (*exhausted*) callado confundido perplejo (*bewildered*) serio tranquilo	cuando leyó las noticias. *The father became confused when he read the news.*

		Joaquín **se volvió loco** cuando
volverse	loco histérico	vio a su novia con otro. *Joaquín went crazy when he saw his girlfriend with another man.*

Note that many of these *verb + adjective* combinations are synonyms of verbs that you have already learned.

ponerse alegre	= alegrarse
quedarse tranquilo/a	= tranquilizarse

¡Practiquemos!

A. Mi vida personal. Indique si lo siguiente ocurre en su vida frecuentemente, a veces, casi nunca o nunca. Si hay más de una opción, escoja la más apropiada.

1. Me pongo nervioso/a cuando mis padres (mis hermanos/as, mis amigos/as) discuten entre sí.
2. Mi padre/madre (Mi mejor amigo/a, Mi novia/o) se queda muy serio/a cuando hablamos del dinero.
3. Cuando pienso en lo que han hecho por mí mis parientes (hijos/as, amigos/as), me pongo alegre.
4. Mis hermanos/as (hijos/as, amigos/as) se quedan callados/as cuando no les gusta un amigo mío.
5. Mi padre/madre (Mi mejor amigo/a) se pone furioso/a con la política del país.
6. Mis tíos/as (amigos/as) se quedan confundidos/as con las acciones de sus hijos.
7. Mis padres (compañeros/as de cuarto, amigos/as) se vuelven locos a causa de la música que toco.
8. Mi hermano/a menor (profesor[a] de español) se queda contento/a cuando hablo español.
9. Mi abuelo/a (tío/a) se queda perplejo/a cuando no puede acordarse de algo.
10. Mis padres (suegros, abuelos) se ponen tristes cuando piensan en su niñez.

B. ¿Por qué se pone así Filomeno? Filomeno Fernández es un tipo que reacciona fuertemente a todo. Trabajando con un compañero (una compañera), uno/a hace las preguntas acerca de Filomeno y el otro (la otra) contesta según el modelo.

MODELO: volverse loco / estar enamorado de dos chicas →
—¿Por qué se vuelve loco Filomeno?
—Porque está enamorado de dos chicas.

1. ponerse nervioso / no estudiar lo suficiente para los exámenes
2. ponerse alegre / pensar que / ir a hacerse famoso
3. ponerse triste / querer hacerse rico también
4. quedarse perplejo / no comprender por qué las chicas / no quererlo
5. ponerse furioso / creer que la gente / no entenderlo

C. Patinando hacia la fama. Trabajando con un compañero (una compañera), conteste las siguientes preguntas. No se olviden de usar los verbos **ponerse, hacerse, quedarse** y **volverse.**

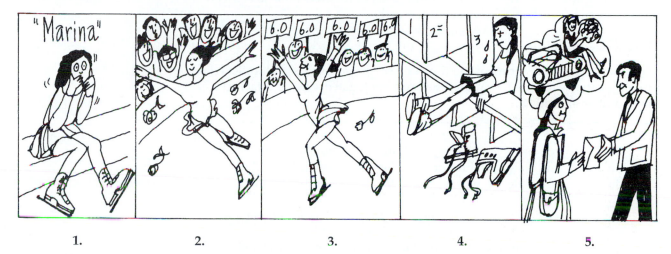

1.   2.   3.   4.   5.

1. ¿Cómo se siente Marina antes de patinar (*skating*)?
2. ¿Cuál es la reacción del público?
3. ¿Cómo reacciona Marina después de ver la decisión de los jueces (*judges*)?
4. ¿Cómo está después de acabar el programa?
5. ¿Qué le va a pasar a Marina en el futuro?

9. Expressing *whom* and *what:*
Direct and Indirect Object Pronouns

The direct object is the person or thing that directly receives the action of the verb. It can be identified by answering the questions *what?* or *whom?*

Carlos	lee	**el periódico.**
SUBJECT	VERB	DIRECT OBJECT

The indirect object is the person or thing being referred to by the action of the verb. It can be identified by answering the questions *to whom?* or *for whom?*

Carlos	lee	el periódico	**a Ricardo.**
SUBJECT	VERB	DIRECT OBJECT	INDIRECT OBJECT

Both direct and indirect objects can be replaced by object pronouns, which is usually done to avoid repetition once the antecedent has been established.

Carlos lo lee. (lo = el periódico)
Carlos le lee el periódico. (le = a Ricardo)

Remember that, unlike reflexive pronouns, object pronouns refer to someone or something other than the subject of the verb.

Direct Object Pronouns

The following are the forms of the direct object pronouns. As with reflexive pronouns, they can either be placed before a conjugated verb or attached to the end of an infinitive.

me	me	**nos**	us
te	you (*sing. fam.*)	**os**	you (*pl. fam.*)
lo	you (*sing. m.*), him, it	**los**	you (*pl. m.*), they
la	you (*sing. f.*), her, it	**las**	you (*pl. f.*), they

La criada se llama Jacinta. No **la** conozco.	*The maid is called Jacinta. I don't know her.*
Lola ve a su novio y va a saludar**lo.**	*Lola sees her boyfriend and goes to greet him.*

¡Practiquemos!

A. ¿Qué es la verdad? ¿Son ciertas (C) o falsas (F) para Ud. las siguientes declaraciones?

1. ___C___ Sé quién es Emilio Estévez, pero no lo conozco.
2. ___F___ Gloria Estefan y su esposo siempre me invitan a sus fiestas.
3. ___F___ Mis padres son buenos amigos de Carlos Santana, quien los llama por teléfono todos los días.
4. ___C___ No conozco personalmente a la Reina (*Queen*) de España, pero la he visto en la televisión.
5. _____ Nuestro profesor (Nuestra profesora) de español nos habla casi siempre en español.

B. Para no hablar como los niños... Las siguientes oraciones son típicas de las oraciones de un niño pequeño porque contienen repeticiones innecesarias. Elimine las repeticiones para crear oraciones más sofisticadas.

MODELO: Papá llama a sus suegros, y ellos escuchan a papá. →
Papá llama a sus suegros, y ellos lo escuchan.

1. Cecilia abraza a los mellizos, pero no quiere abrazar a los mellizos.
2. La Sra. Gómez sabe preparar tacos, y va a preparar tacos esta noche.
3. Cada vez que mi abuelita viene a nuestra casa, beso a mi abuelita.
4. Prietita busca la ruda, pero no ha encontrado la ruda todavía.
5. He leído algo acerca de los remedios de curanderas, pero no puedo explicar los remedios de curanderas.

Indirect Object Pronouns

Indirect object pronouns have the same form as direct object pronouns, except for the third person. These indirect object pronouns are expressed in English using the prepositions *to, for, from, off,* and *on.*

me	to/for/from me	**nos**	to/for/from us
te	to/for/from you (*sing. fam.*)	**os**	to/for/from you (*pl. fam.*)
le	to/for/from you (*sing.*), him, her, it	**les**	to/for/from you (*pl.*), them

The emphatic phrases **a mí, a ti, a Ud., a él, a ella, a nosotros/as, a vosotros/as, a ellos/as, a Uds.** are often used together with the indirect object pronoun for clarity, even when it seems redundant. These phrases cannot be used in place of the indirect object pronouns in Spanish, however.

La criada **nos** ha servido más sopa (**a nosotros**). — *The maid has served us more soup.*

Mi padre **me** pone un suéter (**a mí**). — *My father puts a sweater on me.*

¡Practiquemos!

A. En mi familia...   Escoja la opción que le parece más lógica, o dé otra más apropiada para completar los comentarios que Magali hace sobre su familia.

1. Mi madre le escribe (notas breves / cartas de amor / ¿ ?) a mi padre.
2. Mis padres les mandan (dinero / paquetes / ¿ ?) a mis hermanos en la universidad.
3. A veces nuestros padres nos muestran (fotos de ellos cuando eran jóvenes / cartas de los abuelos / ¿ ?).
4. Para mi cumpleaños, mi tía favorita me regala (suéteres tejidos [*knitted*] a mano / libros / ¿ ?).
5. Mi hermana cree que es mejor decirles a las abuelitas (toda la verdad / mentiritas [*little white lies*] / ¿ ?).

B. Mis hermanos nunca cambian. Simplifique las siguientes oraciones cambiando los nombres indicados por pronombres de complemento directo o indirecto (*direct or indirect object pronouns*).

MODELO: Joaquín nunca llama *a Lola.* → Joaquín nunca *la* llama.

1. A veces, Joaquín pega *a Lola.* Entonces mamá castiga *a Joaquín* y niega *a Joaquín* el postre durante un mes.
2. Después de la pelea, Lola no dice ni una palabra *a Joaquín* y Joaquín nunca pide perdón *a Lola.*
3. Mamá quiere mucho *a Joaquín y a Lola* y trata de dar más atención *a Joaquín y a Lola.*
4. Mis hermanos no se dan cuenta de que mamá tiene mucho trabajo. Nunca ayudan *a mamá.*

C. ¿Cuáles son los síntomas? Trabajando con un compañero (una compañera), imagínense que uno/a de Uds. va a la clínica porque su compañero/a de cuarto está enfermo/a. El otro (La otra) es médico/a. El médico (La médica) hace preguntas acerca de los síntomas de la persona enferma. El compañero (La compañera) las contesta, usando pronombres de complemento directo e indirecto.

MODELO: —¿Ud. ha visto hoy a su amigo/a?
       —Sí, lo/la he visto.

1. ¿Tiene fiebre (*fever*)?
2. ¿Ha comido el desayuno esta mañana?
3. ¿Tiene los ojos rojos?
4. ¿Su amigo/a les ha dicho algo a sus padres?
5. ¿Qué le ha dicho a Ud.?
6. ¿Ud. va a llevar a su compañero/a al hospital?

10. Talking About Needs, Likes, and Dislikes: Verbs Like *gustar*

Most of the time, sentences in Spanish are constructed as follows.

SUBJECT	VERB	OBJECT
Joaquín	toma	mucha sopa.

Note that the subject and verb in this construction agree in number.

There is, however, an important and frequently used group of verbs in Spanish that does not follow this pattern but rather follows the pattern of the verb **gustar.** In the **gustar** construction, what would normally be considered the logical object is actually the subject of the sentence and therefore agrees in number with the verb. The person who experiences the emotion is indicated by the indirect object pronoun.

A Joaquín le	**gusta**	la sopa.
A Joaquín le	**gustan**	las sopas de su madre.
INDIRECT OBJECT	VERB	SUBJECT

Note in the following examples that the change in number of the indirect object affects only the indirect object pronoun and not the verb. It is only when the number of the subject changes that the verb changes accordingly.

A Joaquín **le gusta** la historia.
A los López **les gusta** la nueva novela.
A Joaquín **le gustan** los libros de historia.
A los López **les gustan** las novelas modernas.

Other verbs in this group include the following.

(des)agradar (*to [dis]please*)   importar (*to matter*)
doler (ue) (*to hurt*)   interesar
encantar (*to delight, please; to love*)   molestar (*to bother, annoy*)
faltar (*to lack*)   parecer (zc)
fascinar (*to fascinate; to like a lot*)   resultar
hacer falta (*to be necessary*)

Le **interesan** los sucesos.   *He's interested in current events.*
Nos **molesta** ese ruido.   *That noise bothers us.*

Note that the subject of these verbs may also be an infinitive or a clause, both of which are considered singular when functioning as the subject.

Me encanta **cantar.**   *I love to sing.*
Me resulta ridículo **que hagas**   *To me, it seems ridiculous for you*
  eso.   *to do that.*
Nos gusta **esquiar.**   *We like to ski.*
A mis padres les desagrada   *My parents are displeased that*
  que Lola tenga novio.   *Lola has a boyfriend.*

The emphatic phrases **a mí, a ti, a Ud., a él, a ella, a nosotros/as, a vosotros/as, a ellos/as, a Uds.** are often used with these verbs. They are most commonly placed before the verb but can also follow it.

A mí me fascinan los discos de Madonna.
Los discos de Madonna me fascinan **a mí.**

¡Practiquemos!

A. Gustos y preferencias.   Indique si a Ud. le fascinan, le gustan, le encantan, le hacen falta, le importan, le interesan, le molestan o le desagradan las siguientes cosas, según el modelo.

MODELO: la sopa → *Me encanta la sopa.*

1. las películas de horror
2. las nuevas teorías astrofísicas

TE REANIMA. TE INSPIRA. TE REFRESCA. TE GUSTA.
TE ACERCA. TE IDENTIFICA. TE REPONE. TE VA.

TE LIPTON.

3. tener una familia muy unida
4. el pescado crudo (*raw*)
5. los profesores que no dan muchos exámenes
6. los días lluviosos (*rainy*)
7. tener un rato durante cada día para pensar
8. una novela muy romántica
9. la música *rap*
10. sacar buenas notas

B. Las reuniones familiares. Dé el pronombre de complemento indirecto apropiado y el verbo correctamente conjugado, según el modelo.

MODELO: A ti *te gustan* (gustar) tus primos.

A mí _____ (encantar[1]) las reuniones familiares pero a mis padres _____ (parecer[2]) muy caóticas. Por supuesto que no _____ (faltar[3] [a nosotros]) comida en estas ocasiones. A mis tíos _____ (gustar[4]) hablar de los sucesos políticos y eso a mi madre _____ (molestar[5]) un poco. A mi abuela _____ (parecer[6]) que la política no es un tema adecuado entre parientes y _____ (resultar[7]) mejor hablar sólo de la familia. Pues, la verdad es que a mí _____ (agradar[8]) estas reuniones familiares.

C. Hay gustos para todo. Hágale las siguientes preguntas a un compañero (una compañera) de clase para descubrir sus gustos personales.

1. ¿Qué te gusta hacer durante los fines de semana? ¿Te importa si te quedas en casa un sábado por la noche? ¿Por qué sí o por qué no?
2. ¿Qué tipo de música te fascina / molesta? ¿Por qué?
3. ¿Cuáles son las materias (*school subjects*) que más te interesan? ¿Por qué? ¿Todavía te hace falta tomar muchas clases en tu especialización para graduarte?
4. ¿Te resulta fascinante o aburrido el cine? ¿Qué películas que has visto recientemente te han parecido interesantes? ¿Cuáles te han parecido aburridas?

Español en acción

A. Compañeros/as de apartamento. Con dos o tres compañeros/as, imagínense que aunque no se conocen bien, el próximo semestre van a compartir un apartamento. Para evitar problemas, han decidido abrir un diálogo entre sí. Descríbanse a sí mismos/as y comenten sus gustos usando los siguientes verbos: **(des)agradar, encantar, fascinar, hacer falta, importar, interesar, molestar, parecer, ponerse, quedarse, resultar, volverse.** Den por lo menos cinco oraciones cada uno/a.

MODELO: A mí me fascina la música *reggae* y me encanta escucharla a todo volumen por la mañana mientras desayuno. No me gusta oír música por la noche mientras estudio porque me hace falta silencio para poder concentrarme. Me pongo furiosa si los platos sucios se quedan en el fregadero (*sink*) por más de un día. Me vuelvo loca si alguien come la comida que yo he comprado.

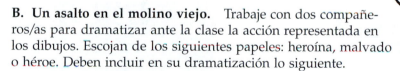

B. Un asalto en el molino viejo. Trabaje con dos compañeros/as para dramatizar ante la clase la acción representada en los dibujos. Escojan de los siguientes papeles: heroína, malvado o héroe. Deben incluir en su dramatización lo siguiente.

1. la heroína describe su estado emocional
2. la heroína también describe la ropa y la personalidad del malvado
3. el malvado habla de lo que piensa hacer y de sus motivos
4. el héroe describe a la heroína, la casa y las emociones que él siente
5. el héroe explica de dónde viene y por qué ha venido

C. Conversación telefónica. Imagínese que su familia está pasando por momentos de gran emoción porque su madre está enferma en el hospital y los doctores dicen que necesita una operación. Trabajando con un compañero (una compañera), representen ante la clase *una* de las siguientes conversaciones telefónicas sobre la enfermedad de su madre; no olviden mencionar el estado emocional de los miembros de la familia.

1. El doctor le comunica por teléfono a su padre que su madre necesita una operación.
2. Su padre lo/la ha llamado a Ud. a la universidad para decirle lo que pasa y pedirle que lo acompañe durante la operación.
3. Su madre llama a su hermana para informarle de la operación, pero no quiere que venga.
4. Ud. llama a su tía después de la operación para decirle cómo ha salido todo.
5. Su hermano, quien vive en Madrid, llama desde España a su madre después de la operación.

Atrás Adelante Detener Actualizar Buscar Agrandar Imprimir Inicio

Dirección http://www.mhhe.com/alcorriente

Al corriente

El mundo de los niños

¡A leer!

El siguiente fragmento periodístico, escrito por Tania Molina Ramírez, proviene de una página de la red. Léalo con detenimiento y conteste las preguntas que se encuentran a continuación.

Niño mexicano que trabaja de músico.

LA NIÑEZ ROBADA

Aproximadamente 4 millones de niños menores de 14 años trabajan en México. Ese es uno de los factores para que organismos internacionales consideren al nuestro un país de «alto riesgo[1] para la supervivencia[2] infantil». En la ciudad y en el campo, un ejército[3] de infantes se desempeña[4] como limpiaparabrisas,[5] payasitos,[6] diableros,[7] cerillos,[8] obreros,[9] ayudantes de albañilería,[10] empleados domésticos y jornaleros[11] agrícolas.

Según la Constitución, está prohibido que los menores de 14 años trabajen y, sin embargo, de acuerdo con el Fondo de las Naciones Unidas para la Infancia (UNICEF), de los 37 millones de niños mexicanos, 5 millones desempeñan alguna actividad laboral; de ellos, 2 millones son menores de 12 años. La Central Latinoamericana de Trabajadores (CLAT) maneja una cifra[12] mucho mayor: un poco más de 10 millones de infantes trabajadores.

Los adolescentes de entre 14 y 16 años deben tener permiso de sus padres y de las autoridades laborales para poder trabajar. Mari Carmen Martínez, de 16 años, empaca[13] las compras de los clientes en una tienda de autoservicio desde hace un par de meses. Su situación es privilegiada, comparada con la de otros menores que trabajan. Mari Carmen es una de los 9 mil 500 menores empacadores en la capital del país cuyos derechos[14] laborales están protegidos, desde julio de 1999, mediante un convenio[15] entre el Gobierno

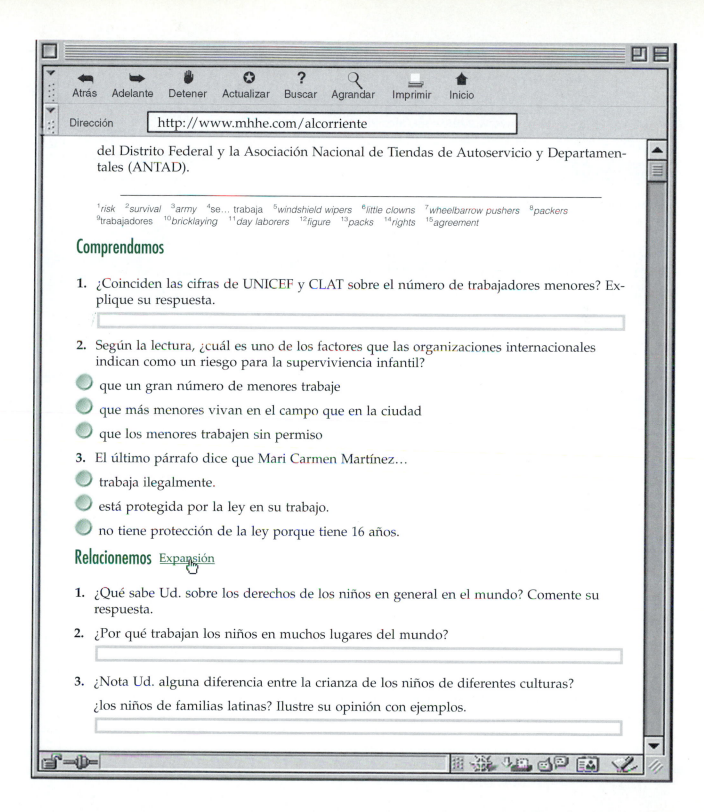

del Distrito Federal y la Asociación Nacional de Tiendas de Autoservicio y Departamentales (ANTAD).

---

[1]*risk* [2]*survival* [3]*army* [4]*se... trabaja* [5]*windshield wipers* [6]*little clowns* [7]*wheelbarrow pushers* [8]*packers*
[9]*trabajadores* [10]*bricklaying* [11]*day laborers* [12]*figure* [13]*packs* [14]*rights* [15]*agreement*

Comprendamos

1. ¿Coinciden las cifras de UNICEF y CLAT sobre el número de trabajadores menores? Explique su respuesta.

2. Según la lectura, ¿cuál es uno de los factores que las organizaciones internacionales indican como un riesgo para la supervivencia infantil?

   ⊙ que un gran número de menores trabaje

   ⊙ que más menores vivan en el campo que en la ciudad

   ⊙ que los menores trabajen sin permiso

3. El último párrafo dice que Mari Carmen Martínez…

   ⊙ trabaja ilegalmente.

   ⊙ está protegida por la ley en su trabajo.

   ⊙ no tiene protección de la ley porque tiene 16 años.

Relacionemos Expansión

1. ¿Qué sabe Ud. sobre los derechos de los niños en general en el mundo? Comente su respuesta.

2. ¿Por qué trabajan los niños en muchos lugares del mundo?

3. ¿Nota Ud. alguna diferencia entre la crianza de los niños de diferentes culturas?

   ¿los niños de familias latinas? Ilustre su opinión con ejemplos.

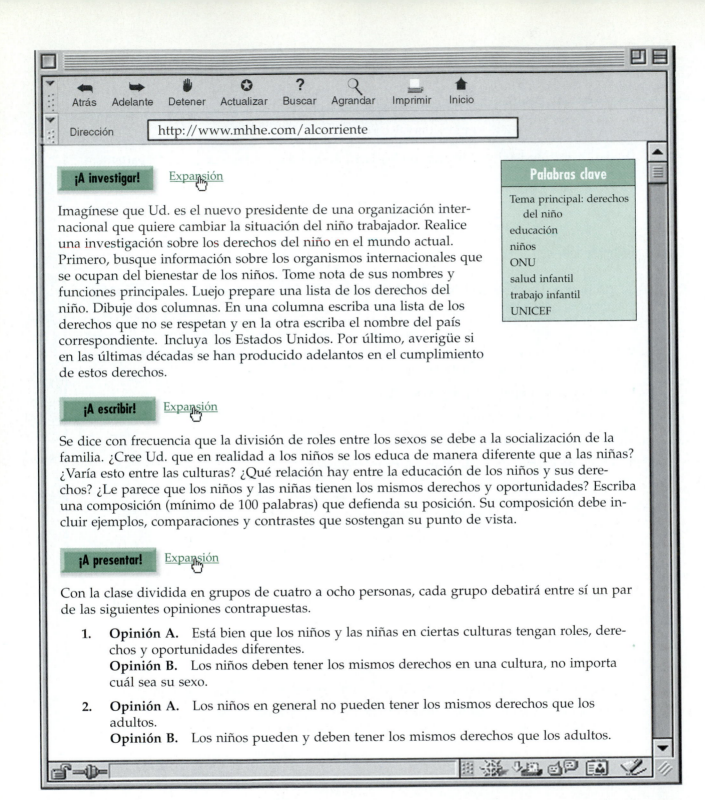

¡A investigar!   Expansión

Imagínese que Ud. es el nuevo presidente de una organización internacional que quiere cambiar la situación del niño trabajador. Realice una investigación sobre los derechos del niño en el mundo actual. Primero, busque información sobre los organismos internacionales que se ocupan del bienestar de los niños. Tome nota de sus nombres y funciones principales. Luejo prepare una lista de los derechos del niño. Dibuje dos columnas. En una columna escriba una lista de los derechos que no se respetan y en la otra escriba el nombre del país correspondiente. Incluya los Estados Unidos. Por último, averigüe si en las últimas décadas se han producido adelantos en el cumplimiento de estos derechos.

Palabras clave

Tema principal: derechos del niño
educación
niños
ONU
salud infantil
trabajo infantil
UNICEF

¡A escribir!   Expansión

Se dice con frecuencia que la división de roles entre los sexos se debe a la socialización de la familia. ¿Cree Ud. que en realidad a los niños se los educa de manera diferente que a las niñas? ¿Varía esto entre las culturas? ¿Qué relación hay entre la educación de los niños y sus derechos? ¿Le parece que los niños y las niñas tienen los mismos derechos y oportunidades? Escriba una composición (mínimo de 100 palabras) que defienda su posición. Su composición debe incluir ejemplos, comparaciones y contrastes que sostengan su punto de vista.

¡A presentar!   Expansión

Con la clase dividida en grupos de cuatro a ocho personas, cada grupo debatirá entre sí un par de las siguientes opiniones contrapuestas.

1. **Opinión A.**   Está bien que los niños y las niñas en ciertas culturas tengan roles, derechos y oportunidades diferentes.
   Opinión B.   Los niños deben tener los mismos derechos en una cultura, no importa cuál sea su sexo.

2. **Opinión A.**   Los niños en general no pueden tener los mismos derechos que los adultos.
   Opinión B.   Los niños pueden y deben tener los mismos derechos que los adultos.

El General Juan Péron, presidente de la Argentina, y su esposa «Evita» saludan al pueblo argentino en octubre de 1950. La Sra. de Perón, una mujer admirada por los pobres y odiada por la clase alta, murió aproximadamente dos años después.

UNIDAD II
Ante el público

Unidad II focuses on public figures from the Spanish-speaking world.

✽ **Capítulo 4** features a selection from Rigoberta Menchú, the indigenous rights activist from Guatemala and winner of the 1992 Nobel Peace Prize, in which she tells us about one of her heroes.

✽ **Capítulo 5** offers a short story by Colombian author Hernando Téllez about a political strongman who pays a visit to the barber, a disguised rebel guerrilla.

✽ **Capítulo 6** takes a look at Carlos Santana, the Mexican-born guitarist whose music has influenced artists and fans throughout the world.

The following mini-index will help you find the key grammar points presented in this unit.

CAPITULO 4 ¡Hablemos un poco!

Esta ingeniera mexicana inspecciona un edificio dañado durante un fuerte sismo (earthquake).

LAS PROFESIONES DEL FUTURO

Dirección Administrativa
Curso dirigido a quienes desean escoger la brillante profesión de Director Administrativo.

Auditor
Curso de Auditoría necesario para desarrollar la función de Auditor.

Asesor Laboral
Curso en el que se desarrollan las Relaciones Laborales: Contratos de Trabajo, Seguridad Social y Justicia Laboral.

AFIGE
Estudios Empresariales
Los Cursos AFIGE se imparten a distancia. Profesores especializados se encargan de contestar cuantas consultas se formulan y corrigen los ejercicios. Diploma autorizado por el Ministerio de Educación y Ciencia.
AFIGE lleva siete años dedicada a la Enseñanza a Distancia. Los Cursos AFIGE, al irse incorporando las modificaciones legislativas, están SIEMPRE al día.

Contabilidad Empresarial
Curso de Contabilidad para llevar el correcto control económico de la Empresa.

Experto Fiscal
Curso básico de Tributación para lograr ser buen Asesor Fiscal. Una de las profesiones con más porvenir.

Me interesa que me informen más a fondo sobre el CURSO A DISTANCIA

☐ DIRECCION ADMINISTRATIVA ☐ AUDITOR
☐ CONTABILIDAD EMPRESARIAL ☐ EXPERTO FISCAL ☐ ASESOR LABORAL

Nombre _____
Dirección _____ Cod. Postal _____
Ciudad _____
Teléfono _____

AFIGE Centro de Enseñanza a Distancia
Autorizado por el Ministerio de Educación - Grupo 1 - número 258
AFIGE - Apartado 12144 - 08080 BARCELONA

Vocabulario del tema

Las carreras* y los oficios (*occupations*)

Las bellas artes, el entretenimiento y los medios de comunicación

el actor, la actriz
el/la artista
el/la atleta profesional
el/la cantante
el escritor, la escritora
el locutor, la locutora
 (television or radio announcer)
el/la músico†
el/la periodista (journalist)

Los negocios y la industria

el abogado, la abogada
el contador, la contadora
 (accountant)
el/la economista
el financiero, la financiera
el/la gerente (manager)
el hombre / la mujer
 de negocios
el ingeniero, la ingeniera
el programador / la
 programadora de computadoras
el vendedor, la vendedora

El servicio público

el bombero, la bombera (firefighter)
el carpintero, la carpintera
el científico, la científica
el cura/sacerdote (priest)
el/la dentista
el enfermero, la enfermera
el maestro, la maestra
el médico, la médica
el militar, la mujer militar

Hablando del tema

A. Figuras públicas. Identifique la carrera o el oficio que tiene o tenía cada una de estas figuras famosas, según el modelo.

MODELO: Johnny Cash → Johnny Cash es cantante.
 Winslow Homer → Winslow Homer era artista.

1. Henry Ford I
2. Marie Curie
3. Christina Aguilera
4. Geraldo Rivera
5. Isabel Allende
6. Edward James Olmos
7. Amelia Earhart
8. Martin Luther King, Jr.
9. Barry Bonds
10. Connie Chung
11. Richard Nixon
12. Aretha Franklin
13. Jaime Escalante
14. Michelle Pfeiffer
15. Colin Powel
16. Donald Trump

Esta mujer de negocios se aprovecha de la tecnología moderna.

---

*Note that **carrera** has a double meaning: *career* and *course of study*. **Oficio** is generally used to describe occupations that do not require academic training.
†The female equivalents of many traditionally male-dominated careers are currently in flux in Spanish.

B. Metas y carreras.   ¿Cuál es su meta en la vida: ganar mucho dinero, ser independiente o causar un impacto social? ¿Cuál es la carrera u oficio que le permitirá realizar sus metas? Dibuje una tabla como la siguiente para ayudarle a determinar cuál es la carrera más indicada para lograr sus metas.

En las columnas, escriba las profesiones que asocia con cada meta. Después analice sus propias metas y escoja la profesión más adecuada para Ud. Considere las siguientes profesiones: abogado/a, médico/a, locutor(a), maestro/a, carpintero/a, actor/actriz. Finalmente, comparta sus conclusiones con la clase.

dinero	prestigio	vacaciones largas	poder	fama	horario flexible	cambios sociales	creatividad	intelectua-lidad	ambiente sano	otro

C. ¿Qué desea ser? Una encuesta.   Circule por la sala de clase por diez minutos para hacerles las siguientes preguntas a por lo menos siete de sus compañeros/as. Apunte las respuestas y los nombres de los compañeros (las compañeras) que entrevista. Después analice las respuestas para determinar cuál es la carrera —o el tipo de carrera— más popular y la menos popular. Finalmente, compare sus conclusiones con las de sus compañeros/as.

1. ¿Qué carrera u oficio desea seguir? ¿Por qué?
2. ¿A qué carrera u oficio prefiere *no* dedicarse nunca? ¿Por qué?

Lectura

Acercándonos a la lectura

We all have heroes, people who inspire us to do great things. But even heroes look up to other people for an example. This chapter's reading comes from Rigoberta Menchú's 1998 book, *Rigoberta: la nieta de los mayas.* She is the 1992 winner of the Nobel Peace Prize for her work as an advocate and activist for the rights of indigenous peoples, especially those from her own Guatemalan homeland. In this selection from her biography, she tells about her friend, don Luis Cardoza y Aragón, a Guatemalan writer also exiled from his country in protest over the military rulers. Although he and Rigoberta came from very different backgrounds, they shared a passion to liberate their country and improve the conditions of its people. Her narration intertwines her personal feelings with other comments more in keeping with her public role—all in service of her great admiration for her friend's dedication to life-affirming thought and action.

Vocabulario para leer

alzar to erect, to rise up
  alzar en armas to rise up in arms
añorar to yearn for
coincidir to coincide
discutir to discuss; to argue
sostener to affirm, to contend; to sustain

la convivencia living together
el destino fate, destiny

la esperanza hope
el pensamiento thought, idea
el rechazo rejection, denial
el retorno return
la soledad loneliness, solitude

desafiante defiant
exiliado/a exiled
poderoso/a powerful

A. Fuera de serie. Identifique la palabra que no pertenece al grupo y explique por qué.

1. discutir, desafiante, retorno
2. pensamiento, soledad, exiliado
3. sostener, pensamiento, destino
4. esperanza, convivencia, coincidir

B. Definiciones. Explique en español qué significa cada palabra o expresión.

1. destino
2. convivencia
3. esperanza
4. discutir
5. poderoso
6. desafiante

Comentarios preliminares

A. Carreras fantásticas. ¿Se puede Ud. imaginar la vida maravillosa que llevan los que practican ciertas carreras? Con un compañero (una compañera) o en un grupo pequeño, participen en una lluvia de ideas (*brainstorm*) para hacer una lista de todos los aspectos positivos de *una* de las carreras enumeradas en el **Vocabulario del tema.**

B. Carreras que son una pesadilla (*nightmare*). ¿Piensa Ud. que hay carreras que dan más dolores de cabeza que satisfacción? Con un compañero (una compañera) o en un grupo pequeño, participen en una lluvia de ideas para hacer una lista de los aspectos problemáticos de *una* de las carreras enumeradas en el **Vocabulario del tema.**

C. Un día en el oficio de...   Imagínese que Ud. es *uno/a* de los/las siguientes profesionales. Presente a la clase un informe completo del horario del día anterior (o de un día típico de trabajo). Recuerde usar palabras apropiadas del **Vocabulario para leer.**

1. novelista
2. mujer militar
3. gerente de banco
4. filósofo/a

5. abogado/a
6. enfermero/a
7. activista radical

D. ¿Casarse con un(a) colega?   En general, la gente pasa más horas en el trabajo que en cualquier otro lugar. Por eso, es natural que los/las colegas formen parte de nuestra vida social también. Pero, ¿es sano compartir todo el tiempo libre con compañeros/as de trabajo? ¿Se casaría Ud. con un(a) colega? ¿Por qué sí o por qué no? Trabaje con un compañero (una compañera) o en un grupo pequeño para hacer una lista de las ventajas y las desventajas de casarse con alguien que tiene la misma carrera. Después, compartan su lista con el resto de la clase.

Estrategias para leer

Point of View*

All writing is subjective because only one person, the author, is in control, sifting through the data so as to select what the reader will see. There is no absolute truth, then, but rather each writer's interpretation and choice of the facts. Some writers are more careful to disguise this control, but all writers must choose one or several points of view (**puntos de vista**) to serve as a filter for the reader. In this chapter's reading, excerpted from Rigoberta Menchú's autobiography, *Rigoberta: la nieta de los mayas*, the author is firmly in control of the presentation of her friend and personal hero, don Luis Cardoza y Aragón. He can't speak for himself; only through what Rigoberta Menchú tells us can we begin to know what kind of person he must have been. While reading this selection, pay particular attention to the literary devices she uses to separate her thoughts from his ideas, which do not always coincide.

---

*You will learn more about point of view in **Capítulo 5.**

Estrategias en acción

Citas. A continuación hay una lista de frases extraídas directamente de la lectura. Indique el punto de vista que expresa cada una de las frases —**R** (Rigoberta), **L** (don Luis) o **I** (impersonal)— y subraye (*underline*) las palabras que lo identifican.

1. _____ «El sostenía que los indígenas no tenían ninguna perspectiva de futuro sino que era sobre la base de la unidad nacional.»
2. _____ «Yo pienso que tuvo un pensamiento un tanto esquemático.»
3. _____ «Luis siempre dijo que los militares eran un obstáculo del futuro.»
4. _____ «Por esta manera de pensar no era posible su retorno a la patria que tanto amó.»

El premio Nobel

Rigoberta Menchú

Rigoberta Menchú al recibir el premio Nobel en 1992.

Ya instalada en México, sucedió algo que no esperaba: el contacto con una gran cantidad de patriotas exiliados. Eran ladinos,[1] profesionales con muchos títulos. Los guatemaltecos añorábamos nuestra tierra en una misma soledad, en una misma nostalgia, en las mismas condiciones. La relación con ellos fue, para mí, muy importante. Conocí a don Luis Cardoza y Aragón, un gran escritor guatemalteco, sobre todo un gran amigo, maestro, compañero y hermano. Yo llegaba a visitarlos, a él y a doña Lía, su compañera de vida, su esposa. Siempre terminábamos conversando de temas importantes. Discutimos muchas veces por causa de la cuestión indígena, porque él tenía un punto de vista que no coincidía del todo con el mío, pero eso me ayudaba a esgrimir[2] o a escarbar[3] mis propias ideas. Me enseñó a reflexionar, a preguntar o intercambiar. Yo le tenía un respeto muy grande. Sus comentarios eran desafiantes, pues no era nada fácil discutir con un gran humanista de la talla de él. Nosotros, los indígenas, no habíamos tenido tiempo suficiente para discutir, para hacer planteamientos, para reflexionar sobre nuestra misma cultura,

---

[1] *mestizos; of mixed indigenous and European ancestry*   [2] *to fend off; to fence*   [3] *to research; to scratch out*

sobre nuestra identidad y también sobre nuestra propia fuerza como pueblos. No habíamos tenido tiempo para pensar un poco cuáles eran nuestras esperanzas y cómo concretarlas si hubiera oportunidad.[4] El sostenía que los indígenas no tenían ninguna perspectiva de futuro sino que era sobre la base de la unidad nacional, sobre la base de un país fuerte y poderoso en convivencia con el resto de la población. En esos años no habíamos logrado profundizar sobre el concepto de unidad nacional y mucho menos sobre diversidad étnico-cultural. En algunos momentos, él era muy radical en su convicción de que los indígenas tenían que cambiar profundamente para lograr esa meta. Hasta esa fecha, no se sabía el impacto que podría causarles a los pueblos indígenas, su población en general, un verdadero contacto con la ciencia y la tecnología. Ello podría derivar en la conformación de un solo pueblo, con una cultura común, o, por el contrario, podría ser que los indígenas tuvieran temor a esto y generaran resistencia, luchas combativas, conversiones inclaudicables[5] y confrontación. En otras palabras, se tenían muchos temores a que los pueblos indígenas se alzaran en armas y pelearan con toda su fuerza como indígenas.

Desde hacía mucho tiempo, don Luis estaba cuestionando al indígena. Yo pienso que tuvo un pensamiento un tanto esquemático, aunque este brillante compatriota murió antes de que concretáramos la definición de un país multiétnico, multilingüe y pluricultural. A lo largo de los años fuimos limando[6] nuestras posiciones. Fuimos conociéndonos y, como siempre, ambos pasamos por un proceso de producción. Siempre hablamos de los entrañables[7] tamales, hablamos del olor de Guatemala, hablamos de los caminos de Panajachel, hablamos de los pueblos que él conoció hace muchos años y del amor que siempre tuvo a Guatemala. Hablamos de los fenómenos inexplicables: de los misterios, de las cosas que dejan fuera todo tipo de convencimiento anticipado. Hablábamos una y otra vez de los laberintos[8] de la inmensa selva de Chimel. Hablamos de sus experiencias durante el régimen democrático del 44 al 54, hablamos de sus tantos sueños. Yo no conocía mucho de ese proceso democrático, pero después me familiaricé con el tema. Conversamos de su resistencia a los militares, su profundo rechazo a los militares. El sostenía que desde el momento que los militares ocuparan una posición dominante y fueran quienes dictaran el destino de los pueblos de América, éste iba a ser un continente perdido, un continente muerto y un continente lleno de sufrimientos. Terminábamos llorando la tragedia de nuestro pueblo. Luis siempre dijo que los militares eran un obstáculo del futuro. Según él, los militares eran responsables en gran parte del duro destino de los millones de habitantes de América. Por esta manera de pensar no era posible su retorno a la patria que tanto amó. Cada día, él notaba con gran tristeza la imposibilidad de retornar a Guatemala. Todo iba para peor. Por eso prometió que no volvería a Guatemala mientras los civiles estuvieran al servicio de los militares.

---

[4]si... if there were to be a chance [5]unyielding [6]refining, sharpening [7]dearly-loved
[8]labyrinths, mazes

Don Luis murió antes de que algún día se concretaran sus sueños. Nunca volvió a Guatemala. Por cierto que, cuando don Luis murió, algunos guatemaltecos fueron a México a pelear sus cenizas[9] para llevarlo a Guatemala y rendirle honores[10] allá. Yo estaba cerca de su tumba y oía los pleitos[11] que había sobre las cenizas de don Luis. Yo pensé que era, de cierta manera, una cobardía, porque no lo convencieron cuando estaba vivo y ahora peleaban sus cenizas cuando ya estaba muerto. Don Luis Cardoza y Aragón fue una referencia muy fuerte para muchos de nosotros que buscamos en las personas maduras un ejemplo de coherencia y de ecuanimidad.[12]

---

[9]*ashes* [10]*rendirle... pay him homage* [11]*arguments, complaints* [12]*common sense, level-headedness*

¿Cuánto recuerda Ud.?

¿Cómo era don Luis?   Marque (X) las frases que describen a don Luis según lo que nos dice Rigoberta Menchú de él.

1. _____ Don Luis era coherente y tenía mucho sentido común.
2. _____ No quería regresar a Guatemala.
3. _____ Añoraba mucho a su país natal.
4. _____ Era muy bueno para el debate.
5. _____ A él no le gustaba la comida guatemalteca.
6. _____ Era muy conservador.
7. _____ No hablaba nunca de la política.
8. _____ Estaba muy a favor de los militares como parte del proceso político.
9. _____ A veces sus comentarios eran muy desafiantes.
10. _____ Nunca discutía con sus amigos.

¿Qué se imagina Ud.?

A. Las comunidades indígenas de Latinoamérica.   Rigoberta es una figura de gran visibilidad pública y tiene que representar las comunidades indígenas frente al mundo. Trabajando con un compañero/a, haga una lista de las necesidades de estas comunidades. Piensen en términos muy específicos usando las siguientes áreas generales como una guía: la educación, el gobierno, la religión, el comercio. Puede usar las fotos en las siguientes páginas como punto de partida.

Imágenes de las comunidades indígenas a las cuales representa Rigoberta Menchú.

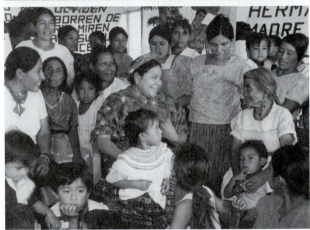

B. La realidad centroamericana.   Trabajando en grupos, hagan una descripción de las comunidades indígenas de Guatemala, basándose en las fotos de esta sección. ¿Cómo se visten? ¿Qué tipo de trabajo tienen? ¿Cómo son sus casas? ¿Parecen estar contentos? ¿Cómo es su vida diaria? Hasta los fotógrafos pueden tener un punto de vista. Discutan el punto de vista de cada foto.

C. ¿Pacifista del mundo indígena?   Con frecuencia se menciona a Rigoberta Menchú entre los grandes pacifistas, como por ejemplo, Mahatma Gandhi, líder religioso y espiritual hindú; Martin Luther King, Jr., ganador del premio Nobel de la Paz de 1964; Madre Teresa, ganador premio Nobel de la Paz de 1979; y Su Santidad El Dalai Lama, premio Nóbel de la Paz de 1989.

Trabajando en parejas, determinen cómo debe portarse (*act*) un pacifista en su vida pública. Según ese criterio, ¿es Rigoberta Menchú una pacifista? ¿Debemos todos llevar una vida pacifista? ¿Por qué sí o por qué no?

D. ¿Un ejército para Costa Rica? Un debate.   Don Luis Cardoza y Aragón sostenía que los militares son la causa de mucho mal en Latinoamérica. Costa Rica nunca ha tenido fuerzas armadas. Ustedes deben decidir si Costa Rica debe gastar dinero en crear un ejército. Divídanse en dos grupos: uno a favor de las fuerzas militares y otro en contra. Piensen en los otros países latinoamericanos donde los militares han desempeñado (*have played*) un rol positivo o negativo en la vida pública. En particular, presten atención a los casos de Chile (Pinochet), la Argentina (Perón, Videla), Nicaragua (Somoza) y Panamá (Noriega).

Gramática en contexto

11. Talking About the Indefinite Past: The Imperfect

As you know, there are two simple past tenses in Spanish: the imperfect and the preterite. Each expresses a different conception of past events or states. Because there are no direct English equivalents for these tenses in Spanish (English has only one simple past tense), you will need to learn the conceptual differences between the types of situations in which the imperfect and the preterite are appropriate in order to use them correctly. For the moment, concentrate on mastering the imperfect and preterite forms and understanding the basic differences in the ways the two tenses are used.

Concept of the Imperfect

The imperfect implies indefinite past time, with no temporal limitations on the event described. It is used either to describe people, things, or situations in the past or to narrate habitual or repeated past events. The focus of the imperfect is on the events or states of being themselves rather than on their beginning or end.

Notice how each speaker uses the imperfect to reminisce in the examples that follow.

DESCRIPTION IN THE PAST WITH NO TIME LIMITS

Los guatemaltecos **añorábamos** nuestra tierra en una misma soledad, en una misma nostalgia.
Yo le **tenía** un respeto muy grande.

HABITUAL OR REPEATED EVENTS IN THE PAST

Yo **llegaba** a visitarlos, a él y a doña Lía, su esposa.
Siempre **terminábamos** conversando de temas importantes.

Forms of the Imperfect

The imperfect indicative has a relatively regular tense formation. Most verbs follow one of the two regular conjugation patterns, and only three verbs are irregular in the imperfect indicative.

Regular Verbs

To form the imperfect indicative of all **-ar** verbs, add the appropriate ending to the stem of the infinitive. Note that the **nosotros** form carries a written accent.

cantar		
cant-	cant**aba**	cant**ábamos**
	cant**abas**	cant**abais**
	cant**aba**	cant**aban**

Hablábamos una y otra vez de Guatemala.
Lloraban la tragedia del pueblo guatemalteco.

To form the imperfect indicative of regular **-er** and **-ir** verbs, add the appropriate ending to the stem of the infinitive. Note that all forms carry a written accent mark.

tener			vivir		
ten-	ten**ía**	ten**íamos**	viv-	viv**ía**	viv**íamos**
	ten**ías**	ten**íais**		viv**ías**	viv**íais**
	ten**ía**	ten**ían**		viv**ía**	viv**ían**

El **sostenía** unas ideas muy radicales.
Porque él **tenía** un punto de vista que no **coincidía** del todo con el mío.

Irregular Verbs

ir	
iba	**íbamos**
ibas	**ibais**
iba	**iban**

Con los militares, el destino de los pueblos de América **iba** a ser un continente perdido.

ser	
era	éramos
eras	erais
era	eran

Eran ladinos, profesionales con muchos títulos.

ver	
veía	veíamos
veías	veíais
veía	veían

Nos **veíamos** con mucha frecuencia en México.

¡Practiquemos!

A. ¿Quiénes eran?   Identifique las siguientes personas. Después busque todos los verbos en el imperfecto del indicativo y explique por qué se usa el imperfecto en cada caso.

a. Douglas Fairbanks   **d.** Charles Lindberg
b. Francisco Franco   **e.** Susan B. Anthony
c. Eleanor Roosevelt   **f.** Benjamin Franklin

1. _____ Volaba durante los primeros días de la aviación. Todo el mundo lo consideraba un gran héroe, especialmente después de que cruzó por primera vez el océano Atlántico en avión.
2. _____ Era político, físico, filósofo, publicista e inventor. Cuando era joven trabajaba en Filadelfia, donde publicaba *Poor Richard's Almanac.*
3. _____ Siempre acompañaba a su esposo, incluso a la Casa Blanca. Mucha gente la respetaba por todo lo que hacía para ayudar a los pobres durante la crisis económica de los años treinta.
4. _____ Era el Jefe de Estado de España durante muchos años. Muchos lo consideraban un dictador cruel porque creían que gobernaba a base de la represión política y social. Cuando murió en 1975, lo reemplazó el rey Juan Carlos II.

5. _____ Organizaba a las mujeres para luchar por el derecho de votar. Daba conferencias (*lectures*) en las cuales hablaba en contra de la esclavitud (*slavery*) y reclamaba los derechos de la mujer.

6. _____ Representaba a personajes nobles y románticos en los primeros días del cine. Aparecía en películas acerca de piratas y líderes revolucionarios.

B. ¡Antes no eras así!   Imagínese que Ud. se encuentra con un viejo amigo. Comente lo cambiado que está ahora su amigo, según el modelo.

> MODELO: ¡Hablas con todo el mundo! → Antes no hablabas con nadie.

En 1910, los Bomberos tenían que coger un taxi (coche de esa época) para llegar al lugar de los incendios.

TAXI!!!

1. ¡Llevas libros a casa!
2. ¡Te vistes de una manera formal!
3. ¡Juegas al tenis!
4. ¡Estás tan bronceado (*tanned*)!
5. ¡Conduces un coche BMW!
6. ¡Te gusta la música sinfónica!
7. ¡Vas a la ópera!
8. ¡Tienes mucha prisa!
9. ¡Quieres ser abogado!
10. ¡Te ves muy seguro de ti mismo!

C. Los recuerdos de una madre.   La Sra. Gómez se ha puesto nostálgica y está recordando algunas escenas de la niñez de su hijo Pedro. Describa lo que hacía su hijo de niño (*as a child*), según los dibujos.

1. ¿De qué se vestía de niño Pedro? ¿Qué carrera quería seguir entonces?
2. ¿Con quién miraba televisión? ¿Cree Ud. que Pedro y su perro eran grandes amigos? ¿Por qué sí o por qué no?
3. ¿Qué le fascinaba a Pedro hacer de niño? ¿y a los otros niños?
4. ¿Cuál era el deporte favorito de Pedro? ¿Con quién lo practicaba? ¿A su padre también le gustaba el béisbol?

D. Cuando eras más joven...   Hágale y conteste las siguientes preguntas acerca de la vida en la escuela primaria a un compañero (una compañera) de clase.

1. ¿Qué querías ser cuando eras estudiante de primaria?
2. ¿Tenías muchos amigos en aquel entonces (*at that time*)?
3. ¿Qué hacías para divertirte?
4. ¿Qué hacías durante los veranos? ¿Ibas a la playa o a las montañas con tu familia? ¿Les gustaban a todos esas salidas familiares?
5. ¿Mirabas mucha televisión? ¿Qué programas veías con frecuencia?
6. ¿Cómo llegabas a la escuela? ¿Montabas en bicicleta, tomabas el autobús, ibas caminando o te llevaban tus padres en el coche?

12. Talking About the Definite Past: The Preterite

Concept of the Preterite

The preterite implies definite time limitations in the past. It is used to describe the beginning, the end, or the completion of past events. In other words, it expresses actions that started and/or ended at some moment in the past.

Me **enseñó** a reflexionar.	*He taught me how to meditate.*
Discutimos mucho por la cuestión indígena.	*We argued a lot about the situation of the indigenous peoples.*

Forms of the Preterite

To form the preterite indicative of regular **-ar** verbs,* add the appropriate ending to the stem of the infinitive. Note the written accent on the first- and third-person singular.

cantar		
cant-	cant**é**	cant**amos**
	cant**aste**	cant**asteis**
	cant**ó**	cant**aron**

---

*You will learn the forms for irregular verbs in the preterite in subsequent chapters.

Yo **pensé** en muchas cosas.

Hablamos de los fenómenos inexplicables.

To form the preterite tense of regular **-er** and **-ir** verbs, add the appropriate ending to the stem of the infinitive. Note that as with **-ar** verbs, the first- and third-person singular of **-er** and **-ir** verbs carry a written accent.*

aprender		
aprend-	aprend**í**	aprend**imos**
	aprend**iste**	aprend**isteis**
	aprend**ió**	aprend**ieron**

Aprendí mucho de él.

Sucedió algo muy extraño.

¡Practiquemos!

A. Más figuras históricas. Identifique a las siguientes personas por sus acciones. Después explique por qué se usa el pretérito en cada caso.

a. Jesse Owens
b. Thomas Jefferson
c. Ulysses S. Grant
d. Clara Barton
e. Dwight D. Eisenhower
f. Mary Todd Lincoln

1. _____ Nació en Virginia en 1743. Escribió la Declaración de la Independencia de los Estados Unidos. Más tarde llegó a ser presidente del país.

2. _____ Luchó en la Guerra Civil norteamericana. Se encargó (*He took charge*) de comandar las tropas del norte que al final derrotaron al general Lee.

3. _____ Sufrió después del asesinato de su esposo en 1865. Poco después de que se le murió un hijo, se volvió loca.

4. _____ Cuando participó en los Juegos Olímpicos de 1936, molestó muchísimo a Adolf Hitler al ganar cuatro medallas de oro.

5. _____ Vio la necesidad de hacer algo para aliviar el sufrimiento de los soldados. Fundó la Cruz Roja norteamericana.

6. _____ Ganó fama durante la Segunda Guerra mundial y la gente lo eligió presidente dos veces.

B. ¿Por qué llegó tarde? Jorge siempre tiene una excusa cuando llega tarde al trabajo. Complete sus excusas usando el pretérito de los verbos.

---

*The verb **ver,** which carries no written accents, is an exception.

vi	vimos
viste	visteis
vio	vieron

MODELO: (yo) dejar / los anteojos / en casa → Dejé los anteojos en casa.

1. mis suegros / llamar / esta mañana a las cinco
2. anoche / el perro / decidir aullar (*to howl*) / y / no dejarnos dormir
3. (yo) salir de casa / sin los zapatos
4. mis niños / robar y esconder (*hide*) / mis papeles
5. nosotros / no encontrar / las llaves del coche
6. mi esposa / olvidarse de poner / el despertador

C. Momentos importantes de mi vida.   Haga oraciones completas para decir cuándo le pasó a Ud. lo siguiente. Conjugue los verbos en el pretérito. También puede usar frases como **a los cinco años** o **a los doce,** etcétera. Luego compare su lista con la de otro/a estudiante.

MODELO: (yo) comer mi primera hamburguesa →
A los cuatro años comí mi primera hamburguesa.

1. (yo) salir con un chico (una chica)
2. mi padre (madre, amigo) / enseñarme a manejar
3. (yo) ver mi primera película
4. mis padres (abuelos) / regalarme mi primera bicicleta
5. mis amigos y yo / conocer la música de…
6. (yo) graduarse de la escuela secundaria

D. Preguntas personales.   Hágale las siguientes preguntas a un compañero (una compañera) de clase.

1. ¿A qué hora te acostaste ayer?
2. ¿A qué hora te despertaste esta mañana? ¿Te levantaste a la misma hora?
3. ¿Cómo te preparaste para la clase de hoy?
4. ¿A qué clases asististe ayer?
5. ¿Llamaste a alguien por teléfono ayer? ¿A quién? ¿De qué hablaron Uds.?

Español en acción

A. Los veranos de mi niñez.   Trabajando con un compañero (una compañera), describan lo que hacían con sus amigos durante el verano cuando eran jóvenes. Usen el imperfecto para expresar sus recuerdos. **Vocabulario útil:** aprovechar (*to take advantage of*) los ratos libres, (no) estar alegres/contentos/ enojados/preocupados, hacer travesuras (*mischief*), ir a la playa / las montañas / la piscina (*swimming pool*), jugar a…, soler + *infinitivo*, tomar el sol.

B. Primero compré…   Trabajando con un compañero (una compañera), lean las siguientes declaraciones. Luego usen el pretérito para indicar cuatro acciones que hicieron antes de la que está indicada.

MODELO: Acabo de comer tacos. → Primero, compré la carne y las verduras en una tienda. Entonces, lavé las verduras.
Después, preparé la carne. Por fin, comí los tacos.

1. Mis padres acaban de comprar un coche nuevo.
2. Tú y yo acabamos de entrar en el cine.
3. Nuestro equipo acaba de ganar el torneo.
4. Acabo de sacar una A en el examen final de español.

C. Memorias del pasado. Con un compañero (una compañera), comenten el dibujo de una escena en casa de la familia Estévez.

1. ¿Por qué el Sr. Estévez les muestra el periódico a sus hijos? ¿Qué querían saber ellos?
2. ¿Cuándo ocurrió la escena que el Sr. Estévez recuerda? ¿Dónde? ¿Cómo lo saben Uds.?
3. ¿Por qué había tantos periodistas y fotógrafos en la sala aquel día? ¿Por qué se imaginan que estaba allí Adolfo Estévez? ¿Qué hacía o decía él en aquel momento?
4. ¿Cómo se vistió el presidente cuando visitó la universidad? ¿Por qué? ¿Qué se imaginan Uds. que pensaba él mientras escuchaba al joven Adolfo Estévez?
5. ¿Cómo ha cambiado físicamente Adolfo desde el día en que conoció al presidente? ¿Cómo ha cambiado su vida? ¿Qué carrera probablemente tiene ahora? ¿Por qué creen Uds. eso?

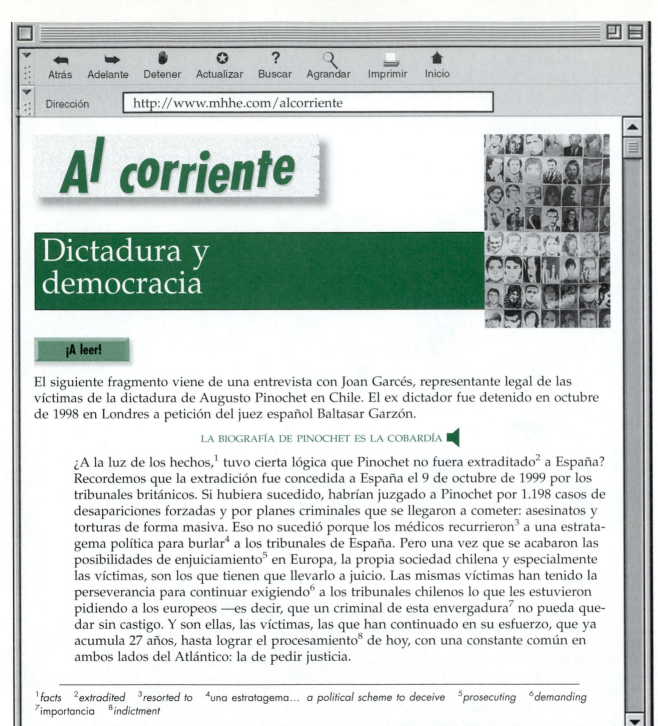

Al corriente

Dictadura y democracia

¡A leer!

El siguiente fragmento viene de una entrevista con Joan Garcés, representante legal de las víctimas de la dictadura de Augusto Pinochet en Chile. El ex dictador fue detenido en octubre de 1998 en Londres a petición del juez español Baltasar Garzón.

LA BIOGRAFÍA DE PINOCHET ES LA COBARDÍA

¿A la luz de los hechos,[1] tuvo cierta lógica que Pinochet no fuera extraditado[2] a España? Recordemos que la extradición fue concedida a España el 9 de octubre de 1999 por los tribunales británicos. Si hubiera sucedido, habrían juzgado a Pinochet por 1.198 casos de desapariciones forzadas y por planes criminales que se llegaron a cometer: asesinatos y torturas de forma masiva. Eso no sucedió porque los médicos recurrieron[3] a una estratagema política para burlar[4] a los tribunales de España. Pero una vez que se acabaron las posibilidades de enjuiciamiento[5] en Europa, la propia sociedad chilena y especialmente las víctimas, son los que tienen que llevarlo a juicio. Las mismas víctimas han tenido la perseverancia para continuar exigiendo[6] a los tribunales chilenos lo que les estuvieron pidiendo a los europeos —es decir, que un criminal de esta envergadura[7] no pueda quedar sin castigo. Y son ellas, las víctimas, las que han continuado en su esfuerzo, que ya acumula 27 años, hasta lograr el procesamiento[8] de hoy, con una constante común en ambos lados del Atlántico: la de pedir justicia.

---

[1]facts [2]extradited [3]resorted to [4]una estratagema... *a political scheme to deceive* [5]prosecuting [6]demanding
[7]importancia [8]indictment

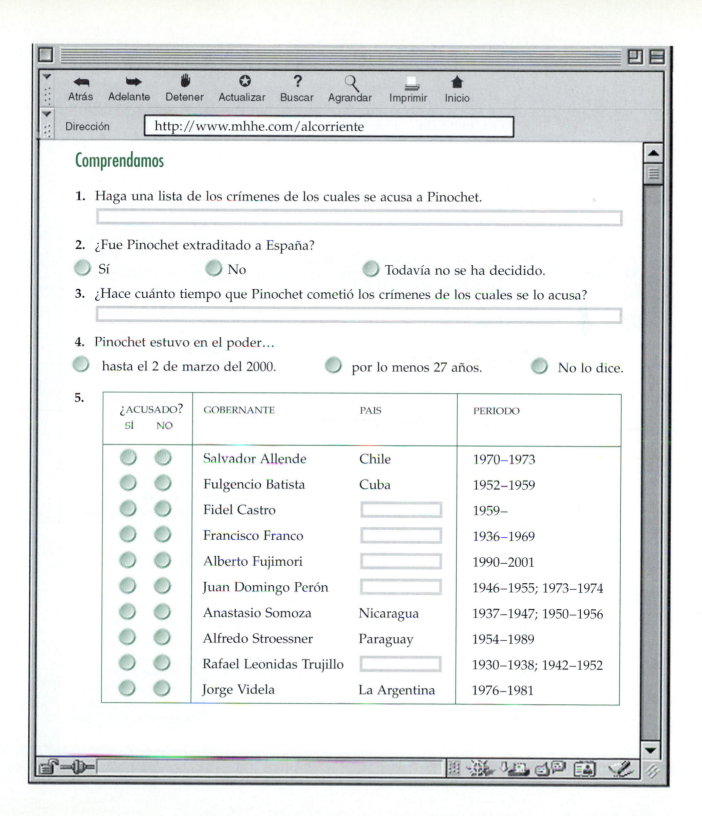

Comprendamos

1. Haga una lista de los crímenes de los cuales se acusa a Pinochet.

   _____

2. ¿Fue Pinochet extraditado a España?

   ◯ Sí   ◯ No   ◯ Todavía no se ha decidido.

3. ¿Hace cuánto tiempo que Pinochet cometió los crímenes de los cuales se lo acusa?

   _____

4. Pinochet estuvo en el poder…

   ◯ hasta el 2 de marzo del 2000.   ◯ por lo menos 27 años.   ◯ No lo dice.

5.

¿ACUSADO?		GOBERNANTE	PAIS	PERIODO
SÍ	NO			
◯	◯	Salvador Allende	Chile	1970–1973
◯	◯	Fulgencio Batista	Cuba	1952–1959
◯	◯	Fidel Castro	_____	1959–
◯	◯	Francisco Franco	_____	1936–1969
◯	◯	Alberto Fujimori	_____	1990–2001
◯	◯	Juan Domingo Perón	_____	1946–1955; 1973–1974
◯	◯	Anastasio Somoza	Nicaragua	1937–1947; 1950–1956
◯	◯	Alfredo Stroessner	Paraguay	1954–1989
◯	◯	Rafael Leonidas Trujillo	_____	1930–1938; 1942–1952
◯	◯	Jorge Videla	La Argentina	1976–1981

Relacionemos   Expansión

1. Otros gobernantes totalitarios han sido acusados de crímenes similares a los de Pinochet. Indique en la siguiente tabla cuál gobernante cree Ud. que ha sido acusado de crímenes contra la humanidad. Luego indique el país de su gobierno, si esta información falta. Si necesita ayuda, busque la información en la red.

2. Indique si los siguientes países tienen una dictadura (DIC) o una democracia (DEM). Si no sabe, busque la información en la red.

	DIC	DEM		DIC	DEM
La Argentina	○	○	Guatemala	○	○
Chile	○	○	México	○	○
Cuba	○	○	Nicaragua	○	○
El Salvador	○	○	El Perú	○	○
España	○	○	Venezuela	○	○

3. Joan Garcés, el representante legal de las víctimas de Pinochet que fue entrevistado en **¡A leer!** y Rigoberta Menchú vivieron en el exilio. En su opinión, ¿cuáles pueden ser las causas del exilio de éstas y otras personas?

¡A investigar!   Expansión

Haga una investigación en la red sobre la democracia y cómo se distingue de la dictadura. Investigue también las características de las sociedades pluriculturales y multiétnicas en el contexto político de una democracia o una dictadura. Antes de iniciar la investigación prepare una tabla con los temas que se sugieren a continuación y escriba con frases breves lo que *ya sabe* Ud. de cada tema.

> **Palabras clave**
>
> Tema principal:
> democracia dictadura
> procesos democráticos
> sociedad multiétnica/
> pluricultural

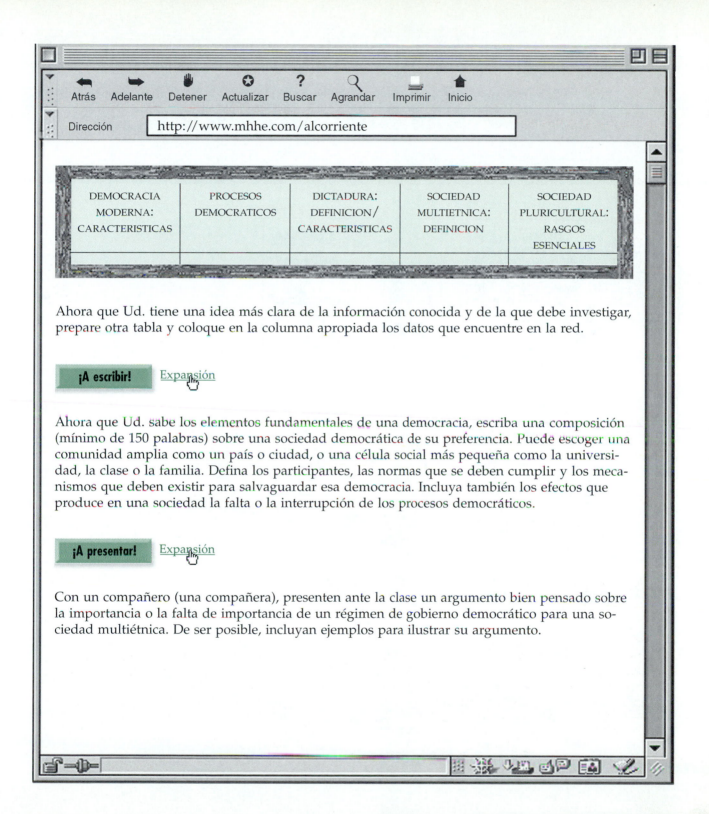

DEMOCRACIA MODERNA: CARACTERISTICAS	PROCESOS DEMOCRATICOS	DICTADURA: DEFINICION/ CARACTERISTICAS	SOCIEDAD MULTIETNICA: DEFINICION	SOCIEDAD PLURICULTURAL: RASGOS ESENCIALES

Ahora que Ud. tiene una idea más clara de la información conocida y de la que debe investigar, prepare otra tabla y coloque en la columna apropiada los datos que encuentre en la red.

¡A escribir!   Expansión

Ahora que Ud. sabe los elementos fundamentales de una democracia, escriba una composición (mínimo de 150 palabras) sobre una sociedad democrática de su preferencia. Puede escoger una comunidad amplia como un país o ciudad, o una célula social más pequeña como la universidad, la clase o la familia. Defina los participantes, las normas que se deben cumplir y los mecanismos que deben existir para salvaguardar esa democracia. Incluya también los efectos que produce en una sociedad la falta o la interrupción de los procesos democráticos.

¡A presentar!   Expansión

Con un compañero (una compañera), presenten ante la clase un argumento bien pensado sobre la importancia o la falta de importancia de un régimen de gobierno democrático para una sociedad multiétnica. De ser posible, incluyan ejemplos para ilustrar su argumento.

CAPITULO 5 ¡Hablemos un poco!

^ato isolate   ^bloneliness, solitude

Vocabulario del tema

Enlaces temporales

primero (segundo, tercero)	first (second, third)	**por fin, finalmente, al final**	finally
después, luego, más tarde	afterward, later	**al otro día, al día siguiente**	the next day
entonces	then	**en aquel entonces**	(way) back then
entretanto	meanwhile		

EL PASADO	AHORA/HOY	EL FUTURO

la semana pasada
el fin de semana pasado
el mes/año pasado
hace quince días
  (*two weeks ago*)
hace años
ayer por la mañana/
  tarde
anteayer (*day
  before yesterday*)
hace dos días
anoche
	esta { mañana
	tarde
	noche
	semana
	
	este { fin de semana
	mes/año
		mañana por la mañana/
		  tarde/noche
		pasado mañana
		  (*day after tomorrow*)
		la semana que viene
		  (la próxima semana)
		el fin de semana que
		  viene (el próximo
		    fin de semana)
		el mes/año que viene
		  (el próximo mes/año)
		en quince días

Hablando del tema

A. En el laboratorio del Dr. Sesos.   Combine un elemento de cada grupo, formulando una narración completa para describir lo que le pasó al Dr. Sesos hace años en su laboratorio.

1. _____ En aquel entonces el famoso Dr. Sesos…
2. _____ Un día…
3. _____ Primero el doctor…
4. _____ Inmediatamente después de que nadie contestó,…
5. _____ Luego cuando vio que el profesor no estaba,…
6. _____ Después, todavía muy entusiasmado,…
7. _____ Un momento más tarde…
8. _____ Al final, lleno de miedo, el Dr. Sesos…

a. bajó corriendo la escalera.
b. trabajaba en un laboratorio de la universidad nacional.
c. descubrió que el telefonista tampoco estaba.
d. buscó a otra colega, la Dra. Gómez.
e. hizo un descubrimiento importante.
f. siguió buscando a sus colegas por todas partes.
g. fue a buscar a su colega, el Prof. Sánchez.
h. gritó las buenas noticias a los colegas que trabajaban con él.

B. El Dr. Sesos da parte a la policía.   Imagínese que Ud. es el protagonista de la tira cómica. Preocupado por la misteriosa desaparición de sus colegas, Ud. decide informar a la policía. Explique la situación en forma oral o escrita, incluyendo la siguiente información.

1. Primero hable de cómo empezó Ud. su día de trabajo y del contacto que tuvo con sus colegas esa mañana.
2. Después haga un resumen del experimento que hizo.
3. Entonces describa la extraña soledad de la universidad nacional.
4. Finalmente, explique por qué es urgente localizar a sus compañeros.

C. Próximos planes.   Trabajando con un compañero (una compañera), cuente los planes que Ud. tiene para *mañana por la tarde, pasado mañana* y *la semana que viene* en por lo menos dos de los siguientes lugares u ocasiones.

1. en casa / en familia
2. en su barrio, pueblo o ciudad
3. en el trabajo
4. en su tiempo libre
5. en la universidad

Lectura

Acercándonos a la lectura

In the reading for this chapter, Hernando Téllez, from Colombia, masters the balance between the specific and the universal in his story **"Espuma y nada más."** He creates concrete (individual) characters (**personajes**) in a universal setting—any of several Latin American countries in the throes of military repression. In addition, Téllez addresses social and political concerns without becoming pontifical or detracting from the literary value of his captivating story.

The **caudillo** (*chief* or *strong man*) bears a strong resemblance to the Hispanic stereotype reinforced by such leaders as Franco (Spain), Castro (Cuba), Pinochet (Chile), Stroessner (Paraguay), Somoza (Nicaragua), Trujillo (Dominican Republic), and Perón (Argentina).

Vocabulario para leer

colgar (ue) to hang
mezclar to mix
pulir to polish, finish
quemar to burn
revolver (ue) to stir (up)
temblar (ie) to tremble
traicionar to betray

la barbería barbershop
la barbilla chin

la brocha brush
el cinturón belt
el cuello neck
la espuma foam
el fusilamiento shooting, execution
la navaja razor
el partidario partisan
las patillas sideburns
la peluquería beauty shop
el ropero clothes closet

el rostro face
la sábana sheet, cloth
el sudor perspiration, sweat
el verdugo executioner

desnudo/a naked
tibio/a tepid, lukewarm

algo por el estilo something
like that

A. Fuera de serie.   Identifique la palabra que *no* pertenece al grupo y explique por qué.

1. patillas, peluquería, fusilamiento, espuma
2. barbilla, cuello, desnudo, rostro
3. cinturón, ropero, brocha, sábana
4. revolver, traicionar, pulir, mezclar
5. verdugo, tibio, quemar, sudor

B. Definiciones.   Explique en español qué significa cada palabra o expresión.

1. navaja
2. temblar
3. algo por el estilo

4. partidario
5. colgar

Comentarios preliminares

A. ¡A cortarse el pelo!   ¿Le gusta a Ud. ir a la barbería o a la peluquería o detesta tener que hacerlo? ¿Cómo se relaciona con su barbero/a o peluquero/a, bien o mal?

Hable de sus experiencias en la barbería o la peluquería con sus compañeros/as; si quiere, puede contar una anécdota sobre una visita o un incidente memorable. (Recuerde usar el **Vocabulario para leer.**)

B. Cómo relacionarse con los demás.   En un grupo pequeño, escojan *una* de las siguientes metas sociales y enumeren cinco cosas necesarias para realizarla. (Pueden usar los adverbios de la página 119.) Después, compartan sus opiniones con el resto de la clase. Sus opiniones sobre estos temas le serán muy útiles para entender y apreciar el cuento.

1. ser un buen hijo o una buena hija
2. ser un buen padre o una buena madre
3. llevarse bien con sus compañeros/as o colegas
4. llevarse bien con sus vecinos
5. tener éxito con sus pacientes (si es médico o dentista)
6. tener éxito con sus clientes (si se dedica a los negocios)
7. tener éxito con sus estudiantes (si es profesor)
8. ser buen ciudadano
9. gobernar bien un país, un estado, una ciudad o un pueblo

C. ¿Hay crímenes o delitos justificados? En casi todo el mundo se castigan el robo, el homicidio, la calumnia (*slander*), la mentira, etcétera, por violar normas fundamentales de conducta. Sin embargo, hay circunstancias que reducen la magnitud de un crimen o un delito. Considere los siguientes casos y sus circunstancias; después, en un grupo pequeño discutan cada caso para llegar a una conclusión. Indiquen numéricamente en la última columna el grado de justificación (10 siendo el más alto y 1 el más bajo). Finalmente, comparen sus respuestas con las de los otros grupos.

DELITO	CIRCUNSTANCIA	1	2	3	4	5	6	7	8	9	10
1. matar	en defensa propia										
2. matar	para hacer justicia										
3. matar	por convicción religiosa										
4. matar	por venganza										
5. robar	por necesidad (para comer/sobrevivir)										
6. robar	para mantener a la familia										
7. robar	a otros que le han robado a uno										
8. mentir	para protegerse										
9. mentir	para proteger a otro										
10. mentir	a una persona que también miente										

Estrategias para leer

Dialogue and Point of View

An author must make a deliberate choice when deciding who will narrate his/her story (**cuento**) and how. Point of view (**Punto de vista**) is the filter through which a reader receives a story. That point of view or perspective is controlled by the narrator. Although a reader might expect a third-person narrator to be more objective and removed from the events narrated, that same reader expects a first-person narrator, whether he/she participates directly in the plot or not, to be more subjective. First-person narratives require more participation (or work) from a reader due to this subjectivity and other elements. Is the narrator hiding something? Perhaps the narrator is not well-informed? Is the narrator a liar?

In **"Espuma y nada más,"** the first-person narrator, a small-town Colombian barber, narrates an army captain's visit to his barbershop. Embedded within the barber's narration (**la narración**) is the conversation between him and his military customer. Two levels of narrative are at work: the primary narration of the barber's story and a second level, the dialogue (**el diálogo**) between the characters. Use the punctuation and your background knowledge to distinguish between the main narration and the dialogue.

Estrategias en acción

Narración/Diálogo. En un grupo pequeño, indiquen si las siguientes frases del cuento forman parte de la **narración** (N) o del **diálogo** (D). Tomen en cuenta lo que Uds. ya saben de los personajes, del ambiente y de las técnicas narrativas. Después, comparen sus opiniones con las de los otros grupos.

1. _____ Y cuando lo reconocí me puse a temblar.
2. _____ Mezclé un poco de agua tibia y con la brocha empecé a revolver.
3. _____ «Los muchachos de la tropa deben tener tanta barba como yo.»
4. _____ Se llamaba Torres. El capitán Torres.
5. _____ «Me iría a dormir un poco», dijo, «pero esta tarde hay mucho que hacer.»
6. _____ Sí. Yo era un revolucionario clandestino…
7. _____ Tomé la navaja…
8. _____ Yo podría cortar este cuello, así, ¡zas!, ¡zas! No le daría tiempo de quejarse…
9. _____ Yo no quiero ser un asesino, no señor.
10. _____ «Me habían dicho que usted me mataría.»

Espuma y nada más

Hernando Téllez

o saludó al entrar. Yo estaba repasando sobre una badana[1] la mejor de mis navajas. Y cuando lo reconocí me puse a temblar. Pero él no se dió* cuenta. Para disimular[2] continué repasando la hoja. La probé luego sobre la yema del dedo gordo y volví a mirarla contra la luz. En este instante se quitaba el cinturón ribeteado de balas de donde pendía la funda de la pistola. Lo colgó de uno de los clavos del ropero y encima colocó el kepis.[3] Volvió completamente el

---

[1] strop (leather strip for sharpening razors)   [2] feign, disguise things   [3] military hat

cuerpo para hablarme y, deshaciendo el nudo[4] de la corbata, me dijo: «Hace un calor de todos los demonios.[5] Aféiteme.» Y se sentó en la silla. Le calculé cuatro días de barba. Los cuatro días de la última excursión en busca de los nuestros. El rostro aparecía quemado, curtido[6] por el sol. Me puse a preparar minuciosamente el jabón. Corté unas rebanadas[7] de la pasta, dejándolas caer en el recipiente, mezclé un poco de agua tibia y con la brocha empecé a revolver. Pronto subió la espuma. «Los muchachos de la tropa[8] deben tener tanta barba como yo». Seguí batiendo la espuma. «Pero nos fué* bien, ¿sabe? Pescamos[9] a los principales. Unos vienen muertos y otros todavía viven. Pero pronto estarán todos muertos.» «¿Cuántos cogieron?» pregunté. «Catorce. Tuvimos que internarnos bastante para dar con[10] ellos. Pero ya la están pagando.[11] Y no se salvará ni uno, ni uno.» Se echó para atrás[12] en la silla al verme con la brocha en la mano, rebosante de espuma. Faltaba ponerle la sábana. Ciertamente yo estaba aturdido.[13] Extraje del cajón una sábana y la anudé al[14] cuello de mi cliente. El no cesaba de hablar. Suponía que yo era uno de los partidarios del orden. «El pueblo habrá escarmentado[15] con lo del otro día», dijo. «Sí», repuse[16] mientras concluía de hacer el nudo sobre la oscura nuca,[17] olorosa a sudor. «¿Estuvo bueno, verdad?» «Muy bueno», contesté mientras regresaba a la brocha. El hombre cerró los ojos con un gesto de fatiga y esperó así la fresca caricia del jabón. Jamás lo había tenido tan cerca de mí. El día en que ordenó que el pueblo desfilara[18] por el patio de la Escuela para ver a los cuatro rebeldes allí colgados, me crucé con[19] él un instante. Pero el espectáculo de los cuerpos mutilados me impedía fijarme en el rostro del hombre que lo dirigía todo y que ahora iba a tomar en mis manos. No era un rostro desagradable, ciertamente. Y la barba, envejeciéndolo[20] un poco, no le caía mal.[21] Se llamaba Torres. El capitán Torres. Un hombre con imaginación, porque ¿a quién se le había ocurrido antes colgar a los rebeldes desnudos y luego ensayar sobre determinados sitios del cuerpo una mutilación a bala? Empecé a extender la primera capa de jabón.[22] El

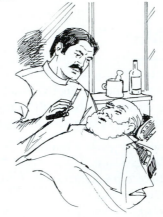

---

[4]*knot*   [5]*un… a hellish heat*   [6]*tanned, sun hardened*   [7]*slices*   [8]*troops*   [9]*We caught*
[10]*internarnos… go in rather deep in order to find*   [11]*ya… they're paying for it*   [12]*Se… He leaned back*   [13]*bewildered*   [14]*la… I knotted it around the*   [15]*habrá… no doubt learned its lesson*   [16]*I replied*   [17]*nape*   [18]*march or line up single file*   [19]*me… I ran across*   [20]*aging him*   [21]*no… didn't look too bad on him*   [22]*capa… lathering of soap*

---

*Dio y fue no llevan tilde por ser monosílabos. En este cuento aparecen acentuados debido a la época en que se escribió.

seguía con los ojos cerrados. «De buena gana[23] me iría a dormir un poco», dijo, «pero esta tarde hay mucho que hacer.» Retiré la brocha y pregunté con aire falsamente desinteresado: «¿Fusilamiento?» «Algo por el estilo, pero más lento, respondió. «¿Todos?» «No. Unos cuantos apenas.» Reanudé[24] de nuevo la tarea de enjabonarle la barba. Otra vez me temblaban las manos. El hombre no podía darse cuenta de ello y ésa era mi ventaja. Pero yo hubiera querido que él no viniera. Probablemente muchos de los nuestros lo habrían visto entrar. Y el enemigo en la casa impone condiciones. Yo tendría que afeitar esa barba como cualquier otra, con cuidado, con esmero, como la de un buen parroquiano, cuidando de que ni por un solo poro[25] fuese a brotar[26] una gota de sangre. Cuidando de que en los pequeños remolinos no se desviara la hoja. Cuidando de que la piel quedara limpia, templada, pulida, y de que al pasar el dorso de mi mano por ella, sintiera la superficie sin un pelo. Sí. Yo era un revolucionario clandestino, pero era también un barbero de conciencia, orgulloso de la pulcritud en su oficio. Y esa barba de cuatro días se prestaba para una buena faena.

Tomé la navaja, levanté en ángulo oblicuo las dos cachas, dejé libre la hoja y empecé la tarea, de una de las patillas hacia abajo. La hoja respondió a la perfección. El pelo se presentaba indócil y duro, no muy crecido, pero compacto. La piel iba apareciendo poco a poco. Sonaba la hoja con su ruido característico, y sobre ella crecían los grumos de jabón mezclados con trocitos de pelo. Hice una pausa para limpiarla, tomé la badana de nuevo y me puse a asentar el acero, porque yo soy un barbero que hace bien sus cosas. El hombre que había mantenido los ojos cerrados, los abrió, sacó una de las manos por encima de la sábana, se palpó[27] la zona del rostro que empezaba a quedar libre de jabón, y me dijo: «Venga usted a las seis, esta tarde, a la Escuela.» «¿Lo mismo del otro día?» le pregunté horrorizado. «Puede que resulte mejor», respondió. «¿Qué piensa usted hacer?» «No sé todavía. Pero nos divertiremos.» Otra vez se echó hacia atrás y cerró los ojos. Yo me acerqué con la navaja en alto. «¿Piensa castigarlos a todos?» aventuré tímidamente. «A todos.» El jabón se secaba sobre la cara. Debía apresurarme. Por el espejo, miré hacia la calle. Lo mismo de siempre: la tienda de víveres y en ella dos o tres compradores. Luego miré el reloj: las dos y veinte de la tarde. La navaja seguía descendiendo. Ahora de la otra patilla hacia abajo. Una barba azul, cerrada. Debía dejársela crecer como algunos poetas o como algunos sacerdotes.[28] Le quedaría bien. Muchos no lo reconocerían. Y mejor para él, pensé, mientras trataba de pulir suavemente todo el sector del cuello. Porque allí sí que debía manejar con habilidad la hoja, pues el pelo, aunque en agraz, se enredaba en pequeños remolinos. Una barba crespa. Los poros podían abrirse, diminutos, y soltar su perla de sangre. Un buen barbero como yo finca su orgullo[29] en que eso no ocurra a ningún cliente. Y éste era

---

[23]De... *Willingly, Gladly*   [24]*I resumed*   [25]*pore*   [26]*gush out*   [27]se... *he touched, he felt*   [28]*priests*   [29]finca... *bases his pride*

un cliente de calidad. ¿A cuántos de los nuestros había ordenado matar? ¿A cuántos de los nuestros había ordenado que los mutilaran?… Mejor no pensarlo. Torres no sabía que yo era su enemigo. No lo sabía él ni lo sabían los demás. Se trataba de un secreto entre muy pocos, precisamente para que yo pudiese informar a los revolucionarios de lo que Torres estaba haciendo en el pueblo y de lo que proyectaba hacer cada vez que emprendía una excursión para cazar revolucionarios. Iba a ser, pues, muy difícil explicar que yo lo tuve entre mis manos y lo dejé ir tranquilamente, vivo y afeitado.

La barba le había desaparecido casi completamente. Parecía más joven, con menos años de los que llevaba a cuestas cuando entró. Yo supongo que eso ocurre siempre con los hombres que entran y salen de las peluquerías. Bajo el golpe de mi navaja Torres rejuvenecía,[30] sí, porque yo soy un buen barbero, el mejor de este pueblo, lo digo sin vanidad. Un poco más de jabón, aquí, bajo la barbilla, sobre la manzana, sobre esta gran vena.[31] ¡Qué calor! Torres debe estar sudando como yo. Pero él no tiene miedo. Es un hombre sereno que ni siquiera piensa en lo que ha de hacer[32] esta tarde con los prisioneros. En cambio yo, con esta navaja entre las manos, puliendo y puliendo esta piel, evitando que brote sangre de estos poros, cuidando todo golpe, no puedo pensar serenamente. Maldita la hora[33] en que vino, porque yo soy un revolucionario pero no soy un asesino. Y tan fácil como resultaría matarlo. Y lo merece. ¿Lo merece? No, ¡qué diablos! Nadie merece que los demás hagan el sacrificio de convertirse en asesinos. ¿Qué se gana con ello? Pues nada. Vienen otros y otros y los primeros matan a los segundos y éstos a los terceros y siguen y siguen hasta que todo es un mar de sangre. Yo podría cortar este cuello, así, ¡zas!, ¡zas! No le daría tiempo de quejarse y como tiene los ojos cerrados no vería ni el brillo de la navaja ni el brillo de mis ojos. Pero estoy temblando como un verdadero asesino. De ese cuello brotaría un chorro de sangre sobre la sábana, sobre la silla, sobre mis manos, sobre el suelo. Tendría que cerrar la puerta. Y la sangre seguiría corriendo por el piso, tibia, imborrable,[34] incontenible,[35] hasta la calle, como un pequeño arroyo escarlata.[36] Estoy seguro de que un golpe fuerte, una honda incisión, le evitaría todo dolor. No sufriría. ¿Y qué hacer con el cuerpo? ¿Dónde ocultarlo? Yo tendría que huir,* dejar estas cosas, refugiarme lejos, bien lejos. Pero me perseguirían hasta dar conmigo. «El asesino del Capitán Torres. Lo degolló mientras le afeitaba la barba. Una cobardía.» Y por otro lado: «El vengador de los nuestros. Un nombre para recordar (aquí mi nombre). Era el barbero del pueblo. Nadie sabía que él defendía nuestra causa… » ¿Y qué? ¿Asesino o héroe? Del filo de esta navaja depende mi destino. Puedo inclinar un poco más la mano, apoyar un poco más la hoja, y hundirla. La piel

---

[30]*rejuvenated*   [31]*vein*   [32]*ha… he is about to do*   [33]*Maldita… Cursed be the hour*
[34]*indelible*   [35]*uncontrollable*   [36]*arroyo… scarlet stream*

---

*Actualmente *huir* no se acentúa.

cederá como la seda,[37] como el caucho,[38] como la badana. No hay nada más tierno que la piel del hombre y la sangre siempre está ahí, lista a brotar. Una navaja como ésta no traiciona. Es la mejor de mis navajas. Pero yo no quiero ser un asesino, no señor. Usted vino para que yo lo afeitara. Y yo cumplo honradamente con mi trabajo… No quiero mancharme de sangre. De espuma y nada más. Usted es un verdugo y yo no soy más que un barbero. Y cada cual en su puesto.[39] Eso es. Cada cual en su puesto.

La barba había quedado limpia, pulida y templada. El hombre se incorporó para mirarse en el espejo. Se pasó las manos por la piel y la sintió fresca y nuevecita.

«Gracias», dijo. Se dirigió al ropero en busca del cinturón, de la pistola y del kepis. Yo debía estar muy pálido y sentía la camisa empapada. Torres concluyó de ajustar la hebilla,[40] rectificó la posición de la pistola en la funda y, luego de alisarse maquinalmente los cabellos, se puso el kepis. Del bolsillo del pantalón extrajo unas monedas para pagarme el importe del servicio. Y empezó a caminar hacia la puerta. En el umbral[41] se detuvo un segundo y volviéndose me dijo:

«Me habían dicho que usted me mataría. Vine para comprobarlo. Pero matar no es fácil. Yo sé por qué se lo digo.» Y siguió calle abajo.

Tomado de *El español y su escritura:*
Lectura y escritura para bilingües

---

[37] *silk*   [38] *rubber*   [39] *cada… everyone in his place*   [40] *buckle*   [41] *threshold*

¿Cuánto recuerda Ud.?

¿A quién describe cada oración a continuación, al barbero (B)
o al capitán (C)?

1. _C_ Colgó su cinturón con la pistola en el ropero.
2. _C_ No se ha afeitado en cuatro días.
3. _C_ Está satisfecho con su trabajo los últimos días: ha tomado a catorce hombres prisioneros.
4. _B_ Está confundido y preocupado; a veces tiembla.
5. _C_ Castiga con mucha imaginación: cuelga a los revolucionarios desnudos.
6. _B_ Su obligación profesional es no lastimar (*to hurt*).
7. _B_ No acepta —ni rechaza— la invitación de ir a la Escuela por la tarde.
8. _B_ ¿Cómo va a explicarles a sus amigos que dejó pasar la oportunidad de asesinar al enemigo?
9. _B_ Piensa que es inútil matar: después vienen otros enemigos, y nunca habría paz.
10. _B_ Piensa en la sangre que puede correr.
11. _C_ Al final, tiene la piel fresca y el rostro más joven.

¿Qué se imagina Ud.?

A. El barbero y el capitán: la auto-imagen. ¿Cómo se caracterizaría el barbero a sí mismo? ¿Cómo se caracterizaría el capitán? Escoja *uno* de estos dos personajes para preparar un autorretrato en forma de monólogo para recitar ante la clase. Esté preparado/a para indicar los detalles en el cuento que revelan los aspectos que Ud. menciona.

B. La imagen pública. ¿Qué piensa el barbero del capitán al principio del cuento? ¿Qué imagen del barbero tenía el capitán? ¿Sospecha algo del barbero el capitán? ¿Sabe el barbero cuál es la verdadera razón de la visita del capitán? ¿Cambia la percepción que cada uno de ellos tenía del otro al final del cuento? Comenten estos puntos en un grupo pequeño; apoyen sus opiniones con datos que ofrece el cuento. Después, compartan sus opiniones con los otros grupos.

C. ¿Héroes, cobardes o profesionales? El barbero y el capitán viven un conflicto interior: ¿es más importante seguir su conciencia o su obligación profesional? Los dos toman decisiones similares pero con resultados diferentes. ¿Piensa Ud. que sus decisiones los hacen héroes, cobardes o grandes profesionales? Una tabla como la siguiente puede ayudarle a organizar sus ideas. Después, comparta sus opiniones y sus razonamientos con el resto de la clase.

PERSONAJE	HEROE	COBARDE	PROFESIONAL CUMPLIDO	RAZONES
Barbero				1.
				2.
Capitán				1.
				2.

D. ¿Inocentes o culpables? En **Comentarios preliminares** se consideran varios crímenes y faltas y su grado de justificación según las circunstancias. En este cuento, el capitán va a matar y el barbero quiere matar. ¿Se podrían justificar (uno de) estos asesinatos? ¿Cuál(es) de ellos? Trabajando en un grupo pequeño, consideren los casos del barbero y del capitán, y llenen la tabla a continuación. Finalmente, comparen sus conclusiones con las de otros grupos de la clase.

PERSONAJE	DELITO	GRADO DE JUSTIFICACION										COMENTARIO
Barbero	matar al capitán	1	2	3	4	5	6	7	8	9	10	_____
Barbero	mentir al capitán	1	2	3	4	5	6	7	8	9	10	_____
Barbero	mentir a los amigos	1	2	3	4	5	6	7	8	9	10	_____
Capitán	mutilar prisioneros	1	2	3	4	5	6	7	8	9	10	_____
Capitán	matar revolucionarios	1	2	3	4	5	6	7	8	9	10	_____

Gramática en contexto

13. More on Talking About the Definite Past: Irregular Preterite Verb Forms

Verbs Ending in -zar, -car, or -gar

Verbs that end in **-zar, -car,** or **-gar** have a spelling change in the first-person singular of the preterite to preserve the original pronunciation of the infinitive.

comenzar		
z → c	comencé	comenzamos
	comenzaste	comenzasteis
	comenzó	comenzaron

Other verbs in the **z → c** category include **alcanzar, almorzar, cazar, cruzar, empezar, escandalizar, organizar, tranquilizar.**

> **Comencé** a sentirme nervioso.
> *but*
> **Empezó** a hablarme de la guerra.

buscar		
c → qu	bus**qu**é	buscamos
	buscaste	buscasteis
	buscó	buscaron

Other verbs in the **c → qu** category include **acercar, comunicar, explicar, identificar, pescar, practicar, sacar, secar.**

> **Pes**qué a los principales.
> *but*
> **Explicó** cómo había capturado a los rebeldes.

jugar		
g → gu	jugué	jugamos
	jugaste	jugasteis
	jugó	jugaron

Other verbs in the **g → gu** category include **llegar, pagar.**

> Por fin **llegué** a una decisión.
> *but*
> **Pagó** la cuenta con unas monedas.

-Er and -ir Verbs with Stems Ending in a Vowel

The **-i-** of the third-person preterite endings of these verbs changes to **-y-**.

leer*	
leí	leímos
leíste	leísteis
leyó	leyeron

Other verbs in this category include **caer, concluir, construir, contribuir, creer, distribuir, incluir.**

> Las noticias **incluyeron** varios sucesos trágicos.
> Un soldado **cayó** en manos del enemigo.

Stem-Changing -ir Verbs†

These verbs register a stem change in the third-person singular and plural of the preterite.

sentir		
e → i	sentí	sentimos
	sentiste	sentisteis
	sintió	sintieron

Other verbs in the **e → i** category include **divertir(se), pedir, preferir, repetir, seguir (conseguir, perseguir), servir.**

---

*Note that five preterite forms of **leer** have written accents.
†Remember that **-ar** and **-er** stem-changing verbs are regular in the preterite.

Seguí repasando la hoja hasta que **pidió** que lo afeitara.
El caudillo **repitió** sus órdenes.

dormir		
o → u	dormí	dormimos
	dormiste	dormisteis
	d**u**rmió	d**u**rmieron

Morir undergoes the same change as **dormir.**

Mu**rieron** diez revolucionarios en los cerros.

Other Irregular Verbs

A number of common verbs are irregular in the preterite, showing vowel as well as other spelling changes in their stems. Note that none of these forms carries a written accent mark.

andar	anduv-			
estar	estuv-			
haber	hub-			
poder	pud-			
poner	pus-			
saber	sup-		e	imos
tener	tuv-		iste	isteis
			o	ieron
querer	quis-			
hacer*	hic-			
venir	vin-			
conducir†	conduj-			
decir†	dij-			
traer†	traj-			

Cuando lo reconocí, me **puse** a temblar.
Nadie **supo** que él **estuvo** en la guerra.
No **pudimos** oír lo que **dijeron.**
Me **hizo** un gesto para despedirse.

---

*The form for the third-person preterite of **hacer** is **hizo.**
†When the preterite stem ends in **-j-**, the **-i-** of the third-person plural ending is dropped (**-ieron** → **-eron**), as in **decir: dije, dijiste, dijo, dijimos, dijisteis, dijeron.** Other verbs in this category include **deducir, producir, traducir.**

Ser, ir, and dar

The verbs **ser**, **ir**, and **dar** have completely irregular preterite forms that must be memorized. Note that **ser** and **ir** have identical forms in the preterite; context will tell you which meaning is intended.

ser, ir		dar	
fui	fuimos	di	dimos
fuiste	fuisteis	diste	disteis
fue	fueron	dio	dieron

El militar **fue** a ver al barbero.
Fue un hombre de barba crespa.
El barbero no **dio** ninguna señal de ser rebelde.

¡Practiquemos!

A. ¿Quién lo dijo?   Identifique la persona que podría haber hecho (*could have made*) cada una de las siguientes declaraciones.

a.	Benjamin Franklin	**g.**	Franklin Roosevelt
b.	Ponce de León	**h.**	Cristóbal Colón
c.	Alexander G. Bell	**i.**	Rosa Parks
d.	George Washington	**j.**	Marco Polo
e.	Bill Gates	**k.**	Elvis Presley
f.	Pablo Picasso	**l.**	William Shakespeare

1. _____ Busqué la Fuente de la Juventud (*Fountain of Youth*).
2. _____ Comencé mis investigaciones sobre el pararrayos (*lightning rod*) con una cometa (*kite*) y una llave.
3. _____ Escribí los dramas más famosos del mundo.
4. _____ Fui el pintor que inició el movimiento cubista.
5. _____ Entrequé el programa *Windows* al mundo.
6. _____ Me comuniqué con el Sr. Watson por medio del teléfono.
7. _____ Escandalicé a mucha gente con la música que hice.
8. _____ Le dije la verdad a mi papá.
9. _____ No quise (*I refused*) dejar mi asiento en el autobús.
10. _____ Llegué a las Indias con tres barcos (*ships*) pequeños.
11. _____ Estuve en la Casa Blanca durante la Segunda Guerra mundial.
12. _____ Les traje información acerca de la China a los europeos.

B. ¿Fue un día normal?   Complete el siguiente párrafo con la forma apropiada del pretérito.

Mi compañero de cuarto y yo _____ (hacer[1]) muchas cosas el sábado pasado. Yo _____ (limpiar[2]) el cuarto y Pedro _____ (poner[3]) todos los

libros en orden. Más tarde él _____ (leer[4]) una novela para su clase de literatura y yo _____ (hacer[5]) la tarea de español.

  Por la tarde _____ (salir: nosotros[6]) a la playa con unos amigos. _____
(Jugar: Yo[7]) al fútbol con ellos. Luego _____ (ir: yo[8]) a nadar pero como
no _____ (traer[9]) el traje de baño, _____ (tener[10]) que meterme en el agua
desnudo. _____ (Nadar[11]) hasta que el sol me _____ (dejar[12]) tan rojo
como un camarón (*shrimp*).

  De repente un tiburón (*shark*) _____ (comenzar[13]) a perseguir a Pedro.
El _____ (empezar[14]) a gritar porque en ese momento el tiburón _____
(venir[15]) a tres metros de él. Nos _____ (pedir[16]) socorro (ayuda) pero, por
suerte, _____ (poder[17]) escaparse. ¡Qué susto nos _____ (dar[18]) ese tiburón!
No, de ninguna manera _____ (ser[19]) un día normal.

C. El atraco (*holdup*). Trabajando con un compañero (una compañera),
cuenten lo que pasó el día del atraco y lo que le sucedió al ladrón (*thief*).
Usen los adverbios de transición de la lista del **Vocabulario del tema.**

1. entrar
  pedir

2. ponerse nervioso
  sacar
  dar
  no decir nada

3. irse corriendo
  no seguirlo
  caerse desmayado
  (*to faint*)

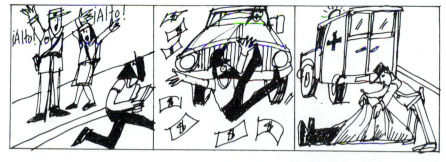

4. decir
  hacer señas
  (*signals*)
  seguir sin parar

5. chocar con (*to crash
  into*)
  no poder escapar

6. morir
  ponerle una manta
  venir

D. Tu última visita a la barbería o peluquería. Con un compañero (una compañera), háganse y contesten las siguientes preguntas usando el pretérito.

1. ¿Cuándo fue la última vez que fuiste a una barbería o peluquería?
2. ¿El barbero/peluquero te vio inmediatamente o tuviste que esperar?
3. ¿Estuviste en la silla por más de una hora? ¿Te pusiste nervioso/a?
4. ¿Te afeitó o sólo te cortó el pelo?
5. ¿Cuánto dinero le pagaste?

14. Describing the Past: Preterite Versus Imperfect

As you know, the two simple past tenses in Spanish, the preterite and the imperfect, express different conceptions of past events or states.

The preterite is used when an action or state of being is conceived of as being completed or when the focus is on the beginning or end of an action or state of being.

> No **saludó** al entrar y cuando lo **reconocí me puse** a temblar.

The imperfect, in contrast, is used when an action or state of being is not defined by a specific time period or when the focus is on the action or state itself, rather than its onset or end. This is the reason the imperfect is used to give physical descriptions and other background information, to describe mental states and emotions, to describe habitual or repeated past actions, and to narrate actions in progress. In none of these contexts is the beginning or end of the action or state of being relevant.

> No **era** un rostro desagradable, ciertamente, y la barba no le **caía** mal. Y se **llamaba** Torres.

The following verbs express quite different meanings in English according to the tense in which they are used. Note how their English rendition in each case illustrates the basic conceptual difference between the tenses. When used in the preterite, each describes the beginning of an action or state of being, and when used in the imperfect, each simply describes a state of being.

IMPERFECT	PRETERITE
conocer = *to know*	**conocer** = *to meet*
El barbero ya **conocía** al capitán.	Se **conocieron** hace muchos años.
The barber already knew the captain.	*They met each other years ago.*

saber = to know

El capitán ya **sabía** del barbero.
The captain already knew about the barber.

poder = to be able

El capitán **podía** matar al barbero en cualquier momento.
The captain was able to kill the barber at any moment.

tener = to have

El barbero **tenía** familia.
The barber had a family.

querer = to want

El **quería** afeitarse.
He wanted to get a shave.

no querer = to not want

No quería ver al capitán.
He didn't want to see the captain.

saber = to find out

El barbero no **supo** del peligro en que estaba hasta el final.
The barber didn't find out about the danger (he was in) until the end.

poder = to manage to, succeed in

No **pudieron** aguantar el calor.
They failed to handle the heat.

tener = to get; to begin to possess

El barbero **tuvo** un hijo este año.
The barber had a son this year.

querer = to try

Quiso inspirarle miedo.
He tried to frighten him.

no querer = to refuse

No quiso matarlo.
He refused to kill him.

¡Practiquemos!

En mi caso... Indique si las siguientes declaraciones son ciertas (C) o falsas (F) según sus propias experiencias. Después corrija las oraciones falsas para que sean ciertas según sus experiencias personales.

1. _____ Mis padres ya conocían al alcalde de mi pueblo/ciudad cuando yo nací.
2. _____ Conocí a mi mejor amigo/a en la escuela secundaria.
3. _____ Cuando tenía 12 años yo ya sabía de dónde venían los bebés.
4. _____ Supe la verdad acerca de Santa Claus el año pasado.
5. _____ Podía comprender el español cuando tenía 10 años.
6. _____ No pude terminar el último examen de español.
7. _____ Tenía una bicicleta durante mi niñez.
8. _____ Una vez no quería acompañar a mis padres al cine, pero como no quería mentirles (*to lie to them*), fui al cine con ellos.
9. _____ Una vez quise aconsejar a un amigo, pero él no quiso escucharme.

Sequential and Simultaneous Actions

Because of the time relationship implied by each tense, a choice to use either the preterite or the imperfect must be made when expressing sequential or simultaneous actions. A succession of completed actions is expressed with the preterite.

| No **saludó** al entrar. Cuando lo **reconocí**, me **puse** a temblar. **Colgó** la pistola. **Volvió** el cuerpo para hablarme. Y se **sentó** en la silla. | *He didn't speak upon entering. When I recognized him, I began to tremble. He hung up his pistol. He turned to speak to me. And he sat in the chair.* |

Two ongoing and simultaneously occurring actions are expressed in the imperfect.

| En ese instante se **quitaba** el cinturón de donde **pendía** la pistola. | *In that moment he took off the belt from which the pistol hung.* |

A completed action that begins or ends while another action is in progress is expressed in the preterite. The ongoing action is expressed in the imperfect.

| Cuando él **entró**, yo **repasaba** la hoja de afeitar. | *When he entered (completed action), I was sharpening the razor (ongoing action).* |
| «Muy bueno», **contesté** mientras **regresaba** a la brocha. | *"Very well," I answered as I returned to the brush.* |

¡Practiquemos!

A. ¿Son una serie de acciones o son acciones simultáneas? Indique si los verbos en cada oración constituyen una serie de acciones (SE) o acciones simultáneas (SI).

1. _____ Timoteo leía el periódico mientras Diego, su compañero de cuarto, preparaba la cena.
2. _____ Ricardo se levantó, se lavó la cara y los dientes y se vistió. Entonces salió para ir a su primera clase.
3. _____ Margarita hablaba por teléfono con su novio cuando el cartero (*mailman*) llegó con un paquete para ella.
4. _____ Me quité los zapatos y me acosté en el sofá para mirar las noticias del día.
5. _____ Mientras mamá preparaba los huevos, papá nos sirvió el jugo.
6. _____ Me reuní con Maripepa y Paco en la biblioteca después de que almorzaron, y estudiamos por dos horas. Luego fuimos a clase y tomamos el examen.

B. Lo que hice esta mañana. Combine las frases para crear una oración sobre dos acciones simultáneas o dos oraciones sobre una serie de acciones. Añada (*Add*) las palabras **cuando** y **mientras** cuando sean apropiadas.

MODELO: levantarse / llover mucho →
Cuando me levanté, llovía mucho.
o: Me levanté a las diez. A las once oí cantar a los pájaros.

1. desayunar / mirar los dibujos animados (*cartoons*)
2. terminar de comer / volver a mi habitación
3. vestirme / hacer mis planes para el día
4. escuchar las noticias en la radio / saber de un tornado en el oeste
5. estar vestido/a / pedirle a mamá las llaves del coche
6. llegar al centro comercial (*mall*) / ver a algunos amigos míos

C. Un dolor de muelas.   Invente una historia en el pasado para explicar lo que pasó el día en que el Sr. Morales tuvo dolor de muelas. Use **mientras** y **cuando** para combinar acciones simultáneas en el pasado.

1. despertarse
   no sentirse bien
   dolerle la muela

2. hacerse el desayuno
   no poder comer
   estar deprimido
   decidir ir al
   dentista

3. subir al coche
   ir llorando
   continuar doliendo

4. llegar
   estacionar
   entrar apoyando
   la mandíbula
   en la mano

15. Talking About Events in Progress: The Present Participle

The Present Progressive

The present progressive consists of a conjugated form of the verb **estar** plus a present participle (the **-ndo** form) of another verb. It is used to express actions in progress. Although **estar** can be conjugated in any tense in this construction, the present and the imperfect are the most commonly used tenses.

   Because other verb forms are usually used to describe progressive actions in Spanish, the present progressive is not used as frequently as it is in English. When it *is* used in Spanish, therefore, the present progressive emphasizes the ongoing nature of the action. In the following pairs of sentences, for example, note that although both sentences refer to an event in progress, the progressive underscores the ongoing progress of the action.

Muevo la silla.	Estoy moviendo la silla.
Se pone de pie.	Está poniéndose de pie.
Sacaba un diente.	Estaba sacando un diente.
Suspiraban.	Estaban suspirando.

Certain verbs such as **tener, poder,** and **ser** are not generally used in the progressive since they already convey an ongoing perspective.

The Participle as an Adverb

The **-ndo** form has other uses in addition to combining with **estar** to form the progressive tenses. It can also be used as an adverb, describing how an action is (was, or will be) carried out.

Se sentó en la silla **quejándose** del calor.	*He sat down in the chair, complaining of the heat.*
Lo afeité **cuidando** de que la piel quedara limpia.	*I shaved him, making sure his skin ended up clean.*

Verbs of motion such as **andar, continuar, ir, regresar, seguir, venir,** and **volver** are often accompanied by this adverbial **-ndo** form.

La piel **iba apareciendo** poco a poco.	*The skin began appearing (to appear) little by little.*
Siguió caminando calle abajo.	*He kept walking down the street.*

Formation of the Present Participle

To form the present participle, add **-ando** to the stem of **-ar** verbs and **-iendo** to the stem of **-er** and **-ir** verbs.

mirar	mir-	+	ando	=	mir**ando**
comer	com-	+	iendo	=	com**iendo**
vivir	viv-	+	iendo	=	viv**iendo**

Estábamos sudando mucho en aquel calor de la tarde.	*We were sweating a lot in that afternoon heat.*
El capitán **estaba contando** sus aventuras.	*The captain was telling the story of his adventures.*

When the stems of **-er** and **-ir** verbs end in a vowel, the **i** of the present participle ending changes to **y.**

creer	cre-	+	**y**endo	=	cre**yendo**
construir	constru-	+	**y**endo	=	constru**yendo**

Other verbs in this category include **caer (cayendo), leer (leyendo), oír (oyendo), traer (trayendo).***

Estamos construyendo un nuevo edificio de gabinetes.	*We are building a new medical office building.*
Los oficiales **están trayéndonos** malas noticias.	*The officers are bringing us bad news.*

In **-ir** stem-changing verbs, the **e** of the stem changes to **i,** or the **o** of the stem changes to **u.**

e → i	sentir	sint-	+	iendo	=	sintiendo
	pedir	pid-	+	iendo	=	pidiendo

Other verbs in this category include **decir, reír,† seguir, servir, venir.**

El capitán no nos **está diciendo** la verdad.	*The captain is not telling us the truth.*

o → u	dormir	durm-	+	iendo	=	durmiendo
	morir	mur-	+	iendo	=	muriendo

Poder (pudiendo) follows this pattern as well, but the form is seldom used.

¿Quién **estaba durmiendo** en su casa?	*Who was sleeping in his house?*

¡Practiquemos!

A. Qué están haciendo los políticos? Combine las frases para formar oraciones lógicas que describan lo que pueden estar haciendo los siguientes políticos en este momento. ¡OJO! A veces hay más de una respuesta lógica.

1. _____ El presidente y la primera dama están…
2. _____ El vicepresidente está…
3. _____ El secretario de estado sigue…
4. _____ El secretario del interior continúa…
5. _____ El alcalde de Los Angeles anda…
6. _____ Los alcaldes de Minneápolis y Detroit van…

a. viajando a Europa para asistir al funeral de un jefe de estado.
b. discutiendo con los líderes de Greenpeace.
c. durmiendo en la Casa Blanca.
d. oyendo los consejos de los líderes de otros países.
e. colaborando con los alcaldes de unas ciudades canadienses.
f. enterándose de los últimos acontecimientos en el barrio hispano.

---

*The present participle of **ir** is **yendo**, but this form is seldom used. A form of the imperfect is generally preferred.

Iban al cine cuando los vimos.	*They were going to the movies when we saw them.*

†Note that in forming the present participle of **reír**, the second **i** drops out: **ri + iendo → riendo.**

B. ¿Qué pasó anoche?   Anoche alguien cometió un robo en la residencia estudiantil donde vive Susana. Ahora ella tiene que decirle a un policía lo que ella y sus compañeras de cuarto estaban haciendo cuando ocurrió el robo. Combine las oraciones según el modelo, eliminando las palabras que sobran (*that are superfluous*), para dar las explicaciones.

MODELO: Salimos de la fiesta. Estábamos hablando. →
Salimos de la fiesta hablando.

1. Regresamos a las 11 de la noche. Estábamos cantando.
2. Nos duchamos con agua fría. Estábamos riéndonos como locas.
3. Seguimos con la fiesta. Estábamos tomando más cerveza.
4. Un vecino tocó a la puerta. Estaba quejándose del ruido.
5. Entonces las demás se durmieron. Estaban roncando (*snoring*).
6. Yo me quedé despierta. Estaba leyendo una revista.

C. La interrogación.   Ahora otro policía sigue haciéndole preguntas acerca de los sucesos de anoche. Imagínese que Ud. es Susana y conteste las preguntas según las indicaciones.

MODELO: ¿Qué hacía Ud. ayer a las 8 de la tarde? (estudiar en la biblioteca) → Estaba estudiando en la biblioteca.

1. ¿Dónde estaba Ud. a las 9 de la noche? (caminar a la fiesta)
2. ¿Qué bebidas servían en la fiesta cuando llegaron Uds.? (servir Coca-Cola y ron)
3. ¿Qué hacían Uds. a las 11 de la noche? (salir de la fiesta)
4. ¿Qué hacía Ud. a las 11:30? (leer una revista)
5. Y después, ¿qué hacía entre las 11:45 y las 12:00? (bañarse hasta las 12:00)
6. ¿Qué hacía Ud. a las 12:15? (dormir)
7. ¿Por qué no me contesta Ud. más rápido? (tratar de recordar lo que hacía)

Español en acción

A. Una vez conocí a una persona fascinante.   Todo el mundo ha conocido a una persona muy interesante. Explíquele a un compañero (una compañera) cómo y dónde conoció a esa persona fascinante. ¿Cómo era? ¿Qué hacía? ¿De qué hablaron Uds.? ¿Qué hicieron juntos? ¿Qué cosas agradables o desagradables hizo o dijo esa persona? **¡OJO!** Trate de usar los dos tiempos: el pretérito y el imperfecto.

Al final, cada persona debe compartir con el resto de la clase la historia de su pareja.

B. Recordando un momento emocionante.   ¿Cuál ha sido el momento más emocionante de su vida? Cuéntele a un compañero (una compañera) todo lo que pasó en esa ocasión. ¿Dónde tuvo lugar? ¿Con quién estaba?

Al corriente

La libertad de prensa

La libertad de prensa no es fácil de mantener según este informe.

¡A leer!

Pensando en tus respuestas en la sección previa, lee el siguiente párrafo sacado de un sitio colombiano y contesta las preguntas a continuación.

LA PRENSA COLOMBIANA

Uno de los orgullos auténticos de Colombia es su prensa y el ejercicio libre del periodismo.[1] Hay muy buenos diarios y revistas, informados y bien escritos. La radio es sorprendentemente moderna. La televisión —tres canales nacionales, varios regionales y otros sistemas de TV cable— es del Estado, pero su manejo[2] está fuera del control gubernamental y mantiene abierta la expresión pública de opiniones de todos los matices,[3] incluso las más radicales. Todos los partidos y movimientos cuentan con[4] medios propios de difusión y con espacios abiertos en los medios estatales sin censura oficial. Sin embargo, no hay una opinión pública verdaderamente influyente. Como toda versión de los hechos sociales y políticos es contradicha[5] muchas veces, el resultado es que tanto la prensa misma como sus lectores parecen pasar alternativamente de la conmoción[6] a la catarsis y de ésta a la perplejidad,[7] o al escepticismo.[8]

---

[1]ejercicio... *exercising of free press*   [2]*management*   [3]*levels (lit., tint, color, shade, hue)*   [4]cuentan... *count on*
[5]*contradicted*   [6]*commotion*   [7]*perplexity, confusion*   [8]*skepticism*

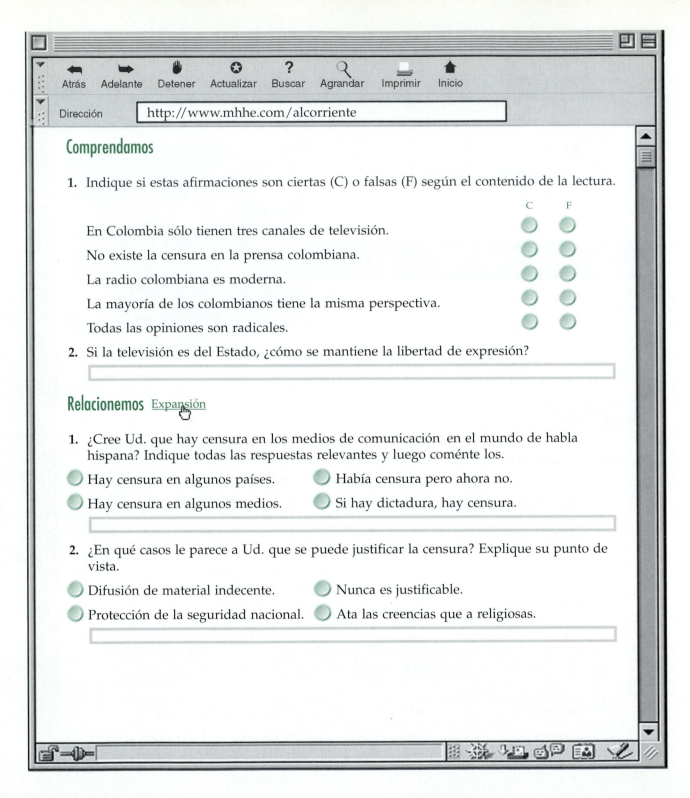

Comprendamos

1. Indique si estas afirmaciones son ciertas (C) o falsas (F) según el contenido de la lectura.

	C	F
En Colombia sólo tienen tres canales de televisión.	○	○
No existe la censura en la prensa colombiana.	○	○
La radio colombiana es moderna.	○	○
La mayoría de los colombianos tiene la misma perspectiva.	○	○
Todas las opiniones son radicales.	○	○

2. Si la televisión es del Estado, ¿cómo se mantiene la libertad de expresión?

Relacionemos Expansión

1. ¿Cree Ud. que hay censura en los medios de comunicación en el mundo de habla hispana? Indique todas las respuestas relevantes y luego coménte los.

- ○ Hay censura en algunos países.
- ○ Había censura pero ahora no.
- ○ Hay censura en algunos medios.
- ○ Si hay dictadura, hay censura.

2. ¿En qué casos le parece a Ud. que se puede justificar la censura? Explique su punto de vista.

- ○ Difusión de material indecente.
- ○ Nunca es justificable.
- ○ Protección de la seguridad nacional.
- ○ Ata las creencias que a religiosas.

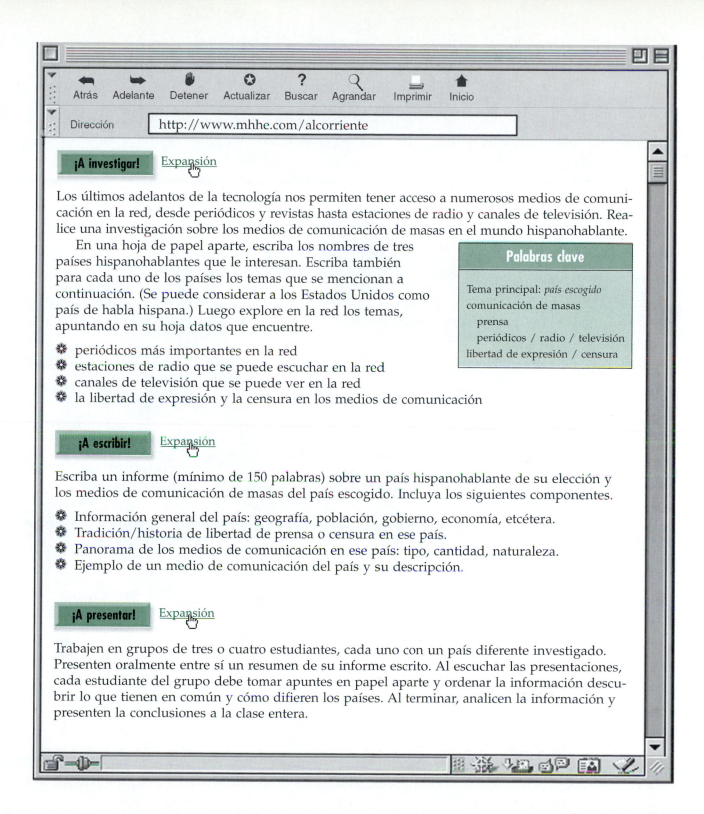

Dirección http://www.mhhe.com/alcorriente

¡A investigar! Expansión

Los últimos adelantos de la tecnología nos permiten tener acceso a numerosos medios de comunicación en la red, desde periódicos y revistas hasta estaciones de radio y canales de televisión. Realice una investigación sobre los medios de comunicación de masas en el mundo hispanohablante.

En una hoja de papel aparte, escriba los nombres de tres países hispanohablantes que le interesan. Escriba también para cada uno de los países los temas que se mencionan a continuación. (Se puede considerar a los Estados Unidos como país de habla hispana.) Luego explore en la red los temas, apuntando en su hoja datos que encuentre.

Palabras clave

Tema principal: *país escogido*
comunicación de masas
   prensa
     periódicos / radio / televisión
libertad de expresión / censura

✳ periódicos más importantes en la red
✳ estaciones de radio que se puede escuchar en la red
✳ canales de televisión que se puede ver en la red
✳ la libertad de expresión y la censura en los medios de comunicación

¡A escribir! Expansión

Escriba un informe (mínimo de 150 palabras) sobre un país hispanohablante de su elección y los medios de comunicación de masas del país escogido. Incluya los siguientes componentes.

✳ Información general del país: geografía, población, gobierno, economía, etcétera.
✳ Tradición/historia de libertad de prensa o censura en ese país.
✳ Panorama de los medios de comunicación en ese país: tipo, cantidad, naturaleza.
✳ Ejemplo de un medio de comunicación del país y su descripción.

¡A presentar! Expansión

Trabajen en grupos de tres o cuatro estudiantes, cada uno con un país diferente investigado. Presenten oralmente entre sí un resumen de su informe escrito. Al escuchar las presentaciones, cada estudiante del grupo debe tomar apuntes en papel aparte y ordenar la información descubrir lo que tienen en común y cómo difieren los países. Al terminar, analicen la información y presenten la conclusiones a la clase entera.

Estas imágenes son del guitarrista Carlos Santana en diferentes momentos de su existosa carrera.

Vocabulario del tema

Las etapas (*stages*) de la vida

La niñez

atreverse a (to dare to)
crecer (zc) (to grow)
descubrir
divertirse (ie, i)
jugar (ue) a... (to play [a game])
sonreír (i,i) (to smile)

el juego (game)
el juguete (toy)
la muñeca (doll)

enérgico/a
infantil (childhood [adj])
precoz
sonriente (smiling)
travieso/a (mischievous)

La juventud

acostarse (ue) tarde
alejarse (to detach)
coquetear (to flirt)
enamorarse
graduarse

llevar la contraria (to rebel, contradict)
probar (ue) (to try, test)
salir con (to date)

el/la aficionado/a (fan)
la discoteca
el entusiasmo
el premio
el/la soñador(a) (dreamer)
el tiempo libre
la vergüenza (embarrassment, shame)

atrevido/a (daring, bold)
distraído/a (absent-minded)
inseguro/a (insecure)
rebelde (rebellious)
sensible (sensitive)
sociable (outgoing, friendly)
testarudo/a (stubborn)

La madurez

alcanzar (to attain)
ascender (ie) (to be promoted)
aspirar a (to aspire to)
casarse
divorciarse
ganarse la vida (to make a living)
mudarse (to move)
el acontecimiento (event)
la boda (wedding)
el embarazo (pregnancy)
el esfuerzo (effort)
el éxito (success)
la experiencia
la frustración
el matrimonio
la preocupación
el reconocimiento (recognition)
la seguridad

seguro/a

La vejez

descansar
disfrutar (to enjoy)
jubilarse (to retire)
sufrir
tener tiempo de/para (to have time to)

el descanso (relaxation)
el dolor (pain, ache)
la enfermedad (illness, disease)
la jubilación (retirement)
los nietos
los recuerdos (memories)
la satisfacción
el tratamiento (treatment)

calvo/a (bald)
lento/a (slow)
respetable
sabio/a (wise)

Hablando del tema

A. Los acontecimientos de la vida. Primero, enumere los acontecimientos de la lista a continuación según el orden en que han ocurrido —o piensa Ud. que pueden ocurrir— en su vida. Después, trabajando con un compañero (una compañera), compare sus listas y explique: (a) las diferencias entre las etapas de su vida; (b) las emociones (o experiencias) que acompañan los acontecimientos en la lista.

_____ Fui a mi primer concierto de rock.

_____ Tuve la primera bicicleta.

_____ Salí con un chico (una chica) por primera vez.

_____ Perdí mi último diente de leche (*baby tooth*).

_____ Fui aceptado/a en la universidad.

_____ Me jubilé.

_____ Me fui a vivir solo/a.

_____ Aprendí a manejar.

_____ Ascendí al puesto más alto en mi profesión.

_____ Tuve una operación.

_____ Nació mi primer nieto.

_____ Me gradué de dentista (o maestro/a, abogado/a, médico/a, etcétera).

_____ Me recetaron gafas.

B. Una fantasía infantil.   Los niños en general tienen fantasías de cuando sean grandes: unos sueñan con ser estrellas de cine o de rock, mientras que otros sueñan con ser astronautas o científicos famosos. ¿Qué fantasías tenía Ud.?

Reúnase con tres compañeros/as. Cada uno/a describirá sus fantasías infantiles al grupo. Cuando llegue su turno, descríbales en cinco oraciones su fantasía a los demás, e incluya la siguiente información. Apunte las descripciones de sus compañeros/as. Después, revise sus apuntes y escoja, entre las fantasías narradas en su grupo, la más romántica, la más realista, la más ambiciosa y la más cómica o divertida. Finalmente, siga las instrucciones de su profesor(a) para presentar las fantasías de uno/a de sus compañeros/as a la clase.

1. ¿Cuántos años tenía cuando tenía estas fantasías?
2. ¿De qué edad se veía en su fantasías?
3. ¿En qué lugar se veía Ud. en sus fantasías? ¿en una oficina? ¿en un laboratorio? ¿en un baile? ¿en el campo?
4. Narre una escena o un incidente creado por sus fantasías y las emociones que sentía.
5. ¿Pensaba que este sueño se convertiría en realidad algún día?

C. Veinticuatro horas en una vida: una etapa en fotos.   Imagínese que Ud. es un fotógrafo (una fotógrafa) que forma parte de un equipo contratado por una familia que desea fotografiar/retratar las actividades de sus miembros durante veinticuatro horas para un álbum. Escoja a *dos* de los miembros para retratar. Trabajando con dos compañeros/as, prepare las seis mejores fotografías de las actividades del día. Describan ante la clase las fotos y circunstancias en que fueron tomadas.

1. el bebé precoz, de 18 meses
2. la niña de 10 años
3. el hermano mayor, un estudiante de 17 años que vive en la universidad
4. el padre de 45 años
5. la madre —quien no dice su edad
6. el abuelo, aún muy activo, de 70 años

Lectura

Acercándonos a la lectura

For most people, fame is completely unknown or unreachable. Even for those who obtain notoriety, it is often short-lived. In contrast, Carlos Santana is one of those rare public figures who has enjoyed success for most of his professional life as a musician, going all the way back to the famous 1969 Woodstock festival that launched his stardom. How does a performer like Carlos Santana balance the needs of his career against those of his personal life? Santana has been successful at both without abandoning his dedication to music and his commitment to causes of social justice.

In the following selection, you will learn more about his humble beginnings in Mexico and hear Santana's own reflections on his musical career and life in general. During the interview portion, Santana explains how he still considers himself a revolutionary forged in the protest era of the 60s. But he has adapted to the new circumstances of the twenty-first century. Santana also offers insight as to why Latin music is so popular. The interview ends with a look at Santana's most cherished values: a deep abiding love for his family, despite all the glitter of Hollywood.

Vocabulario para leer

acercarse to come close
convertirse to convert
empaparse (de) to become immersed (in)
nacer (zc) to be born
obtener to obtain
otorgar to bestow upon, to award
repartir to allot, to distribute, to give out

el punto de partida starting point
la sensualidad sensuality, sexiness
la tenura tenderness

dispar uneven, different
harto/a fed-up, exasperated
prestigioso/a prestigious

A. Fuera de serie. Identifique la palabra que no pertenece al grupo y explique por qué.

1. mudarse, alejarse, nacer, acercarse
2. tenura, prestigioso, sensualidad
3. empaparse, repartir, otorgar, obtener

B. Definiciones. Explique en español qué significa cada palabra o expresión.

1. punto de partida
2. prestigioso
3. dispar
4. discutir
5. convertirse
6. harto

C. Sinónimos. Busque en la lista del **Vocabulario para leer** un sinónimo para cada palabra a continuación.

1. darle algo a todo el mundo
2. de mucha fama
3. conseguir
4. cambiarse de casa
5. una actitud muy suave

Comentarios preliminares

A. Mi ídolo. Casi todo el mundo ha tenido un ídolo en alguna etapa de su vida. A veces la persona famosa ha servido de modelo o de inspiración en la vida. En otros casos, es motivo de evasión o distracción de los problemas diarios. De cualquier forma, la imagen que tenemos de la persona que admiramos no se ajusta a la realidad que él/ella vive, y por eso es interesante saber algo de su vida privada.

Trabajando con un compañero (una compañera), primero escoja uno de sus ídolos, del presente o del pasado, y prepare una lista de cinco preguntas que le gustaría hacerle personalmente. Su ídolo puede ser una persona que vive o que ya murió; sus preguntas pueden ser acerca de cualquier etapa o aspecto de la vida de esa persona. Después, alterne con su compañero/a para hacer el papel del ídolo del otro (de la otra). Conteste las preguntas que él/ella le hace. Finalmente, explique si, según la imagen que le ha presentado su compañero/a, su ídolo sigue siendo una persona extraordinaria o si sólo es un ser humano como todos.

B. Detalles de la vida privada de los famosos. Al público le encanta saber los detalles de la vida privada de las personas famosas, pero quizás algunos cosas sean más interesantes que otros. ¿Qué cosas le interesa a Ud. saber de los famosos y hasta qué punto?

En una tabla como la siguiente, indique su interés por los detalles de la vida íntima de su figura favorita. Escriba entre 1 y 5 —el 5 refleja el mayor interés. Después, con dos compañeros/as, compare sus respuestas. Observen similitudes y contrastes, y saquen conclusiones para luego comentarlas con todos los estudiantes de la clase.

LA VIDA PRIVADA DE LOS FAMOSOS	GRADO DE INTERES				
	1	2	3	4	5
1. rutina de trabajo			X		
2. relaciones con sus colegas	X				
3. planes profesionales	X				
4. dinero que gana	X	X			
5. dinero que tiene	X				
6. casa		X			
7. vida amorosa	X				
8. relaciones con sus hijos	X				
9. relaciones con sus padres					
10. relaciones con sus empleados					
11. comida preferida					
12. viajes y vacaciones					
13. pasatiempos					
14. rutina de ejercicio					
15. estado de salud					

C. El derecho a la vida privada.   Es verdad que todos tenemos derecho a una vida privada sin perturbaciones, pero también es verdad que parte del precio de la fama es hasta cierto punto sacrificar la vida privada.

Si Ud. fuera famoso/a, ¿qué aspectos de su vida privada no divulgaría y cuáles no le importaría divulgar a veces o siempre? Complete la tabla a continuación. Luego explique el porqué de sus respuestas a dos compañeros/as.

SI FUERA CELEBRE, DIVULGARIA…	NUNCA	A VECES	SIEMPRE
1. fotografías de mi(s) boda(s)	X		
2. mi edad	X		
3. la verdadera historia de mi pasado		X	
4. el nombre de las personas con quienes tuve amores	X		
5. las fotografías de mis hijos	X		
6. mi dirección	X		
7. el nombre de mi peluquero/barbero			X
8. la marca y el precio de mi automóvil		X	
9. mi régimen de alimentación	X		
10. el nombre de mi psicoanalista	X		

D. De viaje por un año: ¿qué —y a quién— llevo?   Imagínese que por
razones profesionales Ud. va a estar fuera de casa un año. Como no puede
llevar muchas cosas, tiene que escoger con cuidado las que va a llevar.
Revise la lista en la tabla de abajo y en la siguiente página para valorizar por
su importancia cada elemento. El 5 es el más importante. Después compare
sus preferencias con las de dos compañeros/as y explíqueles el porqué de la
importancia de lo que escogió.

ME LLEVO…	GRADO DE IMPORTANCIA				
	1	2	3	4	5
1. un miembro de mi familia					
2. mi profesor(a) de música (japonés, gimnasia, etcétera)					
3. comidas especiales					
4. agua mineral					
5. tres tarjetas de crédito					
6. música					
7. libros que quiero leer					
8. ropa deportiva					
9. toallas y ropa de cama					

ME LLEVO...	GRADO DE IMPORTANCIA				
	1	*2*	*3*	*4*	*5*
10. juguetes o artículos decorativos					
11. ropa de trabajo					
12. una cámara					
13. cosméticos y artículos para la higiene personal					
14. un teléfono móvil					
15. artículos religiosos					

Estrategias para leer

Making Sense of Details

Details are usually included in a text for a specific purpose: to flesh out a main point or complete a characterization, to give examples or clarify points that a reader might question, or to provide supporting evidence for claims or opinions. As a reader, be alert to the details and try to understand what is being communicated through them. The following exercise will provide some practice in developing this skill.

Estrategias en acción

A. El título. Primero considere el título de la lectura de este capítulo: Carlos Santana: «El mejor premio es mi familia». El título incluye una cita (*quote*). ¿Puede esto sugerir el género (*genre*) de la lectura? Basándose en el título, ¿de qué supone Ud. que tratará este artículo? ¿Qué se va a revelar de Carlos Santana? Con un compañero (una compañera) comente sus opiniones.

B. Párrafos preliminares. Lea los primeros dos párrafos y anote cinco detalles acerca de Carlos Santana. ¿Qué le sugieren a Ud. estos detalles acerca de la personalidad del músico? Comparta su opinión con un compañero (una compañera).

C. Puntos de vista. ¿Cuántos puntos de vista se encuentran en esta selección? Defienda su respuesta. Recuerde que hay tanto una narración como una entrevista. (¿Cuántos puntos de vista se expresan en una entrevista?)

Carlos Santana:
«El mejor premio
es mi familia»

Carlos Santana nació en 1947, en un pueblo mexicano llamado Autlán. Fue iniciado a la música tradicional por su padre, un músico de mariachi, aunque a Carlos le gustaba la música rock que imperaba[1] en aquella época. Cuando su familia se mudó a San Francisco, Carlos tuvo que aprender inglés rápidamente y se empapó de la música rock, estudiando a los grupos que tocaban por la ciudad y siguiendo su propia evolución.

En 1966 crea su famosa banda, Santana, con la que llega a triunfar en el famoso festival de Woodstock de 1969, impresionando a los asistentes con su estilo, una fusión entre el rock y los ritmos afrocubanos y latinos. Ese festival fue el punto de partida del enorme éxito de este guitarrista a lo largo de todo el mundo. En 1969 publica *Santana* y en 1970 *Abraxas*, con el que obtuvo el

Carlos Santana en el festival de Woodstock.

primer puesto en las listas americanas durante seis semanas y más de un millón de copias vendidas, algo poco habitual en un grupo básicamente instrumental.

A lo largo de su carrera ha recibido prestigiosos premios, entre los que cabe destacar un

Grammy en 1988 al mejor espectáculo instrumental y el honor de tener una estrella en el Camino de la Fama, en Hollywood. Su último trabajo hasta el momento, *Supernatural*, le ha valido[2] recibir ocho prestigiosos premios Grammy, otorgados por la industria discográfica.

---

[1]*reigned*   [2]*was worth enough*

Entrevista con Carlos Santana

Para *Supernatural*, álbum número veintitrés en su carrera, Santana ha vuelto a reunirse con su descubridor, el productor Clive Davis, pero el guitarrista da un paso más en su característica fusión latina y colabora con músicos tan dispares como Lauren Hill, Maná, Eric Clapton y Everlast, entre otros.

Entrevistador: ¿Cómo ha sido la experiencia con todos estos grandes artistas?

CS: Ha sido un honor colaborar con este grupo de músicos, porque en ellos he encontrado gente alejada del «showbusiness» y de la música de plástico de Hollywood. Somos gente que queremos utilizar la música como instrumento divino con el que plantar semillas[3] de esperanza.

¿Qué le impulsó a grabar este disco?

Uno de los motivos fue que tanto yo como «mi negra» (su esposa), estábamos un poco hartos de tocar siempre «Black Magic Woman» y «Oye como va», y necesitábamos nuevos éxitos.

¿Cómo recuerda, ahora, Woodstock?

Una época importante, un momento en el que muchos amigos tomaron el camino equivocado de las drogas, como Janis Joplin, Morrison o Jimi Hendrix, y yo tuve la suerte de acercarme a la filosofía hindú.

¿Se siente usted parte del sistema?

Los músicos de mi generación que se levantaron en los años 60 contra el sistema y por la libertad y la igualdad, ahora son quienes lo forman. Yo no. Hay mucho de Ché Guevara, Pancho Villa y el indio Jerónimo en mí. Me siento un revolucionario, pero ahora la revolución hay que hacerla repartiendo dinero, no luchando contra los gobiernos. No he dejado el espíritu de los 60 y me preocupa que en Estados Unidos, seis de cada diez alumnos de origen latino abandonen la escuela y se conviertan en delincuentes.

¿Cómo explicaría el éxito de todo lo latino en Estados Unidos?

Actualmente en Estados Unidos lo latino gusta porque les atrae la música africana. Por eso triunfan Ricky Martin, Jennifer López, Marc Anthony y Enrique Iglesias. A alguno no le gusta decirlo, pero es por eso, porque gusta lo africano, ya que acentúa la ternura y la sensualidad.

¿Cómo se siente con todos estos reconocimientos?

A pesar de que estos premios son importantes para la gente latina e hispana, para mí el mejor premio es mi familia. Que sean felices y tengan salud es lo fundamental. Si obtengo algún Grammy, lo recogeré con honor y dignidad, y se lo dedicaré a la gente pobre, para que vean que si yo lo he logrado, ellos también pueden.

---

[3] *seeds*

¿Cuánto recuerda Ud.?

Empareje cada frase a la izquierda con una frase de la derecha para formar oraciones completas y lógicas, según el artículo.

1. _____ Carlos Santana nació en…
2. _____ Su padre…
3. _____ Se mudó de niño a San Francisco donde…
4. _____ Su grupo es…
5. _____ Woodstock 1969…
6. _____ Santana tuvo la suerte de…
7. _____ La música latina atrae al público porque…
8. _____ Santana quiere usar la música para…
9. _____ Hizo el nuevo disco *Supernatural* porque…
10. _____ El disco *Supernatural*…
11. _____ Para él, el mejor premio…

a. tocaba en un grupo mariachi en México.
b. plantar semillas de esperanza.
c. fue el primer triunfo importante para Carlos Santana.
d. Autlán, un pueblo de México.
e. estaba harto de tocar lo mismo.
f. básicamente instrumental.
g. acercarse a la filosofía hindú en vez de a las drogas.
h. es la familia.
i. tuvo que aprender inglés.
j. gusta lo africano de esta música.
k. es el número veintitrés de su carrera.

¿Qué se imagina Ud.?

A. El verdadero Carlos Santana.   Con un compañero (una compañera), describa la personalidad del verdadero Carlos Santana, como Ud. se lo imagina. ¿Qué tipo de persona es en verdad? ¿Ha cambiado mucho desde cuando era un joven guitarrista en Woodstock? ¿Es el mismo? ¿Es más conservador ahora o más rebelde? ¿Es menos enérgico (*energetic*) o más ambicioso? ¿Cuáles son sus intereses? ¿Quiere jubilarse de la música? ¿Qué representa la música para él? ¿Cómo es esta actitud parte de su filosofía y religión?

B. Una entrevista con una estrella de rock.   Trabajando en parejas, uno debe hacer el papel del reportero y el otro, el de la estrella de rock. El reportero debe entrevistar a la estrella para descubrir su verdadera personalidad. El músico debe contestar con la intención de mantener aparte su vida pública de la privada. Pero el reportero insiste mucho. Aquí se ofrecen algunas estrellas como ejemplos, pero pueden escoger cualquier músico.

❋ Eric Clapton
❋ Ricky Martin
❋ Jennifer López
❋ Christina Aguilera

C. ¿Vale la pena ser hijo/a de una persona famosa?   En la entrevista, Carlos Santana habla del verdadero premio que es su familia. Sin embargo, esta fama le trae a su familia también mucha atención pública. ¿Le parece a Ud. que hay peligro para la familia de una persona tan famosa como él? ¿Son mayores las ventajas de ser hijo/a de una estrella que las desventajas? ¿Le gustaría a Ud. ser hijo/a de una persona famosa como Carlos Santana?

Trabajando en un grupo pequeño, escojan a una persona famosa cualquiera y hagan una lista de por lo menos tres de las ventajas y desventajas que tiene el hecho de ser hijo/a de ese personaje. Luego piensen si les gustaría o no ser ese hijo (esa hija). Finalmente, compartan sus ideas con el resto de la clase.

Gramática en contexto

16. Talking About What You Had Done: The Past Perfect Tense

Like the present perfect tense you reviewed in **Capítulo 4** (**he hecho, has llegado,** and so on), the past perfect tense (**el pluscuamperfecto**) describes actions seen as completed with regard to a certain point in time. Whereas the present perfect describes actions completed with respect to a point in the present, the past perfect describes actions completed with respect to a point in the past. Note in the following examples that the events occurring first chronologically are conjugated in a perfect tense, regardless of where they appear in the sentence.

Lo que el público **ha visto** es el proceso de un artista que maduraba.	*What the public has seen is the process of an artist maturing.*
Antes de este disco, Carlos ya **había tenido** mucho éxito con su grupo.	*Before this album, Carlos had experienced great success with his group.*

The past perfect tense (or pluperfect, as it is sometimes called) is formed with the imperfect of **haber** plus the past participle.

había ganado	habíamos ganado
habías ganado	habíais ganado
había ganado	habían ganado

¡Practiquemos!

A. Historia de una vida. Ponga en orden cronológico (a–e) los siguientes acontecimientos de la vida de Carlos Santana.

1. _____ Su actuación en Woodstock le había valido para iniciar una carrera brillante.
2. _____ Su padre le había enseñado al pequeño Carlos la música mariachi.
3. _____ Hizo el nuevo disco de *Supernatural* porque se había cansado de tocar lo mismo.
4. _____ A una edad joven, su familia se había mudado a San Francisco.
5. _____ En la década de los sesenta había sido un rebelde, un revolucionario.

B. ¿Qué dijo el personaje famoso? Imagínese que Ud. es reportero/a de televisión. Ahora tiene que explicar qué dijo un personaje famoso en una entrevista privada que Ud. le hizo. Modifique las siguientes oraciones, empleando el pluscuamperfecto según el modelo.

MODELO: He viajado por todo el mundo. →
Dijo que había viajado por todo el mundo.

1. Los fotógrafos me han molestado mucho.
2. No he podido salir de la casa sin guardaespaldas.
3. Los *fans* no me han dejado solo/a en los restaurantes.
4. He tratado de escribir un libro sobre mi vida.
5. Mi último disco ha ganado un premio Grammy.
6. Mi música y yo nos hemos hecho famosos.

C. ¿Qué habías hecho? Trabajando con un compañero (una compañera), complete las siguientes frases, usando el pluscuamperfecto según el modelo. Al terminar la conversación, cada persona debe informarle a la clase algo interesante que su compañero/a ha hecho.

MODELO: Cuando entré en la universidad, ya… →
Cuando entré en la universidad, ya había estudiado español por tres años.

1. Cuando regresé a casa (a mi cuarto) ayer, ya…
2. Al terminar el último fin de semana, ya…
3. Cuando me acosté anoche, ya…
4. Cuando el profesor (la profesora) entró en la clase hoy, ya…
5. Cuando vine a clase ayer, ya…
6. Antes de empezar a estudiar en la universidad, yo ya…
7. Antes de tomar el último examen de español, nosotros/as ya…
8. Antes de empezar esta conversación, nosotros/as ya…

17. Telling Who Did What to Whom: Double Object Pronouns

In previous chapters, you have practiced using direct object, indirect object, and reflexive pronouns separately. As you know, however, when the context is clear, two pronouns can be used together in order to avoid repetition. Use the following formula to help you combine two of them correctly.

indirect before *direct; reflexive* first of all

The following are the two most frequent combinations of pronouns.

❋ indirect object + direct object   ❋ reflexive + direct object

INDIRECT OBJECT PRONOUN + DIRECT OBJECT PRONOUN

¿El diso? Daniel **nos lo** prestó.
¿Las cartas? El público **me las** ha mandado.

REFLEXIVE PRONOUN + DIRECT OBJECT PRONOUN

¿La camisa roja? **Se la** puso ayer.
¿Las fotos? Ya **nos las** sacamos.

If a third-person indirect object pronoun **(le/las)** occurs before a third-person direct object pronoun **(lo/la/los/las),** the **le/les** changes to **se.***

¿La canción? (~~Le~~ la canté.) → **Se la** canté.
¿Los paquetes? (~~Les~~ los dieron.) → **Se los** dieron.

Multiple pronouns follow the same placement rules in a sentence as single pronouns.

1. They precede a conjugated verb.

   ¿Su posición? Santana **nos la** explica siempre.

2. They follow and are attached to the end of an infinitive or **-ndo** form.

   Va a explicár**nosla.**   Está explicándo**la.**   Está explicándo**nosla.**

Note that accents must be added to retain the original stress when two pronouns are attached to an infinitive, or when any pronoun is attached to an **-ndo** form.

---

*Don't confuse this **le** → **se** with the reflexive pronoun **se.**

¡Practiquemos!

A. ¿La política? ¡Debemos prestarle más atención! Las siguientes declara-ciones están divididas en dos partes. Combínelas de una manera lógica.

1. _____ ¿Los debates políticos?
2. _____ ¿La prensa libre?
3. _____ ¿Nuestro gobierno?
4. _____ ¿Aquel pueblo mexicano?
5. _____ ¿El nivel de la política?
6. _____ ¿Los nuevos ciudadanos?
7. _____ ¿Ese retrato del alcalde?
8. _____ ¿Las mentiritas (*little white lies*)?

a. ¡Es necesario defenderla!
b. Vamos a visitarlo pronto.
c. El pintor está terminán-dolo ahora.
d. Todos las hemos dicho.
e. Estamos tratando de me-jorarlo.
f. Tenemos que vigilarlo.
g. Me interesa escucharlos.
h. Debemos ayudarlos un poco.

B. ¿Puedes hacerlo tú? Indique la pregunta lógica en cada caso, según el modelo.

MODELO: No conozco a ese cantante. → ¿Puedes presentármelo?

1. _____ No comprendo el chiste que acabas de contarme.
2. _____ No me atrevo a decirle la verdad a Victoria.
3. _____ No puedo pagarles a Elena y a Marisol los cien pesos que les debo.
4. _____ No tenemos tiempo para explicarles a Luis y a Felipe lo que pasó.
5. _____ No podemos ir a ese pueblo sin usar tu coche.
6. _____ No puedo comprarte las plantas ahora.

a. ¿Puedes explicárselo tú?
b. ¿Debo comprártelas esta noche?
c. ¿Quieres contármelo de nuevo?
d. ¿Se los puedes pagar tú?
e. ¿Te atreves a decírsela tú?
f. ¿Nos lo puedes prestar (*lend*) hoy?

C. Conversaciones. Termine la segunda parte de cada conversación lógica-mente, usando un pronombre de complemento directo y otro de comple-mento indirecto.

MODELO: —Voy a comprarme un billete para el concierto. ¿Tienes el tuyo (*yours*)?
—Todavía no. ¿Puedes… ? → comprármelo?

1. —Alicia no estuvo en clase hoy. ¿Sabe ella que tenemos examen ma-ñana?
—Sí, Sarita está hablando con ella por teléfono; acaba de…
2. —¿Conoces a mi hermana Lupita?
—Desgraciadamente, no. ¿Quieres… ?
3. —¿Comprenden Uds. la solución de este problema?
—No, pero Diego va a…

4. —¿Ya te devolvió tus libros Raúl?
   —Sí,… esta mañana.
5. —¿Has oído el chiste acerca del alcalde y el marciano (*Martian*)?
   —No, ¿…?
6. —¿Quiénes le pidieron ayuda al profesor?
   — …Miguel y yo.

D. En la universidad. Conteste las siguientes preguntas acerca de su universidad. No se olvide de cambiar los objetos directos e indirectos a pronombres para evitar la repetición.

1. ¿Cuáles de sus profesores le dan buenas notas a Ud.? ¿Por qué no se las dan los demás? ¿A quiénes sí se las dan con frecuencia? ¿Por qué?
2. ¿Sus profesores les hacen fiestas a Uds. a veces? ¿Cuándo? ¿Dónde? ¿Uds. los invitan a sus fiestas también?
3. ¿Su profesor(a) de español les sirve a Uds. comida mexicana o española a veces? ¿Les enseña a prepararla?
4. ¿Ud. les explica algunas reglas del español a sus compañeros de clase que no las entienden? ¿o ellos se las explican a Ud.? ¿o solamente se las explica a Uds. el profesor (la profesora)?

18. Pronouns That Follow Prepositions

The pronouns that follow prepositions are the same as the subject pronouns with two exceptions: **mí*** and **ti**.

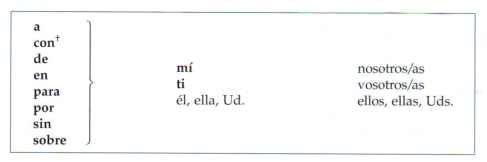

a		
con[†]	mí	nosotros/as
de	ti	vosotros/as
en	él, ella, Ud.	ellos, ellas, Uds.
para		
por		
sin		
sobre		

Carlos Santana siempre ha simpatizado **con nosotros,** los pobres.
En los diarios salen muchos comentarios **sobre él.**
Para ti la familia es muy importante, ¿no?
Mi familia ha hecho mucho **por mí.**

---

*Pronominal **mí** is accented to distinguish it from the possessive adjective (*mi* libro).
†Remember that **con** forms a new word when followed by **mí** or **ti**: *Los jóvenes se identifican* **con-migo,** *no* **contigo.**

When preceded by the following prepositions, the subject pronoun forms are used in all cases.

entre	yo	nosotros/as
según	tú	vosotros/as
	él, ella, Ud.	ellos, ellas, Uds.

Hay mucha diferencia **entre tú** y **yo.**

There is a lot of difference between you and me.

Según ella, ha tenido mucha suerte en su vida.

According to her, she's been very lucky in her life.

¡Practiquemos!

A. ¿Cierto o falso? Indique si las siguientes declaraciones son ciertas (C) o falsas (F) según su propia experiencia. Si son falsas, corríjalas.

1. _____ Mis amigos saben mucho acerca de mí, pero yo no sé nada acerca de ellos.
2. _____ Mis padres (Mis amigos) me dicen con frecuencia: «Nos preocupamos mucho por ti.»
3. _____ Mis amigos que viven lejos de aquí me mandan cartas a mí, y yo también les mando cartas a ellos.
4. _____ Nuestro profesor (Nuestra profesora) de español casi siempre habla español con nosotros.
5. _____ Mi mamá siempre va conmigo cuando tengo que ir al dentista.

B. Una carta de amor. Felisa, una joven muy enamorada, acaba de escribirle la siguiente carta a su novio Gabriel. Complétela con los pronombres personales apropiados.

Gabriel, quiero estar contigo[1] toda mi vida. No puedo vivir sin ti.[2] Nunca debes estar lejos de ti.[3] Yo confío (*trust*) en ti[4] siempre porque sé que no hay secretos entre tú[5] y yo.[6] Sin embargo, cuando le comenté algo a mi papá sobre nosotros[7] y nuestros planes, él se enojó bastante. Según él,[8] no ganas suficiente dinero. Entre él[9] y yo[10] siempre hay desacuerdos y discusiones. Pero para mí[11] eres perfecto, Gabriel; no me importa el dinero. ¿Quieres casarte pronto conmigo[12]? Con mucho cariño, Felisa.

Español en acción

A. Mi estrella favorita antes de ser famoso/a: una adivinanza. ¿Quién es su estrella favorita? (Puede ser del cine, de la canción, de la política, de los deportes, etcétera.) ¿Qué sabe Ud. acerca de la vida de esa persona antes de que fuera famoso/a? Presente a la clase cinco frases (usando el pluscuamperfecto) sobre la vida anterior de su estrella, sin decir su nombre, para que sus compañeros/as adivinen quién es.

B. Recuerdos del festival de Woodstock. Imagínese que su padre, madre o tío/a le contó que estuvo en el festival de Woodstock. Narre de nuevo los recuerdos de él/ella ante la clase, usando el pluscuamperfecto y pronombres de complemento e introduciendo cada frase con una frase como *Me contó/dijo/explicó/confesó.*

> MODELO: llevar ropa muy ligera (*lightweight*)
> Mi tío me dijo que había llevado ropa muy ligera al festival.

1. viajar en autobús y autostop (*hitchhiking*) para llegar a la finca (*farm*) Woodstock
2. traer comida y una tienda (*tent*) de campamento
3. escuchar la música de Jimi Hendrix
4. beber un poco de vino
5. bailar sin los zapatos
6. tomar muchas fotos
7. quedarse una semana
8. regresar muy cansado/a

Al corriente

El rock nacional

El grupo rockero mexicano Maná.

¡A leer!

Los siguientes párrafos sobre la historia del rock en español en Latinoamérica y en los Estados Unidos fueron extraídos de una página de la red editada en la Argentina.

CÓMO NACIÓ EL ROCK EN ESPAÑOL

La historia del rock latinoamericano se dio[1] en tres etapas fundamentales. La primera de ellas se inicia con la entrada del rock anglosajón. En ese momento la latinoamericanización se dio por medio de la traducción de lo que hacía Elvis Presley y los músicos de rock de los Estados Unidos e Inglaterra. Por el contrario, la segunda etapa se inició con la proliferación de bandas que buscaban un sonido y una voz propios. Durante este período, el rock latinoamericano ya empieza a esbozar[2] su identidad en cada país y se convierte en un producto con una estética y tradición cultural. La tercera ola[3] es la de consolidación como un género[4] que se caracteriza por la diversidad de estilos musicales, producto de las fusiones, y siempre cargado[5] de un mensaje poderoso.

LOS LATINOS ¿CONQUISTARON[6] LOS ESTADOS UNIDOS?

La historia del rock hispano en los Estados Unidos tiene dos vertientes:[7] una interna, compuesta por bandas latinas generadas en los Estados Unidos, y otra externa, conformada por los grupos de rock latinoamericanos que acceden[8] al mercado estadounidense. Los últimos comenzaron sólo recientemente a influenciar y convivir con la vertiente local.

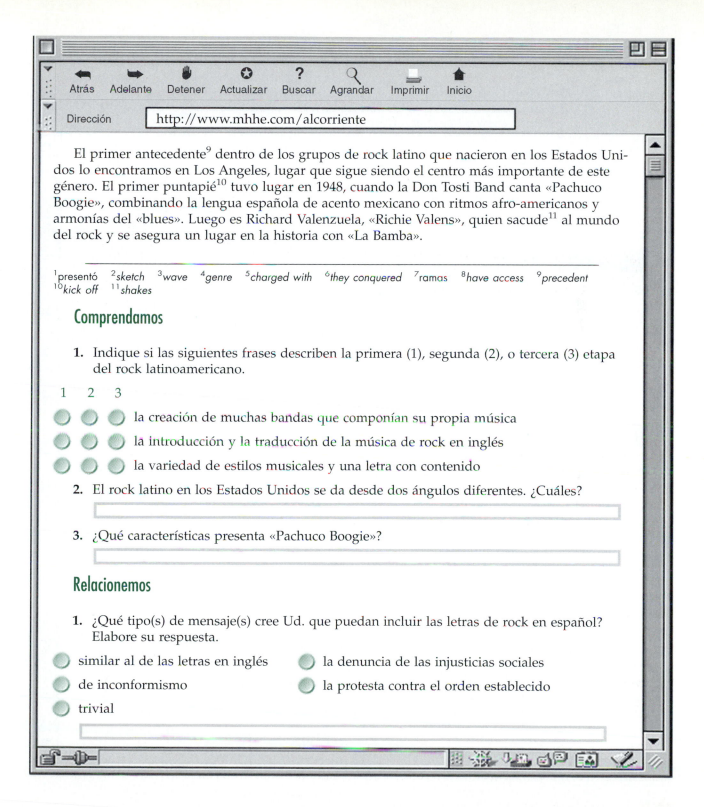

El primer antecedente[9] dentro de los grupos de rock latino que nacieron en los Estados Unidos lo encontramos en Los Angeles, lugar que sigue siendo el centro más importante de este género. El primer puntapié[10] tuvo lugar en 1948, cuando la Don Tosti Band canta «Pachuco Boogie», combinando la lengua española de acento mexicano con ritmos afro-americanos y armonías del «blues». Luego es Richard Valenzuela, «Richie Valens», quien sacude[11] al mundo del rock y se asegura un lugar en la historia con «La Bamba».

---

[1]presentó   [2]sketch   [3]wave   [4]genre   [5]charged with   [6]they conquered   [7]ramas   [8]have access   [9]precedent   [10]kick off   [11]shakes

Comprendamos

1. Indique si las siguientes frases describen la primera (1), segunda (2), o tercera (3) etapa del rock latinoamericano.

1   2   3

◉ ◉ ◉   la creación de muchas bandas que componían su propia música

◉ ◉ ◉   la introducción y la traducción de la música de rock en inglés

◉ ◉ ◉   la variedad de estilos musicales y una letra con contenido

2. El rock latino en los Estados Unidos se da desde dos ángulos diferentes. ¿Cuáles?

3. ¿Qué características presenta «Pachuco Boogie»?

Relacionemos

1. ¿Qué tipo(s) de mensaje(s) cree Ud. que puedan incluir las letras de rock en español? Elabore su respuesta.

◉ similar al de las letras en inglés   ◉ la denuncia de las injusticias sociales

◉ de inconformismo   ◉ la protesta contra el orden establecido

◉ trivial

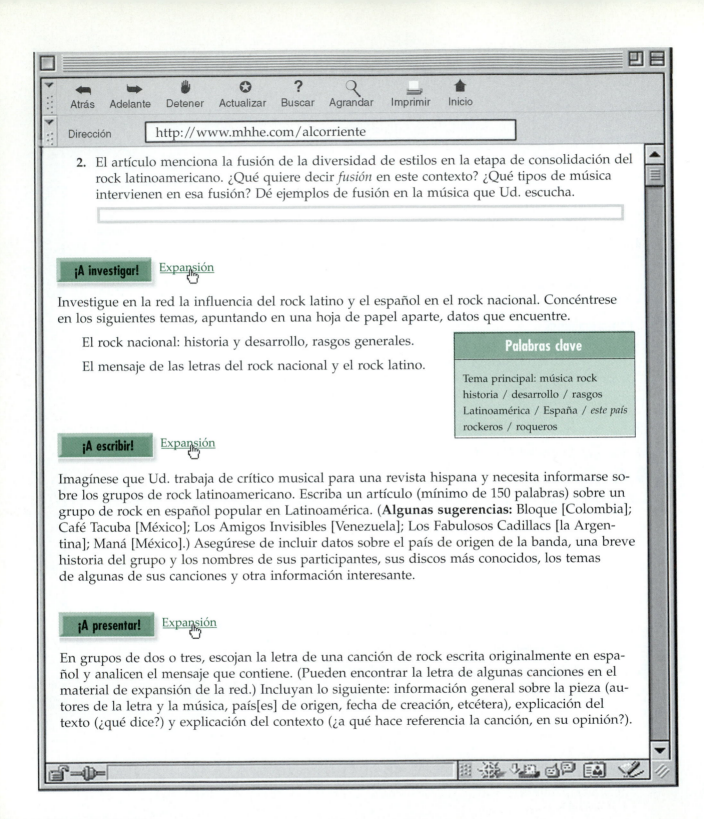

2. El artículo menciona la fusión de la diversidad de estilos en la etapa de consolidación del rock latinoamericano. ¿Qué quiere decir *fusión* en este contexto? ¿Qué tipos de música intervienen en esa fusión? Dé ejemplos de fusión en la música que Ud. escucha.

¡A investigar! Expansión

Investigue en la red la influencia del rock latino y el español en el rock nacional. Concéntrese en los siguientes temas, apuntando en una hoja de papel aparte, datos que encuentre.

El rock nacional: historia y desarrollo, rasgos generales.

El mensaje de las letras del rock nacional y el rock latino.

Palabras clave
Tema principal: música rock historia / desarrollo / rasgos Latinoamérica / España / *este país* rockeros / roqueros

¡A escribir! Expansión

Imagínese que Ud. trabaja de crítico musical para una revista hispana y necesita informarse sobre los grupos de rock latinoamericano. Escriba un artículo (mínimo de 150 palabras) sobre un grupo de rock en español popular en Latinoamérica. (**Algunas sugerencias:** Bloque [Colombia]; Café Tacuba [México]; Los Amigos Invisibles [Venezuela]; Los Fabulosos Cadillacs [la Argentina]; Maná [México].) Asegúrese de incluir datos sobre el país de origen de la banda, una breve historia del grupo y los nombres de sus participantes, sus discos más conocidos, los temas de algunas de sus canciones y otra información interesante.

¡A presentar! Expansión

En grupos de dos o tres, escojan la letra de una canción de rock escrita originalmente en español y analicen el mensaje que contiene. (Pueden encontrar la letra de algunas canciones en el material de expansión de la red.) Incluyan lo siguiente: información general sobre la pieza (autores de la letra y la música, país[es] de origen, fecha de creación, etcétera), explicación del texto (¿qué dice?) y explicación del contexto (¿a qué hace referencia la canción, en su opinión?).

Cada año los puertorriqueños que viven en Nueva York expresan su orgullo nacional en el desfile del Día de Puerto Rico.

UNIDAD **III** Los hispanos que viven en los Estados Unidos

Unidad III seeks to portray the life of Spanish-speaking people in the United States.

❋ **Capítulo 7** highlights the popular Puerto Rican writer Esmeralda Santiago.

❋ **Capítulo 8** depicts a young man's search for his Mexican roots, as told through his letters to a friend back in California.

❋ **Capítulo 9** examines the issues of maintaining one's cultural and ethnic identity in the face of strong social pressures to assimilate into the U.S. mainstream.

En una fiesta en Puerto Rico, dos músicos entretienen a los invitados.

El desfile puertorriqueño se celebra todos los años en Nueva York.

De compras en un barrio de Nueva York.

Vocabulario del tema

El cuerpo humano

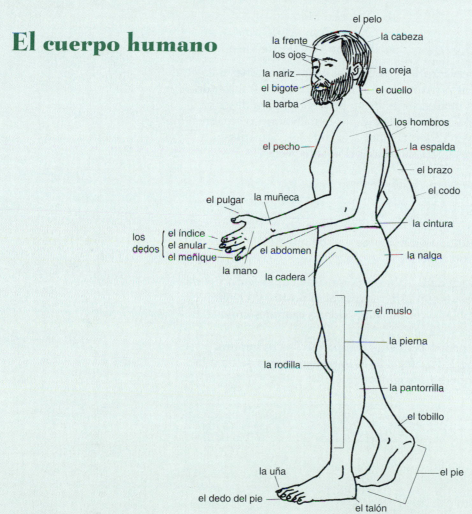

el pelo
la frente
la cabeza
los ojos
la nariz
la oreja
el bigote
la barba
el cuello
los hombros
el pecho
la espalda
el brazo
el codo
el pulgar
la muñeca
los dedos
el índice
el anular
el meñique
la mano
el abdomen
la cintura
la nalga
la cadera
el muslo
la pierna
la rodilla
la pantorrilla
el tobillo
la uña
el pie
el dedo del pie
el talón

la barbilla, el mentón	chin	**las mejillas**	cheeks
la boca	mouth	**las pecas**	freckles
la cara	face	**las pestañas**	eyelashes
las cejas	eyebrows	**los labios**	lips
la mandíbula	jaw		

167

Hablando del tema

A. Hablando de la gente famosa

1. ¿Cuáles son los rasgos físicos más notables de las siguientes figuras públicas?
   - **a.** Michael Jackson
   - **b.** Madonna
   - **c.** Maria Shriver
   - **d.** Mick Jagger
   - **e.** Whoopi Goldberg
   - **f.** Santa Claus

2. ¿Cuáles eran los rasgos físicos más notables de las siguientes personas?
   - **a.** Abraham Lincoln
   - **b.** Clark Gable
   - **c.** Marilyn Monroe
   - **d.** Groucho Marx
   - **e.** Shirley Temple, de niña
   - **f.** Rip van Winkle, de viejo

B. Los puertorriqueños en Nueva York.
Escoja *una* de las fotografías bajo el título **¡Hablemos un poco!** de los puertorriqueños en Nueva York. Trabajando en un grupo pequeño, sigan las instrucciones de su profesor(a) para describir por escrito a las personas de este grupo. Incluyan por lo menos cinco palabras del **Vocabulario del tema** y hagan observaciones acerca de los siguientes detalles. Más tarde su grupo presentará su descripción ante la clase.

1. dónde están
2. qué ropa llevan
3. qué tienen en las manos
4. qué hacen
5. la proporción entre el número de hombres y el de mujeres
6. cualquier otra observación especial

C. La apariencia en nuestra sociedad.
¿Importa mucho la apariencia física para ejercer ciertas carreras? En su opinión, ¿es esto algo positivo o negativo? Exponga sus opiniones en la tabla a continuación, dando ejemplos concretos para apoyarlas siempre que sea posible.

Después, trabajando en un grupo pequeño, compartan sus opiniones. Cada uno/a debe explicar cómo le ha afectado la importancia que se da a la apariencia física en la carrera que ha escogido.

¿IMPORTA LA APARIENCIA FISICA PARA... ?	SI	NO	¿POR QUE?
1. ser locutor de radio			
2. ser actor			
3. ser profesor universitario			
4. ser candidato a un puesto público / de gobierno			
5. conseguir un buen empleo administrativo			
6. ser atleta			
7. enseñar en una escuela primaria			
8. lograr un puesto en el campo de la medicina			

Lectura

Acercándonos a la lectura

Esmeralda Santiago, born in Puerto Rico and the oldest of eleven brothers and sisters, moved with her family to Brooklyn, New York, at the age of thirteen. Despite the hardships of adapting to a new environment and of learning English, she entered the competitive and prestigious High School of Performing Arts. She went on to work full-time while attending college part-time. She earned a degree from Harvard University in 1976. In addition to her creative writing, Ms. Santiago has worked actively to improve the quality of life for victims of domestic violence and, with her husband, director Frank Canto, has founded Cantomedia, a film production company based in Boston.

Esmeralda has published two books: *When I Was Puerto Rican*, an autobiographical account of her childhood, and *America's Dream*, a novel. Both were first written in English and later translated into Spanish. In the following interview, Ms. Santiago discusses issues of Puerto Rican identity concerning both island and mainland Puerto Ricans. The author occasionally uses English words or phrases as a way of conveying accuracy: to quote English speakers or to communicate phrases without an exact Spanish equivalent. These are concrete examples of code-switching, a phenomenon that generally characterizes bilingualism.

Vocabulario para leer

apoyar to support
desarrollar to develop
desenvolverse (ue) to develop, unravel
relatar to tell, recount, relate a story
suceder to happen, take place, occur

la acogida welcome
las amistades friends, acquaintances
el ciudadano, la ciudadana citizen
el/la compatriota compatriot, fellow citizen
el conocido, la conocida acquaintance, friend
la empresa company
el ensayo essay

el escrito, los escritos writing(s), work(s)
la esquina corner
el mensaje message
la obra work (such as a novel, play, etc.)
el poder power
el valor value

aun even
bien very (*as adverb modifying adjective*)
deliberadamente deliberately

a medias half, halfway
no tener la menor idea to have not a clue / any idea

A. Relaciones semánticas. Identifique la palabra o frase de la lista del **Vocabulario para leer** que se relaciona con cada grupo de palabras a continuación. ¡OJO! Es posible que haya más de una respuesta.

1. también, inclusive
2. contar, narrar
3. ocurrir, pasar
4. creación literaria
5. amigos, relaciones sociales
6. corporación, compañía, negocio
7. habitantes de un país
8. crecer, ampliar(se)
9. noticia, comunicación, recado

B. Definiciones. Explíquele en español a un compañero (una compañera) qué significan las palabras y frases a continuación.

1. la acogida
2. bien
3. la esquina
4. a medias
5. deliberadamente
6. el valor
7. el poder
8. no tener la menor idea
9. apoyar

Comentarios preliminares

A. Si yo fuera escritor(a)... Imagínese que Ud. es escritor(a) y que tiene que escoger el tema de su próxima novela. Naturalmente, Ud. quiere escribir sobre un tema que conozca bien y que le interese, pero que también le interese al público y que se venda. Para ayudarse a hacer una buena selección, complete la tabla a continuación, valorizando los temas que le interesan a Ud. y los que cree que le pueden interesar al público (el 5 indica el mayor interés). Luego, trabajando en un grupo pequeño, comenten sus conclusiones preliminares.

TEMAS	QUE ME INTERESAN A MI					QUE LE INTERESAN AL PUBLICO				
el amor	1	2	3	4	5	1	2	3	4	5
el campo	1	2	3	4	5	1	2	3	4	5
la ciudad	1	2	3	4	5	1	2	3	4	5
la delincuencia	1	2	3	4	5	1	2	3	4	5
la familia	1	2	3	4	5	1	2	3	4	5
la historia	1	2	3	4	5	1	2	3	4	5
la identidad	1	2	3	4	5	1	2	3	4	5
la juventud	1	2	3	4	5	1	2	3	4	5
la mujer	1	2	3	4	5	1	2	3	4	5
la niñez	1	2	3	4	5	1	2	3	4	5
la política	1	2	3	4	5	1	2	3	4	5
el trabajo	1	2	3	4	5	1	2	3	4	5

B. Con el editor. Imagínese que Ud. es el escritor (la escritora) de la actividad A, quien ya ha escogido el tema de su próxima obra. Escriba un breve resumen (de 50 palabras) del argumento (*plot*) para mostrárselo a su editor y pedirle su opinión profesional. Como autor, a Ud. le preocupan la originalidad de la idea y las posibilidades de éxito de este proyecto. Al editor le interesa saber por qué es importante tratar este tema y por qué puede interesarle al público, antes de comprometerse a publicar la novela. Trabajando con un compañero (una compañera), dramatice esta conversación entre autor y editor.

C. ¿Qué significa ser estadounidense? Imagínese que Ud. se va a vivir a un país extranjero donde hay pocos estadounidenses. Por eso, la gente de ese país tiene mucha curiosidad por saber de Ud. y constantemente le pregunta en qué consiste ser estadounidense. Ud. piensa mucho acerca de las experiencias comunes a todos los estadounidenses y trata de reducir su respuesta a cinco factores fundamentales; entre ellos considere los siguientes.

1. la familia
2. el inglés
3. la educación
4. la comida
5. los deportes/ pasatiempos
6. el 4 de julio
7. la música
8. la diversidad étnica
9. la geografía
10. las leyendas del Oeste
11. el sistema político
12. los rasgos físicos
13. la televisión
14. la historia colonial y la Revolución Americana
15. otros factores

Después de hacer una lista preliminar de los cinco factores principales para Ud., trabaje con dos o tres compañeros/as para compartir, comparar y comentar sus respuestas: ¿son similares o diferentes sus respuestas? ¿por qué? Finalmente, preparen entre todos una definición de lo que es ser estadounidense, que sea fácil de comprender para la gente del país que visitan.

D. El sueño americano. Primero escoja a una persona famosa —o que Ud. conoce personalmente— que ejemplifica «el sueño americano», y haga una descripción de la vida de esa persona que ilustre lo que significa el concepto del *sueño americano*. Luego, trabajando con tres o cuatro compañeros/as, relate cada uno/a la biografía de esa persona mientras los/las demás toman apuntes. Después de que cada compañero/a haya hecho su relato, analicen todas estas historias para descubrir lo que tienen en común. Finalmente, compartan sus conclusiones con toda la clase.

Estrategias para leer

Identifying Cognates

As you know, there are a great number of words whose English form and meaning are similar to those of their Spanish equivalents. Many of the cognates shared by the two languages are derived from a common word root. For example, both the English word *conservative* and the Spanish **conservador** are derived from the root **conserv-**. Simply recognizing the root, however, may sometimes not be enough to help you understand an unfamiliar word, because the same root can be used to form many words. For example, **conserva, conservación, conservar,** and **conservatismo** are all derived from the root **conserv-**. Once you have identified the root of a cognate, you need to determine its grammatical function in the sentence in order to fully understand its meaning. The following commonly occurring endings will help you determine the function of unfamiliar words.

Nouns:	**-ad** (actividad, facultad), **-cia** (farmacia), **-dor(a)*** (operador), **-ente*** (paciente), **-iento** (pensamiento), **-ión** (tradición, compasión), **-ista*** (artista), **-onte** (horizonte), **-ismo** (pluralismo)
Adjectives:	**-do/a*** (obligado, ofrecida), **-able** (controlable), **-dor(a)*** (hablador), **-ente*** (decente), **-oso/a** (famosa), **-ista*** (capitalista), **-ico** (irónico), **-ivo/a** (pasivo)
Adverbs:	**-mente** (rápidamente)
Verbs:	**-ar** (llamar), **-er** (creer), **-ir** (salir), **-ó** (oyó), **-ía** (leía), **-aba** (cantaba), **-do*** (ocurrido), **-ndo** (conversando), etcétera

You should be aware that, at times, words that appear to be cognates actually have quite different meanings. These words are known as *false cognates.* For example, the verb **soportar** (or the adjective **soportable**) suggests the idea of *supporting* or *maintaining* when, in fact, the word normally means *to tolerate* or *to put up with.* The confusion that a relatively small number of false cognates causes, however, is far outweighed by the benefit gained from learning to recognize the large number of true cognates.

Estrategias en acción

A. Los cognados.   Estudie los siguientes cognados (de la lectura de este capítulo) y adivine su significado y función.

1. colonizada	**4.** atacar	**7.** insularidad
2. convertía	**5.** suficientemente	**8.** increíble
3. surgió	**6.** empleadores	**9.** titulaste

B. Más cognados.   Ahora repase los tres primeros párrafos de la lectura para ver cuántos cognados puede identificar. Debe encontrar por lo menos diez cognados.

---

*Some endings can signal more than one word type. For example, **-dor, -ente,** and **-ista** can occur with both nouns and adjectives; and **-do** can occur with adjectives and verbs, since the past participle of the verb form also functions as an adjective.

Esmeralda Santiago
ANTE LA IDENTIDAD PUERTORRIQUEÑA

Marisol Pereira Varela

Mi misión cómo escritora es presentar personas que hasta ahora nadie se había preocupado por ellas.» Con estas proféticas palabras Esmeralda Santiago embiste[4] la experiencia de escribir desde una dimensión desconocida. Cuando regresó a Puerto Rico, luego de trece años, sus compatriotas le dijeron que estaba demasiado americanizada, que no era puertorriqueña. Allí vio sus pies posarse[5] sobre tierra de nadie.

> «La jíbara[1] puertorriqueña... se convertiría en una híbrida[2] quien nunca perdonaría el desarraigo[3].» —Esmeralda Santiago, Cuando era puertorriqueña

«¿Cómo pueden decirme que no soy puertorriqueña? Yo nací aquí, crecí en Puerto Rico hasta los trece años, hablo el español, leo el español, bailo la salsa... si yo no soy puertorriqueña, ¿qué es ser puertorriqueña?» Sin embargo Esmeralda sintió cómo vivir fuera de su país natal convertía a los puertorriqueños en ciudadanos a medias.

MPV: ¿Qué te motivó a escribir?

ES: *Yo vivo en una comunidad que no es puertorriqueña y si no hablo español todos los días, ¿qué es de mi puertorriqueñidad?[6] Eso surgió en los escritos que yo hice; una editora vio un ensayo y se puso en contacto conmigo para que escribiera un libro. Esa falta de acogida que recibí en Puerto Rico, fue* lo que me hizo empezar a explorar la identidad puertorriqueña en los Estados Unidos.

Tus dos libros Cuando era puertorriqueña y El sueño de América se publicaron originalmente en inglés y luego se tradujeron al español. ¿Por qué?

No fue en parte una decisión sino la realidad; ambos libros son por contrato con empresas americanas, tengo que escribirlos en inglés y después que los escribo dicen que lo quieren en español. Lo contrario sería un suicidio porque en Nueva York no hay editoras que hablen español.

A Rosario Ferré la atacaron por escribir su libro en inglés, como escritora ella busca un público más amplio. Que un puertorriqueño escriba en chino, no quiere decir que sea menos puertorriqueño, sino que los chinos están aprendiendo algo de la puertorriqueñidad que no sabían antes. En vez de hacer sentir a una persona como si estuviera haciendo algo malo, debemos apoyarla pues lleva un mensaje de quienes somos a un público que no tiene la menor idea.

¿Cómo describes tu estilo literario?

Me gusta escribir acerca de sitios que existen, pero siempre me gusta poner protagonistas que no existen en medio de la realidad. También una de las cosas que más me atrae es la ironía. Me gusta el humor irónico y el humor negro; por ejemplo, en El sueño de América, los americanos no ven nada de humor, pero muchas mujeres hispanas y muchos

---

[1]*Puerto Rican country woman*   [2]*hybrid*   [3]*uprooting, banishment*   [4]*confronts, faces*   [5]*placed*   [6]identidad puertorriqueña, «Puerto Ricanness»

puertorriqueños me dicen «Is so funny!». Aun en la tragedia hay humor. Me encanta la yuxtaposición[7] de cosas que no encajan.[8]

¿Consideras tu literatura femenina?

Me matarían los críticos si digo que sí, las feministas si digo que no. Creo que lo que yo escribo es femenino y feminista, yo miro el mundo desde el punto de vista de una mujer. Pero es bien difícil, porque si lo digo así parece que dijera que no importa que los hombres me lean, pero por ejemplo, cuando los hombres leen las feministas entienden a sus mujeres mucho mejor. Yo leo escritores hombres y no necesariamente me gusta todo lo que dicen pero tengo que leerlos para ver lo que ellos piensan y cómo ven el mundo. Los hombres deben hacer lo mismo.

Los títulos de ambos libros tienen diferentes niveles de lectura. ¿Por qué los titulaste así?

Lo hice deliberadamente, ambos son bien irónicos. En el título del primer libro, Cuando era puertorriqueña, quería empezar un diálogo entre los puertorriqueños y en Puerto Rico, sobre lo que es ser puertorriqueño, porque sé que yo no soy la única a quien las personas le han dicho «tú no eres puertorriqueña» porque he vivido fuera. Muchas amistades me han relatado lo mismo. Como que[9] hay grados[10] de puertorriqueñidad. Quería empezar un diálogo que hiciera a las personas pensar. El problema es que se ofenden, tiran el libro a una esquina y no lo quieren comprar. Es una reacción bien típica de las personas que no están lo suficientemente receptivas para entender lo que quiere decir y que se explica en las páginas del libro.

¿Por qué es tan opuesta la manera en que describes la vida de los inmigrantes en tus dos obras?

En El sueño de América yo quería explorar la vida de una mujer que no tiene ningún poder, para mí el libro es acerca de «power and lack of it», por eso la hice una doméstica,[11] porque las domésticas están bajo el poder de sus empleadores… Es la mujer colonizada. No es accidente que ella es de Vieques.[12]

Tenía mucho interés en explorar esa parte de la vida de las mujeres que viven en Estados Unidos. Si tú eres colonizada políticamente eso te afecta emocionalmente y sicológicamente, cierto o falso, esa fue la pregunta que me hice. Si eres colonizada políticamente, ¿querrá eso decir que eres colonizada sicológicamente?

Es algo que me interesa, vis a vis lo que es Puerto Rico, lo que es Vieques. Para los viequenses,[13] Vieques es un mundo separado del resto del mundo, y me impresiona bastante esa insularidad.[14] La vida de una isla, tan dominada por la presencia americana, es increíble, eso para mí es un microcosmos de la vida puertorriqueña.

Ese tema quería explorarlo de una manera distinta a la que se expone en Cuando era puertorriqueña. Como esa obra es un relato de mi vida, no era la temática[15] pues estaba limitada por lo que sucedió.

¿Tienes algunos temas que pienses desarrollar en el futuro?

Quiero seguir escribiendo sobre la puertorriqueñidad en los Estados Unidos, pues todos tenemos un primo, un hermano, pariente o conocido por allá, y es bien importante saber cómo nos estamos desenvolviendo en ambos sitios. Para que ellos sepan que hay alguien que está tratando de explorar lo que es ser puertorriqueño donde quiera que estén. Para que sientan que tienen algún valor.

Pues yo misma, que vine a Estados Unidos, no encontraba libros de lo que es ser puertorriqueña. Eso me decía «I don't matter» y ésa es la actitud que tienen nuestros jóvenes de que no valen nada porque nadie se preocupa por explorar su vida. Es una misión, escribir libros que nuestra juventud pueda leer.

Extraído de *Imagen*

---

[7]*juxtaposition, contact, proximity*   [8]*no… do not go/fit together*   [9]*Como… It's as if*   [10]*degrees*   [11]*domestic servant*   [12]*a tiny island off Puerto Rico that is culturally Puerto Rican but heavily occupied by U.S. military bases*   [13]*los habitantes de Vieques*   [14]*la vida de la isla*   [15]*set of themes*

¿Cuánto recuerda Ud.?

Complete cada oración según lo que expone Esmeralda Santiago en la entrevista. ¡OJO! A veces hay más de una posibilidad.

1. Esmeralda Santiago volvió a Puerto Rico…
   a. después de trece años.
   b. a los 13 años de edad.
   c. cuando ya estaba americanizada.
2. Esmeralda Santiago escribe para…
   a. explorar la vida de las mujeres puertorriqueñas en los Estados Unidos.
   b. afirmar su identidad como norteamericana.
   c. llevar un mensaje al público norteamericano, el cual no conoce la realidad puertorriqueña.
3. En Puerto Rico sus libros…
   a. no tuvieron buena acogida.
   b. se leen en inglés.
   c. ofenden a muchas personas.
4. Con respecto al feminismo y la literatura feminista…
   a. Esmeralda Santiago declara que es feminista porque presenta a sus personajes desde el punto de vista de una mujer.
   b. la autora escribe para las mujeres, no para los hombres.
   c. Esmeralda Santiago sólo lee libros escritos por mujeres.
5. El tema de la puertorriqueñidad…
   a. le permite a la autora criticar a la sociedad.
   b. le sirve a la autora para establecer un diálogo entre los puertorriqueños de la Isla y los que viven en los Estados Unidos.
   c. en la literatura escrita en inglés le da importancia y validez a la experiencia de los inmigrantes puertorriqueños en los Estados Unidos.

¿Qué se imagina Ud.?

A. Una entrevista de radio: reacciones del público. Imagínese que Ud. acaba de oír por la radio la entrevista con Esmeralda Santiago. A Ud. le impresionaron mucho las respuestas de la escritora y por eso llama a la emisora (la estación) de radio para expresar sus opiniones. Como sólo le permiten hablar por un minuto, Ud. escoge comentar sobre *uno* de los siguientes temas solamente.

1. por qué escribe en inglés una escritora puertorriqueña
2. el estilo literario (humorístico e irónico) de la escritora
3. el feminismo y la literatura feminista
4. Vieques
5. la mujer colonizada
6. la identidad puertorriqueña

B. ¡Tú no eres norteamericano/a! Imagínese que Ud. acaba de volver a los Estados Unidos después de vivir diez años en un país extranjero. A causa de sus nuevas experiencias Ud. ha cambiado durante esos diez años, naturalmente; pero cuando regresa, descubre que los Estados Unidos han cambiado también. Para empezar, sus antiguas amistades ahora le dicen: «¡Tú no eres norteamericano/a!» porque Ud. no encaja perfectamente en la vida estadounidense de hoy.

Trabajando con un compañero (una compañera), comente sus reacciones a lo siguiente.

1. ¿Se ofendería Ud. si alguien le dijera que ha perdido su identidad?
2. ¿Piensa Ud. que hay maneras en que sigue siendo la misma persona? ¿Hay valores o rasgos de su identidad que son permanentes? (La actividad C de **Comentarios preliminares** puede ayudarle a aclarar sus ideas.)
3. ¿Comprende por qué sus antiguos conocidos le dicen a Ud. que ya no es norteamericano/a? ¿Qué significará *ser norteamericano/a* para ellos? ¿Qué puede haber cambiado en Ud. que no encaja con esa imagen?
4. ¿Trataría Ud. de cambiar su persona para ser aceptado por los demás o aceptaría la nueva situación, aunque fuera incómoda? ¿O trataría de hacer que los demás entendieran su situación?

C. El sueño americano. Imagínese que Ud. es novelista y que una casa editorial le acaba de pedir que escriba una obra titulada *El sueño americano*. Ud. tiene completa libertad para desarrollar el tema, los personajes, el argumento, etcétera, pero los editores desean que Ud. diga unas palabras sobre su proyecto en una conferencia de prensa. Prepare ese resumen para presentarlo en esa conferencia de prensa, que tendrá lugar en su clase de español.

Gramática en contexto

19. Making Requests: Formal (*Ud., Uds.*) Commands

Commands are the most direct way of communicating that you want someone to do something. Whether affirmative or negative, they are easy to recognize because the verb appears at or near the beginning of a sentence and is heavily emphasized.

Hable solamente en español.
Escriba algo sobre Puerto Rico.

Váyase al sur de la Isla.
No diga nada malo del Viejo
San Juan.

Formal **Ud., Uds.** Commands

The formal commands are formed with the first-person singular **(yo)** stem of the present indicative and the following endings: **-e/-en** for **-ar** verbs; **-a/-an** for **-er** and **-ir** verbs. It may be helpful to remember the endings as being based on vowels "opposite" to those in the infinitive endings.

VERB (INFINITIVE)	FIRST-PERSON STEM		SINGULAR COMMAND	PLURAL COMMAND
can**tar**	cant-	→	can**te** Ud.	can**ten** Uds.
cor**rer**	corr-	→	cor**ra** Ud.	cor**ran** Uds.
aplau**dir**	aplaud-	→	aplau**da** Ud.	aplau**dan** Uds.
d**ar**	d-	→	d**é*** Ud.	d**en** Uds.
practi**car**	practic-[†]	→	practi**que** Ud.	practi**quen** Uds.
lle**gar**	lleg-[†]	→	lle**gue** Ud.	lle**guen** Uds.
ca**zar**	caz-[†]	→	ca**ce** Ud.	ca**cen** Uds.

Because the formal commands are based on the first-person singular stem, any stem changes occurring in this form also appear in the corresponding command form.

VERB (INFINITIVE)	FIRST-PERSON STEM		SINGULAR COMMAND	PLURAL COMMAND
cerrar (ie)	cierr-	→	cierre Ud.	cierren Uds.
contar (ue)	cuent-	→	cuente Ud.	cuenten Uds.
servir (i)	sirv-	→	sirva Ud.	sirvan Uds.
poner (g)	pong-	→	ponga Ud.	pongan Uds.
hacer (g)	hag-	→	haga Ud.	hagan Uds.
venir (g)	veng-	→	venga Ud.	vengan Uds.
traducir (zc)	traduzc-	→	traduzca Ud.	traduzcan Uds.
contribuir (y)	contribuy-	→	contribuya Ud.	contribuyan Uds.

The command forms for the verb **ir** (*to go*), **ser** (*to be*), and **ver** (*to see*) are completely irregular.

ir	**vaya** Ud.	**vayan** Uds.
ser	**sea** Ud.	**sean** Uds.
ver	**vea** Ud.	**vean** Uds.

***Dé** carries a written accent to distinguish it from the preposition **de.**

[†]The same spelling changes you learned in **Capítulo 5** with the irregular preterites (c → qu, g → gu, z → c) also occur with the formal commands in order to preserve the original pronunciation of the infinitive. The commands do not carry written accents unless a pronoun is attached.

¡Practiquemos!

A. Táctica y estrategia de la pérdida de peso (*weight*).   Lea rápidamente este artículo y marque todos los mandatos formales. Luego compare su lista con la de uno/a de sus compañeros/as de clase. ¿Cuál de Uds. encontró más mandatos formales?

B. Por favor.   Dé el mandato del infinitivo indicado en cada oración.

1. Ese vaso es de cristal. _____ (Tener) Ud. cuidado con él, por favor.
2. No puedo conversar ahora. _____ (Llamar) Ud. más tarde, por favor.
3. Nos gusta cenar a las ocho en punto. No _____ (llegar) Ud. tarde, por favor.
4. Quiero verlos otra vez. _____ (Volver) Uds. mañana, por favor.
5. Hay algo aquí que deben ver. _____ (Venir) Uds. acá, por favor.
6. Tomás no quiere ir solo al partido. _____ (Ir) Uds. con él, por favor.

Using Pronouns with Commands

As with other verb forms, object pronouns can also be used with commands to avoid repeating a previously mentioned noun. They are affixed to the end of affirmative commands in the usual order you reviewed in **Capítulo 6**: *indirect before direct: reflexive first of all.* A written accent is needed when adding one or more pronouns in order to maintain the correct stress.

> **Propóngale** escribir otra novela.
> *Suggest that she write another novel.*
> (**le** = *indirect object pronoun [Esmeralda]*)

> **Diviértanse** en la fiesta.
> (**se** = *reflexive pronoun [Uds.]*)
> *Enjoy yourselves at the party.*

> **Tráigamelos,** por favor.
> *Bring them to me, please.*
> (**me** = *indirect object pronoun;* **los** = *direct object pronoun [los libros]*)

With negative commands, the object pronouns come between **no** and the verb.

> No **la** traduzcan al inglés.
> *Don't translate it into English.*
> (**la** = *direct object pronoun [la novela]*)

Táctica y Estrategia de la Pérdida de Peso

Es mejor que

- Coma despacio.
- Evite tentaciones. Saque los alimentos de alto contenido calórico del refrigerador y de la despensa.[a] Tenga en casa únicamente lo que se propone comer en su dieta.
- Coma menos grasa.[b] Use azúcares naturales de granos, frutas y verduras.
- Coma menos helado, queso, aderezos[c] para ensaladas y aceites.
- Evite los bocadillos[d] o tentenpies de paquete,[e] las galletas[f] y los postres con alto contenido en grasas.
- Use utensilios de teflón.
- Prepare las carnes al horno[g] o a la parrilla,[h] y las verduras al vapor,[i] en lugar de freírlas[j] en grasa o aceite.
- Coma productos lácteos desgrasados («skim milk») en vez de leche entera).
- Haga ejercicio regularmente.
- Busque hacer actividades divertidas que no incluyan el comer (deportes, cultivar el jardín, etc).
- Acuda[k] a terapia individual o de grupo si tiene dificultad para mantener su peso.

---

[a]*pantry*   [b]*fat*   [c]*dressings*   [d]*snacks*   [e]*tentenpies... packaged snacks*   [f]*cookies*   [g]*al... oven roasted*   [h]*a... grilled*   [i]*al... steamed*   [j]*en... instead of frying them*   [k]*Vaya*

No **se** muden a Nueva York.   *Don't move to New York.*
(**se** = *reflexive pronoun* [*Uds.*])

No **me las** traigan todavía.   *Don't bring them to me yet.*
(**me** = *indirect object pronoun;* **las** = *direct object pronoun* [*las novelas*])

¡Practiquemos!

A. La etiqueta del taco.   Los tacos son sabrosísimos, pero a veces resultan difíciles de comer. A continuación aparecen algunas recomendaciones para evitar que se desarmen (*they fall apart*) y le manchen (*stain*) la ropa. Primero dé el mandato apropiado y luego indique a qué dibujo corresponde cada oración.

1. _____ (Tomar) el taco por los extremos y (levantarlo).
2. _____ (Distribuir) bien el relleno (*filling*) sobre la tortilla, pero no (llenarla) demasiado.
3. _____ (Inclinarse) hacia adelante, extendiendo la mano más allá de (*beyond*) los hombros.
4. _____ (Asegurarse) de que el lado más delgado de la tortilla esté encima del otro.
5. _____ (Extender) bien la tortilla sobre la mano izquierda y (alinearla) en dirección este/oeste.
6. _____ (Doblar) primero el borde derecho por el medio y (sobreponerle [*to put on top of it*]) el izquierdo.

B. Instrucciones para una escritora. Imagínese que Ud. es Esmeralda Santiago y que le exige a su editor algunas condiciones especiales para la publicación de su libro. Escoja el mandato lógico para cada oración.

1. El nuevo libro no sale en Puerto Rico.
   Saque/Publique/Hágame el libro en Puerto Rico también.
2. La edición no tiene buenas ilustraciones.
   Póngale/Tráigale/Tenga unas fotos en colores.
3. La prensa no sabe nada del nuevo libro todavía.
   Prometa/Hágale/Déle mucha publicidad a este libro.
4. El papel es caro.
   No se sirva de / No le eche / No use un papel de calidad inferior.
5. El libro cuesta mucho.
   No lo venda / No lo traiga / No lo dé a un precio muy alto.

C. Lo que manda el doctor. Los Sres. Lara tienen exceso de peso y el colesterol muy alto. Están en el consultorio de su doctor, quien les ha preguntado sobre sus actividades y sus gustos en cuanto a la comida. Imagínese que Ud. es el doctor y reaccione a los comentarios de los Sres. Lara con mandatos formales para decirles lo que (no) deben hacer.

> MODELO: LA SEÑORA: Me gusta mucho comer pastel de chocolate. →
> Pues, ¡no lo coma!

1. EL SEÑOR: Me encanta tomar helado.
2. LA SEÑORA: Nunca hago ejercicios aeróbicos.
3. EL SEÑOR: Me pongo furioso en la oficina.
4. LA SEÑORA: Tomo ocho tazas de café cada día.
5. EL SEÑOR: Debo perder cinco kilos.
6. LA SEÑORA: No duermo más de cinco horas cada noche.
7. LOS SEÑORES: Siempre pedimos hamburguesas y papas fritas cuando salimos a comer.
8. LOS SEÑORES: Ponemos sal (*f.*) en todo lo que comemos.

20. Talking About the Future

There are three ways to express the future in Spanish, two of which you have already studied. You can use

❋ the present tense in a future context, especially with verbs of movement and time markers.

> Mañana **salgo** para Miami.

❋ the expression **ir a** + *infinitive* in the present tense.

> Mañana **voy a salir** para Miami.

❋ the true future tense.

> Mañana **saldré** para Miami.

In colloquial speech, future time is most often expressed with the present tense of **ir a** + *infinitive.* The true future tense is more frequently used to express will power, an implied command, or a speculation about the present.

WILL

Iré a la fiesta aunque no tengo invitación.

I will go (am going) to the party although I don't have an invitation.

IMPLIED COMMAND

Vendrás a mi oficina mañana.

You will (must) come to my office tomorrow.

SPECULATION ABOUT THE PRESENT

Mi editor no está. **¿Estará** enfermo?

My editor isn't here. Can he be (I wonder if he is) sick?

Formation of the Future Tense

The future tense of regular verbs is formed by adding the following endings to the infinitive.

escribir	
escribir**é**	escribir**emos**
escribir**ás**	escribir**éis**
escribir**á**	escribir**án**

Esmeralda **escribirá** más libros en español.
Bailará la salsa con amigos.
La **verán** muchas personas.

The future tense of the following common verbs is formed with an irregular stem plus the future endings.

decir → **dir-**	poner → **pondr-**	tener → **tendr-**
haber → **habr-**	saber → **sabr-**	valer → **valdr-**
hacer → **har-**	salir → **saldr-**	venir → **vendr-**
poder → **podr-**		

decir		
dir-	dir**é**	dir**emos**
	dir**ás**	dir**éis**
	dir**á**	dir**án**

Esmeralda **hará** otra visita al Viejo San Juan.
Podrá ver a todos sus amigos allí.

¡Practiquemos!

A. Entrevista con Esmeralda. Imagínese que Ud. va a entrevistar a la escritora Esmeralda Santiago y prepare mentalmente preguntas lógicas. Complete cada pregunta con la opción más adecuada.

1. _____ ¿Me saludará... ?
2. _____ ¿No me dirá... ?
3. _____ ¿Será muy fácil... ?
4. _____ ¿Me describirá... ?
5. _____ ¿Nos llevaremos... ?
6. _____ ¿Le harán gracia... ?

a. hacerla sentir cómoda con la entrevista
b. bien desde el comienzo
c. mis preguntas sobre la literatura feminista
d. en inglés o español
e. su estilo literario
f. nada de su vida privada

B. Comprando un coche nuevo. Con un compañero (una compañera), decida cada uno/a lo que hará para comprar un coche nuevo.

MODELO: ir a buscar el coche ideal → Iré a buscar el coche ideal.

1. leer los anuncios en el periódico
2. visitar una agencia de coches
3. ver muchos modelos diferentes
4. preguntarle al comerciante el precio de cada uno
5. hacer una inspección del motor del coche que más me gusta
6. dar una vuelta (*to take a spin*) por la ciudad
7. ponerlo a prueba (*to put it to the test*) en la carretera
8. llegar a un acuerdo (*agreement*) con el comerciante
9. pagarle un anticipo (*down payment*)
10. salir muy contento/a con el coche nuevo

C. Especulaciones acerca de Esmeralda Santiago. Probablemente Ud. no sabrá todas las respuestas a las siguientes preguntas, pero podrá especular (*speculate*) un poco, ¿no?

MODELO: ¿Con quién está Esmeralda Santiago en este momento? → Estará con su familia.

1. ¿Adónde va de vacaciones?
2. ¿Cuánto dinero gana al año?
3. ¿Cómo pasa los ratos libres?
4. ¿Dónde tiene su casa principal?
5. ¿Cómo es su casa?
6. ¿Cuánto tiempo le lleva escribir un libro?
7. ¿Cuántos meses al año pasa viajando?
8. ¿Qué piensan los críticos de su obra literaria?
9. ¿En qué lengua va a escribir su próximo libro?
10. ¿Se siente más norteamericana que puertorriqueña o viceversa?

Español en acción

A. Un consejero (una consejera) escolar bilingüe. Trabaje con un compañero (una compañera) para dramatizar *una* de las siguientes situaciones que pueden ocurrir en una escuela en donde hay muchos alumnos inmigrantes. En cada situación, un(a) estudiante hará el papel de padre, madre o alumno que pide consejo profesional mientras que el otro (la otra) estudiante hará el papel de consejero/a escolar, quien trata de resolver los problemas de los estudiantes o de sus padres. En algunos casos, pueden incorporar a estudiantes para hacer los otros papeles de amigo/a, maestro/a, etcétera, en la dramatización. (Recuerden usar verbos en el imperativo e imperativos con pronombres.)

1. Un chico de 14 años va al consejero porque, aunque tiene mucho talento, es dedicado y tiene buenas notas, no fue aceptado en un prestigioso programa de música y arte porque su inglés es limitado. Dramaticen el diálogo entre el muchacho y el consejero. (Para llegar a una solución, es posible crear una escena adicional con otros personajes, como los padres del chico, el director del programa de música y arte, etcétera.)

2. Una chica de 12 años no ha asistido a clases durante un mes porque tiene que quedarse en casa para cuidar a sus hermanos menores mientras sus padres trabajan. Ella va a hablar con su consejero porque la directora de la escuela quiere suspenderla por falta de asistencia. (Se puede crear una escena adicional con otros personajes, como los padres de la chica, la directora de la escuela, etcétera.)

3. Un niño de 9 años, muy curioso y activo, no juega durante la hora de recreo: los otros niños de su edad no quieren jugar con él porque no es norteamericano. El consejero escolar, quien ha notado su tristeza, lo llama a su oficina para determinar cuál es el problema y la manera de resolverlo. (Se puede crear una escena adicional con otros personajes, como los padres del niño, su profesora, sus compañeros de clase, etcétera.)

4. Un padre inmigrante recibe la noticia de que su hija de 11 años —una estudiante excelente en su país de origen— debe repetir el cuarto año en este país. La niña está tan disgustada que no quiere ir a la escuela. El padre, quien no sabe qué hacer, consulta con el consejero bilingüe de la escuela. (Para resolver el caso, se puede crear una escena adicional con otros personajes, como los profesores de la niña, el director de la escuela, un especialista en problemas de aprendizaje, etcétera.)

5. Una madre inmigrante recibe información sobre los alimentos que sus hijos necesitan para mantenerse en buena salud. Ella quiere lo mejor para sus hijos, pero no sabe preparar esas comidas —¡y tiene miedo de que sean muy caras! Decide preguntarle al consejero bilingüe cuáles son sus alternativas. (Se puede crear una escena adicional con otros personajes, como un médico, un especialista en nutrición, otras madres, etcétera.)

B. Los episodios de Pepe e Isabel: una teleserie. Trabajen en grupos pequeños para participar en los episodios de una teleserie —¡que quizás se filme en la clase! Escojan y desarrollen *uno* de los siguientes episodios.

1. **Pepe e Isabel.** (Tres estudiantes) En tres escenas sin diálogo, Pepe e Isabel harán las actividades de su vida diaria: Pepe es un estudiante universitario y atleta. Es serio, responsable e independiente. Isabel es estudiante y modelo; le gustan el ballet clásico, las artes y hacer amistades. Ellos no se conocen todavía. Un(a) estudiante narra las actividades de Pepe e Isabel mientras los otros (las otras) dos, siguiendo la narración, las representan.

2. **Pepe e Isabel se conocen.** (Dos estudiantes) Como Pepe e Isabel viven en el mismo barrio, estudian en la misma universidad y hacen cultura física en el mismo gimnasio, es probable que se conozcan en uno de estos lugares. En esta escena se presenta ese primer encuentro. ¿Cómo se conocerán? ¿Qué estarán haciendo cuando se ven por primera vez? ¿Qué se dirán?

3. **Ambos consideran las cosas.** (Cuatro estudiantes) Pepe e Isabel están sorprendidos por la primera impresión que se causaron mutuamente: a Pepe le gustan las mujeres bajas, de pelo corto y rubio, ¡e Isabel no es así!; y a Isabel normalmente le interesan los hombres de aspecto intelectual, de nariz puntiaguda y que llevan gafas, ¡y Pepe no es así! En su confusión, Isabel consulta por teléfono con su mejor amiga, Elena; Pepe le habla de esto a su hermano mayor después de la cena.

4. **Por teléfono.** (Dos estudiantes) Isabel decide entablar amistad con Pepe y Pepe piensa hacer lo mismo con Isabel. ¿Quién llama a quién primero? ¿Qué tipo de relaciones han cultivado Isabel y Pepe durante estos meses? ¿Serán sólo conocidos? ¿amigos? ¿novios? ¿Se casarán?

Al corriente

¿Qué es la salsa?

Paulo Carvajal y Angie Penta
bailando salsa.

¡A leer!

La siguiente lectura es de un sitio puertorriqueño y trata de la música salsera. Léala con detenimiento y conteste las preguntas que se encuentran a continuación.

¿QUÉ ES LA SALSA?

Técnicamente hablando, salsa es un término tan amplio[1] como la música jazz y el rock. Este es un movimiento que compone[2] varios ritmos como el son, el mambo, la guaracha, la bamba y el merengue. En cuanto a estilo, pues se podría decir que tiene características de la música charanga,[3] conjunto, sexteto[4] y varios otros. Es importante reconocer las diferencias entre los movimientos y ritmos ya mencionados y saber entender su relación.

La salsa puede ser descrita como un término general que compone varios estilos rítmicos e instrumentaciones que se originan no sólo en Puerto Rico sino también en países como Cuba, República Dominicana y otros países más. Todo este ritmo e instrumentación vienen formando patrones[5] rítmicos que más bien se conocen como «Clave».[6]

Lo que distingue a estos ritmos en la música salsera es este patrón rítmico cuya presencia y papel son estrictamente mantenidos por músicos y productores que se especializan en la música salsera. Estas personas son las que vienen creando una base de ritmos que se mantiene como única entre los estilos musicales de origen afro-caribeño.

---

[1]general (lit., ample, wide)   [2]includes (lit., composes)   [3]musical groups that use only wind instruments   [4]sextet, group of six musicians/singers   [5]modelos   [6]in music, clave means "clef"

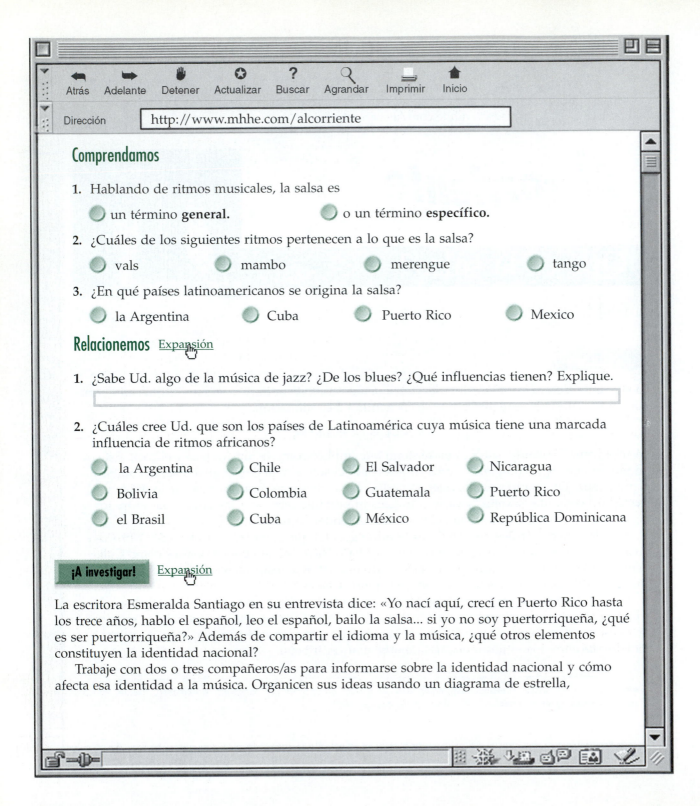

Comprendamos

1. Hablando de ritmos musicales, la salsa es

    ⬤ un término **general.**   ⬤ o un término **específico.**

2. ¿Cuáles de los siguientes ritmos pertenecen a lo que es la salsa?

    ⬤ vals   ⬤ mambo   ⬤ merengue   ⬤ tango

3. ¿En qué países latinoamericanos se origina la salsa?

    ⬤ la Argentina   ⬤ Cuba   ⬤ Puerto Rico   ⬤ Mexico

Relacionemos   Expansión

1. ¿Sabe Ud. algo de la música de jazz? ¿De los blues? ¿Qué influencias tienen? Explique.

2. ¿Cuáles cree Ud. que son los países de Latinoamérica cuya música tiene una marcada influencia de ritmos africanos?

    ⬤ la Argentina   ⬤ Chile   ⬤ El Salvador   ⬤ Nicaragua

    ⬤ Bolivia   ⬤ Colombia   ⬤ Guatemala   ⬤ Puerto Rico

    ⬤ el Brasil   ⬤ Cuba   ⬤ México   ⬤ República Dominicana

¡A investigar!   Expansión

La escritora Esmeralda Santiago en su entrevista dice: «Yo nací aquí, crecí en Puerto Rico hasta los trece años, hablo el español, leo el español, bailo la salsa... si yo no soy puertorriqueña, ¿qué es ser puertorriqueña?» Además de compartir el idioma y la música, ¿qué otros elementos constituyen la identidad nacional?

Trabaje con dos o tres compañeros/as para informarse sobre la identidad nacional y cómo afecta esa identidad a la música. Organicen sus ideas usando un diagrama de estrella,

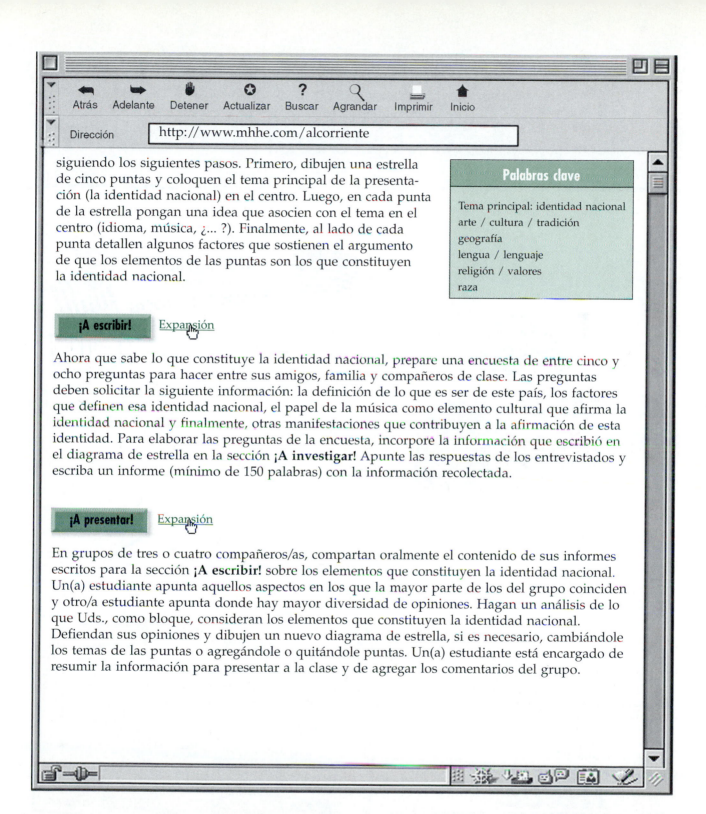

siguiendo los siguientes pasos. Primero, dibujen una estrella de cinco puntas y coloquen el tema principal de la presentación (la identidad nacional) en el centro. Luego, en cada punta de la estrella pongan una idea que asocien con el tema en el centro (idioma, música, ¿... ?). Finalmente, al lado de cada punta detallen algunos factores que sostienen el argumento de que los elementos de las puntas son los que constituyen la identidad nacional.

Palabras clave

Tema principal: identidad nacional
arte / cultura / tradición
geografía
lengua / lenguaje
religión / valores
raza

¡A escribir!   Expansión

Ahora que sabe lo que constituye la identidad nacional, prepare una encuesta de entre cinco y ocho preguntas para hacer entre sus amigos, familia y compañeros de clase. Las preguntas deben solicitar la siguiente información: la definición de lo que es ser de este país, los factores que definen esa identidad nacional, el papel de la música como elemento cultural que afirma la identidad nacional y finalmente, otras manifestaciones que contribuyen a la afirmación de esta identidad. Para elaborar las preguntas de la encuesta, incorpore la información que escribió en el diagrama de estrella en la sección **¡A investigar!** Apunte las respuestas de los entrevistados y escriba un informe (mínimo de 150 palabras) con la información recolectada.

¡A presentar!   Expansión

En grupos de tres o cuatro compañeros/as, compartan oralmente el contenido de sus informes escritos para la sección **¡A escribir!** sobre los elementos que constituyen la identidad nacional. Un(a) estudiante apunta aquellos aspectos en los que la mayor parte de los del grupo coinciden y otro/a estudiante apunta donde hay mayor diversidad de opiniones. Hagan un análisis de lo que Uds., como bloque, consideran los elementos que constituyen la identidad nacional. Defiendan sus opiniones y dibujen un nuevo diagrama de estrella, si es necesario, cambiándole los temas de las puntas o agregándole o quitándole puntas. Un(a) estudiante está encargado de resumir la información para presentar a la clase y de agregar los comentarios del grupo.

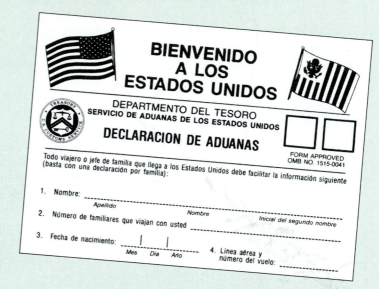

Vuele con American: Reciba Un Auto de Hertz Gratis

American Airlines® y Hertz anuncian con orgullo una ocasión única para grandes ahorros: ahora su boleto de American a la Florida, Texas o California lo lleva gratis por dos días a bordo de un subcompacto de Hertz. Simplemente, haga su reservación con 24 horas de anticipación, y presente su boleto de American y tarjeta de embarque en el mostrador Hertz del aeropuerto a su llegada. Para ser eligible, tiene que quedarse con el auto un sábado en la noche.

Hertz

POR LOS CAMINOS DEL MUNDO℠

Hertz alquila autos Ford y otras marcas de prestigio

Vocabulario del tema

Hacer un viaje

El aeropuerto
aterrizar (to land)
despegar (to take off [an airplane])
facturar el equipaje (to check the baggage)
volar (ue)

el/la agente
el avión
la tarjeta de embarque (boarding pass)
la terminal
el vuelo (flight)

La estación de autobuses
el autobús
el boleto (ticket)
el/la chofer
el pasaje (fare, passage)
el/la pasajero/a (passenger)
la sala de espera (waiting room)
la ventanilla (ticket window)

La estación de trenes / del ferrocarril (railroad)
el andén (boarding platform)
el asiento (seat)
el ferrocarril
el tren
la vía (track) **del tren**

El puerto (port)
embarcar (to go aboard)
navegar (to sail, navigate)

el barco (boat, ship)
el crucero (cruise ship; cruise)
el yate

La frontera (border)
la aduana (customs)
la declaración
el/la inspector(a)
el pasaporte

Hablando del tema

A. Medios de transporte: comentarios. Hoy en día la tecnología ofrece muchas alternativas en cuanto a los medios de transporte cuando se trata de hacer un viaje. El medio de transporte que seleccionamos puede depender de lo que consideramos importante en un viaje: ¿llegar lo más pronto posible o con el menor peligro posible? ¿viajar económicamente o cómodamente? Examine la tabla a continuación para expresar su opinión sobre cada medio de transporte, indicando (✓) el medio de transporte que mejor se caracteriza por los adjetivos señalados. Después, compare sus respuestas con las de dos o tres compañeros/as. Si hay diferencias de opinión, explíquense las razones.

MEDIO DE TRANSPORTE	MAS COMODO	MAS RAPIDO	MAS SEGURO	MAS BARATO	MAS AGRADABLE
autobús avión barco carro/coche tren ¿otro medio?					

B. ¿Cómo prefiere ir? Muchas veces las circunstancias de un viaje influyen en el método de transporte que escogemos. A continuación se describen varias situaciones en que Ud. considera las ventajas y desventajas de las alternativas que se le presentan. Después, trabajando con un compañero/a, compare sus respuestas, explicando sus decisiones.

1. Ud. vive a 75 millas de la universidad en una zona montañosa donde el invierno es muy cruel. Ud. va y viene a clases cuatro días a la semana, pero, afortunadamente, hay varios medios de transporte. Se puede ir en…

                                          VENTAJAS   DESVENTAJAS

   a. coche propio   _____   _____
   b. autobús (hay dos al día)   _____   _____
   c. tren (cada 90 minutos)   _____   _____
   ¿Cómo prefiere ir Ud.?

2. Ud. tiene una entrevista de trabajo en una ciudad que está a 400 millas de distancia, pero no tiene coche ni hay servicio de aviones en el área. Sus alternativas son las siguientes.

                                          VENTAJAS   DESVENTAJAS

   a. viajar siete horas en autobús   _____   _____
   b. alquilar un coche   _____   _____
   c. tomar un tren en un pueblo cercano _____   _____
   ¿Cómo prefiere ir Ud.?

3. Ud. desea hacer un viaje con su compañero/a por las islas del Caribe para sus vacaciones. Hay varias posibilidades.

                                          VENTAJAS   DESVENTAJAS

   a. ir en una gira organizada que
      incluye el transporte en avión,
      un crucero y traslado de los
      aeropuertos a los hoteles   _____   _____

b. crear su propio itinerario,
viajandoa varias islas poravión
(Ud. paga cada pasaje por
separado)

c. volar a Puerto Rico, quedarse
allí y alquilar (*rent*) un coche
para viajar por la isla
¿Qué prefiere hacer Ud.?

4. Para las vacaciones Ud. quiere llevar a su esposo/a e hijos a la región
donde nacieron sus padres. Aunque es una zona aislada y despoblada,
Ud. tiene muchos parientes por allí, diseminados en un radio (*radius*)
de dos horas a la redonda. Para visitarlos a todos, Ud. considera…

	VENTAJAS	DESVENTAJAS
a. llevar su viejo coche de cuatro puertas		
b. alquilar una camioneta		
c. tomar los lentos autobuses locales		

¿Qué prefiere hacer Ud.?

C. Planes de viaje. Un compañero (una compañera) de clase quiere viajar a
los siguientes lugares. Como nunca ha estado en ninguno de ellos, le ha pedido a Ud. ayuda para organizar el viaje. Trabajando con dos o tres compa-
ñeros/as, elabore un diálogo en que hacen planes para *uno* de los viajes de la
lista, considerando lo siguiente: ¿Tienen que hablar con un agente para hacer
una reservación? ¿Cuánto costará el viaje? ¿Tendrá que sacar pasaporte?
¿Tendrá que facturar el equipaje? ¿Será necesario pasar por la aduana? Después representarán el diálogo ante la clase.

1. Quebec, capital de la provincia del mismo nombre, situada en Canadá
a 700 kilómetros al norte de la ciudad de Nueva York.
2. Ciudad Juárez, México, ciudad fronteriza situada cerca de El Paso,
Texas.
3. Barbados, isla caribeña situada, aproximadamente, a 1.000 kilómetros
al noreste de Caracas, Venezuela.
4. Catamarca, Argentina, pueblo situado en los Andes a, aproximadamente, 1.000 kilómetros al norte de Buenos Aires.

Lectura

In this chapter's reading you will travel to Mexico with Carlos, the young Chicano narrator who is returning to the town in which he was born but left as a child. Carlos is on a journey of self-discovery, trying to understand who he is and what he wants to do with his life. Although he was raised for the most part in the United States, he has never felt completely at home there, and now he feels a great need to understand and get in touch with his Mexican heritage. Will this journey to Mexico help Carlos find the answers he is looking for?

Vocabulario para leer

atraer (atraigo) to attract
dejar de (+ *infinitive*) to stop (*doing something*)
gozar (de) to enjoy
parar to stop
platicar to chat (*Mex.*)
revisar to check, examine
tardar (en) (+ *infinitive*) to be slow, take a long time (*to do something*)

la esquina street corner
el extranjero / la extranjera foreigner, alien; foreign country (m.)

el piso floor

aislado/a isolated
ligero/a light (*in weight*)

tener sentido to make sense
tener/sentir vergüenza to be/feel embarrassed, ashamed

A. ¿Cuál tiene más sentido? Cada una de las siguientes oraciones va seguida por una pregunta con tres opciones. ¿Cuál de las tres tiene más sentido según la oración?

1. Ud. tarda mucho en llegar a la estación de trenes y todavía tiene que comprar el boleto. ¿Va directamente al restaurante, a su asiento o a la ventanilla?

2. Ud. platica por un rato con varios empleados de una aerolínea mexicana. ¿Está Ud. en el extranjero, en el andén o en la estación de autobuses?

3. Un policía revisa su mochila (*backpack*). ¿Está Ud. en el vuelo, en la aduana o en el yate?

4. Ud. goza de viajar sin llevar mucha ropa. ¿Lleva Ud. una maleta roja, liviana (*light*)?

5. Al platicar con otro viajero, Ud. dice algo totalmente ridículo. ¿Tiene Ud. razón, vergüenza o miedo?

B. Definiciones. Explique en español qué significa cada una de las siguientes palabras u oraciones.

1. la esquina
2. el piso
3. el ambiente
4. un extranjero
5. Eso no tiene sentido.
6. No dejo de pensar en ti.
7. Esa persona me atrae mucho.
8. No debes tardar.

La ruta más corta entre dos puntos es la línea recta.

Aproveche nuestro nuevo servicio sin escalas desde Chicago a León, Guanajuato.

Comentarios preliminares

A. ¡Un viaje fabuloso! ¿Ha hecho Ud. —o desea hacer Ud.— un viaje inolvidable? ¿A qué lugar? ¿Con quién? ¿Cuándo? ¿Cómo? ¿Por qué medio de transporte?

Trabaje con tres compañeros/as para describir, individualmente, su viaje fabuloso. Deben usar por lo menos cinco frases, e incluir la siguiente información.

1. el lugar de destino
2. el medio de transporte
3. compañero/a de viaje
4. la estación del año / el tiempo que hace entonces
5. una escena o un incidente memorable del viaje

Apunte cada uno/a las descripciones de los/las demás. Después, examine sus apuntes y escoja el más exótico, el más fascinante en cuanto a los deportes, el más romántico y el más cómico o divertido. Finalmente, siga las instrucciones de su profesor(a) para recontar la información ante la clase.

B. ¿Por qué viajo? A casi todo el mundo le entusiasma la idea de viajar, pero tal vez por diferentes razones. ¿Cuáles son algunos de los motivos por los cuales la gente viaja?

En la tabla a continuación se enumeran algunas razones por las que las personas viajan. Indique el grado de motivación que le inspira a cada una (el 5 indica el grado más alto). Después, trabajando en un grupo pequeño, comparen sus respuestas con las de sus compañeros/as para explicarse las similitudes y diferencias en sus motivaciones.

¿POR QUE VIAJO?	1	2	3	4	5
1. para romper la monotonía diaria					
2. para visitar parientes					
3. para descansar					
4. para conocer nuevas personas					
5. para aprender cosas nuevas					
6. para probar comidas diferentes					
7. para tomar el sol					
8. para hacer compras					
9. para hacer deportes					
10. para observar las costumbres de otros lugares					
11. para practicar otras lenguas					
12. para trabajar					

C. El país de mis antepasados. ¿De qué país (o países) vinieron sus padres, sus abuelos o sus bisabuelos? ¿Ha visitado Ud. ese país? ¿Cómo es o cómo se lo imagina?

Trabajando con un compañero (una compañera), describa un país de origen suyo o de sus antepasados. Base su descripción en una visita que hizo a ese país o en los relatos que ha oído en la familia. Incluyan en sus descripciones la siguiente información. Después de escuchar a sus compañeros/as, Ud. le contará a la clase lo que fue más interesante para Ud. en las descripciones.

1. cómo es el país —dónde está situado, la geografía, paisaje, clima, etcétera
2. cómo es la gente —su carácter, vida, creencias, tradiciones, etcétera
3. la comida típica del lugar
4. una costumbre propia del lugar
5. una anécdota de algo que ocurrió en ese lugar

Estrategias para leer

Reading Personal Narrations

Look at this chapter's selection, read the title, and examine what Carlos writes to his friend Enrique at various points during his trip to Mexico. The style of the reading is much like a diary—Carlos logs his activities, makes plans, and comments on his experiences—except that, instead of addressing his thoughts to himself, Carlos records them in letters to his friend.

As you read the selection, pay attention to the information Carlos reveals about himself through his questions and observations to Enrique.

Estrategias en acción

¿Qué escribe Carlos? Lea el trozo (*fragment*) a continuación para contestar las preguntas que le siguen. Luego, compare sus respuestas con las de sus compañeros/as de clase.

> Ya te había mencionado mi viaje a México antes de que tomáramos los exámenes finales. Fue una lástima (*pity, shame*) no quedarme en la universidad por el verano. Ya ves, regreso a Santa Bárbara y salgo a las dos semanas de estar aquí. Sin embargo, tú estarás probablemente deseando estar de viaje en vez de estar batallando con los libros. Pero a ti te dieron el *grant*[1] y a mí me daban un *loan*.[2]

---

[1]beca   [2]préstamo

1. ¿Estudian Carlos y Enrique en la misma universidad?
2. ¿Son buenos amigos?
3. El viaje a México, ¿es una idea nueva de Carlos o ha estado pensando en hacer este viaje por algún tiempo?
4. ¿Dónde vive Carlos?
5. ¿En qué circunstancias piensa Ud. que a Carlos le gustaría quedarse en la universidad durante el verano?
6. ¿Qué se puede especular acerca de la situación económica y el nivel académico de Carlos?

Cartas a Enrique

Jesús Rosales

Bus Station
Santa Bárbara, Calif.

Enrique,

¿Qué es lo que ofrece esta ciudad que tanto atrae a extranjeros? Ha sido siempre para mí difícil comprenderlo. Yo, claro, vine a vivir aquí porque mi papá trabajaba en esta ciudad. Nunca he podido preguntarle a mi padre la razón por abandonar su trabajo en los ferrocarriles mexicanos. Se puede decir que me he acostumbrado a no preguntarle nada desde hace tantos años que ahora hasta siento vergüenza hacerlo. He tenido curiosidad porque me explique lo de[1] esa foto que nos mandó una vez desde este país. Estaba parado cerca de la barra de un restaurante aparentemente de lujo[2]... Se veía muy elegante mi padre. Se veía importante. De categoría.[3] Me imagino que le iba tan bien que no quiso regresar a México y ahorró[4] lo suficiente para mandarnos traer a la frontera. Desde entonces vivimos en Santa Bárbara...

Es curioso, Enrique, pero esta ciudad, a pesar de que yo haya estudiado[5] aquí por tantos años y de haber vivido en la misma casa por casi veinte y dos... , no ha hecho ningún intento por ofrecerme una humilde mirada.[6] Por lo menos un fingido coqueteo.[7] Su cuerpo, ostensiblemente cruzado de brazos,[8] ha permitido en mí la formación de una islita[9] humana transportada cotidianamente[10] en carritos Chevrolet y Converse *tennis shoes.*

Ya te había mencionado mi viaje a México antes de que tomáramos los exámenes finales. Fue una lástima[11] no quedarme en la universidad por el verano. Ya ves, regreso a Santa Bárbara y salgo a las dos semanas de estar aquí. Sin embargo, tú estarás probablemente deseando estar de viaje en vez de estar batallando con los libros. Pero a ti te dieron el *grant* y a mí me daban un *loan.* Nada cambiará en mi ausencia. Los Dodgers seguirán siendo Dodgers.

Regresando a Santa Bárbara. ¿Qué ofrece esta ciudad que atrae a tanto extranjero? Para los turistas su gozo es yacer en la arena[12] de la

---

[1]He... *I've been curious for him to explain about*   [2]de... *luxurious*   [3]De... *Prominent.*   [4]*he saved*   [5]haya... *I have studied*   [6]humilde... *humble glance*   [7]fingido... *feigned flirtation*   [8]ostensiblemente... *with its arms obviously crossed*   [9]*small island*   [10]*todos los días*   [11]*pity, shame*   [12]gozo... *pleasure is stretching out in the sand*

playa, *grill chicken* en la montaña y congelarse[13] en su ambiente. Los extranjeros les limpian las mesas y les recogen la basura.[14] ¿Esto es lo que atrae a estas personas? Me voy a México cargando[15] esta inquietud.[16] Sabes, me siento un poco nervioso y con algo de miedo. No me gustaría pensar que un extranjero sale para el extranjero.

Saludos a Ramiro.

Tu amigo,
Carlos

---

[13]*freeze*   [14]*garbage*   [15]*carrying*   [16]*uneasiness*

[En una segunda carta que no aparece aquí, Carlos describe la estación de autobuses de Los Angeles, donde ve a muchos hombres desamparados (sin casa). Allí compra su boleto a Tijuana.]

Central Camionera[1]
Tijuana, Baja California

Enrique,

El viaje a Tijuana fue algo aburrido… Me senté al lado de la ventanilla de lado derecho del camión[2] y me quedé dormido un poquito más allá de Anaheim…

El camión paró brevemente en la frontera mexicana mientras que los gendarmes[3] mexicanos revisaban pasaportes y permisos. Bajaron a algunos mexicanos que obviamente se veían nerviosos. Hablaron con un hombre dentro de una oficina… Los hombres subieron visiblemente desahogados[4] al camión y el chofer continuó a su destino…

Tardo unos minutos para ajustarme al ambiente de la camionera. Parado en línea para comprar el boleto a Mazatlán me siento más y más ligero… Compro mi boleto… Compro unos cuentos y dulces. Voy al baño y por veinte minutos me siento en la sala de espera.

Aquí va la diferencia más contundente[5] entre camioneras. En Los Angeles cuando compré el boleto subí al segundo piso a la sala de espera. La gran sala no tiene ventanas. Sólo puertas numeradas del uno al veinte y ocho. Si no tienes boleto no te permiten subir a la sala de espera. Allí te sientes aislado, sofocado… En Tijuana la camionera vibra

---

[1]Estación de autobuses (*Mex.*)   [2]autobús (*Mex.*)   [3]policías   [4]*relieved*   [5]notable

En México la gente viaja frecuentemente en autobús.

con vida… No es muy saludable[6] pero tiene sentido tomarse una Coca-Cola en el desayuno o en la cena. Tiene sentido gozar de los placeres[7] simples de la vida sin pensar en los daños a los pulmones[8] o a los dientes a causa de cigarrillos o del azúcar. Aquí en Tijuana puedo respirar. Y respirar profundamente. Me gusta. ¡No sabes cuánto me gusta!

Enrique, ya parece que anuncian la salida de mi camión. No aflojes[9] en las clases. Cuídate mucho.

Tu amigo,
Carlos

---

[6]*healthy*   [7]*pleasures*   [8]*lungs*   [9]*slack off*

[En la cuarta carta, Carlos describe la angustia que los viajeros sienten al pasar por la aduana en la frontera porque los gendarmes mexicanos suelen demandarles dinero. Carlos le cuenta a Enrique cómo se negó a pagarles una mordida (*bribe*).]

Terminal de camiones
Navojoa, Sonora

Enrique,

Permanecimos[1] en Sonoita por más de dos horas... El chofer anunció que paraba media hora para desayunar... Yo fui a la esquina a comprarme unos tacos de asada[2] y un refresco y regresé lueguito[3] a la sala de espera. Este miedito de que me deje el camión nunca se me ha quitado. No te rías, Enrique.

No dejo de pensar en la última plática que tuvimos en «Arlene's». Te comenté que tenía un gran deseo de visitar a México durante el verano. Me acuerdo que me preguntaste por qué. No pude contestarte. Sólo te dije que tenía la necesidad por hacerlo. Pero, fue más que eso, Enrique. Ando en busca de alternativas. Ya se complican las cosas, ¿verdad? Esto me recuerda mi primera cita con el consejero[4] John Díaz antes de entrar a la universidad. Me preguntó, «¿Qué carrera te gustaría estudiar?» Le respondí que en ese momento no lo sabía. «No te preocupes» me dijo, «sólo tienes diecinueve años, es normal que no lo sepas todavía»... De su estante de libros sacó un catálogo de oficios y carreras... Empecé a hojearlo[5] y descubrí una pléyade[6] de alternativas. Salí de su oficina más confundido que nunca. ¿Será esta busca, ahora, algo similar? Con ganas de poder[7] hablar contigo me despido por ahora. Hace unas cartas que no le mando saludos a Ramiro. Hazlo por favor.

Tu amigo,
Carlos

---

[1]Nos quedamos   [2]roast beef   [3]muy pronto   [4]counselor   [5]glance through it   [6]multitud
[7]Con... Wishing I could

¿Cuánto recuerda Ud.?

Identifique a las siguientes personas, lugares y cosas.

1. _____ Carlos	a.	una ciudad situada cerca de la frontera entre México y California
2. _____ Enrique	b.	un joven chicano que hace un viaje a México
3. _____ la camionera	c.	un policía mexicano que revisa pasaportes y permisos
4. _____ Santa Bárbara	d.	un amigo de Carlos que estudia este verano en la universidad
5. _____ Tijuana	e.	la ciudad donde Carlos ha pasado casi veintidós años sin llegar a sentirse parte de ella
6. _____ el gendarme	f.	una estación de autobuses en México
7. _____ John Díaz	g.	un consejero de la universidad, quien le ofreció a Carlos muchas alternativas en cuanto a escoger una carrera.

En un restaurantito en Sinaloa

Enrique,

Esperaba escribirte desde Mazatlán pero el camión paró en un restaurantito en las afueras de Los Mochis…

Vengo sentado al lado de un señor de Nayarit que se llama Carmelo Macías… Me gusta mucho platicar a este señor. Más sobre su vida. Ve en mí a un joven que necesita consejos y siente que es su deber adiestrarme a la sabiduría[1] de la vida. Habló mucho sobre amores fieles[2] e infieles. Habló de sus hijos; de lo trabajador que es; del respeto a los padres; de la injusticia del gobierno; de la música de antes (Los Dandys)… Me dijo que venía de Oxnard, Calif… Sólo me interesó preguntarle una cosita: «Y dígame, don Carmelo, ¿piensa Ud. quedarse en México o piensa regresar a trabajar a los Estados Unidos?» No contestó luego. Su pausa fue interminable y yo ansiaba[3] palabras. «Mira muchacho» —me contestó— «El error más grande de mi vida fue venirme a los Estados Unidos. He formado en mi vida un círculo vicioso. Deseo trabajar, ser individual y vivir la palabra justicia en todos sus aspectos. Busco esto en México y añoro[4] a los Estados Unidos. Regreso a los Estados Unidos y lloro por estar en México. Es un círculo vicioso con doble sufrimiento. Me hubiese gustado haber aliviado[5] un poco el dolor quedándome en un sólo lugar. En mi caso no fue una necesidad salirme de mi casa en Tepic. Yo no necesitaba dinero. No puedo contestarte tu pregunta.»

El señor Carmelo tiene unos cincuenta años de edad. Su respuesta despertó en mí aún más inquietud respecto a mi venida a México. Sabía que visitaría a mis tíos y a mis primos pero había más que eso en este viaje. Y esto es lo que me inquieta. ¿Qué busco, Enrique? ¿Qué crees exactamente que es lo que busco al venir acá? Cincuenta años no es edad apropiada para pensar en esto, ¡y no quiero esperar para encontrar respuestas a esas alturas[6]!

Tu amigo,
Carlos

---

[1]deber… *duty to lead me to the wisdom* [2]*faithful* [3]*yearned for* [4]*I miss* [5]*Me… I would have liked to have alleviated* [6]*a… at that point in my life*

[En la séptima carta escrita desde Mazatlán, Carlos describe la anticipación y el miedo que siente al acercarse a su destino casi mítico. Comenta que para entender el presente, uno tiene que comprender el pasado.]

Central de Camiones
Durango, Durango

Enrique,

Si yo te dijera que he llegado a mi destino y me siento tremendamente solo y necesito de ti y de Ramiro sería un *understatement*. Todo el camino he venido pensando en la llegada de este momento y ahora que el camión cruzó por la ciudad y descansa en la central camionera no sé a dónde ir o a quién llamar. He llegado al lugar mítico que ahora es realidad. Miro a mi alrededor[1] y veo mi cara en muchos de los trabajadores de la camionera. Soy yo el vendedor de carnitas[2] en el puestecito de afuera.[3] Soy el taxista que en un rato me transportará a la casa de mis tíos. El niño que vende chicles[4] se parece al retrato del niño que mi mamá carga en su cartera.[5] La muchacha de las trenzas[6] es mi hermana y su madre es mi madre. Todos mis tíos y primos son los pasajeros y aunque no cargan mi cara se parecen mucho a mí. ¿¡Te puedes imaginar todo un edificio ocupado de hombres chicos y grandes, gordos y flacos, jóvenes y viejos, usando mis ojos, mi pelo y mis dientes!? Esto es lo que veo aquí en la camionera de Durango a las seis y media de la tarde. Mi jornada[7] termina en esta camionera. Afuera en la calle me espera algo nuevo y diferente…

No es necesario despedirme de ti. Ya llegará el momento cuando platicaremos de nuevo en «Arlene's» o quizá en otro lugar similar. Me imagino que terminarás el programa de verano con éxito. Necesitas hacerlo. Caminarás por Bruin Walk con la esperanza de por fin terminar el próximo año la universidad y darle duro a las solicitudes para facultades de medicina.[8] Después pensarás en lo bueno que te portarás[9] con la gente del barrio que irá a ti con fe de recuperar[10] su dignidad humana. Yo estaré caminando por las calles de Durango. Caminando por la primaria[11] que me enseñó a deletrear[12] mi español. Caminaré pensando en lo serio que debería de tomar el curso de mi vida. Pensando en mis últimos veintidós años en las manos de mis padres y de mi ambiente. Tanto tiempo para llegar a estas conclusiones. Tanto tiempo, que ruego[13] a Dios, no se repita.

Ya casi puedo asegurarte que nunca podré ser la misma persona al regresar a Los Angeles… Mis estudios me mantendrán ocupado al igual que mi trabajo (cuando trabaje) pero nunca llegará una culminación

---

[1]a… *around me*   [2]*fried pork*   [3]puestecito… *little outdoor stand*   [4]*chewing gum*   [5]*wallet*
[6]*braids*   [7]*viaje*   [8]darle… *attack the medical school applications*   [9]te… *you will behave*
[10]con… *with confidence in recovering*   [11]escuela primaria   [12]*spell*   [13]*I beg*

En las calles de México se venden comidas, refrescos y otras cosas en puestos pequeños.

espiritual, positiva y total, en mí mientras no sienta la cultura de mi ambiente. Ya he vivido más de veintidós años en la *golden* California para darme cuenta de esto. ¿Crees que necesito más para «encontrarme»? No, Enrique, si mi cultura no se adapta a mi ambiente ahora, dudo que mañana lo haga al enfrentarme a jueguitos[14] más sofisticados de la sociedad dorada.[15]

No sé qué me espera aquí en Durango pero por lo menos he sentido una tremenda curiosidad por caminar por sus calles con la esperanza, quizás, de encontrar algún huequito[16] donde pueda depositar, perpetuamente, algo de mí. El azar,[17] Enrique, el azar. ¿Qué control en verdad tenemos sobre nuestras vidas? Deséame suerte, amigo. Mi destino puede que esté en tus pensamientos.

Eternamente agradecido
Tu amigo,

Carlos

---

[14]dudo… *I doubt it will do it tomorrow when it confronts me with little games*   [15]de oro
[16]*little hole*   [17]*fate*

Tomado de *Palabra nueva: Cuentos Chicanos 2*, Dos Pasos Editions, Inc.

¿Cuánto recuerda Ud.?

Identifique a las siguientes personas y lugares de las últimas cartas de Enrique.

1. _____ Carmelo Macías
2. _____ Sinaloa
3. _____ Durango
4. _____ «Arlene's»
5. _____ Bruin Walk

a. un lugar donde Carlos y sus amigos se reúnen para platicar
b. un señor mexicano que vive ahora en Oxnard, California
c. una parte muy famosa de la Universidad de California en Los Angeles
d. el destino de Carlos, el pueblo donde viven sus parientes mexicanos
e. un estado mexicano donde paró el camión en que viajaba Carlos

¿Qué se imagina Ud.?

A. Las percepciones de Carlos.   En sus cartas, Carlos expresa muchos de sus sentimientos y hace observaciones sobre México y también sobre los Estados Unidos. Primero, marque los conceptos que él asocia con la sociedad estadounidense (E) y los que se relacionan con la cultura mexicana (M); si hay conceptos relacionados con ambos, indíquelos con las dos letras. Busque ejemplos concretos en las cartas para apoyar sus respuestas. Luego, trabajando en un grupo pequeño, comparen sus respuestas y coméntenlas.

SOCIEDAD	CONCEPTO	EVIDENCIA
_____	aceptación	
_____	buen clima	
_____	control, reglas, leyes, orden	
_____	desorganización	
_____	diversiones, ocio	
_____	espiritualidad/mitos	
_____	exclusividad /distinción de clases	
_____	flexibilidad	
_____	impersonalidad	
_____	injusticia	
_____	materialismo	
_____	oportunidades profesionales	
_____	pequeños placeres	
_____	relaciones interpersonales: amistad, familia, etcétera	

B. Vuelta a las raíces. Hace años, el escritor norteamericano Alex Haley escribió el libro *Roots,* que llegó a ser una teleserie muy popular. El viaje de Carlos también representa una vuelta a las raíces. Basándose en sus propias experiencias, en las experiencias de sus amigos y parientes y en las de los protagonistas de *Roots,* comente con un compañero (una compañera) el impacto del viaje de Carlos. Consideren los siguientes puntos.

1. ¿Qué sintió Carlos o cómo se sintió en el país de sus antepasados?
2. ¿Es fácil o difícil que Carlos se adapte completamente a México?
3. ¿Qué busca Carlos? ¿Puede encontrarlo solamente en México?
4. ¿Cambiará la actitud de Carlos hacia los Estados Unidos después del viaje? (¿Cómo?)
5. ¿Cambiará su vida después del viaje? (¿Cómo?)

C. ¿Quedarse en México o regresar a California? En la última carta parece que Carlos se inclina por quedarse en México, pero no se sabe si lo hará.

Imagínese que Carlos sostiene conversaciones sobre los Estados Unidos y México con varias personas que conoce, para así tener varios puntos de vista antes de tomar una decisión.

Trabajando con un compañero (una compañera), escoja una de las situaciones a continuación para dramatizar un diálogo ante la clase. El diálogo debe basarse en lo que saben de los personajes, pero también puede ser producto de su imaginación. Después de todas las dramatizaciones, la clase entera discutirá si es mejor que Carlos se quede en México o que regrese a los Estados Unidos.

1. **Carlos** le pide consejos a su **padre,** quien le habla de por qué él se fue de México, de su actitud hacia su nueva vida en California y por qué no ha vuelto con la familia a México.
2. **Carlos** consulta con **Enrique,** quien tiene muchas de las mismas dudas e inquietudes que tiene Carlos.
3. **Carlos** le habla a **Carmelo Macías,** el señor a quien conoció durante el viaje; éste le ayuda a considerar las ventajas y desventajas de sus varias opciones.
4. **Carlos** llama a **John Díaz,** su consejero académico, quien le habla de las diferencias que existen entre México y los Estados Unidos en cuanto a las perspectivas profesionales y económicas.
5. **Carlos** charla con **el gendarme de la frontera,** quien basa sus consejos en la experiencia de la gente que él ve cruzar la frontera —de la vida que dejan, la vida que desean y de la vida que encuentran en los Estados Unidos.
6. **El chofer del camión** le describe a **Carlos** su humilde vida en México y le habla de su sueño de irse a los Estados Unidos.

Gramática en contexto

21. Expressing Unrealized Actions: The Subjunctive

Concept of the Subjunctive

All simple sentences have at least one main clause with a subject and verb. Complex sentences consist of at least a main and a subordinate clause that are connected in Spanish by **que** or an adverbial conjunction such as **cuando, para que, aunque, tan pronto como, con tal de que,** and so on.

Verbs in the main clause are conjugated only in the indicative mood or are expressed as commands.

MAIN CLAUSE	+	QUE	+	SUBORDINATE CLAUSE
Te digo		que		ella está en casa.
Dígale a Jorge		que		ella está en casa.

But in the subordinate clause, you must decide whether to use an indicative or subjunctive form of the verb. The subjunctive is used for events presented as if they were unrealized, potential, or even nonexistent. If the events are realized, the indicative must be used.

La operadora dice que me **llamas** [*indicative*] desde México.	*The operator says you're calling me from Mexico.* [*The event is actually occurring.*]
La operadora quiere que me **llames** [*subjunctive*] al otro número.	*The operator wants you to call me at the other number.* [*The event has not yet occurred.*]

The meaning of the main clause verb largely determines whether the indicative or the subjunctive will be used in the subordinate clause. You will study some of the circumstances requiring the subjunctive in the subordinate clause in this and subsequent chapters.

Regular Forms

The forms of the present subjunctive are very similar to the formal commands you have already studied in **Capítulo 7** in that they take "opposite" vowel endings.

	STEM	PRESENT SUBJUNCTIVE	
(-ar) parar	par-	pare	paremos
		pares	paréis
		pare	paren
(-er) correr	corr-	corra	corramos
		corras	corráis
		corra	corran
(-ir) dividir	divid-	divida	dividamos
		dividas	dividáis
		divida	dividan

Espero que Enrique no **tarde** en llegar.

No quiero que él **discuta** con Ramiro.

I hope Enrique isn't late in arriving.

I don't want him to argue with Ramiro.

–Ar and –er Stem-Changing Verbs

The present subjunctive forms for **-ar** and **-er** stem-changing verbs follow the pattern for indicative stem-changing verbs. Remember that the **nosotros** and **vosotros** forms have regular stems.

(e → ie) cerrar		
cierr-/cerr-	cierre	cerremos
	cierres	cerréis
	cierre	cierren

Other verbs in this group include **entender, nevar, pensar, perder, querer, recomendar.**

(o → ue) poder		
pued-/pod-	pueda	podamos
	puedas	podáis
	pueda	puedan

Other verbs in this group include **contar, encontrar, llover, mostrar, mover, recordar, resolver, soler, volver.**

–Ir Stem-Changing Verbs

In addition to their present indicative stem changes, **-ir** stem-changing verbs also show **e → i** and **o → u** changes in the **nosotros** and **vosotros** forms.

(e → i) mentir		
mient-/mint-	mienta	mintamos
	mientas	mintáis
	mienta	mientan

Other verbs in this category include **competir, divertirse, mentir, pedir, reír(se),*** **repetir, seguir, servir, vestirse.**

(o → ue) dormir		
duerm-/durm-	duerma	durmamos
	duermas	durmáis
	duerma	duerman

Morir is conjugated in the same way.

¡Practiquemos!

A. ¿Qué quieren†?   Escoja una de las opciones para indicar lo que quieren las siguientes personas.

1. _____ Carlos quiere que…
2. _____ Enrique quiere que…
3. _____ El consejero John Díaz quiere que…
4. _____ Don Carmelo Macías quiere que…
5. _____ Los demás pasajeros en el camión quieren que…
6. _____ La mujer que vende tacos en la calle no quiere que…
7. _____ El chofer quiere que…
8. _____ El gendarme quiere que…

a. los estudiantes piensen en sus futuras carreras.
b. Carlos le muestre lo que tiene en la mochila (*backpack*).
c. Carlos vuelva pronto a Santa Bárbara.
d. los viajeros le pidan algo gratis.
e. Carlos escuche sus consejos.
f. el chofer cierre la ventana porque hace frío.
g. los pasajeros coman rápido y regresen a tiempo.
h. Enrique le cuente a Ramiro los detalles de su viaje.

---

*Note that the present subjunctive of **reír(se)** requires a written accent on four forms: **(me) ría, (te) rías, (se) ría, (nos) riamos, (os) riais, (se) rían.**
†This usage of the subjunctive after **querer** will be discussed in greater detail later in this chapter.

B. La familia de Carlos. Todos los miembros de su familia esperan algo. Forme el subjuntivo para indicar lo que dice cada individuo.

1. SU HERMANA: Ojalá* que Carlos me _____ (escribir) cartas este verano.
2. SU PADRE: Ojalá que nuestro hijo _____ (encontrar) la casa de sus tíos sin dificultades.
3. SU MADRE: Ojalá que mi hijito no _____ (resfriarse) durante el viaje.
4. SUS TIOS MEXICANOS: Ojalá que Carlos nos _____ (mostrar) fotos de sus padres en California.
5. SUS PRIMAS MEXICANAS: Ojalá que _____ (querer) salir con nosotras.
6. SU ABUELO: Ojalá que Carlos y sus papás _____ (mudarse) otra vez a México.
7. SU ABUELA: Ojalá que _____ (reírse) cuando le contemos la historia de él y la vecinita.
8. SU PRIMO: Ojalá que Carlos _____ (poder) comprender que no somos como los norteamericanos.

C. Ramiro, el amigo difícil. Imagínese que Ud. es el mejor amigo (la mejor amiga) de Ramiro y que está explicándole a otro amigo suyo cómo es Ramiro. Déle ejemplos de cómo actúa en las siguientes situaciones, según el modelo.

MODELO: Cuando Ramiro está deprimido, no quiere que yo *me divierta* (divertirse).

1. Cuando hace mucho calor, Ramiro no quiere que yo _____ (cerrar) todas las ventanas.
2. Cuando no puede resolver un problema, no quiere que yo lo _____ (resolver) tampoco.
3. Cuando quiere estar a solas (*alone*), no quiere que yo _____ (volver) a casa temprano.
4. Cuando va a una fiesta de disfraces (*costume*), no quiere que yo _____ (vestirse) de la misma forma.
5. Cuando tiene ganas de platicar toda la noche, no quiere que yo _____ (dormirse).
6. Cuando quiere saber la verdad, no quiere que yo le _____ (mentir).
7. Cuando acaba de tomar una decisión, no quiere que yo le _____ (recordar) otras opciones.
8. Cuando salimos a cenar, no quiere que yo le _____ (recomendar) platos.

Ahora cambie las oraciones para incluir a su otro amigo Carlos, que también es amigo de Ramiro.

MODELO: Cuando Ramiro está deprimido, no quiere que (nosotros) *nos divirtamos.*

---

*As you will study in **Capítulo 9,** the subjunctive is used after **ojalá** (an impersonal expression of hope).

Stem Changes Based on First-Person Singular (yo) Form

Because the present subjunctive for the following verbs is based on the first-person singular **(yo)** form of the present indicative, any irregularity in that form will be maintained throughout the present subjunctive.

yo FORM	STEM	PRESENT SUBJUNCTIVE	
conocer (zc)			
conozco	conozc-	conozca	conozcamos
		conozcas	conozcáis
		conozca	conozcan
caer (g)			
caigo	caig-	caiga	caigamos
		caigas	caigáis
		caiga	caigan

Other verbs in this group include **(a)traer ([a]traig-), decir (dig-), hacer (hag-), ofrecer (ofrezc-), oír (oig-), poner (pong-), salir (salg-), tener (teng-), venir (veng-).**

Verbs whose first-person singular **(yo)** form ends in **-oy** in the present indicative show irregularities in all forms of the present subjunctive. Their endings, however, follow the same pattern as those of regular verbs.

dar	dé,* des, dé,* demos, deis, den
estar	esté, estés, esté, estemos, estéis, estén
ir	vaya, vayas, vaya, vayamos, vayáis, vayan
ser	sea, seas, sea, seamos, seáis, sean

Irregular Verbs

haber	haya, hayas, haya, hayamos, hayáis, hayan
saber	sepa, sepas, sepa, sepamos, sepáis, sepan
ver	vea, veas, vea, veamos, veáis, vean

---

*As with the formal command **dé**, the subjunctive **dé** requires a written accent to distinguish it from the preposition **de.**

Spelling Changes

Certain verbs require a spelling change in order to preserve the original pronunciation of the infinitive. You have learned many of these changes with the present indicative, the formal commands, and the preterite.

-zar → -ce
almorzar* (ue)   almuerce, almuerces, almuerce, almorcemos, almorcéis, almuercen

Other verbs in this group include **alcanzar, cazar, comenzar* (ie), cruzar, empezar* (ie), escandalizar, organizar, tranquilizar.**

-gar → -gue; -guir → -ga
llegar   llegue, llegues, llegue, lleguemos, lleguéis, lleguen **seguir* (i)**   siga, sigas, siga, sigamos, sigáis, sigan

Other verbs in these groups include **jugar* (ue), negar* (ie), pagar, conseguir,* distinguir, perseguir.***

-car → -que
buscar   busque, busques, busque, busquemos, busquéis, busquen

Other verbs in this group include **acercar, comunicar, explicar, identificar, pescar, platicar, practicar, sacar, secar.**

g → j
escoger   escoja, escojas, escoja, escojamos, escojáis, escojan

Other verbs in this group include **coger, elegir (i, i), recoger.**

---

*Notice that these verbs have stem changes as well as the spelling changes noted here.

¡Practiquemos!

A. ¿En qué insisten?* Cada una de las siguientes personas quiere algo.
Busque Ud. la terminación lógica en cada caso.

1. _____ Carlos insiste en que…
2. _____ Enrique necesita que…
3. _____ Carmelo Macías desea que…
4. _____ Enrique y Ramiro esperan que…
5. _____ El chofer del autobús recomienda que…
6. _____ Las personas que venden tacos y carnitas en la camionera prefieren que…

a. Carlos sepa sus opiniones.
b. Carlos platique con ellos pronto en «Arlene's».
c. Enrique le diga a Ramiro que está pensando en él.
d. los pasajeros vayan a sus puestos (*food stands*) y almuercen allí.
e. una buena facultad de medicina le ofrezca una beca (*scholarship*).
f. los pasajeros estén de vuelta (*back*) dentro de media hora.

B. ¿En qué insiste la Sra. López? La Sra. Flora López, la dueña (*owner*) de
un puesto en la camionera de Tijuana, es muy exigente (*demanding*) con sus
empleados. Indique lo que les exige, según el modelo.

MODELO: La Sra. López les dice que _____ (venir) preparados a trabajar
duro. → La Sra. López les dice que *vengan…*

1. La Sra. López exige (*demands*) que sus empleados _____ (llegar) a las seis de la mañana.
2. No quiere que le _____ (dar) excusas si tardan en llegar.
3. Insiste en que _____ (estar) allí trabajando todo el día.
4. Les prohíbe que _____ (ir) a otra parte para almorzar.
5. No deja (*allows*) que le _____ (decir) nada mientras trabajan.
6. Les dice que no _____ (perder) tiempo.
7. Sólo permite que _____ (almorzar) por diez minutos.
8. No permite que nadie _____ (salir) antes de las seis.
9. Quiere que _____ (comunicarse) con ella por teléfono si no pueden venir a trabajar.
10. Insiste en que _____ (ser) corteses con los clientes.

22. Expressing Desires and Requests: Subjunctive with Expressions of Will and Influence

In **Capítulo 7** you learned to use direct commands to tell someone to do
something. A less abrasive way to make requests in Spanish is to use a
construction in which a main clause verb of will or influence introduces the

---

*In this activity and the one that follows, you will see a variety of verbs used in the first (main)
clause of each sentence. You will learn more about the resulting usage of the subjunctive in the
subordinate clause in the next section.

desired action in the subordinate clause. Because all events that depend on expressions of will or influence are unrealized, the verb in the subordinate clause must be in the subjunctive.

Queremos que nos **llames** desde México.   *We want you to call us from Mexico.*

Note that each clause has a different subject: one person who is doing the willing or influencing and another who is expected to accomplish the prescribed act. If the same person performs both actions, then the infinitive—not the subjunctive—is used in the subordinate clause.

Quiero **llamarles** desde México.   ¿Prefieres **llamarme** desde México?

The following are common verbs of will: **desear, necesitar, preferir (ie, i), querer (ie).**

Necesitamos que nos **llames.**   **Preferimos** que no **vengas** mañana.

The following are common verbs of influence: **aconsejar** (*to advise*), **decir,*** **dejar** (*to permit*), **exigir** (*to demand*), **invitar, mandar** (*to order*), **obligar, pedir (i, i), permitir, prohibir, recomendar (ie), rogar (ue)** (*to beg*), **sugerir (ie, i).**

No **permito** que **vayas** a esa casa.

Verbs of influence, unlike verbs of will, can also be followed by an infinitive when each clause has a different subject. In this case, an indirect object pronoun replaces the subject of the dependent clause. Note that the following two constructions have the same meaning.

Mis padres me piden **que los llame.**   Mis padres me piden **llamarlos.**

¡Practiquemos!

A. La vida de una pobre estudiante. Forme oraciones lógicas.

1. _____ Mis profesores quieren que…	**a.** le ayude a limpiar el cuarto mañana.
2. _____ Mis padres exigen que…	**b.** me dejen en paz por una semana.
3. _____ Mi jefa necesita que…	**c.** tome unas vacaciones.
4. _____ Mi compañera de cuarto me pide que…	**d.** pase más tiempo con ellos.
5. _____ Mis amigos desean que…	**e.** estudie más.
6. _____ Mi novio me ruega que…	**f.** trabaje horas extra.
7. _____ Mi mejor amiga sugiere que…	**g.** escriba a máquina (*type*) su trabajo.
8. _____ Les pido a todos que…	**h.** saque sólo las mejores notas en todas las clases.

---

*The subjunctive is used in the dependent clause with the verb **decir** when it conveys a command. The indicative is used when it conveys information. Compare the following.

Mis padres me dicen que los **llame.**   *My parents tell me to call them.*
Mis padres me dicen que tú los **llamas** a veces.   *My parents tell me that you call them at times.*

B. ¿Qué quieres que todos hagan que no hacen ahora? Trabajando con un compañero (una compañera), haga y conteste las siguientes preguntas.

1. ¿Qué quieres que haga tu madre (hermana / compañero/a de cuarto)?
2. ¿Qué necesitas que hagan tus padres (hermanos/amigos)?
3. ¿Qué prefieres que hagan tus compañeros de clase?
4. ¿Qué deseas que hagan tus profesores?
5. ¿Qué quieres que haga tu mejor amigo/a?

C. ¿Qué te manda el Sr. Díaz? Imagínese que el Sr. Díaz es su consejero. Sus amigos le preguntan qué consejos le da. Complete cada oración con una opción (a–j) para contestarles.

1. _____ Me pide que…
2. _____ Me aconseja que…
3. _____ Me sugiere que…
4. _____ Me ruega que…
5. _____ Me dice que…
6. _____ Me prohibe que…

a. (no) mirar menos televisión.
b. (no) leer más libros.
c. (no) jugar al Nintendo.
d. (no) conocer a personas diferentes.
e. (no) vestirme con más cuidado.
f. (no) pensar en qué carrera quiero seguir.
g. (no) ser descortés con los profesores.
h. (no) ver cierta película.
i. (no) llegar tarde cada día.
j. (no) escoger a mis amigos con más cuidado.

Impersonal Expressions of Will and Influence

Most impersonal expressions consist of **ser/estar** + *adjective,* without a specified subject. If they express will or influence, these expressions will be followed by a subordinate clause that takes the subjunctive.

The following are common impersonal expressions: **es aconsejable** (*advisable*), **es forzoso** (*unavoidable*), **es importante, es mejor, es necesario, es preciso** (*necessary*), **es urgente, está prohibido, hace falta** (*it is necessary*).

> **Es preciso** que nos **llames** esta noche.
> **Es urgente** que **sepamos** el nombre de ella.

Even when these expressions are negative, they still require the subjunctive.

> *No* **hace falta** que **uses** tu tarjeta de crédito.   *It's not necessary for you to use your credit card.*

Impersonal expressions are followed by an infinitive if no person is mentioned.

> **Es preciso practicar** esto.
> **No hace falta salir** ahora.

Indirect Commands

With verbs of will, the main clause can be omitted in order to form an indirect command. The person being commanded is not addressed directly (otherwise a direct command would be used). These expressions begin with **que.**

¡**Que** me **llamen** esta noche!	*Let them call me tonight.*
¡**Que llame** él primero!	*Let him call first (be the first to call).*

¡Practiquemos!

A. Es preciso que lo hagamos.   Indique si las siguientes declaraciones son ciertas (C) o falsas (F). Después, corrija las falsas.

1. _____ Está prohibido que el profesor (la profesora) nos dé malas notas.
2. _____ Es importante que vengamos a clase todos los días.
3. _____ Es mejor que no haya más personas en nuestra clase.
4. _____ Es aconsejable que almorcemos hoy en la cafetería de la universidad.
5. _____ Está prohibido que practiquemos español fuera (*outside*) de la clase.
6. _____ Hace falta quitarse los zapatos antes de salir.

B. En mi opinión...   Invente oraciones originales, empezando con una de las expresiones impersonales y cambiando el verbo en indicativo al subjuntivo, según el modelo.

MODELO: Mi profesor(a) va a Tijuana este fin de semana. →
Es urgente (*No hace falta / Es forzoso*) que él/ella *vaya* a Tijuana este fin de semana.

1. Uno de mis compañeros de clase conoce a una estrella del cine.
2. El presidente de nuestro país nos dice siempre la verdad.
3. Yo consigo un millón de dólares este año.
4. Mi mejor amigo quiere visitar Durango.
5. Mi hermano/a (amigo/a) está enamorado/a de alguien.
6. Nuestro profesor (Nuestra profesora) juega muy bien al golf.

MIRAR EL MUNDO EN ESPAÑOL

Mire NOTICIERO TELEMUNDO

Noticias del momento, información del mundo, lunes a viernes a las 5:30 de la tarde. Lana Montalbán y Jorge Gestoso les dan reportajes exclusivos desde la capital de Mexico a Nueva York a Madrid.

Ver el mundo en español... solamente en el canal

26 wciu•tv chicago

C. ¡Qué perezoso! Ud. es perezoso/a y prefiere que otras personas le hagan todo. Use los pronombres de complemento directo e indirecto para indicar qué quiere que hagan las siguientes personas.

MODELO: lavarme la ropa / mamá → ¡Que me la lave mamá!

1. prepararnos la cena / papá
2. decirme un chiste / Paco y Felipe
3. hacernos una fiesta / Miguel
4. explicarles la lección / Timoteo
5. darle comida al gato / Raquel

23. Making Requests of Friends: Informal (*tú*) Commands

With friends and acquaintances of approximately the same age or younger, informal commands are used to make direct requests.

Like formal commands, informal commands are easy to recognize because the verb appears at or near the beginning of a sentence and is heavily emphasized. Affirmative commands with object pronouns are especially easy to spot because the pronouns are attached as one word to the end of the verb.

Most informal affirmative commands look just like the third-person singular **(Ud.)** forms of the present indicative tense.

> **Habla** con ellos un rato.   **Aprende** esto.

Negative informal commands are identical to the second-person singular **(tú)** forms of the present subjunctive. Object pronouns are positioned between **no** and the verb.

> **No dejes** de estudiar muy duro este verano.
> **No me digas** tonterías (*foolish things*).
> **No te rías** de mí, Enrique.

A few frequently used verbs have irregular affirmative informal commands. The negative commands are regular.

INFINITIVE	AFFIRMATIVE	NEGATIVE	INFINITIVE	AFFIRMATIVE	NEGATIVE
decir	**di**	no digas	salir	**sal**	no salgas
hacer	**haz**	no hagas	ser	**sé***	no seas
ir	**ve**	no vayas	tener	**ten**	no tengas
poner	**pon**	no pongas	venir	**ven**	no vengas

---

*This form is accented to distinguish it from the pronoun **se**.

¡Practiquemos!

A. Deséame suerte, amigo.   Primero identifique el mandato en cada oración. (¡OJO! A veces hay dos.) Luego indique quién lo haría (*would give it*): Carlos (C), Enrique (E) o Ramiro (R). Diga también, ¿a quién se lo haría?

1. _____ Mañana salgo para Durango. Deséame suerte, amigo.
2. _____ Dime todo lo que está haciendo Carlos. No he recibido ninguna carta de él.
3. _____ No estudies demasiado este verano. Trata de descansar un rato cada día.
4. _____ Explícale a Ramiro lo que te he comentado acerca de los gendarmes mexicanos.
5. _____ No discutas tanto con Enrique. Llévate bien con él.
6. _____ No te preocupes por nada. ¡Diviértete en el viaje!

B. Hazlo por mí.   Su primo favorito quiere que Ud. haga varias cosas. Dé los mandatos informales, según el modelo.

MODELO: Quiero que lo hagas por mí. → *Hazlo* por mí.

1. Deseo que me ayudes con esto.
2. Es preciso que vuelvas a casa.
3. Hace falta que me des cinco dólares.
4. Sugiero que te pongas otros zapatos.
5. Necesito que me digas la verdad.
6. Prefiero que salgas mañana.
7. Es mejor que te vayas ahora.
8. Quiero que vengas a casa.

Ahora vuelva a cambiar las oraciones a mandatos familiares negativos.

MODELO: *No lo hagas* por mí.

Español en acción

Para adaptarse a este país.   Imagínese que Ud. forma parte de un equipo de consejeros que dan consejos por la radio. Una de las llamadas que reciben es de un inmigrante a quien le es difícil adaptarse a su nuevo país. Para orientarlo, su equipo le hace seis recomendaciones que comienzan de la siguiente manera.

1. Es necesario que…
2. Hace falta que…
3. Es importante que…
4. Los norteamericanos esperan que…
5. Sugerimos que…
6. Ojalá que…

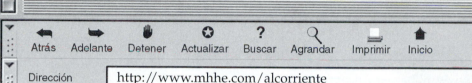

Al corriente

Luis Valdez y el teatro campesino

Escena de la obra La carpa de los Rasquachi *del repertorio de El Teatro Campesino.*

¡A leer!

Las siguientes selecciones se extrajeron de *La Prensa* de San Diego en la red de Internet. Léala con detenimiento y conteste las preguntas que se encuentran a continuación.

LUIS VALDEZ ES LA NUEVA VOZ DE TELEMUNDO

La voz autoritaria y sentimental del veterano escritor/director Luis Valdez se agregará[1] a la nueva dinámica cara de Telemundo.[2] El Sr. Valdez, considerado por muchos como uno de los primeros cuentistas[3] latinos en Hollywood, es mejor conocido por sus logros[4] en el teatro y el cine. Entre sus filmes se incluyen *La Bamba, Zoot Suit, Corridos* (protagonizado por Linda Ronstadt), como también *Bandido* basado en el legendario Joaquín Murrieta. El Sr. Valdez también escribió *Las dos Fridas* sobre la aclamada artista Frida Kahlo, y *The Cesar Chavez Story*. El Sr. Valdez es merecedor de[5] numerosos premios.

Actualmente,[6] el Sr. Valdez está celebrando el 33 aniversario de El Teatro Campesino, el grupo teatral que fundó y que se ha convertido en un modelo para el teatro hispano de Estados Unidos. Durante el transcurso de cinco giras europeas,[7] el Sr. Valdez y El Teatro se han ganado el reconocimiento internacional del Festival del Teatro Mundial en Francia, el Festival de Naciones en París y de numerosos prestigiosos festivales europeos.

---

[1]*will be added* [2]*nombre de una cadena de televisión* [3]*storytellers* [4]*achievements* [5]*es... is the recipient of*
[6]*En el presente* [7]*Durante... Through the course of five European tours*

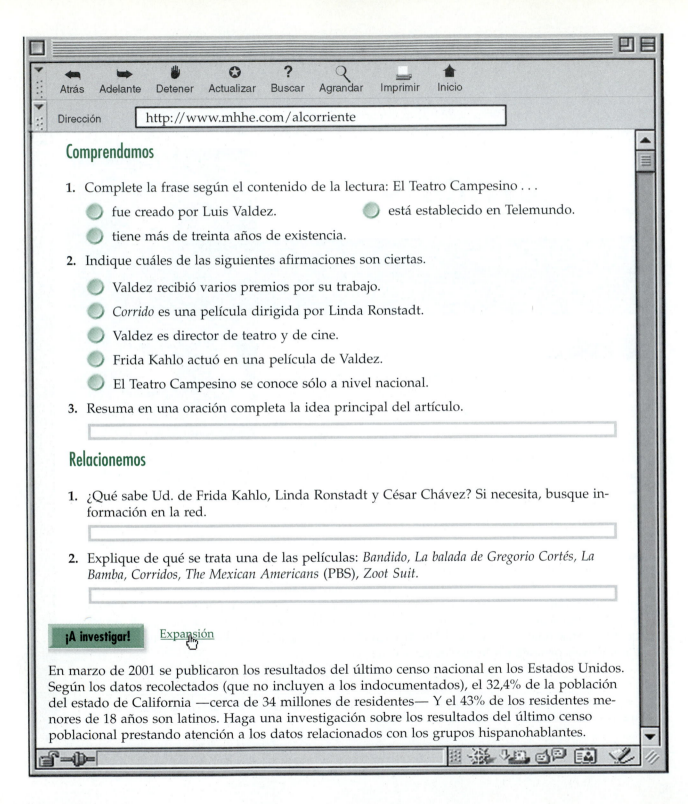

Comprendamos

1. Complete la frase según el contenido de la lectura: El Teatro Campesino . . .

    ○ fue creado por Luis Valdez. ○ está establecido en Telemundo.

    ○ tiene más de treinta años de existencia.

2. Indique cuáles de las siguientes afirmaciones son ciertas.

    ○ Valdez recibió varios premios por su trabajo.

    ○ *Corrido* es una película dirigida por Linda Ronstadt.

    ○ Valdez es director de teatro y de cine.

    ○ Frida Kahlo actuó en una película de Valdez.

    ○ El Teatro Campesino se conoce sólo a nivel nacional.

3. Resuma en una oración completa la idea principal del artículo.

Relacionemos

1. ¿Qué sabe Ud. de Frida Kahlo, Linda Ronstadt y César Chávez? Si necesita, busque información en la red.

2. Explique de qué se trata una de las películas: *Bandido, La balada de Gregorio Cortés, La Bamba, Corridos, The Mexican Americans* (PBS), *Zoot Suit*.

¡A investigar!   Expansión

En marzo de 2001 se publicaron los resultados del último censo nacional en los Estados Unidos. Según los datos recolectados (que no incluyen a los indocumentados), el 32,4% de la población del estado de California —cerca de 34 millones de residentes— Y el 43% de los residentes menores de 18 años son latinos. Haga una investigación sobre los resultados del último censo poblacional prestando atención a los datos relacionados con los grupos hispanohablantes.

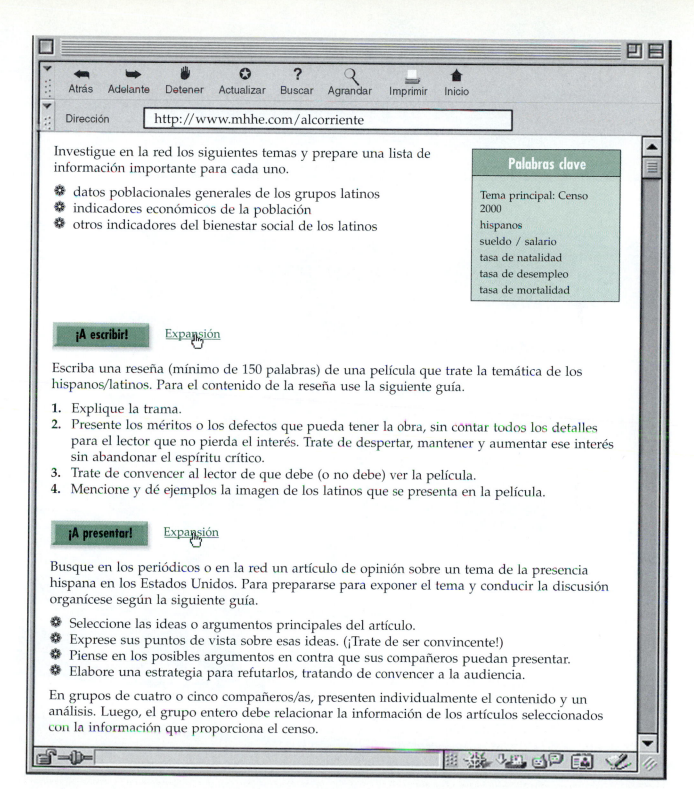

Investigue en la red los siguientes temas y prepare una lista de información importante para cada uno.

✳ datos poblacionales generales de los grupos latinos
✳ indicadores económicos de la población
✳ otros indicadores del bienestar social de los latinos

Palabras clave

Tema principal: Censo 2000
hispanos
sueldo / salario
tasa de natalidad
tasa de desempleo
tasa de mortalidad

¡A escribir! Expansión

Escriba una reseña (mínimo de 150 palabras) de una película que trate la temática de los hispanos/latinos. Para el contenido de la reseña use la siguiente guía.

1. Explique la trama.
2. Presente los méritos o los defectos que pueda tener la obra, sin contar todos los detalles para el lector que no pierda el interés. Trate de despertar, mantener y aumentar ese interés sin abandonar el espíritu crítico.
3. Trate de convencer al lector de que debe (o no debe) ver la película.
4. Mencione y dé ejemplos la imagen de los latinos que se presenta en la película.

¡A presentar! Expansión

Busque en los periódicos o en la red un artículo de opinión sobre un tema de la presencia hispana en los Estados Unidos. Para prepararse para exponer el tema y conducir la discusión organícese según la siguiente guía.

✳ Seleccione las ideas o argumentos principales del artículo.
✳ Exprese sus puntos de vista sobre esas ideas. (¡Trate de ser convincente!)
✳ Piense en los posibles argumentos en contra que sus compañeros puedan presentar.
✳ Elabore una estrategia para refutarlos, tratando de convencer a la audiencia.

En grupos de cuatro o cinco compañeros/as, presenten individualmente el contenido y un análisis. Luego, el grupo entero debe relacionar la información de los artículos seleccionados con la información que proporciona el censo.

CAPITULO 9 ¡Hablemos un poco!

Esta señora se está probando un par de zapatos nuevos.

En cualquier ciudad la gente se entretiene mirando la moda que se exhibe en los grandes almacenes.

Vocabulario del tema

Cómo nos vestimos

La ropa
el abrigo
los bluejeans/vaqueros
la blusa
los calcetines (socks)
la camisa
la camiseta (T-shirt)
la chaqueta (jacket)
el esmoquin (tuxedo)
la falda
el impermeable (raincoat)
las medias (stockings)
los pantalones (cortos)
el sobretodo (overcoat)
la sudadera (sweatshirt)
el suéter
el traje (suit)

Los zapatos
las botas (boots)
las sandalias
los tenis
las zapatillas (slippers, sneakers)
los zapatos de tacón alto (high-heeled shoes)

Los accesorios
el anillo (ring)
la bolsa
la bufanda (scarf)

la cadena (chain)
el cinturón
la corbata
las gafas (oscuras / de sol) ([sun]glasses)
la gorra (cap)
los guantes (gloves)
el paraguas (umbrella)
los pendientes (earrings)
la pulsera (bracelet)
el reloj
el sombrero

Las telas (fabric, material) y otros materiales
el algodón (cotton)
el cuero (leather)
el encaje (lace)
la lana (wool)
la pana (corduroy)
la piel (fur)
el poliéster
la seda (silk)
el tejido (knit)

Para describir la ropa
a cuadros (checked)
a rayas (striped)
de lunares (dotted)
claro/a (light-colored)
oscuro/a (dark)

Hablando del tema

A. ¡Cómo se viste!   Observe la ropa y los accesorios del hombre (*el yuca*) del dibujo de la siguiente página. Luego escoja los adjetivos o frases de la lista que usaría para describir a este individuo, y al lado diga por qué piensa así. Después, compare sus respuestas con las de un compañero (una compañera). Use el **Vocabulario del tema** en sus respuestas.

---

[a]*moderation* [b]*semblante... self-assured expression* [c]*gafas* [d]*cubano verdadero* [e]*anillo* [f]*shine*

¿ES EL YUCA... ?	SI	NO	¿COMO LO SABE?
1. rico	✓		Lleva un reloj Cartier, los cuales son muy caros.
2. inteligente			
3. vanidoso			
4. ambicioso			
5. competitivo			
6. viril/masculino			
7. sincero			
8. nervioso			
9. tiene buen gusto			
10. impersonal			

B. Y Ud., ¿cómo se viste? Con dos o tres compañeros/as, observe cómo están vestidos/as Uds. ahora y piense en cómo se visten en otras ocasiones. Háganse las siguientes preguntas.

1. ¿Por qué está Ud. vestido/a así? ¿Por qué ha escogido la ropa que lleva ahora mismo?
2. ¿Siempre se viste Ud. de la misma manera para asistir a clase? ¿Por qué?
3. ¿Qué ropa no lleva Ud. nunca a clase? ¿Por qué no?
4. ¿Qué se pone Ud. los sábados para pasar el día? ¿Y los sábados por la noche?
5. ¿Qué se pone Ud. cuando cena con sus padres y los amigos de sus padres o con los padres de sus amigos/as? ¿Se viste igual que cuando va a un baile de gala (*formal*)?

C. El *yuca*, el *yuppie* y yo. Ud. seguramente se dio cuenta de que el *yuca* —quien vive en Coconut Grove, cerca de Miami— es la versión cubanoamericana del *yuppie*. ¿Es el *yuppie* parecido al *yuca*? ¿Y cómo es Ud. comparado con el *yuppie*? ¿Se considera Ud. un(a) *yuppie*? Para organizar su respuesta, primero haga cinco observaciones acerca del *yuca*, comparándolo con el *yuppie*. ¿Es Ud. como el *yuppie*? Anote sus respuestas en las columnas respectivas antes de compartir sus comentarios con la clase. (Puede usar el **Vocabulario del tema** para dar sus respuestas.)

EL *YUCA*	EL *YUPPIE*	YO
1.		
2.		
3.		
4.		
5.		

Lectura I

Acercándonos a la lectura

What is the price of success? Is it possible for a person from another culture to be successful in the United States without abandoning ties to his or her culture? These are some of the issues addressed in this chapter's first reading, by Samuel Mark. Mark, a Cuban-born Hispanic, calls into question the definition of success for Hispanics who have been raised according to a set of cultural norms vastly different from those of mainstream North America. As you read, try to determine whether the word **asimilado** has a positive or negative connotation for the author.

Vocabulario para leer

abrazar to embrace
adivinar to guess
emborracharse to get drunk
matricularse to enroll

rezar to pray
sentirse a gusto to feel comfortable, at ease
el ascensor elevator

la beca scholarship
la empresa business, corporation
la misa (church) mass
la sonrisa smile

A. Asociaciones. Primero identifique el verbo o el sustantivo de la lista del **Vocabulario para leer** que se asocia con las siguientes palabras. Luego forme una oración original con cada palabra de la lista.

1. alegrarse
2. subir
3. los negocios
4. el alcohol
5. la intuición
6. los brazos

B. Definiciones.   Explique en español qué significa cada palabra o expresión.

1. la beca
2. matricularse
3. rezar

4. emborracharse
5. la misa
6. sentirse a gusto

Comentarios preliminares

A. La vida ideal.   Es natural que se trabaje con el fin de conseguir una vida mejor. ¿Cómo se imagina Ud. su vida ideal? Considere los siguientes puntos para hacer un retrato de lo que la vida ideal sería para Ud. Después, trabaje con un compañero (una compañera) para exponer esa imagen de la vida ideal; explíquele, además, a su compañero/a, cómo se va a —o cómo se puede— preparar para alcanzar ese ideal.

1. *su familia:* cuántas personas son, cuánto tiempo pasa con ellos, sus actividades juntos, etcétera
2. *su casa:* tamaño, cuántos cuartos tiene, para qué son los cuartos, dónde está situada la casa, sus actividades allí, etcétera
3. *su trabajo:* a qué se dedica, sus tareas profesionales, cuántas horas a la semana trabaja, lugar de trabajo, los colegas, el sueldo, etcétera
4. *los amigos:* quiénes son, cuántos son, cómo se conocieron, qué tienen en común, qué les gusta hacer juntos, etcétera
5. *tiempo libre:* cuánto tiempo libre tiene, cómo lo pasa, con quién, etcétera
6. *las cosas materiales:* cuál es la cantidad mínima y máxima de cosas materiales que desea poseer, cuáles son las cosas indispensables para Ud.: ¿el teléfono móvil? ¿el tocadiscos compacto? ¿el coche deportivo?, etcétera

B. ¿Vale la pena vivir para triunfar en el trabajo?   Se sabe que para triunfar se requiere mucho trabajo y también algunos sacrificios. ¿Qué está Ud. dispuesto/a a sacrificar para realizar sus metas y triunfar en la vida? Primero llene una tabla como la de la próxima página, y después, trabajando en un grupo pequeño, comparen sus respuestas. Comenten también las ventajas y desventajas de los sacrificios que están dispuestos/as a hacer.

¿ESTA UD. DISPUESTO/A A... ?	SI	NO	A VECES / POR UN TIEMPO
1. trabajar 60–80 horas a la semana			
2. descuidar sus prácticas religiosas			
3. posponer el matrimonio; no casarse hasta los 35 años			
4. pasar su tiempo libre con su jefe, en vez de estar con amigos o parientes			
5. jugar al tenis con colegas, cuando Ud. prefiere jugar al béisbol con los niños			
6. beber vino, en vez de cerveza (o viceversa) para imitar al jefe			
7. decorar su casa con muebles caros, en vez de muebles cómodos			
8. comer comida francesa (u otra) en vez de la comida que prefiere			
9. dedicarles poco tiempo a sus hijos			
10. vestirse de acuerdo con las reglas de la elegancia, inclusive en su tiempo libre			
11. renunciar a la idea de tener hijos.			

C. Mis confesiones. Imagínese que a Ud. lo/la invitan para hablar en un programa de televisión que se llama *Mis confesiones.* Debe hablar de algún aspecto de su vida que muy pocas personas conocen o comprenden, pero del que a Ud. no le molesta hablar. Como el tiempo es limitado, debe escoger bien su tema y preparar bien lo que va a decir. Puede escoger uno de los siguientes temas. Después, el público puede hacerle preguntas o dialogar con Ud.

1. su niñez
2. su vida académica
3. su trabajo
4. sus aventuras amorosas
5. sus amistades
6. su vida familiar
7. su situación económica
8. su salud
9. sus pasatiempos

D. Un gran señor. La frase *un gran señor* evoca muchas imágenes, las cuales pueden ser diferentes para cada persona. Prepare en cinco frases un bosquejo (*sketch*) de un «gran señor», y luego preséntaselo a un compañero (una compañera). Comparen sus descripciones para saber qué tienen en común los dos bosquejos. Finalmente, presenten sus conclusiones a toda la clase.

Estrategias para leer

Tone

In spoken language, the tone or the attitude with which something is expressed can convey a meaning beyond the strict definition of the words. For example, the simple phrase "I'm fine" can be a friendly, sincere, ridiculing, hostile, or sarcastic remark, depending on the tone the speaker uses. If you fail to grasp the correct tone, you miss the real message being communicated.

Similarly, the author of a written passage may use tone to express his or her opinions or attitudes about the subject. Unfortunately, when reading you don't have the advantage of hearing the speaker's intonation, so you have to be alert to any clues the author offers. Among others, these include the circumstances in which the action takes place and the ironic or humorous use of words. Knowing something about the author will often help you guess his or her attitude on a particular subject.

Estrategias en acción

A. Tono.   Samuel Mark abre su artículo con una adivinanza (*riddle*): **Adivina, adivinador, ¿quién será ese gran señor?** Escoja el *tono* que Ud. piensa que esta frase establece para el resto del artículo. Después, trabajando con un compañero (una compañera), compare sus respuestas.

1. solemne
2. irónico
3. frívolo
4. otro tono: _____

B. El gran señor.   Ahora lea la siguiente descripción del **gran señor,** el personaje principal del artículo de Mark. Después, trabajando con un compañero (una compañera), comente los puntos a continuación.

Dejó de ir a misa los domingos porque sentía la obligación de jugar al golf y tomar el «brunch» en el club con su jefe. Dejó de ver a sus antiguos amigos de la [escuela] secundaria porque ya no tenían nada en común con él (esta gente no bebía *beaujolais,* ni calzaba [llevaba] Reeboks, ni había visto la última de Woody Allen,...).

1. ¿Es ésta la descripción de un hombre que merece (*deserves*) respeto y admiración, como se espera por el título?
2. ¿Cuál piensa Ud. que es la actitud de Mark hacia este personaje?
3. ¿Cómo piensa Ud. que el autor sabe tanto acerca de este tipo de personaje?

La adivinanza y el desarraigo:[1] confesiones de un hispano

Samuel Mark

Adivina, adivinador, ¿quién será ese gran señor?

Se le encuentra con facilidad en zonas urbanas como Los Angeles, Nueva York, Miami, Chicago y Houston.

Tiene entre treinta y treinta y cinco años de edad.

Generalmente lleva corbatas de seda y trajes oscuros diseñados por Pierre Cardin, Yves St. Laurent y Ralph Lauren. Los más conservadores se visten en Brooks Brothers. Gana al año entre treinta y cincuenta mil dólares.

Durante el verano, se pasa dos semanas descansando en un Club Med.

Habla inglés mejor que los nativos.

Se considera a sí mismo asimilado.

¿Quién será ese gran señor?

En la escuela católica primaria aprendió a rezar, a leer y escribir, a respetar a sus maestros, y a ponerse de pie cuando entraba alguna visita en su aula.[2] Más tarde se matriculó en los cursos preuniversitarios y sacó buenas notas, ya que sus padres (los de la casa) y los padres (los de la escuela) le inculcaron[3] desde chico que tenía que ser el primer varón[4] de su familia en graduarse en una universidad. Además, por las noches su madre siempre le advertía[5] «Yo no me estoy matando como ope-

---

[1]*uprooting* [2]sala de clase [3]enseñaron [4]hombre [5]*admonished*

radora todo el día para que tú saques malas notas.»

Gracias a unas becas especiales para «minorías norteamericanas», ingresó en una universidad privada, donde aprendió, entre otras cosas, a ir a clase descalzo,[6] a emborracharse con un «six pack», a acostarse con chicas rubias y a pronunciar su apellido a la «americana».

Después de cuatro años, se graduó en Administración de Empresas y comenzó a trabajar en una gran corporación multinacional, convirtiéndose así en una de las veinte caras morenas o negras de esa gran empresa.

Allí se asimiló más aún todavía. Comprendió enseguida de que le convendría[7] ponerse sólo camisas blancas, beige o azul claro, corbatas de escuelas públicas inglesas y trajes grises o azul marino, con rayitas. Aprendió también a saludar a sus compañeros y clientes con un buen apretón de manos,[8] a no abrazar a sus amigos o pasarles el brazo por encima de los hombros en público, y a hablar con la gente con una sonrisa tonta en los labios y una mirada fija,[9] pero amistosa, manteniendo a la vez una distancia corporal[10] de por lo menos dos pies. Al principio le costó un poco[11] el tratar a la gente con moderada agresividad y de hablar con gran entu-

siasmo sobre sus propios proyectos y logros profesionales. Cuando le entraban ataques de modestia, se acordaba siempre de lo que le había dicho uno de sus profesores: «En el mundo de los negocios, no sólo tienes que ser una persona motivada, sino también tienes que lucir como tal.[12]»

Lo que quizás le resultó más difícil fue acostumbrarse a la manera de ser de sus compañeras de trabajo. Como buenas mujeres liberadas, se ponían de pie cuando alguien se las presentaba, se molestaban cuando se les abría la puerta o se les dejaba que salieran primero del ascensor. A veces estas emancipadas le invitaban a almorzar, y al final de la comida insistían en que cada uno tenía que pagar lo suyo.[13] Hasta a esto se acostumbró.

En muy poco tiempo empezó a sentirse completamente a gusto en este mundo. Dejó de ir a misa los domingos porque sentía la obligación de jugar al golf y tomar el «brunch» en el club con su jefe. Dejó de ver a sus antiguos amigos de la secundaria[14] porque ya no tenían nada en común con él (esta gente no bebía beaujolais, ni calzaba[15] Reeboks, ni había visto la última de Woody Allen, ni conocía la obra de Robert Wilson). Casi dejó de ver a sus padres porque cuando

les visitaba, le molestaba muchísimo el plástico transparente del sofá, las flores de plástico de la Virgen, las muñequitas[16] españolas y su manera de comer. Además, cada vez que les visitaba, su madre no le dejaba tranquilo con eso de que cuándo se iba a casar y empezar a tener hijos. Más de una vez pensó, y si me caso, ¿qué van a pensar mi jefe y mis compañeros de mis parientes, que no saben ni para qué sirve un tenedor de ensalada?

Aunque salía de vez en cuando con alguna chica rubia (algún gusto le había quedado de sus años de universitario) a ver alguna película en Westwood o un partido de polo, de vez en cuando se sentía un poco solo en su condominio del West Side. En esos momentos se preguntaba, ¿vale la pena vivir solamente para el trabajo?

Adivina, adivinador, ¿quién será ese gran señor?

El nuevo «yuppie» hispánico/latino: asimilado, motivado, emasculado, desenraizado.[17]

Samuel Mark, nacido en Cuba y educado en los Estados Unidos, tiene 35 años, trabaja en la Universidad del Sur de California (USC) y se viste en Brooks Brothers.

Extraído de La Opinión, 9 de noviembre de 1986

---

[6]sin zapatos [7]le... it would be advisable for him [8]apretón... handshake [9]mirada... fixed look [10]del cuerpo [11]le... it was a bit hard for him [12]lucir... parecer ser así [13]cada... each one had to pay for his or her own [14]escuela secundaria [15]llevaba [16]little dolls [17]rootless

¿Cuánto recuerda Ud.?

Diga si las declaraciones que siguen describen, según Samuel Mark, al hispano no asimilado en los Estados Unidos (N) o al hispano «asimilado, motivado, emasculado, desenraizado» en la cultura anglosajona (A).

1. _____ Usualmente lleva corbatas de seda y trajes oscuros de diseñadores famosos.
2. _____ Se matricula en un programa preuniversitario y saca buenas notas.
3. _____ Pronuncia su apellido en buen castellano.
4. _____ Ingresa en una buena universidad privada gracias a unas becas especiales para minorías norteamericanas.
5. _____ Después de graduarse en Administración de Empresas, empieza a trabajar en una gran corporación multinacional.
6. _____ Abraza fuertemente a sus parientes y a sus amigos; a veces les pasa el brazo por encima de los hombros.
7. _____ Se acerca muchísimo a la gente con quien habla.
8. _____ Suele levantarse de su asiento cuando se acerca a él una mujer e insiste en pagar la cuenta cuando almuerzan juntos.
9. _____ Va a misa todos los domingos.
10. _____ Tiene vergüenza porque sus parientes no saben usar los tenedores para la ensalada.
11. _____ Vive en un condominio, pero a veces se siente muy aislado allí.

¿Qué se imagina Ud.?

A. Carlos y el *yuca*: dos hispanos en los Estados Unidos.   Carlos en «Cartas a Enrique» (la lectura del **Capítulo 8**) y el *yuca* de este capítulo contemplan su vida como hispanos en los Estados Unidos. ¿Cómo compara Ud. las metas, obstáculos y experiencias de los dos? ¿Persiguen ellos las mismas cosas o buscan y experimentan realidades diferentes? Considere los siguientes puntos para organizar sus ideas en la tabla. Después, trabaje con un compañero (una compañera) para compartir sus observaciones y comentar las posibilidades que tiene cada uno para lograr sus metas. Finalmente, compartan sus conclusiones con toda la clase.

	CARLOS	EL YUCA
1. lugar de origen		
2. lugar de residencia		
3. medio socioeconómico		
4. nivel de educación académica		
5. relaciones con la familia		
6. relaciones con los amigos		

7. observaciones sobre el mundo norteamericano

8. observaciones sobre el mundo latino

9. metas

10. obstáculos que impiden lograr las metas

11. otras experiencias

B. Los triunfadores.   ¿Es el *yuca* del artículo un triunfador típico? Compare al personaje de este artículo con un triunfador que Ud. conoce en la vida real. Puede consultar la tabla en **Comentarios preliminares** (ejercicio B) para hacer sus comparaciones. Luego, comente sus observaciones con dos o tres compañeros/as.

C. La asimilación.   El *yuca* de este artículo trata de imitar lo que él piensa que es la forma de vida de un triunfador norteamericano. ¿Piensa Ud. que su meta es admirable? ¿O piensa Ud. que la asimilación es inevitable y que por lo tanto no hay que hacer tanto esfuerzo? ¿Puede haber alguna ventaja en no asimilarse? ¿Qué desventajas hay en la asimilación? Comente sus observaciones con dos o tres compañeros/as.

D. El subtítulo.   El subtítulo de este artículo es «Confesiones de un hispano». ¿Piensa Ud. que este título es apropiado? ¿Por qué cree Ud. que el autor les llama confesiones a estas observaciones sobre el gran señor. Comente el subtítulo con dos o tres compañeros/as.

Lectura II

Acercándonos a la lectura

Samuel Mark's presentation of cultural differences is analytical in nature. But cultural clashes can also be understood on a more emotional level, as seen through a child's eyes, for instance. In **"Ohming instick,"** Chicano poet

Ernesto Padilla tries to put the reader inside the mind of Armando, a school-boy whose parents are Spanish-speaking migrant fieldworkers, so that the reader can experience firsthand the frustration and alienation the boy feels.

Vocabulario para leer

esconder(se) to hide, conceal (oneself)
pegar to hit, beat

el cielo sky; heaven
la nube cloud

la pluma feather
el sol sun

A. Asociaciones. Las siguientes palabras son sinónimos o antónimos de algunas palabras de la lista del **Vocabulario para leer.** ¿Con qué palabra se asocia cada una?

1. golpear
2. mostrar
3. el infierno

B. Definiciones. Explique en español qué son las siguientes cosas.

1. el sol
2. una nube
3. una pluma

Estrategias para leer

Reading Poetry

Understanding poetry can sometimes be difficult because it is not often written in complete sentences, thus making it harder to understand the relationships between words. This problem may be further complicated when reading Spanish poetry by the fact that word order in Spanish is much more flexible than that of English. Of course, you will not find all Spanish poetry difficult. However, if you are having trouble with several lines of poetry, it may be helpful to rearrange the words, adding or deleting information to make complete, clear sentences.

Estrategias en acción

Lea los siguientes fragmentos del poema de este capítulo. Cambie el orden de las palabras para que las frases sean más comprensibles. Luego, trabajando en un grupo pequeño, comparen sus cambios. Finalmente, verifiquen la estructura de las frases con toda la clase.

1. Mi palomita, Lenchita,
   que me quitaron
   porque iba a volar en las olimpiadas…

2. y lloré también
   cuando entre las miles de palomas que
   enseñaron en la televisión
   el primer día
   de las olimpiadas,
   ¡Yo miré a mi Lenchita!

Ohming instick

Ernesto Padilla

«The Peacock
as you see in Heidi's drawing here,
is a big colorful bird.
It belongs to the same family as . . .»
    …Habla de Pavos[1]
        ya yo sueño
                de pavos magníficos
    con
        plumas azules;
    como el cielo
        cuando él se esconde tras las
nubes
        a mediodía,
        plumas rojas;

---

[1]pavos reales (*peacocks*)

*Los niños hispanos que viven en los Estados Unidos son una gran fuente de
esperanza para nuestro país.*

que se hacen anaranjosas[2]
como en la tarde
  al caer bajo
las sierras,
    el sol tira para todo
el cielo rayos
anaranjándose
  con tiempo…

« . . . and the pigeon, which all of you should already know what it looks like. The pigeon can be trained to return to his home, even if it is taken far away . . . »

  …¡Ahora habla de palomas[3]… !
« . . . This is called the Pigeon's 'homing instinct,' and . . . »
  …Mi palomita, Lenchita,
que me quitaron[4]
porque iba a volar en las olimpiadas[5]
¡lloré entonces!
y lloré también
cuando entre las miles de palomas que
enseñaron en la televisión
el primer día
de las olimpiadas,
¡Yo miré a mi Lenchita!

  y después Lenchita volvió a casa
ya lo sabía…

«ALRIGHT!»
«Are you kids in the corner paying attention?»
«Armando, what is a Peacock? What does homing instinct mean? . . . »

¿A MI ME HABLA?
¡SOY MUY TONTO!

«Aohming instick eis… eis… como Lenchita… »
«Armando, haven't I told you not to speak Spa . . . »
  ¡Caramba
  me van a pegar… !
«It's bad for you . . . Go see Mr. Mann.»
… Mañana
    sí iré con papá.
  ¡Pizcaré[6] mucho algodón…

---

[2]se… se ponen anaranjadas   [3]*pigeons*   [4]me… *they took away from me*   [5]los Juegos Olímpicos que tuvieron lugar en México, D.F., en 1968   [6]*I'll pick*

¿Cuánto recuerda Ud.?

Indique si las siguientes declaraciones son ciertas (C) o falsas (F), según el poema. Si son falsas, corríjalas.

1. _____ A Armando le gusta expresarse en la clase porque los demás estudiantes lo consideran un poeta excelente.
2. _____ Armando deja de soñar despierto (*daydream*) cuando ve entrar en el aula un pavo magnífico con plumas azules.
3. _____ Armando comprende casi todo lo que dice su maestra.
4. _____ Cuando oye la palabra «paloma», Armando empieza a pensar en Paloma, su hermana mayor.
5. _____ Lenchita, la palomita de Armando, voló en los Juegos Olímpicos en México en 1968.
6. _____ Cuando la maestra se dirige a él, Armando le explica todo lo que hizo Lenchita.
7. _____ La maestra le dice al chico que vaya a ver a Mr. Mann porque cree que puede ayudarlo a conseguir otra paloma.
8. _____ Armando decide ir a pizcar algodón porque está muy frustrado en la escuela.

¿Qué se imagina Ud.?

A. El mensaje. ¿Cuál es la idea principal que quiere comunicarnos Padilla en su poema? Resúmala en una sola oración. Luego compare y verifique su resumen con los de dos otros/as compañeros/as.

B. La educación bilingüe. ¿Qué sabe Ud. acerca de la educación bilingüe? ¿Qué opina de ella el poeta? ¿Y la maestra en el poema? ¿Con cuál de los dos está Ud. de acuerdo? Trabaje con dos o tres compañeros/as para exponer sus respuestas.

C. ¿Clase monolingüe o bilingüe? Si Ud. fuera un niño norteamericano (una niña norteamericana) que viviera en un país donde se hablara otro idioma, ¿le gustaría más asistir a una clase donde se hablara sólo la lengua del país, es decir, monolingüe, o a una clase bilingüe? Puede dar su respuesta basándose en el poema o en otros conocimientos. Trabaje con dos o tres compañeros/as para exponer sus respuestas.

D. ¿Cómo es un buen maestro? ¿Le gustaría a Ud. ser alumno/a de la maestra del poema? ¿Piensa Ud. que es una buena maestra o no? ¿Por qué? ¿Cuáles son las características de un buen maestro (una buena maestra)? Trabaje con dos o tres compañeros/as para exponer sus respuestas.

Gramática en contexto

24. Introducing Future Events: Indicative Versus Subjunctive in Adverbial Clauses

Subordinate clauses beginning with adverbial conjunctions such as **cuando, después (de) que, en cuanto** (*as soon as*), **hasta que, mientras,** and **tan pronto como** (*as soon as*) may be expressed either in the indicative or the subjunctive mood. In accordance with the general subjunctive pattern, the choice between the indicative or the subjunctive depends on whether the event in the subordinate clause has been realized (indicative) or remains unrealized (subjunctive). Note that habitual or frequently repeated actions are treated as realized events and are therefore expressed in the indicative.

HABITUAL, REALIZED ACTIONS (INDICATIVE)	UNREALIZED ACTIONS (SUBJUNCTIVE)
Cuando salimos, pago la cuenta. *When we leave, I pay the bill. ([Every time we come to this restaurant,] I pay the bill when we leave.)*	**Cuando salgamos,** voy a pagar la cuenta. *When we leave, I'm going to pay the bill.*
En cuanto terminamos de cenar, pedimos la cuenta. *As soon as we finish eating dinner, we ask for the check. (We usually ask for the check as soon as we finish eating dinner.)*	**En cuanto terminemos** de cenar, pediremos la cuenta. *As soon as we finish eating dinner, we'll ask for the check.*

Note that with adverbial conjunctions, conjugated verb forms (not infinitives) are used in both clauses even when the main clause and the subordinate clause refer to the same subject.

¡Practiquemos!

A. El «gran señor».   Decida si se aplican las siguientes situaciones a la vida del «gran señor» de la **Lectura 1.** Después, vuelva a leer cada oración y explique por qué se usa el indicativo o el subjuntivo en cada caso.

sí   no   **1.** Cuando se gradúa en la universidad, encuentra empleo en una corporación grande.

sí   no   **2.** Deja de vestirse como estudiante en cuanto consigue trabajo.

sí   no   **3.** Despúes de que empieza a trabajar, deja de ir a misa los
domingos.

sí   no   **4.** Tan pronto como se haga amigo de su nueva colega, la llevará
a visitar a sus padres.

sí   no   **5.** No se casará mientras su mamá viva.

sí   no   **6.** No se dará cuenta de su enajenación (*alienation*) cultural hasta
que sea demasiado tarde.

B. ¡Fiesta sorpresa!   Ud. y sus compañeros están planeando una fiesta sorpresa para Alejandro. Complete las siguientes oraciones con la forma apropiada del verbo indicado. **¡OJO!** Las acciones no realizadas se señalan con el
subjuntivo; las habituales se señalan con el indicativo.

1. Gritaremos «¡SORPRESA!» en cuanto _____ (entrar) Alejandro.
2. Comeremos pastel después de que él _____ (apagar [*to blow out*]) las
velas (*candles*) de la torta.
3. Indica buena suerte cuando una persona _____ (apagar) todas las
velas a la vez.
4. La música no empezará hasta que Olga y Susana _____ (traer) los
discos.
5. Alejandro siempre baila como un loco cuando _____ (nosotros: poner)
música salsa.
6. Le haremos un brindis (*toast*) a Alejandro cuando _____ (ser) las doce.
7. Saldremos de la fiesta sólo después de que _____ (nosotros: darle) una
serenata de cumpleaños a Alejandro.
8. Esta noche los invitados no dormirán hasta que ya no _____ (poder)
quedarse despiertos.
9. En nuestra cultura, los invitados en una fiesta no se van tan pronto
como _____ (acabar) la torta y los refrescos.
10. Cuando Alejandro _____ (despertarse) mañana, ya será un año más
viejo.

Adverbial Conjunctions

The following adverbial conjunctions are always followed by the subjunctive
because their meaning implies some unfulfilled or unrealized condition: **a
menos que** (*unless*), **antes de que** (*before*), **con tal (de) que** (*provided that*),
para que (*so that, in order that*),* **sin que** (*unless*).

Yo no me estoy matando en el trabajo **para que tú saques** malas notas.	*I'm not killing myself at work so (that) you can get bad grades.*
Iré a la universidad **con tal de que me ofrezcan** una beca.	*I'll go to the university provided that they offer me a scholarship.*
Antes de que busques trabajo, debes decidir lo que quieres en la vida.	*Before you look for work, you should decide what you want in life.*

*****Para que** is by far the most frequently used expression in this group.

¡Practiquemos!

A. Más acerca del «gran señor». Identifique las oraciones que describen al «gran señor» de la **Lectura 1.**

sí   no   **1.** Su madre trabaja para que él pueda recibir una educación universitaria.

sí   no   **2.** No se emborracha sin que sus padres le den permiso.

sí   no   **3.** Suele abrirles la puerta a las mujeres para que puedan pasar primero.

sí   no   **4.** No visita a sus amigos norteamericanos a menos que sus parientes lo acompañen.

sí   no   **5.** Saldrá con una mujer con tal de que ella pague lo suyo (*her share*).

sí   no   **6.** Pone plástico transparente en el sofá antes de que lleguen sus amigos para cenar.

B. Comentarios acerca del *yuca*. Complete lógicamente cada comentario sobre el *yuca* de la lectura.

1. Será tu amigo con tal de que…
2. Irá a jugar al golf tan pronto como…
3. Se viste en Brooks Brothers para que…
4. Será una persona desenraizada hasta que…
5. No se casará a menos que…
6. No cambiará su vida mientras…
7. Le gusta visitar a su familia sin que…

25. Expressing Attitudes: Subjunctive with Expressions of Emotion, Doubt, and Denial

In addition to indicating an as-yet-unrealized event, the subjunctive can also be used to convey an attitude toward an event. This includes subordinate clause events that are influenced by one's emotions or whose existence is doubted or denied.

Expressions of Emotion

The following are common expressions of emotion: **alegrarse (de), esperar, gustar, molestar, sentir (ie, i), sorprender, temer, tener miedo (de); ojalá*** (*I hope that*); **es bueno, es lástima** (*pity/shame*)**, es malo, es preferible, es ridículo, es terrible.**

---

*Ojalá** is invariable in form; the speaker is always understood to be the subject.

Me **molesta** que **fumes** en el cuarto.
Tengo miedo de que nos **vean.**
Es bueno que **vayas** con tu madre.

Remember that impersonal expressions are followed by an infinitive if no person is mentioned.

Es preferible llegar temprano.
Es lástima no verlo.

Expressions of Doubt and Denial

The following are common expressions of doubt and denial: **no creer, dudar** (*to doubt*), **no estar seguro/a, negar (ie)** (*to deny*), **no es cierto, es dudoso, es imposible, es improbable, es posible, es probable, no es seguro, no es verdad.**

No creo que **sea** una persona sincera.
No es verdad que **sea** un *yuppie.*
Dudo que **entienda** inglés.

Note that the expressions **creer, estar seguro/a, es cierto, es obvio, es seguro, es verdad, está claro,** and **me parece** are followed by the indicative, because they express affirmation.

Creo que **es** una persona sincera.
Es verdad que **es** un yuppie.
Me parece que **entiende** inglés.

¡Practiquemos!

A. Armando. Indique si las siguientes oraciones reflejan la realidad del niño del poema «Ohming instick». Después, vuelva a leer cada oración y explique por qué se usa el indicativo o el subjuntivo en cada caso.

sí	no	**1.** Es obvio que Armando sabe hablar muy bien el inglés.
sí	no	**2.** Es dudoso que Armando se comunique bien con su maestra.
sí	no	**3.** Armando se alegra de comprender que la maestra está hablando de pavos.
sí	no	**4.** No creo que Armando comprenda que la maestra está hablando de pavos.
sí	no	**5.** Está claro que Armando no tiene alma (*soul*) poética.
sí	no	**6.** La maestra duda que Armando le preste atención.
sí	no	**7.** Armando teme que la maestra vaya a pegarle.
sí	no	**8.** Es lástima que la maestra no sea más comprensiva.

B. Más comentarios acerca de Armando. Comente lo que Ud. opina de Armando, según el modelo.

MODELO: Armando duda que la maestra… *lo comprenda.*

1. No estoy seguro/a que Armando…
2. Tengo miedo de que él nunca…
3. No dudo que el chico…
4. También es cierto que su maestra…
5. Es probable que Mr. Mann…
6. Armando teme que los demás chicos…
7. Me parece que el padre de Armando…
8. Espero que esa familia…

C. ¿Qué cree Ud.? Las siguientes oraciones expresan opiniones muy fuertes acerca de nuestra sociedad. Primero lea cada oración y decida si Ud. está de acuerdo o no. Si no, cámbiela para que exprese su propia opinión.

1. Me gusta que haya discriminación racial en el mundo.
2. Es bueno que las minorías tengan las mismas oportunidades que tiene el resto de la sociedad.
3. Creo que cada individuo puede ofrecerle algo a la sociedad.
4. Es posible que algunos individuos tengan más talento que otros.
5. Pero es seguro que todos merecemos las mismas oportunidades.
6. Temo que la discriminación no desaparezca nunca.
7. Me sorprende que muchos de nuestros líderes no digan públicamente que están dispuestos a luchar contra la discriminación.
8. Niego que nuestras diferencias culturales hagan más fuerte a nuestro país.

Español en acción

A. Preguntas personales. Con un compañero (una compañera) de clase, contesten las siguientes preguntas personales, añadiendo (*adding*) una cláusula principal (*main clause*) y otra subordinada después de la conjunción adverbial.

MODELO: ¿Cuándo vas a tener tu propio apartamento?
Voy a tener mi propio apartamento cuando *salga de la universidad.*

1. ¿En qué circunstancias sales con alguien? ＿＿ cuando ＿＿.
2. ¿En qué circunstancias dejas de salir con alguien? ＿＿ tan pronto como ＿＿.
3. ¿Cuándo viste una producción teatral por primera vez? ＿＿ cuando ＿＿.
4. ¿Cuándo vas a casarte? No ＿＿ hasta que ＿＿.
5. ¿Dejarás de trabajar algún día? ＿＿ en cuanto ＿＿.
6. ¿Cuándo estarás totalmente contento/a con tu vida? Después de que ＿＿, yo ＿＿.

B. Debate sobre la educación bilingüe. Divídanse en dos grupos y preparen un debate sobre el siguiente tema: ¿Debe ser únicamente el inglés la lengua que se usa en nuestras escuelas (o en nuestra nación)? Expresen sus opiniones usando las sugerencias de la página 241.

alegrarse de	respetar los derechos de los demás
dudar	asimilarse a la cultura predominante
gustar	producir unidad política
sentir	acostumbrarse a las normas norteamericanas
temer	despreciar (*to disdain*) las otras lenguas
es triste	sentirse a gusto en la clase
(no) es posible	aprender mejor en la lengua materna
(no) es probable	causar problemas sociales

C. Un hispano/Una hispana en el mundo de los negocios. Imagínese que Ud. aparecerá en un episodio de una teleserie que trata de una persona hispana en una empresa norteamericana. El/La protagonista es una persona muy inteligente, trabajadora y ambiciosa. Con un compañero (una compañera), escoja *una* de las siguientes situaciones para dramatizar en clase —y grabar en vídeo.

1. El/La protagonista visita la oficina de empleo y planificación profesional de su universidad. Le explica al consejero (a la consejera) que es la primera persona en su familia en lograr un título universitario y le indica cuáles son sus habilidades, intereses y metas. Después de examinar las credenciales del candidato (de la candidata), el consejero (la consejera) le señala varios puestos, pero le avisa que ninguno es perfecto para él/ella en vista de su experiencia. De todos modos, le da una idea general de la cultura de esos lugares de trabajo y de los peligros de trabajar en ellos. El/La protagonista tiene que decidir si quiere seguir adelante y solicitar uno de los puestos.

2. Es el día de la entrevista para el puesto que solicitó el/la protagonista. El presidente le habla un poco de su empresa y de las tareas y responsabilidades del puesto. Es un hombre muy severo que también le hace unas preguntas para determinar si el/la protagonista es el/la mejor candidato/a. El/La protagonista contesta todo, pero se siente muy nervioso/a: no sabe si ha comunicado suficiente seguridad en su talento y preparación. ¿Le hará el presidente una oferta?

3. El/La protagonista desea lanzar (*to launch*) una campaña de publicidad en español para uno de los productos de la empresa. Piensa que ésta es una manera de servir a su empresa y también a su comunidad. Le propone sus ideas a su jefe, quien no muestra mucho interés. ¡Las ideas de su empleado/a son tan diferentes! El/La protagonista defiende su punto de vista, ¿pero podrá realizar su campaña?

4. Después de trabajar cinco años en la misma empresa, el/la protagonista está cansado/a de este rígido ambiente corporativo; desea independizarse y experimentar con productos nuevos y mercados nuevos, como el mercado hispano en los Estados Unidos. Le comunica al presidente de la empresa sus intenciones de irse y le da las gracias por la oportunidad que le dio de trabajar y de aprender en su empresa. Al presidente le disgusta la posibilidad de perder a un empleado (una empleada) tan creativo/a; por eso trata de retenerlo/la con una oferta interesante. ¿Se quedará en la empresa el/la protagonista?

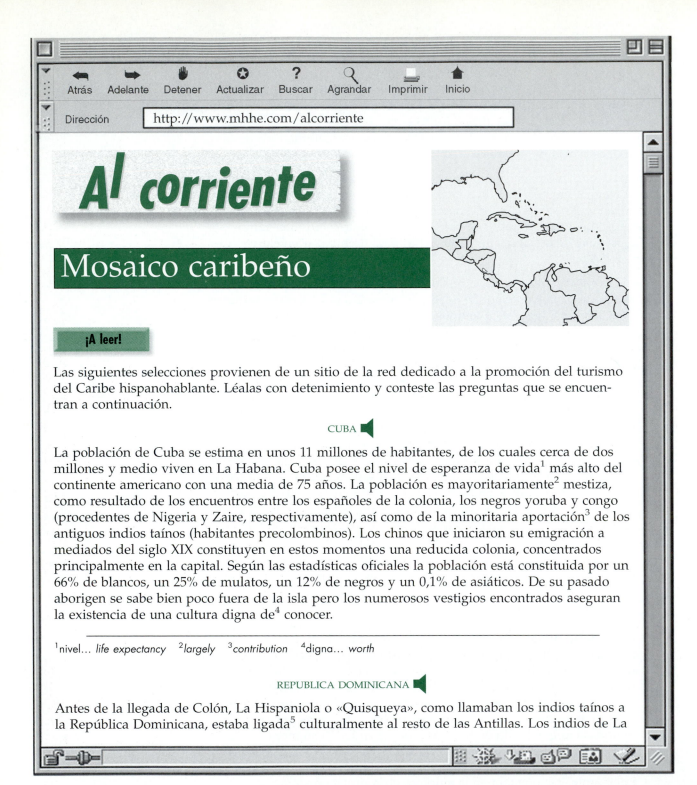

Al corriente

Mosaico caribeño

¡A leer!

Las siguientes selecciones provienen de un sitio de la red dedicado a la promoción del turismo del Caribe hispanohablante. Léalas con detenimiento y conteste las preguntas que se encuentran a continuación.

CUBA

La población de Cuba se estima en unos 11 millones de habitantes, de los cuales cerca de dos millones y medio viven en La Habana. Cuba posee el nivel de esperanza de vida[1] más alto del continente americano con una media de 75 años. La población es mayoritariamente[2] mestiza, como resultado de los encuentros entre los españoles de la colonia, los negros yoruba y congo (procedentes de Nigeria y Zaire, respectivamente), así como de la minoritaria aportación[3] de los antiguos indios taínos (habitantes precolombinos). Los chinos que iniciaron su emigración a mediados del siglo XIX constituyen en estos momentos una reducida colonia, concentrados principalmente en la capital. Según las estadísticas oficiales la población está constituida por un 66% de blancos, un 25% de mulatos, un 12% de negros y un 0,1% de asiáticos. De su pasado aborigen se sabe bien poco fuera de la isla pero los numerosos vestigios encontrados aseguran la existencia de una cultura digna de[4] conocer.

---

[1]nivel… *life expectancy*   [2]*largely*   [3]*contribution*   [4]digna… *worth*

REPUBLICA DOMINICANA

Antes de la llegada de Colón, La Hispaniola o «Quisqueya», como llamaban los indios taínos a la República Dominicana, estaba ligada[5] culturalmente al resto de las Antillas. Los indios de La

Hispaniola eran principalmente taínos (que significa «los buenos») y arawaks, pero no faltaban algunos representantes de los indios macoríes y de los ciboney.

Los taínos nunca fueron una civilización comparable en desarrollo a otras culturas como la maya, azteca o inca, sin embargo, poseían un nivel cultural muy superior al de los restantes aborígenes antillanos. Consumados[6] artistas en la pintura corporal,[7] practicaban la poesía y la danza ritual, además del juego de pelota. No era un pueblo belicoso y vivía tranquilamente en pequeños grupos en chozas[8] cónicas de madera y fibra trenzada.[9] De los taínos ha quedado, además de algunas costumbres y tradiciones, numerosas palabras que pasaron al castellano y que hoy nos resultan familiares, como *tiburón, barbacoa, maraca, cacique, macuto, capa, coco, caoba, hamaca, huracán, canoa*, etcétera.

---

[5]unida, relacionada   [6]perfectos   [7]del cuerpo   [8]huts   [9]braided

Comprendamos

1. ¿Cuál es la composición étnica de Cuba? Coloque en pares la raza y el correspondiente porcentaje.

RAZA		PORCENTAJE	
1. asiáticos		**a.** 66%	
2. blancos		**b.** 25%	
3. mulatos		**c.** 12%	
4. negros		**d.** 0,1%	

2. El antiguo nombre de la República Dominicana era…

   ⬤ Taína   ⬤ Arawak   ⬤ Quisqueya   ⬤ Ciboney

3. Indique si las siguientes afirmaciones son ciertas (C) o falsas (F), según la lectura.

   CIERTO   FALSO

   ⬤   ⬤   Los taínos se pintaban el cuerpo.

   ⬤   ⬤   Los indios de la República Dominicana eran taínos, macoríes y ciboney.

   ⬤   ⬤   Los taínos eran un pueblo guerrero.

   ⬤   ⬤   La civilización taína poseía un nivel de desarrollo superior al de los aztecas.

   ⬤   ⬤   Algunas palabras del español actual son de origen taíno.

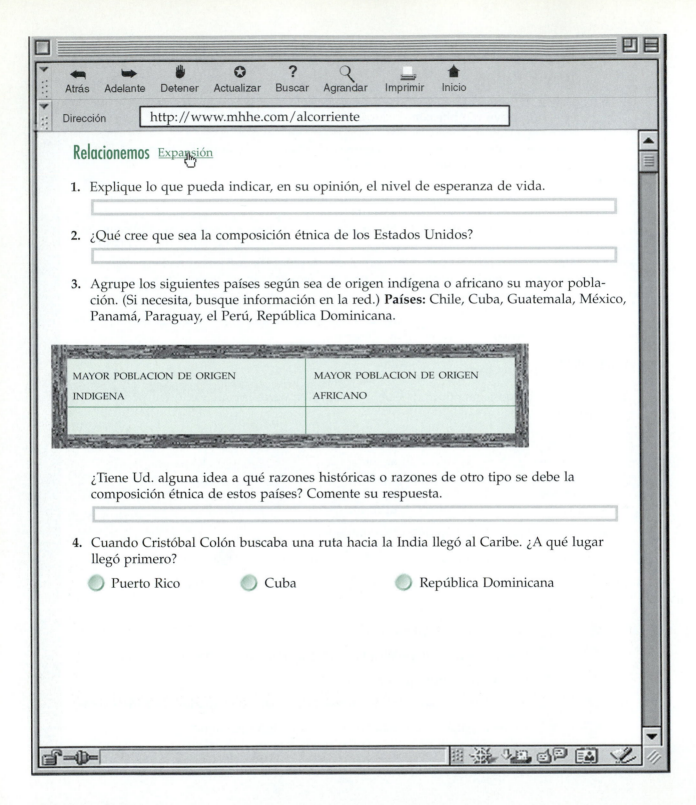

Relacionemos Expansión

1. Explique lo que pueda indicar, en su opinión, el nivel de esperanza de vida.

2. ¿Qué cree que sea la composición étnica de los Estados Unidos?

3. Agrupe los siguientes países según sea de origen indígena o africano su mayor población. (Si necesita, busque información en la red.) **Países:** Chile, Cuba, Guatemala, México, Panamá, Paraguay, el Perú, República Dominicana.

MAYOR POBLACION DE ORIGEN INDIGENA	MAYOR POBLACION DE ORIGEN AFRICANO

¿Tiene Ud. alguna idea a qué razones históricas o razones de otro tipo se debe la composición étnica de estos países? Comente su respuesta.

4. Cuando Cristóbal Colón buscaba una ruta hacia la India llegó al Caribe. ¿A qué lugar llegó primero?

⬤ Puerto Rico ⬤ Cuba ⬤ República Dominicana

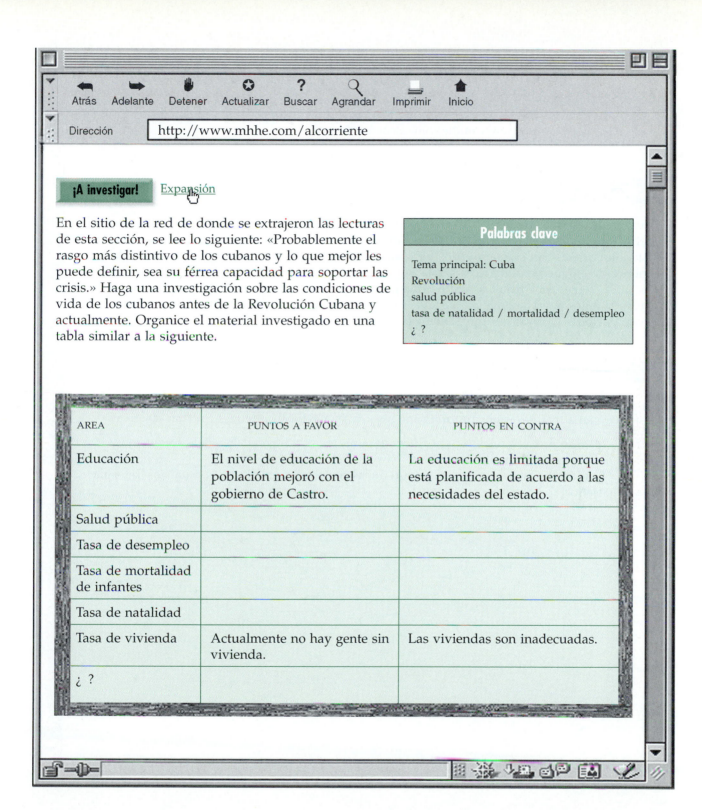

¡A investigar! Expansión

En el sitio de la red de donde se extrajeron las lecturas de esta sección, se lee lo siguiente: «Probablemente el rasgo más distintivo de los cubanos y lo que mejor les puede definir, sea su férrea capacidad para soportar las crisis.» Haga una investigación sobre las condiciones de vida de los cubanos antes de la Revolución Cubana y actualmente. Organice el material investigado en una tabla similar a la siguiente.

Palabras clave

Tema principal: Cuba
Revolución
salud pública
tasa de natalidad / mortalidad / desempleo
¿ ?

AREA	PUNTOS A FAVOR	PUNTOS EN CONTRA
Educación	El nivel de educación de la población mejoró con el gobierno de Castro.	La educación es limitada porque está planificada de acuerdo a las necesidades del estado.
Salud pública		
Tasa de desempleo		
Tasa de mortalidad de infantes		
Tasa de natalidad		
Tasa de vivienda	Actualmente no hay gente sin vivienda.	Las viviendas son inadecuadas.
¿ ?		

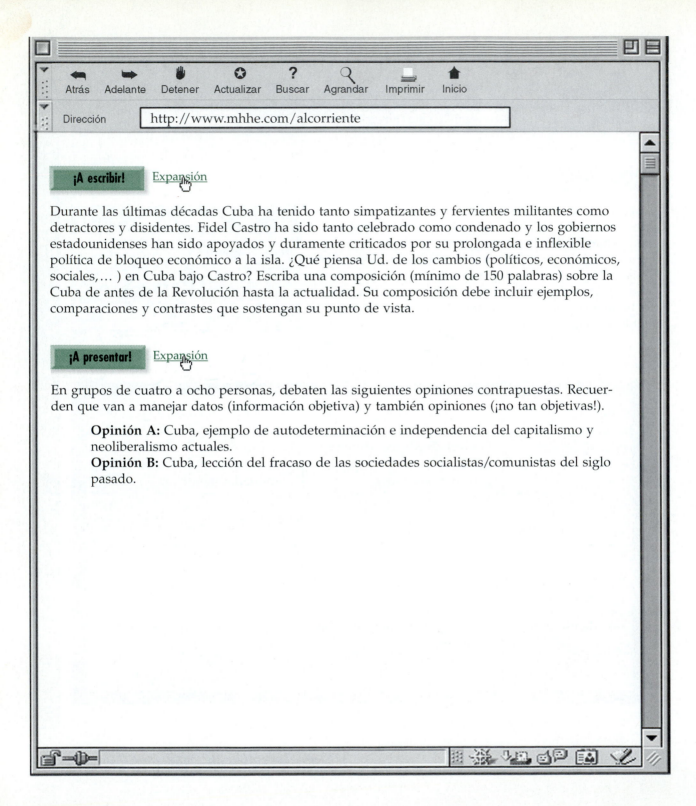

¡A escribir!   Expansión

Durante las últimas décadas Cuba ha tenido tanto simpatizantes y fervientes militantes como detractores y disidentes. Fidel Castro ha sido tanto celebrado como condenado y los gobiernos estadounidenses han sido apoyados y duramente criticados por su prolongada e inflexible política de bloqueo económico a la isla. ¿Qué piensa Ud. de los cambios (políticos, económicos, sociales,...) en Cuba bajo Castro? Escriba una composición (mínimo de 150 palabras) sobre la Cuba de antes de la Revolución hasta la actualidad. Su composición debe incluir ejemplos, comparaciones y contrastes que sostengan su punto de vista.

¡A presentar!   Expansión

En grupos de cuatro a ocho personas, debaten las siguientes opiniones contrapuestas. Recuerden que van a manejar datos (información objetiva) y también opiniones (¡no tan objetivas!).

> **Opinión A:** Cuba, ejemplo de autodeterminación e independencia del capitalismo y neoliberalismo actuales.
> **Opinión B:** Cuba, lección del fracaso de las sociedades socialistas/comunistas del siglo pasado.

Esta foto fue tomada en la Feria Mundial de Sevilla en 1992. Ese año también tuvieron lugar en España los Juegos Olímpicos de Barcelona.

UNIDAD IV España

Unidad IV focuses on Spain, the country from which the Spanish-speaking world originally received its language and much of its culture.

- **Capítulo 10** provides a touristic profile of Toledo, the original spiritual and political capital of Spain, as well as one of its most famous painters, El Greco.
- **Capítulo 11** features the life and work of Pedro Almodóvar, Spain's much celebrated and controversial film director.
- **Capítulo 12** outlines modern Spanish society in a journalistic piece that centers on the life of an average family.

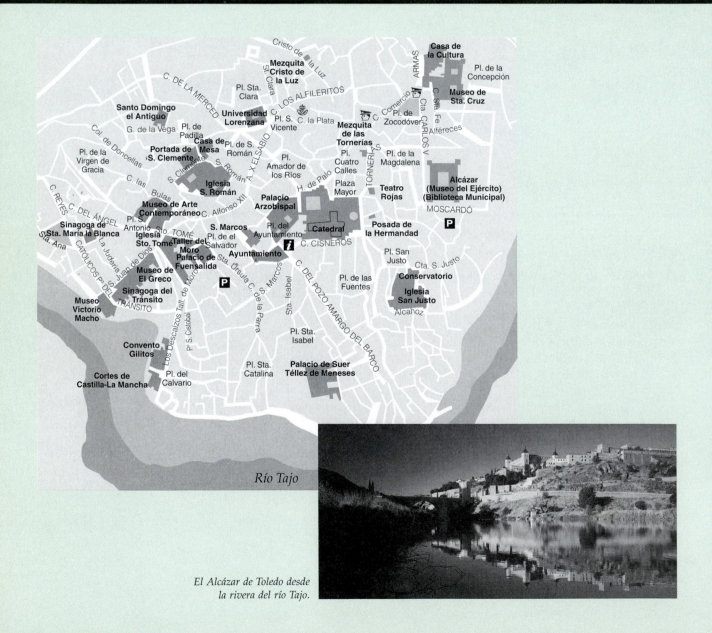

Río Tajo

El Alcázar de Toledo desde
la rivera del río Tajo.

Vocabulario del tema

Preposiciones imprescindibles (*essential*)

Para hablar de un lugar*

a través de (across, through)

al lado de (beside)

alrededor de (around)

cerca de / lejos de (near / far [from])

delante de / detrás de (in front of / behind)

dentro de / fuera de (inside, within / outside)

encima de / debajo de (above, on top of / below, under)

enfrente de (in front of, opposite)

entre (between, among)

frente a (facing, opposite)

junto a (next to)

sobre (above, on, upon)

Para hablar del tiempo*

a lo largo de (throughout)

a mediados de (around the middle of)

antes de / después de (before / after)

a principios de / a finales de (at the beginning of / end of)

desde… hasta (from . . . to / until)

durante (during)

Hablando del tema

A. Toledo: una introducción. Imagínese que el alcalde de Toledo quiere atraer a más turistas a esa ciudad. Para promover la historia y la arquitectura de Toledo, ha contratado a la agencia de publicidad en la que trabaja Ud. para conseguir unos anuncios de radio. Trabajando con dos o tres compañeros/as, vean el mapa de la página 248 y escojan *uno* de los títulos a continuación para redactar un anuncio según las especificaciones de su cliente; después presentarán su anuncio ante la clase.

---

*Note that these categories are not necessarily exclusive. A few of the prepositions listed in one category can also be included in the other. For example: **alrededor de, a través de, entre,** and **sobre** can also be used with time, and **a lo largo de** can also be used with places.

1. **Toledo, un monumento a la historia.** Toledo es como un documento histórico. ¿Cómo es el centro histórico de Toledo? ¿Qué forma tiene? ¿Es cuadrado (*square*)? ¿redondo (*round*)? ¿triangular? ¿Qué marca los límites del centro histórico? ¿Dónde se encuentra la mayor parte de los edificios históricos de Toledo? ¿Puede Ud. explicar por qué?

2. **Toledo, una fiesta para arquitectos.** Toledo tiene muchos edificios y construcciones distinguidos por su arquitectura. ¿Qué clase de construcciones se encuentran en esta ciudad? ¿Qué clase de edificios se ven en el plano? ¿Son contemporáneos o antiguos? ¿De qué siglo o época histórica serán? ¿En qué parte de la ciudad están?

3. **Las plazas de Toledo.** En casi todas la ciudades españolas, las plazas son el centro de muchos aspectos de la vida de sus habitantes. ¿Cuántas plazas se ven dentro de Toledo? (Se identifican en el plano con la abreviatura **Pl.**) ¿Cómo se llaman? ¿Cómo son estas plazas? ¿Son todas iguales? ¿Están todas en el centro histórico? ¿Qué edificios se encuentran alrededor de las plazas por lo general? ¿Qué se puede hacer en estos lugares?

4. **Toledo, ciudad de iglesias.** ¿Cuántas iglesias tiene Toledo? ¿Cómo se pueden reconocer? ¿Cómo se llaman? ¿Está la mayoría de ellas dentro o fuera de las murallas? ¿Qué otros edificios están cerca de las iglesias? ¿Qué explicación o importancia puede tener esto? ¿Cuántas sinagogas/ mezquitas/monasterios/conventos tiene?

B. ¿Dónde queda… ? Mire el plano para descubrir dónde quedan los siguientes lugares en Toledo. Después, trabaje con un compañero (una compañera) para hacer los papeles de turista y ciudadano. Uno/a pregunta dónde queda un lugar y el otro (la otra) contesta la pregunta. ¡OJO! Hay varias maneras de preguntar y de identificar la ubicación (*location*) de cada lugar.

1. la catedral
2. el ayuntamiento
3. la casa de El Greco
4. la sinagoga del Tránsito
5. la iglesia de Santa María La Blanca

C. Un poco de historia. ¿Cuánto sabe Ud. de la historia de España? Combine una frase de cada sección para formar oraciones completas.

1. _____ Los moros (*Moors, Muslims*) invadieron la península Ibérica…
2. _____ Los moros permanecieron en la península Ibérica…
3. _____ La Reconquista de España por los españoles cristianos tuvo lugar entre…
4. _____ Cristóbal Colón descubrió América…
5. _____ La exploración de gran parte de las Américas tuvo lugar…
6. _____ España perdió casi todas sus restantes (*remaining*) colonias…
7. _____ La Guerra Civil española se luchó…
8. _____ Francisco Franco, dictador de España, gobernó…
9. _____ El rey actual (*present*), Juan Carlos I, empezó a reinar (*reign*)…
10. _____ La primera elección general en cincuenta años fue…

a. a finales del siglo XIX, después de perder la guerra contra los Estados Unidos en 1898.
b. 718 y 1492, terminando cuando los reyes Fernando e Isabel tomaron Granada.
c. a lo largo del siglo XVI, cuando España era el país más poderoso del mundo.
d. en 1977.
e. desde 1936 hasta 1939, terminándose un poco antes de la Segunda Guerra mundial.
f. en el año 711.
g. en 1492.
h. desde 1939 hasta su muerte en 1975.
i. durante ocho siglos, desde 711 hasta 1492.
j. en 1975, inmediatamente después de la muerte de Franco.

Las respuestas correctas son: 1. f
2. i 3. b 4. g 5. c 6. a 7. e
8. h 9. j 10. d

Lectura

Acercándonos a la lectura

The architecture of a place, like its people, has its own recognizable character. How has the loss of the World Trade Center towers affected the physical image we have of New York City? Would New York City be the same without the Empire State Building or Times Square? How would the character of Paris change if it had no Latin Quarter or Champs-Elysées? Likewise, Spain without its spiritual and historical center, the city of Toledo, would be unfamiliar. Like most historical cities in Spain, Toledo is dominated by its churches and plazas—architectural meeting places that maintain tightly knit social bonds in Spanish society. In this chapter's reading, **"Toledo y El Greco,"** you will explore Toledo's vast cultural heritage and read a profile of one of its most distinguished citizens, El Greco, the renowned sixteenth-century mystical painter.

Vocabulario para leer

apreciar to value
experimentar to experience
influir (y) to influence
realizar to produce; to finish
recorrer to roam, travel
rodear to surround

la loma hill
el paisaje landscape
el reino kingdom
la ribera bank (of a river), shore
el ritmo rhythm
el siglo century

el ambiente environment, ambiance
el escudo (de armas) shield, coat of arms
la ladera slope

asombroso/a surprising
estrecho/a narrow
impresionante impressive

A. Sinónimos. Busque en la lista del **Vocabulario para leer** un sinónimo para cada palabra a continuación.

1. sorprendente
2. panorama
3. producir
4. valorar
5. la colina
6. viajar

B. Definiciones. Explique qué significa cada una de las siguientes palabras o frases.

1. el siglo
2. rodear
3. el reino
4. el ambiente
5. el escudo (de armas)
6. la ribera
7. experimentar
8. el ritmo

Estrategias para leer

Anticipating Content

You have learned to expect certain things from different categories of writing or genres. For instance, you know that poems deal in metaphors, plays or interviews involve a fair amount of colloquial speech, and short stories rely heavily on the narrator's trustworthiness or point of view, as you have seen in previous chapters. Learning to use the expectations you have about a text will help you read more efficiently and understand more of what you read.

Read the first two paragraphs of this chapter's selection and characterize its genre. What kind of information would you expect to find in this type of article? Do you expect it to focus on specific people, places, events, or something else?

Estrategias en acción

A. Fechas de importancia para la ciudad de Toledo.   Esta lectura viene de *Geomundo,* una revista de viajes bastante popular en el mundo hispano. Los lectores de esta revista esperan recibir información sobre distintas destinaciones en muy pocas palabras. Por eso, el estilo es muy impersonal y el texto contiene muchos hechos y fechas. Antes de leer el texto en su totalidad, ojee (*scan*) la lectura para encontrar la significancia de las siguientes fechas para la ciudad de Toledo.

1.	711 d.C. (después de Cristo)	**a.**	Se terminó la construcción de la catedral de Toledo.
2.	1227	**b.**	Nació el pintor que luego se llamó El Greco.
3.	1577	**c.**	Invadieron los árabes la península Ibérica.
4.	1614	**d.**	Murió El Greco.

B. El trasfondo (*background*) **histórico.**   Ojee la selección para encontrar respuestas a las siguientes preguntas.

1. ¿Qué pueblo o grupo de gente fundó la ciudad de Toledo? ¿Quiénes conquistaron la región en 711 d.C.?
2. Durante la Edad Media, ¿qué industria, importada de los árabes, le daba fama a Toledo? ¿Por qué eran importantes las aguas del río Tajo?
3. ¿Qué es una *sinagoga?* ¿Por qué había tantas en la ciudad de Toledo?
4. ¿De dónde vino el pintor El Greco? ¿Dónde nació?
5. ¿Cuántas pinturas realizó El Greco durante su vida? ¿En qué ciudad se puede encontrar más de su obra que en cualquier otro lugar?

Comentarios preliminares

A. La ciudad española y la ciudad norteamericana.   Trabajando con un compañero (una compañera), describa el centro histórico de alguna ciudad antigua norteamericana (Boston, Filadelfia, San Antonio, San Diego, etcétera) o el de la ciudad donde viven Uds. ¿Cómo se compara ésta con el centro histórico de Toledo? ¿Qué elementos tienen en común? ¿Pueden explicar el porqué de sus semejanzas (*similarities*) y diferencias?

B. El eje (*hub*) **de la comunidad.**   En las comunidades por lo general hay un lugar que se asocia con los acontecimientos más importantes y también con las actividades habituales de sus habitantes. ¿Qué lugar es ése en su comunidad? ¿El parque? ¿La iglesia? ¿El centro comercial? ¿La calle principal? ¿La escuela? ¿La universidad? ¿Otro lugar?

Primero, complete la tabla de la próxima página para indicar qué lugar se asocia con cada función enumerada a la izquierda. Después compare sus respuestas con las de otro/a estudiante de su misma comunidad; entre ambos/as determinen qué lugar se puede considerar el eje de su comunidad.

FUNCION SOCIAL		LUGAR
_____	1. celebrar las fiestas nacionales	1.
_____	2. pasear	2.
_____	3. asistir a espectáculos públicos	3.
_____	4. ir de compras	4.
_____	5. reunirse con los amigos	5.
_____	6. ver exposiciones culturales o artísticas	6.
_____	7. convocar reuniones o manifestaciones políticas	7.
_____	8. pasar el tiempo libre con la familia	8.
_____	9. tomar un café (u otra bebida), y ver pasar a la gente	9.
_____	10. servir de atracción turística	10.
_____	11. circular libremente por la calle	11.
_____	12. encontrarse con personas de varios grupos étnicos, clases, edades y costumbres	12.

Toledo y El Greco

Luis Tamayo y Miguel Gleason

Unos niños juegan en la muralla (wall) de Toledo.

La ciudad de Toledo, en España, según se describe en las enciclopedias, se encuentra situada en el corazón de la península Ibérica, construida sobre una loma rocosa[1] y rodeada casi en su totalidad por el río Tajo. Toledo puede ser considerada entre las tres o cuatro ciudades de mayor importancia en España. Pero esta ciudad es mucho más que una descripción geográfica o histórica.

Cualquiera que haya tenido la oportunidad de recorrer las estrechas calles de la ciudad, o incluso sólo de observarla desde las laderas que nacen en la ribera opuesta del río Tajo, con seguridad experimentó algo que solamente puede describirse como una sensación mágica.

Las comunidades de judíos sefarditas[2] distribuidas por el mundo aún conservan las llaves de las

casas que tuvieron que abandonar cuando fueron expulsados[3] de España. Las llaves son quizás símbolo de añoranza[4] del pasado y de esperanza en el retorno a una tierra en la que, junto con sus casas, abandonaron también obras arquitectónicas de tan singular belleza y sencillez como la Sinagoga, ahora la iglesia de Santa María La Blanca.

Como tantas otras ciudades españolas, Toledo fue una creación de los romanos. Más tarde fue la capital visigoda[5] de España, hasta ser conquistada por los árabes, que invadieron la península allá por el 711 d.C. y la convirtieron en reino independiente. Fue en aquellos años cuando Toledo, gracias a su

---

[1]*rocky* [2]*judíos… Sephardic Jews (Jews of Spanish or Portuguese ancestry)* [3]*expelled* [4]*longing* [5]*Visigoth*

comunidad árabe y judía, fue llamada «La Jerusalén de Europa» y su Escuela de Traductores: «El centro cultural del mundo». Una vez que la ciudad fue ganada para el cristianismo, se convirtió en la sede de los arzobispos[6] que por siglos influyeron decisivamente en la historia española. Carlos V designó a Toledo como la capital de su imperio, y de ahí que la ciudad se conozca, desde entonces, como la capital imperial, lo cual se nota en su escudo de armas.

Pero Toledo no escapa tampoco a los siniestros[7] tiempos de la Inquisición, cuyo tribunal central se asentó[8] en la ciudad. Quizás esto contribuya a darle esos aires de misterio, pues uno no puede apartarse de la idea de aquellos lúgubres[9] inquisidores recorriendo las calles toledanas durante la noche, en busca de herejes[10] y falsos judíos conversos.[11]

A Toledo llevaron los judíos el secreto de la fabricación del delicioso mazapán[12] que es hoy día el regalo típico, y que se sigue haciendo en Toledo mejor que en ningún otro lugar. Los árabes, por su parte, le regalaron los secretos de la fabricación de las espadas,[13] que durante siglos usaron todos aquéllos que se consideraban maestros en el arte de la esgrima:[14] unos aceros[15] especiales en cuya manufactura tenían mucho que ver las aguas del Tajo, que se empleaban para darles su famoso temple.[16] Trajeron también consigo estos últimos a los artesanos de Damasco, especialistas en la fabricación de platos decorados con increíbles filigranas[17] de oro de increíble precisión y belleza. Tanto las espadas como los platos siguen fabricándose en Toledo, y en muchos lugares los artesanos trabajan a la vista del público, por supuesto, con la esperanza de que se compren sus artículos, que son la mayor industria para el turismo de la ciudad.

La ciudad imperial, tal vez por su proximidad a Madrid (que queda a una hora en autobús o tren) es en cierta manera visita de un día, o dos a lo sumo. Probablemente por ello no abundan las instalaciones hoteleras. Sin embargo, se recomienda pasar una noche en el parador nacional Príncipe de Orgaz, no sólo por la maravillosa arquitectura de sus instalaciones sino, además, por su ubicación[18]

Una calle estrecha de Toledo.

sobre una ladera del Tajo desde la que se aprecia el mismo paisaje que El Greco inmortalizó en su obra *La vista de Toledo*.

Tampoco puedo dejar de recomendar el sentarse a primeras horas de la mañana en cualquiera de los dos cafés de la Plaza de Zocodover, para ver el sol entrar desde el horizonte a través de sus puertas. Desde allá se llega con facilidad a la catedral gótica,[19] construida en 1227 (sin duda una de las más bellas del mundo), y al Alcázar, la impresionante fortaleza[20] construida por los árabes que sirvió más

---

[6]*la... the see, or center of authority, of the archbishops* [7]*sinister* [8]*se... was established* [9]*dark-hearted* [10]*heretics* [11]*converted* [12]*marzipan (confection made of almond paste and sugar)* [13]*swords* [14]*fencing* [15]*steels* [16]*temper (of metal), hardness* [17]*filigree* [18]*location* [19]*Gothic*

tarde de residencia al emperador Carlos V, y luego de bastión nacionalista durante la Guerra Civil Española.

Pero, austera y sensual, Toledo es más que una ciudad de construcciones monumentales. Es ante todo el ambiente de sus calles, el ritmo asombroso que logran los juegos de luz y sombra[21] en sus callejones,[22] y su inmovilidad aparente. Guardián de las obsesiones de la nación, de sus sueños y su pasado esplendoroso, Toledo posee un espíritu especial que sólo se puede notar paseándose por

El entierro del conde de Orgaz (1588)

sus calles, asomándose a los portales y deteniéndose[23] a observar las piedras con que fueron construidas casas y calzadas:[24] todo está allí, tal como estaba hace ya más de mil años.

El Greco

Esta visión de la ciudad la entendió como nadie Doménico Theotocópulus, el pintor griego que pasó a la historia del arte con el nombre de «El Greco», quien llegó a la ciudad en 1577 para realizar una obra por encargo[25] y, atrapado por su ambiente, permaneció en ella hasta su muerte.

Nadie sabe con certeza qué llevó a España al artista, quien llegó a Toledo a los 35 años de edad, dueño ya de cierto prestigio, después de haber vivido en su natal Creta, y de haber trabajado en Venecia y en Roma donde recibió la influencia de Tiziano y Tintoreto. Lo cierto es que El Greco nunca contaría con la admiración del rey español Felipe II, y en cambio encontraría en Toledo no sólo la admiración de la aristocracia y la jerarquía[26] eclesiástica, sino, sobre todo, el ambiente espiritual en el que maduró[27] su personal manera de concebir la pintura. Con su espíritu complejo y atormentado, la capital clerical de España y principal foco de la contrarreforma se convertiría en su sitio ideal.

Orgulloso y agresivo, El Greco pudo por fin oponer a la sensualidad evidente de la pintura de Miguel Ángel,[28] el gran modelo de la época: una pintura mística producto de una embriaguez de Dios muy cercana a la de Santa Teresa y San Juan de la Cruz. Asimiladas en definitiva sus influencias italianas y bizantinas,[29] aparecerían en su obra el riguroso uso del color, la luz y las composiciones, así como sus severas figuras alargadas[30] que se elevan al cielo, pintadas casi siempre en colores misteriosos y azulados.

---

[20]*fortress* [21]*shadow* [22]*calles pequeñas* [23]*asomándose… peeping into the entrances and stopping* [24]*cobblestone roads* [25]*por… commissioned (work of art)* [26]*hierarchy* [27]*matured* [28]*Michelangelo* [29]*Byzantine* [30]*stretched out*

Desde su llegada a España hasta su muerte, El Greco realizaría 217 pinturas, según el inventario conformado por su hijo, Jorge Manuel; y aunque hoy son pocas las que permanecen en Toledo, la ciudad sigue teniendo el privilegio de ser el lugar en el que se puede hallar más obra del maestro reunida. El *San Lucas*, en la catedral; *Las lágrimas*[31] *de San Pedro*, en el Hospital de San Juan Bautista de Afuera; los retablos de la iglesia de San José, y su obra maestra: *El entierro*[32] *del conde*[33] *de Orgaz*, que se encuentra en la iglesia de Santo Tomé, son sólo algunas de las pinturas que se pueden admirar al recorrer la ciudad.

Pero, una visita a Toledo no puede estar completa sin una visita a la casa-museo dedicada al maestro, en la que están reunidos 23 cuadros suyos. La que hoy se conoce como Casa de El Greco no es, en realidad, la que habitó el artista. El vivió en las casas del marqués[34] de Villena, construidas en el terreno[35] cercano que ahora ocupa una plaza; pero esta construcción de estilo similar, aunque de categoría inferior, proporciona una idea muy cercana de lo que debió ser el estilo de vida del maestro, quien vivió en esa zona desde que llegó a Toledo hasta su muerte, salvo un intervalo de 12 años en los que se mudó a otro barrio. Hombre de cultura, profundo lector, el pintor vivió ahí, absorto en sus libros y en su obra, apenas acompañado por unos pocos amigos íntimos, por su único hijo y por sus colaboradores.

De las 24 habitaciones de la casa, la mayoría servían para la actividad del pintor quien, por una parte, siempre tuvo una enorme cantidad de lienzos[36] en ejecución y, por otra, guardaba en bodega[37] varios más junto con los 230 modelos de barro, cera, yeso[38] y madera de los que se valía para pintar y los bocetos[39] de todas sus obras, pintados al óleo en lienzos más pequeños. Al menos una habitación estuvo dedicada a la biblioteca, abundante en temas de matemáticas, arquitectura y literatura religiosa, en la que destacaban textos como la *Teología mística*, de Dionisio Areopagita, *El viejo y el nuevo testamento*, las obras de los Santos Padres, y otros volúmenes que confirman su catolicismo activo.

El Greco ganó dinero suficiente como para vivir bien y, en su peculiar estilo, lo hizo. Muchos historiadores afirman que, incluso, hacía acompañar su comida diaria con un grupo de músicos que interpretaba las obras que quería escuchar mientras se le servía la comida. Al final de su vida, sin embargo, el pintor sí llegaría a la bancarrota.[40] Sin fuerzas por los constantes conflictos que sostenía con el maestro Torres y Bartolomé Ansaldo (quien vendía su obra en Sevilla), y sin embargo todavía trabajando, El Greco muere el 7 de abril de 1614.

Inhumado[41] según su propio deseo en una bóveda[42] de la iglesia de Santo Domingo el Antiguo, bajo su obra *La adoración de los pastores*,[43] sus restos[44] serían trasladados al poco tiempo al monasterio de San Torcuato, del que también saldrían unos años después, sin que hasta la fecha se conozca su destino final. Queda, sin embargo, la seguridad de que los restos de El Greco no salieron de Toledo, esa ciudad de las encrucijadas[45] entre Oriente y Occidente en la que encontró el clima histórico, humano y místico que lo convirtieron en uno de los más grandes pintores de la historia.

Extraído de la revista *Geomundo*

---

[31]*tears* [32]*burial* [33]*Count* [34]*Marquis* [35]*land* [36]*canvases* [37]*storage* [38]*barro… clay, wax, plaster* [39]*sketches* [40]*bankruptcy*
[41]*buried* [42]*habitación subterránea* [43]*shepherds* [44]*remains* [45]*crossroads*

¿Cuánto recuerda Ud.?

Las siguientes declaraciones se refieren a Toledo y El Greco. ¿Hay algunas declaraciones incorrectas? Si las hay, corrija los errores.

1. La fortaleza del Alcázar fue construida por los árabes y sirvió más tarde de residencia al emperador Carlos V.
2. La ciudad de Toledo está rodeada casi en su totalidad por una serie de lomas o colinas.
3. El Greco era un hombre poco interesado en libros y en su obra y pasaba mucho tiempo en la calle hablando con la gente.
4. Carlos V designó a Toledo como la capital de su imperio.
5. El pintor griego que pasó a la historia del arte con el nombre de «El Greco» llegó a la ciudad en 1577 y permaneció en ella hasta su muerte.
6. Tanto las espadas como los platos decorativos siguen fabricándose en Toledo.
7. Los árabes llevaron el secreto de la fabricación del delicioso mazapán a Toledo, que es hoy día el regalo típico.
8. El Greco fue un practicante muy devoto de la fe católica.

¿Qué se imagina Ud.?

A. Las tres culturas de Toledo.   A través de la historia, ¿cuáles son las tres culturas que han dejado una huella (*imprint, mark*) en la ciudad de Toledo según este artículo? Explique por qué esta convivencia de tres culturas le dio a Toledo su carácter tan especial como capital espiritual de España.

B. Las calles estrechas.   El centro histórico con sus calles estrechas hace que Toledo mantenga un ambiente mágico y misterioso. Trabajando en grupos, hagan una lista de las ventajas de vivir en una ciudad como Toledo frente a otra ciudad moderna como Madrid o Nueva York. Decidan dónde se vive mejor y por qué.

C. El arte al servicio de la sociedad.   El Greco pintó temas casi exclusivamente de naturaleza religiosa. Trabajando en grupos, decidan si un pintor debe pintar temas que tienen que ver con las preocupaciones principales de la sociedad o si debe visualizar temas puramente individuales. ¿Creen que el papel del arte haya cambiado a través del tiempo?

Gramática en contexto

26. Expressing Impersonal or Passive Meanings and Unplanned Events: *se* Constructions

Most sentences are active, that is, they consist of an agent (the subject), an action (the verb), and a recipient of the action (the direct or indirect object).

Los árabes	construyeron	el Alcázar.
SUBJECT	VERB	OBJECT

There are, however, various constructions in which the agent does not play this crucial role but rather is depersonalized, unknown, or not important to what is being said. In English the most common construction of this type is the passive voice (*The fort **was built** by the Arabs*). Although the passive voice exists in Spanish,* Spanish speakers do not use it as frequently, preferring instead various **se** constructions to express actions in which the agent is unknown or unimportant to the action.

Impersonal **se**

The impersonal **se** is used with a third-person singular verb to express the equivalent of the English *one, you, people* (in general), and *they*. The impersonal **se** conveys the action of the verb without associating it with specific individuals. The verb appears only in the singular, third person, with this construction.

En Toledo **se** vive bien.	*You (They) live well in Toledo.*
En esta casa no **se** grita.	*One doesn't (You don't) yell in this house.*

---

*You will learn more about the passive voice in **Capítulo 14**.

Passive se

This construction is similar to the impersonal **se** in that the agent of the
action is either unknown or unimportant in the context of what is being said.
Emphasis is on the action itself or the recipient of the action. This construction is most commonly used when a noun is present in the sentence because
only the passive **se** can be used with transitive verbs (verbs that take direct
objects). The verb will appear in the third-person singular or plural in
agreement with the noun.

Se vende café en esa tienda.	*Coffee is sold in that store.*
Se edificaron las plazas en poco tiempo.	*The plazas were built quickly.*

¡Practiquemos!

A. ¿Qué se hace allí?   Diga cuáles de las siguientes acciones son más apropiadas para los lugares indicados. ¡OJO! A veces hay más de una respuesta
apropiada.

1. En el parque al lado de la sinagoga de Toledo,…
   a. se descansa debajo de los árboles.
   b. se pasea por las sendas (*paths*).
   c. se admiran las flores.
2. En los salones del Museo de la Casa de El Greco…
   a. se habla en voz alta.
   b. se ven los cuadros del pintor griego.
   c. se estudian los grandes artistas soviéticos.
3. En el aeropuerto Barajas de Madrid…
   a. se espera la llegada de los aviones.
   b. se venden motocicletas.
   c. se toman vuelos para otros países.
4. En las aulas (*classrooms*) de la Universidad de Salamanca…
   a. se toman exámenes.
   b. se escriben novelas.
   c. se mira televisión.
5. En la Plaza de Zocodover de Toledo…
   a. se juega al fútbol.
   b. se compran pasteles (*pastries*).
   c. se sirven el almuerzo y la cena.

B. ¿Qué más se sabe de la Plaza de Zocodover? Convierta el verbo principal en una construcción con **se**.

> MODELO: En la Plaza de Zocodover los turistas descansan un poco. →
> En la Plaza de Zocodover *se descansa* un poco.

1. Las guías (*guidebooks*) dicen que el Zocodover era el antiguo mercado.
2. También los toledanos corrían con los toros en ella.
3. Los turistas compran dulces de mazapán.
4. Las tiendas venden espadas.
5. Vemos mejor la vida de la plaza los domingos por la tarde.
6. Los niños corren constantemente jugando y gritando.
7. La gente bebe y come en los restaurantes al aire libre.
8. Muchos toman café o refrescos.

Unplanned Events

A **se** construction is also used to express spontaneous or unplanned events that are viewed as unintentionally happening to the recipient. As with the passive and impersonal **se** constructions, the emphasis is on the action and the recipient of the action rather than the agent. The person to whom the event is happening is indicated with an indirect object pronoun, and the verb agrees with the noun.

Se les descompuso el coche.	*Their car broke down (on them).*
Se nos acabaron los bocadillos.	*The sandwiches ran out (on us).*

This **se** construction occurs most frequently with the following verbs: **acabar, caer, descomponer** (*to break down*)**, ocurrir, olvidar, perder, quedar** (*to remain behind*)**, romper** (*to break, to tear*).

¡Practiquemos!

A. ¿Qué nos ocurrió? El año pasado Karen viajó a España con un grupo de turistas norteamericanos. Complete su descripción de todo lo que les pasó a ella y a sus compañeros durante el viaje.

1. A John se le perdió el _____ rojo en la aduana.
2. A Liz y Lori se les quedaron sus _____ de Madrid en el avión.
3. A Tom se le rompieron las _____ de sol en Toledo.
4. A mí se me quedó mi nueva _____ en el bolsillo (*pocket*) de mis otros pantalones.
5. A nosotros se nos cayeron todos los _____ debajo de la mesa del café.
6. A la familia Jenkins se le descompuso el _____ alquilado.

a. gafas
b. guías
c. coche
d. pasteles
e. cartera (*wallet*)
f. sombrero

B. ¿Qué más nos sucedió? Ahora indique qué más les ocurrió cuando estaban en España.

MODELO: a nosotros: descomponer / los coches alquilados →
Se nos descompusieron los coches alquilados.

1. a las chicas de Nueva York: olvidar / el nombre del hotel
2. a mí: perder / los cheques viajeros
3. a ti: acabar / el dinero
4. a Jim: quedar / las gafas de sol en el hotel
5. a nosotros: caer / los planos de la ciudad
6. a Gabby: romper / las sandalias
7. a Mike: ocurrir / dar un paseo por la plaza
8. a todos: olvidar / los pasaportes

—¿Qué cómodo se va así, eh papi?

27. Expressing Goals and Means: *por* and *para*

Although both **por** and **para** can express English *for*, they have different uses and cannot be used interchangeably. The choice between them depends on the meaning the speaker wishes to convey. Thinking of the meaning of each in spatial terms may help you to understand the basic differences in their usage.

Whereas **para** indicates direct movement toward a destination or goal, **por** indicates a more indirect movement toward, along, around, or through space. **Por** focuses on the means or route used to get from one place to another, rather than the goal or purpose of arriving there, as implied by **para.**

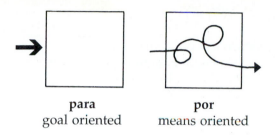

para
goal oriented

por
means oriented

Para

Para is used to express goals, purposes, personal opinions, or deadlines.

Gaudí estudió **para** arquitecto. (GOAL)

Las plazas mayores son lugares **para** reunirse y **para** celebrar fiestas.
(PURPOSE)

Para los españoles, las relaciones humanas son muy importantes.
(PERSONAL OPINION)

Tuvieron que terminar la construcción de la catedral **para** el día de la
inauguración del rey. (DEADLINE)

Por

Por is used to express money exchanges, time durations, or causes.

Los mercaderes pagaron cuarenta euros **por** las sandalias y las
vendieron **por** noventa. (MONEY EXCHANGE)

El rey estuvo en su balcón **por** cinco horas ese día. (TIME DURATION)

El Greco decidió vivir en Toledo por su carácter mágico. (CAUSE)

Numerous idiomatic expressions are formed with **por.**

por casualidad	*by chance*
por completo	*completely*
por ejemplo	*for example*
por eso	*for that reason*
por lo común	*generally*
por lo menos	*at least*
por (lo) tanto	*therefore*
por lo visto	*apparently*
por otra parte	*on the other hand*
por si acaso	*just in case*
por suerte	*fortunately*
por supuesto	*of course*

¡Practiquemos!

A. Comentarios de dos camareros. Jorge y Federico son dos camareros que viven en Toledo. Complete el diálogo con la frase más lógica para indicar lo que opinan de un grupo de turistas que pasan por su ciudad. Después, vuelva al diálogo para buscar y explicar cada caso de **por** y **para**.

JORGE: ¡Por Dios! ¿No saben esas mujeres que no se camina… ?

FEDERICO: Pues, no comprendo por qué los llevan. Ya son demasiado altas…

JORGE: De acuerdo, pero serán muy ricas. Por lo visto, acaban de pagar…

FEDERICO: ¡Uf! ¿Crees que van a estar aquí por unos días más? ¡Ojalá que… !

JORGE: ¡Mira qué graciosa es! Cada vez que un chico le echa un piropo (*flattering comment*), ella…

FEDERICO: Sí, ¡qué chistoso! Por eso todos esperan que ella se quede aquí…

JORGE: Por supuesto eso no va a ocurrir. Creo que ese grupo sale mañana…

a. se vuelve (*turns around*) para sonreírle.
b. para mi gusto.
c. por unos meses más.
d. cincuenta euros por su comida.
e. para su propio país.
f. por estas calles empedradas (*cobblestone*) con zapatos de tacón alto.
g. almuercen aquí mañana.

B. En la corrida de toros. Complete las oraciones con **por** o **para**.

El sábado pasado mis amigos y yo salimos ———^{1} la plaza de toros. Estábamos un poco cansados ———^{2} el calor de Madrid. Al llegar a la plaza, conseguimos billetes ———^{3} 500 euros. El espectáculo empezó con un desfile (*parade*) ———^{4} el ruedo (*ring*). ———^{5} mí, el desfile fue muy interesante ———^{6} la música y los trajes, pero no me gustó lo que siguió ———^{7} la crueldad hacia los animales. ———^{8} eso, comenté que uno tiene que ser español ———^{9} disfrutar de lo que pasa en el ruedo. ———^{10} fin, un sevillano que estaba allí nos explicó lo que estaba pasando.

El toro no ataca al torero ———^{11} mucho tiempo. Se cansa rápido ———^{12} lo que le hacen los picadores y los banderilleros. Pero ———^{13} matarlo, el torero tiene que acercársele mucho. ———^{14} lo visto, el toro está indefenso, pero ———^{15} el torero también hay peligro (*danger*).

Al salir de la plaza de toros, dimos un paseo ———^{16} la parte antigua de Madrid, lo cual me gustó mucho más que la corrida.

C. El nuevo coche. El Sr. López piensa comprar un coche usado. Trabajando con un compañero (una compañera), describa las circunstancias de esta compra, usando **por** y **para**.

Vocabulario útil: regatear (*to bargain*), la autopista (*highway*), la bolladura (*dent*), probar las llantas (*to test the tires*)

1.   2.   3.

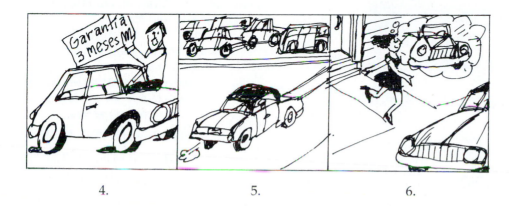

4.   5.   6.

Español en acción

A. ¿Vas a España? ¡Qué suerte tienes!   Imagínese que su compañero/a de clase va a estudiar en Salamanca el año que viene. Con él/ella, comente lo divertido que es la vida española. Usen el anuncio y las sugerencias a continuación en sus comentarios. Trate de darle ocho o diez sugerencias de lo que se puede hacer en Salamanca.

* ir a las discotecas hasta las seis de la mañana
* visitar los museos todos los días
* cenar a las diez u once de la noche
* tomar algo en un café al aire libre
* pasear por la Plaza Mayor

SENTANDO CÁTEDRA.[a]

SALAMANCA
CAPITAL CULTURAL

[a]Sentando... *Becoming an authority* [b]Colegios... *residencias universitarias* [c]*cast* [d]Haciendo... *Teaching* [e]*comparing unfavorably with* [f]*wounding* [g]*wonder* [h]fácil... *who can easily (be)* [i]sentar... *become an authority* [j]amigo... *lover of regular friendly discussions and honest trading* [k]corredor... *traveling salesman* [l]tratante... *livestock trader* [m]abogados [n]*branches* [o]en... *in pursuit of*

Desde siempre han pasado por sus dos Universidades, la Pontificia y la Civil, y sus Colegios Mayores,[b] el elenco[c] de profesores más prestigiosos que haya podido tener Universidad alguna de cualquier país. Haciendo escuela,[d] Luis de Leon, Miguel de Unamuno, pasando por Torres Villarroel..., sin desmerecer[e] los de un pasado inmediato... y sin citar, para no herir[f] su modestia, a los actuales se ha hecho buena la frase de "a aprender a Salamanca". Y ha sido esta permanente capacidad de asombro,[g] la que ha hecho del salmantino persona fácil de[h] sentar cátedra,[i] amigo de tertulias y del sano chalaneo,[j] buen corredor de comercio,[k] mejor tratante de ganado,[l] único en entender tanto de telas como del laboreo.

Oficios que, al sol de la Plaza Mayor aprenden, generación tras generación, los estudiantes novatos.

Una ciudad por la que han pasado, y seguirán pasando, doctores, licenciados,[m] inmortalizados muchos por el mejor de los migueles, que perdone el arcángel, bachilleres en las mil y una ramas[n] del conocimiento, ciegos que veían más allá que sus lazarillos, justifica ya ser nombrada...

Plaza mayor del vivir y del saber. Todos los salmantinos en pos de[o] lograr para SALAMANCA, la Capitalidad Cultural Europea y la Sede de la Universidad Internacional e iberoamericana.

B. Salmantinos en su ciudad. A través de su profesor(a) de español, su clase ha invitado a varios estudiantes de Salamanca a visitar su ciudad. Ahora los estudiantes de su clase tienen que darles por teléfono toda la información necesaria para que ellos se preparen para el viaje. Trabajando con un compañero (una compañera), representen esa conversación, respondiendo al interés que él/ella tiene sobre los siguientes puntos.

1. ¿Dónde queda la ciudad? ¿Cómo es la ciudad y esa parte del país?
2. ¿Dónde queda la universidad con respecto al resto de la ciudad? ¿Está integrada la universidad a la comunidad o hay separación entre ellas?
3. ¿Cómo se divierte la gente? ¿Hay museos? ¿cafés? ¿discotecas?
4. ¿Hay plazas o parques? Si no, ¿por dónde pasea la gente? ¿Qué días y a qué horas van de paseo?
5. ¿A qué hora se come y a qué hora se cena? ¿Cuáles son los platos favoritos de la gente?

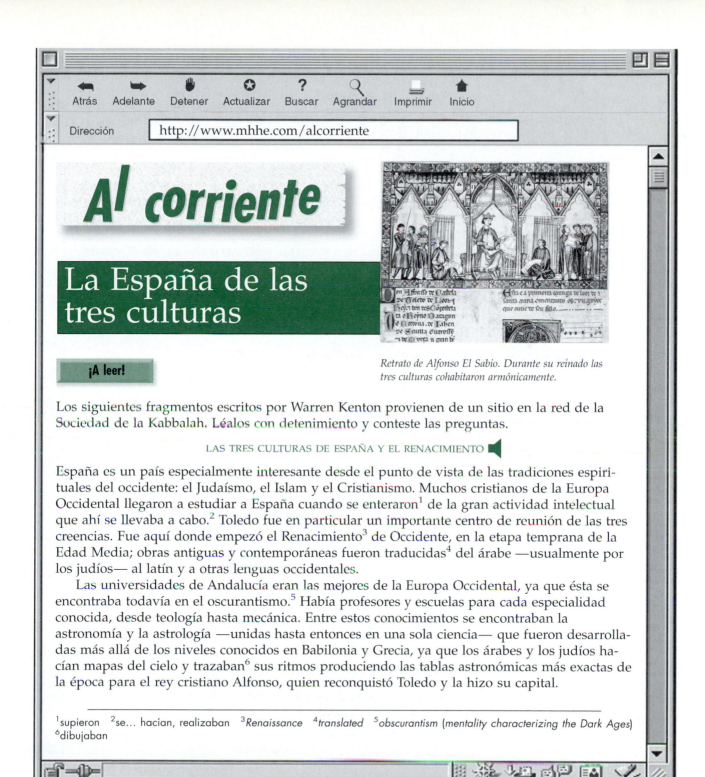

Al corriente

La España de las tres culturas

Retrato de Alfonso El Sabio. Durante su reinado las tres culturas cohabitaron armónicamente.

¡A leer!

Los siguientes fragmentos escritos por Warren Kenton provienen de un sitio en la red de la Sociedad de la Kabbalah. Léalos con detenimiento y conteste las preguntas.

LAS TRES CULTURAS DE ESPAÑA Y EL RENACIMIENTO

España es un país especialmente interesante desde el punto de vista de las tradiciones espirituales del occidente: el Judaísmo, el Islam y el Cristianismo. Muchos cristianos de la Europa Occidental llegaron a estudiar a España cuando se enteraron[1] de la gran actividad intelectual que ahí se llevaba a cabo.[2] Toledo fue en particular un importante centro de reunión de las tres creencias. Fue aquí donde empezó el Renacimiento[3] de Occidente, en la etapa temprana de la Edad Media; obras antiguas y contemporáneas fueron traducidas[4] del árabe —usualmente por los judíos— al latín y a otras lenguas occidentales.

    Las universidades de Andalucía eran las mejores de la Europa Occidental, ya que ésta se encontraba todavía en el oscurantismo.[5] Había profesores y escuelas para cada especialidad conocida, desde teología hasta mecánica. Entre estos conocimientos se encontraban la astronomía y la astrología —unidas hasta entonces en una sola ciencia— que fueron desarrolladas más allá de los niveles conocidos en Babilonia y Grecia, ya que los árabes y los judíos hacían mapas del cielo y trazaban[6] sus ritmos produciendo las tablas astronómicas más exactas de la época para el rey cristiano Alfonso, quien reconquistó Toledo y la hizo su capital.

---

[1]supieron   [2]se... hacían, realizaban   [3]*Renaissance*   [4]*translated*   [5]*obscurantism* (*mentality characterizing the Dark Ages*)   [6]dibujaban

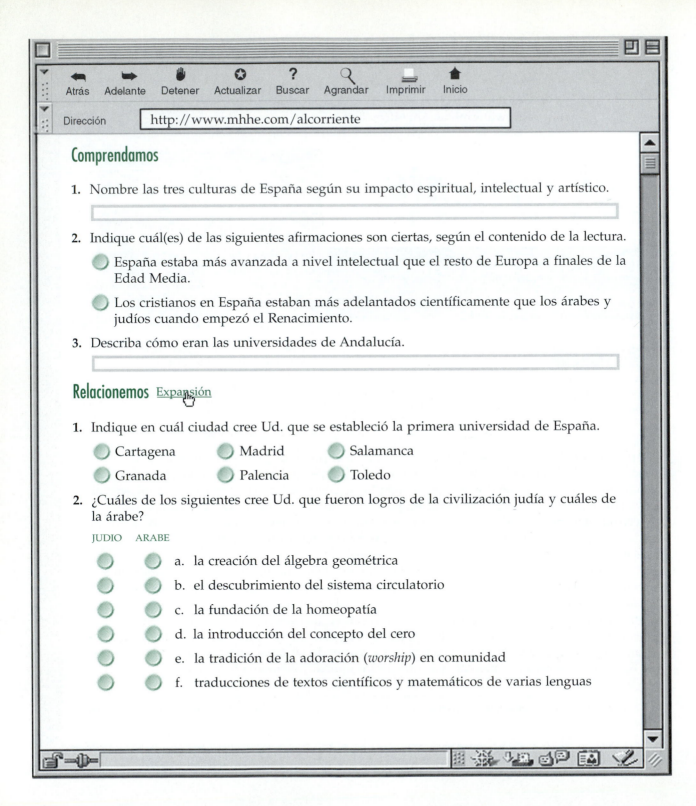

Comprendamos

1. Nombre las tres culturas de España según su impacto espiritual, intelectual y artístico.

2. Indique cuál(es) de las siguientes afirmaciones son ciertas, según el contenido de la lectura.

○ España estaba más avanzada a nivel intelectual que el resto de Europa a finales de la Edad Media.

○ Los cristianos en España estaban más adelantados científicamente que los árabes y judíos cuando empezó el Renacimiento.

3. Describa cómo eran las universidades de Andalucía.

Relacionemos Expansión

1. Indique en cuál ciudad cree Ud. que se estableció la primera universidad de España.

○ Cartagena   ○ Madrid   ○ Salamanca

○ Granada   ○ Palencia   ○ Toledo

2. ¿Cuáles de los siguientes cree Ud. que fueron logros de la civilización judía y cuáles de la árabe?

JUDIO   ARABE

○   ○   a. la creación del álgebra geométrica

○   ○   b. el descubrimiento del sistema circulatorio

○   ○   c. la fundación de la homeopatía

○   ○   d. la introducción del concepto del cero

○   ○   e. la tradición de la adoración (*worship*) en comunidad

○   ○   f. traducciones de textos científicos y matemáticos de varias lenguas

Atrás   Adelante   Detener   Actualizar   Buscar   Agrandar   Imprimir   Inicio

Dirección | http://www.mhhe.com/alcorriente

¡A investigar! Expansión

Lleve a cabo una investigación en la red sobre la influencia de las culturas árabe y judía en la España cristiana de la Edad Media. Use como guía los temas enunciados.

> **a.** Historia de los judíos/árabes en España.
> **b.** Áreas de influencia de la cultura judía/árabe en España.
> **c.** La España del rey Alfonso X El Sabio.

Organice la información en una tabla con categorías como las siguientes: ciencias, filosofía, artes, vida y costumbres e idioma.

> **Palabras clave**
>
> Tema principal: Edad Media (medieval)
> España
> sabios (intelectuales)
> influencia / logros / herencia
> árabes / judíos (hebreos) / cristianos

¡A escribir! Expansión

Primero, determine qué influencias tuvieron las civilizaciones árabe y judía en la España de la Edad Media. ¿Cuáles de estos aspectos han tenido mayor influencia en la civilización cristiana moderna? (Su tabla de la sección previa puede serle útil.) Escriba un ensayo (mínimo de 150 palabras) sobre la herencia que las civilizaciones árabe y judía dejaron en la España cristiana. Incluya ejemplos específicos sobre las contribuciones de ambas culturas.

¡A presentar! Expansión

Con un compañero (una compañera), presente ante la clase un argumento sobre la importancia de la influencia de diversas culturas en una civilización. Para organizarse, usen como punto de partida la información de las secciones anteriores. Expongan el tema usando la estrategia de lo más general a lo más específico, siguiendo el modelo siguiente.

Idea general: ¿Existe tal influencia o no? ¿Pueden hacer una generalización? ¿Es notable o no?
Más específico: ¿Dónde y cómo se nota la influencia? ¿En qué ámbitos o áreas se observa?
Más específico aún: Presenten ejemplos concretos donde se nota la influencia.

La Giralda, la famosa torre de la
Catedral de Sevilla, fue construida
por los árabes entre los años 1184
y 1196.

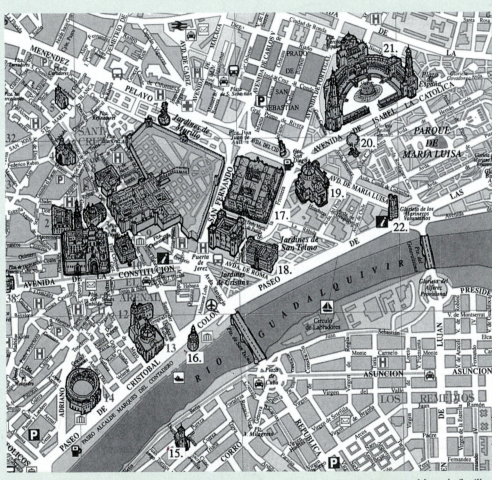

Mapa de Sevilla

1. Catedral
2. Palacio Arzobispal
3. Convento de la Encarnación
4. Iglesia de Santa Cruz
5. Iglesia de Santa María la Blanca
6. Barrio de Santa Cruz
7. Monumento a Cristóbal Colón
8. Hospital de los Venerables
9. Real Alcázar
10. Archivo de Indias
11. Arco del Postigo
12. Hospital de la Caridad
13. Teatro de la Maestranza
14. Plaza de Toros
15. Iglesia de Santa Ana
16. Torre de Oro
17. Universidad
18. Palacio de San Telmo
19. Teatro Lope de Vega
20. Estatua de Bécquer
21. Plaza de España
22. Costurero de la Reina

Vocabulario del tema

Cómo pedir y dar instrucciones

Cómo pedir instrucciones

Perdón... , Disculpe... , Oiga...	*Excuse me*
¿Podría/Pudiera Ud.	
decirme... ?	*Could you tell me . . . ?*
cómo se llega a... ?	
cómo se va a... ?	*how one gets to . . . ?*
por dónde se va a... ?	
cuál es la mejor ruta	*what's the best route (the*
(el mejor camino) a... ?	*best road) to . . . ?*

Cómo dar instrucciones

Siga(n) derecho...	*Go straight . . .*
...cuadras	*. . . blocks*
...millas (kilómetros)	*. . . miles (kilometers)*
hasta llegar a...	*until you reach . . .*

Doble(n) a la derecha (izquierda)	*Turn right (left)*
Al llegar a...	*When you reach . . .*
Cruce(n)...	*Cross . . .*
Pase(n) por...	*Pass through . . .*
Pare(n) en...	*Stop at . . .*
Baje(n) a...	*Go down to . . .*
Suba(n) a...	*Go up to . . .*
Vaya(n)...	*Go . . .*
calle arriba (abajo)	*up (down) the street*
rumbo al norte	*toward the north*
(sur/este/oeste/	*(south/east/west/*
noreste/noroeste/	*northeast/northwest/*
sureste/suroeste)	*southeast/southwest)*

Hablando del tema

A. Introducción a Sevilla. Mire el plano de la parte histórica de la cuidad de Sevilla. Comente lo que esta ciudad tiene en común con Toledo (plano, página 248). ¿Qué clase de edificios se encuentra en las dos ciudades? ¿En qué se diferencian Sevilla y Toledo?

    ¿Qué le gustaría a Ud. ver en Sevilla? ¿Por qué?

---

[a]*Por... Siga por esta calle*
[b]*(cuadras)*   [c]*small side street*

B. Ayudando a los turistas.   Imagínese que Ud. es sevillano/a y que se encuentra hoy en los lugares a continuación. Mientras está en cada sitio se le acerca un turista (un compañero [una compañera] de clase) que necesita que le diga cómo ir a los destinos indicados. ¿Qué le dice para ayudarlo/la lo más posible?

1. Ud. está estacionando su coche en el Paseo de Cristóbal Colón, al lado de la Plaza de Toros (14). El/La turista quiere ir al Archivo de Indias (10).
2. Ud. está en la esquina de la Avenida de María Luisa y la Avenida de Chile, cerca del Costurero de la Reina (22). El/La turista quiere ir a la Plaza de España (21).
3. Ud. está almorzando en un café al aire libre frente a la Iglesia de Santa Cruz (4) en el barrio de Santa Cruz. El/La turista quiere ir al Palacio Arzobispal (2).
4. Ud. para en un semáforo *(traffic signal)* de la esquina de la Avenida de Isabel la Católica y la Avenida Bécquer, delante de la estatua de Bécquer (20). El/La turista quiere ir a la Catedral (1).
5. Ud. está en un restaurante en la calle Asunción, a una cuadra de la Plaza de Cuba, en el barrio Los Remedios. El/La turista quiere ir a la universidad (17).

Los sevillanos pasan mucho tiempo en las calles de su ciudad.

Estudiantes de todas partes del mundo vienen a estudiar a la Universidad de Sevilla.

El barrio de Santa Cruz es un lugar bonito de callejuelas, cafés al aire libre y edificios antiguos con balcones, rejas (grilles) y flores.

C. ¡En directo desde Sevilla! Imagínese que durante el año escolar, Ud. tuvo la oportunidad de visitar Sevilla por seis días. El cuarto día, pudo enviarle un saludo televisado a su clase por satélite. Presente esta grabación (*live recording*), incluyendo una breve descripción de la ciudad y un resumen de lo que ha hecho allí, para transmitir en clase. (¡OJO! Recuerde que las transmisiones son caras, así que sea breve y cuente mucho en pocas palabras.)

Lectura

Acercándonos a la lectura

Since the death of its long-time dictator Francisco Franco in 1975, Spain has undergone dramatic political, social, and economic changes. During these decades, few people in the arts have captured the clash, coexistence, and synthesis of the traditional and the modern as resoundingly as film director Pedro Almodóvar. Born in 1949 in a small town in the province of La Mancha, Almodóvar favors an outrageous, irreverent, witty style to confront the past and present (cultural) stereotypes. Almodóvar has gained worldwide popularity through his humorous—and at times unsettling—panorama of the contemporary Spanish scene in films such as *Mujeres al borde de un ataque de nervios* (*Women on the Verge of a Nervous Breakdown*), *Atame, átame* (*Tie Me Up, Tie Me Down*), *Tacones lejanos* (*High Heels*), *Kika*, and *La flor de mi secreto* (*The Flower of My Secret*).

In the following excerpts, Almodóvar discusses his upbringing, his education, and his film career, providing in the process a glimpse of the Spain of his childhood and the Spain of today. As you read these passages, try to detect his often subtle humor.

Vocabulario para leer

adelgazar to slim down, lose weight
añorar to yearn/long for
burlarse de to mock, make fun of
destrozar to destroy, break into pieces
espantar to frighten, scare away

marcar to influence, shape
perturbar to disturb, upset
proporcionar to furnish, provide, supply
rodar (ue) to shoot (*a film*)
saber a (+ *noun*) to taste like

el arma weapon
el dolor pain
el genio genius

capaz capable

decidido a determined to, set on

A. Fuera de serie. Identifique la palabra que no pertenece al grupo y explique por qué.

1. el genio, capaz, decidido
2. adelgazar, destrozar, el arma
3. burlarse, espantar, perturbar

B. Definiciones. Explique en español qué significa cada palabra.

1. el dolor
2. marcar
3. rodar

4. añorar
5. saber a
6. proporcionar

Comentarios preliminares

A. El humor norteamericano. ¿Cómo definiría Ud. el humor norteamericano? ¿Cuáles son sus características? ¿Hay algún autor o director de cine que ejemplifique este tipo de humor? ¿Comparte Ud. ese sentido del humor? Comparta sus respuestas con un compañero (una compañera).

B. Un momento cómico. ¿Recuerda Ud. con sentido de humor algún momento o período de su vida o de la vida de su familia? Trabaje en un grupo pequeño para narrar cada uno/a un recuerdo cómico mientras los demás lo apuntan y hacen preguntas. Finalmente, sigan las instrucciones de su profesor(a) para exponer uno de los relatos ante la clase.

C. ¿Yo, cómico/a? ¿Se considera Ud. una persona cómica o seria? ¿Estarán los demás de acuerdo con este juicio?

Primero, escriba en una hoja de papel si Ud. se considera una persona cómica o seria y por qué. Después trabaje con dos o tres compañeros/as. Observe a cada uno/a para anotar si es cómico/a o serio/a y por qué Ud. cree eso. Finalmente, comparen sus observaciones para descubrir si sus autoimágenes coinciden con las imágenes que perciben los demás.

D. ¿Qué significa ser genio? Aunque la inteligencia —o mejor dicho, el coeficiente intelectual (*I.Q.*)— se puede medir, el concepto de lo que es un *genio* sigue siendo subjetivo. Llene la tabla a continuación para dar un valor numérico a los elementos que Ud. relaciona con los genios (el 5 es el grado más alto). Después, trabaje en un grupo pequeño para comparar y comentar sus resultados, con el fin de llegar a un consenso sobre el asunto.

LOS GENIOS…	
1. son capaces de aprender mucho aunque estudien poco	0 1 2 3 4 5
2. se llevan bien con los demás	0 1 2 3 4 5
3. tienen un gran sentido del humor	0 1 2 3 4 5
4. son incomprendidos	0 1 2 3 4 5
5. trabajan mucho	0 1 2 3 4 5
6. quieren divertirse	0 1 2 3 4 5
7. son inquietos	0 1 2 3 4 5
8. son callados y observadores	0 1 2 3 4 5
9. leen de todo: historia, ciencia, filosofía, etcétera	0 1 2 3 4 5
10. son narcisistas	0 1 2 3 4 5
11. prefieren la rutina	0 1 2 3 4 5
12. sus perspectivas son anticonvencionales	0 1 2 3 4 5
13. siempre triunfan	0 1 2 3 4 5
14. inventan cosas nuevas	0 1 2 3 4 5
15. viven apasionadamente	0 1 2 3 4 5

Estrategias para leer

Understanding Humor

Understanding humor requires more than the ability to decode the surface meaning of words. Humor can take many forms and serve different purposes: the inventiveness of *wit* and *puns*, the distortive imitations of *parody* and *caricature*, the exaggeration of *hyperbole*, or the understatement of *irony*. An awareness of context—including cultural context—and the multiple levels of meaning can help you understand and appreciate humor.

Humor is the trademark of Pedro Almodóvar's cinema and of his own public persona. In the following excerpts, the film director defines the Spanish humor that inspires him, revealing his own style in the telling. The following exercise will help you detect the humor in his statements.

Estrategias en acción

El humor. En la sección «La España de un manchego», Pedro Almodóvar describe la cultura española que le atrae como una cultura que «se burla de sí misma» y que utiliza el humor «para espantar el dolor y la muerte». ¿Cuáles de las siguientes declaraciones de Almodóvar piensa Ud. que ilustran esa definición del humor que le atrae a Almodóvar? Trabajando con un compañero (una compañera), explique sus percepciones de lo cómico.

1. [España] Es la madre y resulta muy difícil hablar de una madre, de sus defectos y sus virtudes (porque son los de uno mismo.)
2. He nacido en España, y aunque no quisiera, eso ha marcado mi vida.
3. De pequeño… como era lo opuesto a lo que los curas (*priests*) trataban de inculcarme, llegué a aceptar que yo era un proscrito, un pervertido, ya que me emocionaba más con Tennessee Williams que con los sermones.
4. Estudio bachillerato elemental y superior. Y dactilografía (*typing*). Esto último es lo único que me ha servido en el futuro.
5. No recuerdo haber tenido juguetes en mi infancia, ni tampoco me recuerdo jugando con niños. Ya desde pequeño mi espectáculo favorito era oír hablar a las mujeres.
6. [L]a familia… me tenía preparado un futuro de oficinista (*office worker*) en un banco del pueblo.
7. Vengo decidido a trabajar…, pero vivir me roba las 24 horas del día.
8. Y participo activamente en todo lo que huele a (*smells like*) diversión.
9. Cinco amantes. Engordo. Escribo y ruedo películas. Triunfo fuera y aquí. Adelgazo.
10. Y de repente me veo en los años noventa.

¿Es Almodóvar un genio?
ACUSACION 2

Fotografía: Chema Conesa

Pedro Almodóvar en un momento de descanso con su madre.

La imagen de España. Hasta hace unos años, la imagen de España eran Julio Iglesias y la porcelana Lladró.[1] Ahora, la responsabilidad también recae[2] sobre los hombros de la *factoría Almodóvar*. Almodóvar es la imagen de España, pero ¿representa realmente lo que es España? Naturalmente que no. El mundo de nuestro director estrella es mucho más cutre,[3] mucho más cerrado y más pobre de lo que[4] se supone que es la España moderna. Almodóvar no se inventa la realidad; lo que ocurre es que la concentra con tanta pasión que siempre sabe a lo mismo.

La España de un manchego[5]

Es la madre y resulta muy difícil hablar de una madre, de sus defectos y de sus virtudes[6] (porque son los de uno mismo). He nacido en España, y aunque no quisiera, eso ha marcado mi vida. Lo malo es cuando uno tiene que hablar de ello, porque sólo te salen tópicos.[7] No todos nos llamamos Ortega y Gasset.[8] Me identifico con la España oscura y con la luminosa. Nuestra cultura me interesa más cuanto más ácida sea, cuando se burla de sí misma, cruelmente y con humor. Creo que el español utiliza el humor para espantar el dolor y la muerte. Es una de

nuestras armas. Me gusta cómo el español vive la religión, olvidándose de Dios y convirtiendo sus ritos en una fiesta-pretexto para relacionarse con sus vecinos. España es tolerante, y a la vez irracionalmente intolerante. Somos distintos, es cierto, del resto del mundo. Somos envidiosos, indisciplinados e individualistas. Capaces de las mayores gestas,[9] pero en solitario. Esto a veces es una cualidad: nuestro individualismo nos hace desobedientes, poco inclinados a respetar los dictados.[10] Tal vez por eso España ha vivido bajo tantos sistemas absolutistas y, sin embargo, ha sabido sobrevivir. Es imposible hablar de España y no hablar de su variedad. Me refiero al hombre y a su paisaje, su lengua y su comida. Lo malo de este tema es que siempre acaba uno haciendo sociología barata.

Autobiografía

Nací en La Mancha hace cuatro decadas. A pesar de haberlas vivido intensamente, todavía no he conseguido la paz interior. Vivo los ocho primeros años de mi vida en mi pueblo natal. Me dejan una

---

[1]*Spanish porcelain figures*   [2]*cae*   [3]*down and out (slang)*   [4]*de... than*   [5]*from the La Mancha region*   [6]*virtues*   [7]*estereotipos*
[8]*early 20th Century Spanish thinker*   [9]*feats*   [10]*rules*

huella[11] profunda y suponen el primer indicativo del tipo de vida que no quiero para mí. Después me traslado con mi familia a Extremadura,[12] sin un duro[13] (Madrigalejo, Cáceres). Estudio bachillerato elemental y superior.[14] Y dactilografía.[15] Esto último es lo único que me ha servido en el futuro. De la época extremeña[16] añoro los ríos, de la manchega todavía me perturban los pozos[17] (la idea de una persona desesperada, mirándose por ultima vez en el reflejo oscuro del agua antes de lanzarse[18]). En Cáceres recibo (es un decir) educación religiosa; salesiana[19] para ser más preciso. Un timo[20] y una pesadilla, por ser eufemístico y sintético. A los 11 años, ante la ausencia de manifestaciones divinas, dejo de creer en Dios. El cine ocupa su lugar. Un poco antes descubro la lectura a través de la colección Reno, de la mano de Julio Verne, Françoise Sagan, Mika Waltari, Herman Hesse, Lahos Zilahy y Walter Scott. No recuerdo haber tenido juguetes en mi infancia, ni tampoco me recuerdo jugando con niños. Ya desde pequeño mi espectáculo favorito era oír hablar a las mujeres. A los 16 años rompo con la familia, que me tenía preparado un futuro de oficinista[21] en un banco del pueblo, y me vengo a Madrid, a labrarme[22] un presente más de acuerdo con mi naturaleza. Vengo decidido a trabajar y estudiar, pero vivir me roba las 24 horas del día. Aun así tengo que extraer de donde puedo ocho horas para trabajar diariamente en la Telefónica, como auxiliar[23] administrativo. Interrumpida por múltiples excedencias, la cosa dura 12 años. La experiencia, sin embargo, no es tan negativa como parece a simple vista. La Telefónica me proporciona una información de valor incalculable sobre la clase media-baja española. Me compro una cámara de súper 8 y empiezo a rodar. No sé de dónde saco el tiempo, pero también me enrolo[24] en el grupo de teatro Los Goliardos y escribo todos los días algo. Algunos relatos aparecen en revistas tipo *El Víbora*. Empiezo a relacionarme con el *underground* de Madrid y de Barcelona. Y participo activamente en todo lo que huele a diversión. Hago fotonovelas *porno*-punki para *El Víbora*. Canto. Bailo. Y escribo en periódicos y revistas, siempre sobre mí o sobre lo que me gusta. Parte de esta obra se recopila en forma de libro. Actúo con el grupo Almodóvar-MacNamara, destrozando todos los géneros,[25] desde el pop al rock más sucio, pasando por las rancheras.[26] Cinco amantes. Engordo. Escribo y ruedo películas. Triunfo fuera y aquí. Adelgazo. Y de repente me veo en los años noventa. Sigo rodando. No me siento feliz; sin embargo, creo que soy un hombre afortunado.

Del cine para Pedro Almodóvar

De pequeño, el cine supuso mi auténtica educación. Y como era lo opuesto a lo que los curas[27] trataban de inculcarme,[28] llegué a aceptar que yo era un proscrito,[29] un pervertido, ya que me emocionaba más con Tennessee Williams que con los sermones. Una vez aceptado que mi mundo era el de la carne, la mala conciencia desapareció. Me eduqué con los dramas y las comedias de Hollywood. Con el neorrealismo italiano, películas de ciencia-ficción mexicanas y alguna película realista del nuevo cine español. Pero ni en sueños llegué a creer que lo conseguiría. Para mí el cine eran los actores. Entonces decidí que quería ser actor. Hice algunos trabajos, pero no era bueno. Después me di cuenta que había un director y un guionista.[30] Y descubrí que ellos eran los auténticos dueños del juego. Desde entonces, una vez situado en el lugar del narrador, hacer películas es una pasión que ha fagocitado[31] mi vida.

Extraído de *El País Semanal*

---

[11]*mark, trace*   [12]*region of southwest Spain*   [13]*sin... broke (slang)*   [14]*bachillerato... primary and secondary school*   [15]*typing*
[16]*de Extremadura*   [17]*wells*   [18]*hurling oneself*   [19]*of the Salesian order of priests*   [20]*fraud, lie*   [21]*office worker*   [22]*carve out for myself*   [23]*assistant*   [24]*me... I enroll*   [25]*genres*   [26]*Mexican country songs*   [27]*priests*   [28]*instill in me*   [29]*exile, outcast*
[30]*script writer*   [31]*filled up*

¿Cuánto recuerda Ud.?

Marque (X) las frases que describen a Almodóvar y su vida.

1. _____ De niño, Almodóvar soñaba con ser una estrella de cine.
2. _____ Almodóvar se siente feliz y en paz consigo mismo.
3. _____ A Almodóvar no le gusta el pueblo donde nació en La Mancha, ni tampoco le gusta donde vivió en Extremadura.
4. _____ Cree en Dios, gracias a su educación en colegios religiosos.
5. _____ Se va de casa a los 16 años.
6. _____ En Madrid encuentra un ambiente compatible con su naturaleza.
7. _____ La dactilografía es lo único que le sirvió de la escuela
8. _____ Le gustaba observar la clase media-baja española.
9. _____ Además de trabajar de día, de noche estudiaba teatro; por eso, nunca podía divertirse.
10. _____ En sus artículos de periódico se nota que le encanta hablar de sí mismo.
11. _____ Su deseo de trabajar con actores y su inclinación por narrar historias lo llevaron a ser guionista.

¿Qué se imagina Ud.?

A. ¿Es Almodóvar un genio? Repase la Actividad D de **Comentarios preliminares** para determinar ahora si Almodóvar coincide con las ideas que tiene la clase sobre los genios. Considere la pregunta del título de la lectura, «¿Es Almodóvar un genio?», dándole al director un valor de 0 a 5. Después comparta y discuta su juicio con dos o tres compañeros/as.

B. Para ser feliz. Aunque ha tenido una vida variada y divertida y ha logrado sus metas, Almodóvar confiesa que a veces no es feliz. Trabajando en un grupo pequeño, elaboren una lista de consejos que pueden ayudar a Almodóvar a ser feliz. Luego, compartan su lista con el resto de la clase y compilen una lista general de consejos que sean compatibles con el carácter, las metas y el estilo de vida del director español.

C. La vida de Almodóvar en película. Imagínese que su clase de español acaba de firmar un contrato para escribir, filmar y dirigir una película sobre la vida de Almodóvar. Trabajando en un grupo pequeño, escojan una de las siguientes etapas de la vida del director. Inventen una escena de esa etapa para representar (o filmar) ante la clase.

1. su niñez: su vida en La Mancha y en Cáceres (hasta los 11 años)
2. su educación: el cine y la lectura frente al colegio y la religión (de los 11 a los 16 años)
3. la ruptura con la familia (a los 16 años)
4. en Madrid: de oficinista y con su cámara de súper 8 (de los 16 a los 28 años)

5. los años de *underground:* teatro, revistas, diversión

6. la fama de hoy: engorda, escribe, rueda, triunfa, adelgaza

D. ¡Yo conocí a Almodóvar! Imagínese que Ud. trabajó con Almodóvar en algún momento de su vida. Por eso, los programas sensacionalistas (de televisión) quieren que Ud. presente su versión del verdadero Almodóvar. Adopte el punto de vista de *una* de las siguientes personas para dar al público su retrato del director. ¡Use su imaginación!

1. uno de los curas con quienes se educó

2. el director del banco de su pueblo

3. su madre o su padre

4. una compañera de la Telefónica

5. el director del grupo de teatro Los Goliardos

6. la actriz o el actor principal de su última película

Gramática en contexto

28. More About Describing: Adjective Clauses and Relative Pronouns

By now, you are well accustomed to using descriptive adjectives to modify nouns in Spanish.

> Me identifico con la España **oscura.**

Just as a single-word adjective can be used to describe a noun, so too can an entire clause be used. Link an adjective clause to a noun by using a relative pronoun, usually **que.**

> Me identifico con la España **que es oscura.**

Stylistically, adjective clauses can be useful in eliminating the repetition created by a series of sentences referring to the same noun. They can also make speech or writing appear more sophisticated.

> Me identifico con España. España es oscura.
> Me identifico con la España **que** es oscura.

Que

Que is the relative pronoun most frequently used in Spanish. It can refer to both people and things.

Almodóvar es un director **que** ha tenido mucho éxito.

Almodóvar hace películas **que** examinan la sociedad española.

Almodóvar is a director that (who) has had a lot of success.

Almodóvar makes films that examine Spanish society.

¡Practiquemos!

La vida de Pedro Almodóvar. Combine cada cláusula principal con una cláusula dependiente para formar oraciones lógicas.

1. _____ España es una madre que…
2. _____ Mirar hacia el futuro es lo único que…
3. _____ Almodóvar era un proscrito que…
4. _____ Almodóvar se educó con las películas que…
5. _____ El es un director que…

a. se hacían en Hollywood.
b. ha marcado la vida de Pedro Almodóvar.
c. le ha servido a Pedro Almodóvar.
d. la sociedad española no quería aceptar.
e. capta la realidad de la clase media-baja española.

Quien

Although **que** is frequently used to express *who* or *whom,* **quien(es)** is used if an adjective clause referring to people is introduced by a preposition (**a, al lado de, con, de, delante de, en,** and so on). **Quien** is also used when the relative pronoun introduces a statement set off by commas.

Ese señor, **quien** nació en La Mancha, llegó a ser un director famoso. (Ese señor **que** nació en La Mancha llegó a ser un director famoso.)

Pedro, de **quien** hablamos ayer, ya no estudia en la universidad.

That man, who was born in La Mancha, became a famous director. (That man who was born in La Mancha became a famous director.)

Pedro, about whom we spoke yesterday, doesn't study at the university anymore.

Donde

When the adjective clause modifying a place means *in which* or *where,* **donde** is used instead of **que.**

Su familia se trasladó a Extremadura **donde** Almodóvar recibió una educación religiosa.	*His family moved to Extremadura where Almodóvar received a religious education.*

Cuyo

The adjective **cuyo/a/os/as** (*whose*) functions like a relative pronoun by linking a dependent clause that modifies a noun. Note that **cuyo** agrees in gender and number with the noun that follows it, not with the noun in the main clause.

Sus películas, **cuyos** temas tienen que ver con la la sociedad española, han triunfado en el cine mundial.	*His movies, whose themes deal with Spanish society, have succeeded in the film world.*
Almodóvar, **cuyas** películas pueden ser cómicas, no es un hombre feliz.	*Almodóvar, whose films can be funny, is not a happy man.*

El que and el cual

The relative pronouns **el/la que, los/las que; el/la cual, los/las cuales** are generally used in more formal writing and speech. Whereas **que** alone is most frequently used after one-syllable prepositions (**a, de, con,** and **en**) when referring to things,* the **el que** and **el cual** forms are used after the prepositions **por, para,** and **sin,** as well as after prepositions of more than one syllable (**alrededor de, detrás de, durante,** and so on).

Este es el lugar ideal para encontrar a la gente famosa **con (la) que** te debes relacionar.	*This is the place to meet the famous people with whom you should become acquainted.*
Estas son las pruebas sin **las cuales** no podía comprobar mi argumento.	*These are the proofs without which I couldn't prove my argument.*

¡Practiquemos!

A. La vida salmantina. Escoja **que, donde, quien(es), cuyo/a/os/as** o *artículo* + **cual(es)** para completar las siguientes frases que hablan de la vida sevillana. Primero, determine si el referente indicado es una persona o una cosa. Segundo, determine si una preposición (larga o corta) precede al espacio en blanco. ¡OJO! A veces hay más de una respuesta correcta.

MODELO: **Los apartamentos** <u>que</u> hay en la plaza son muy antiguos.

---

*El/La que and los/las que can also be used with **a, de, con,** and **en** for clarity or emphasis.

1. Disfrutar de la vida es **algo** _que_ el sevillano ha convertido en un arte.
2. Hay **medallones** _que_ inmortalizan figuras de la historia española.
3. Juan Ramón Jiménez es **el escritor** de _quien_ te hablé.
4. **La plaza,** por _~~cual~~_ _(la cual)_ han pasado tantas personas, es el centro de la ciudad.
   los cuales
5. **Estos arcos,** detrás de ~~donde~~ se esconden los niños, son parte del encanto de la plaza.
6. Esos sevillanos pertenecen a **una generación** para _la cual_ el paseo todavía es parte importante de la vida diaria.
7. La Plaza Mayor se construyó al buscarse **un lugar** _donde_ instalar el mercado.
8. A finales del siglo XVI se edificaron las **carnicerías** reales _cuyas_ ~~que~~ paredes rodean la actual plaza.
9. **Los sevillanos,** _quienes_ siempre han disfrutado de la Plaza Mayor, no les prestan mucha atención a los turistas que la visitan.
10. **El paseo,** sin _el cual_ los sevillanos no podrían vivir a gusto, siempre será divertido.
11. **Esas jóvenes** _quienes_ ves en la entrada de la plaza son guías municipales.
12. **La señora** _cuyo_ puesto (*stand, booth*) está en la esquina se llama Lourdes Ochoa.

B. Opiniones personales. Exprese sus opiniones completando las siguientes oraciones.

1. La vida es una cosa que…
2. Las cataratas del Niágara, cuyo/a/os/as… _aguas son muy hermosas_ , es un lugar donde…
3. El presidente de los Estados Unidos, quien… , es una persona que…
4. Aprecio mucho… , sin el cual (la cual / los cuales / las cuales) yo no podría vivir a gusto.
5. Viajar es una actividad que…

29. Describing Nonexistent Things and People: The Subjunctive with Adjective Clauses

In the type of adjective clauses presented in **Gramática 28,** the antecedent (the noun to which the relative pronoun refers) is something or someone that actually exists in the speaker's world, so all the verbs in the adjective clauses are in the indicative.

Hay **toros** que sólo **atacan** la tela.	*There are bulls that only attack the cloth.*
Siempre compro un número de la lotería que **termina** en cero.	*I always buy a lottery number that ends in zero.*

However, if the existence of the antecedent is in question—that is, if the antecedent does not refer to a known, real person or thing but rather to something or someone that may exist only in the speaker's mind—the verb in the adjective clause will be in the subjunctive.

| Un toro que no **ataque** la tela no es buen toro. | *A bull that doesn't attack the cloth isn't a good bull.* |
| Busco un vendedor de lotería que me **venda** mi número favorito. | *I'm looking for a lottery ticket seller who will sell me my favorite number.* |

Because the bull and the lottery ticket seller in the immediately preceding sentences are not specific, the subjunctive is used in each adjective clause.

The subjunctive is always used with adjective clauses that modify negative words such as **nada, nadie, ningún* (ninguno/a/os/as),** because the antecedent is by definition in doubt or nonexistent.

Almodóvar no presenta nada que no **sea** una sátira social.	*Almodóvar doesn't present anything that isn't social satire.*
No hay ningún español que no **conozca** sus películas.	*There is no Spaniard who doesn't know his films.*
No censuro a nadie que **hable** con sinceridad.	*I don't criticize anybody who speaks sincerely.*

The subjunctive is often used in adjective clauses modifying **algo, alguien, algún* (alguno/a/os/as),** especially when asking questions. In sentences like these, the subjunctive reserves judgment about the existence of the person or thing being described.

¿Hay alguien aquí que me **pueda** explicar las películas de Almodóvar?	*Is there anyone here who can explain Almodóvar's movies to me?*
¿Hay algo en sus películas que no **entiendas?**	*Is there anything in his movies that you don't understand?*
Quiero ver alguna película de él que **sea** divertida.	*I want to see a movie of his that's entertaining (funny).*

¿Quién dijo que no hay nada que valga la pena en la TV?

---

*Remember that the **-o** drops off **ninguno** and **alguno** before masculine singular nouns: **ningún español, algún español.**

¡Practiquemos!

A. De vacaciones en Sevilla. Escoja la forma apropiada del verbo para cada oración e indique por qué se usa el indicativo o el subjuntivo en cada caso.

1. Busco un mercado que vende / venda artesanías (*handcrafted items*) españolas.
2. En este puesto hay algunas artesanías que vienen / vengan de Toledo.
3. No hay nadie que puede / pueda decir que esta plaza no es popular. ¡Hay miles de personas aquí hoy!
4. Aunque Sevilla es una ciudad muy turística, no he conocido a ningún sevillano que es / sea antipático.
5. ¿Hay algún sitio por aquí donde podemos / podamos sentarnos un rato?
6. Conozco tres cafés al aire libre que están / estén cerca de aquí.
7. ¿Me puedes recomendar algún restaurante que sirve / sirva gazpacho?
8. No, pero en el restaurante de al lado se sirve un cordero asado (*roast lamb*) que es / sea magnífico.

B. Un asistente. Complete la siguiente descripción con la forma apropiada de los verbos.

Pedro Almodóvar está rodando una nueva película en Cáceres y necesita encontrar un asistente que (poder)[1] ayudarle en la producción. Busca una persona que (ser)[2] amable, informada y lista y que no (cobrar)[3] demasiado. Ha trabajado con muchas personas que no (entender)[4] su obra. Esta vez quiere contratar a alguien que (saber)[5] un poco más de sus películas. Debe haber alguien que (gozar)[6] de la sátira y el melodrama. Entiende bien que no hay nadie que (ir)[7] a entenderlo a la perfección. Le interesa una persona que (tener)[8] buen sentido del humor. No piensa contratar a nadie que le (causar)[9] disgustos. Con esta ayuda Almodóvar tiene en mente hacer una película que (mostrar)[10] los secretos de la burguesía.

C. En busca de algo. Las personas de cada dibujo buscan o quieren encontrar algo. ¿Que es lo que buscan? ¿Es que lo hay? ¿Qué le pregunta cada una a la otra persona en el dibujo? Invente una historia para cada dibujo.

1.   2.   3.

30. More on the Subjunctive Versus the Indicative: Summary of Their Uses

You now know that the subjunctive occurs only in subordinate clauses and that the decision to use the subjunctive instead of the indicative in a given subordinate clause depends on a number of factors. These factors are summarized in the following table.

	TYPE OF SUBORDINATE CLAUSE		
	noun	*adverb*	*adjective*
Subjunctive	Following main-clause verbs that express: • will • influence • emotion • doubt and denial	Following the adverbial conjunctions: • **a menos que** • **antes de que** • **con tal (de) que** • **para que** • **sin que** With events that express unrealized actions*	Modifying nonexistent antecedents
Indicative	Following main-clause verbs that express affirmation	With events that express habitual, ongoing, or already realized actions*	Modifying existing antecedents

*Remember that the choice between whether to use the indicative or the subjunctive following the adverbial conjunctions listed below depends on whether the event in the subordinate clause has been realized or remains unrealized.

- **cuando**
- **después (de) que**
- **en cuanto**
- **hasta que**
- **mientras**
- **tan pronto como**

¡Practiquemos!

Opciones. Escoja la forma apropiada del verbo en cada caso e indique el porqué de su uso.

1. Almodóvar rueda / ruede películas de sátira para que la gente sabe / sepa más de la sociedad española.
2. Es curioso que él no tiene / tenga recuerdos de juegos con otros niños.
3. Ojalá que Almodóvar hace / haga una película sobre los Estados Unidos.
4. Es obvio que hay / haya mucho que aprender de sus películas.

5. No hay nadie que comprende / comprenda lo divertido que es / sea para Almodóvar ser director.
6. Almodóvar no quiere rodar ninguna película a menos que él puede / pueda escribir el guión también.
7. Almodóvar cuenta / cuente todas las cosas cómicas que ha / haya observado en los pueblos.
8. Almodóvar insiste / insista en que nos damos / demos cuenta de lo divertido de esta vida.
9. Las películas se hacen para que la gente se divierte / divierta.
10. Es imposible hablar de España sin que se menciona / mencione su variedad.

Español en acción

A. La feria de Zamora. El vino y el queso son productos españoles de suma importancia para la economía de regiones como La Rioja, una comunidad autónoma del norte de España donde hay muchos queseros (*cheese makers*) y productores de vino. La feria que tendrá lugar en Zamora desde el 25 hasta el 29 de junio será muy concurrida (*well attended*) por los que trabajan en esas industrias, tanto españoles como extranjeros. Imagínese que Ud., su profesor(a) y todos sus compañeros de clase son mercaderes que van juntos a la feria de Zamora.

1. Antes de hacer el viaje, lo primero que tienen que decidir es en dónde quieren alojarse (*to stay*). Comenten las varias opciones que siguen. Expresen sus preferencias personales como «Prefiero un hotel que tenga… », «No quiero alojarme en un lugar donde no haya… » o «Es mejor que estemos… »

   ❋ El Gran Hotel de Zamora es un hotel sumamente elegante donde una habitación cuesta más de setenta euros por noche. Queda muy cerca de la feria y tiene una piscina (*swimming pool*) enorme.
   ❋ El Parador Nacional, cuyas habitaciones han sido modernizadas y no son tan caras como las del Gran Hotel, es un fascinante castillo histórico situado en la parte más antigua de la ciudad. Van a necesitar un coche, pero casi no hay lugares de estacionamiento (*parking*).
   ❋ El hostal El Cid es muy pequeño, muy viejo y muy barato. Por suerte queda sólo a unas pocas cuadras de la feria, pero es probable que no cuente con suficientes cuartos para todo el grupo.

2. Llegando a Zamora, Uds. tienen que escoger en dónde van a comer. Se les recomienda los siguientes lugares.

Tres vinos españoles

✳ El Restaurante Félix, que se especializa en la comida tradicional española, está situado al aire libre en una callejuela de la ciudad vieja. Desde sus terrazas hay una vista magnífica de la fortaleza donde el héroe El Cid luchó a finales del siglo XI. Hace ya cinco generaciones que la familia del dueño (*owner*) actual trabaja en este pintoresco restaurante.

✳ El restaurante del Parador Nacional ofrece especialidades de la región de Zamora, además de un «menú del día» a precio fijo (*fixed*) que es una ganga (*bargain*).

✳ En las «tascas» populares se acostumbra probar las tapas (*snacks*) mientras se toma una copa de vino, de jerez (*sherry*) o una cerveza. Es una manera divertida de comer y conocer a la gente al mismo tiempo.

B. Se busca un actor. Imagínese que Ud. es un director de cine que busca un actor que haga el papel principal en una película sobre la vida de Ud. Busca a alguien que se le parezca en todos los aspectos: como a Ud. le encantan la radio y la televisión, decide hacer un anuncio por esos medios de comunicación. Escriba, pues, un anuncio explícito para ser filmado y presentado en clase, describiendo al actor ideal para el papel. (¡ojo! Como aún no conoce a la persona y no sabe si la encontrará, es posible que necesite describirla usando el subjuntivo.)

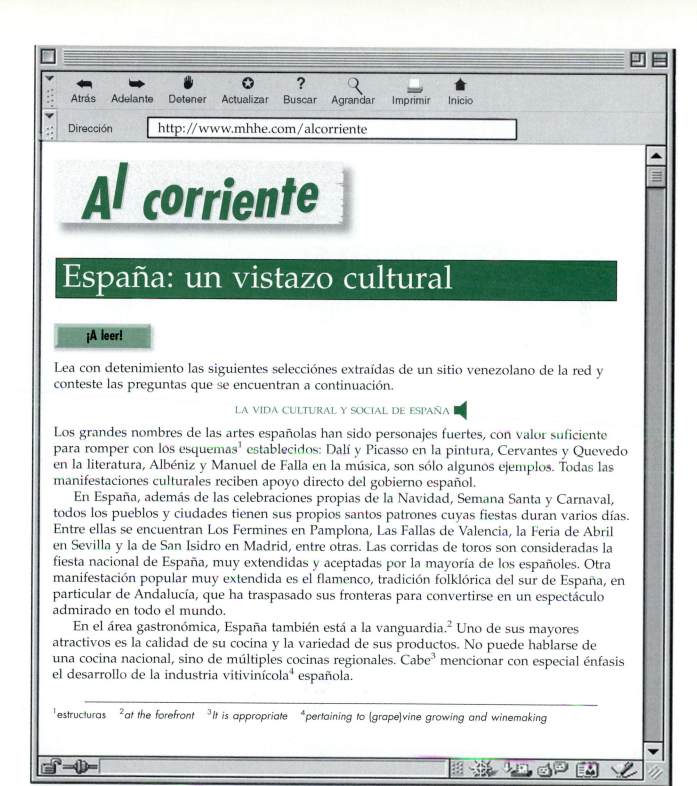

Al corriente

España: un vistazo cultural

¡A leer!

Lea con detenimiento las siguientes selecciónes extraídas de un sitio venezolano de la red y conteste las preguntas que se encuentran a continuación.

LA VIDA CULTURAL Y SOCIAL DE ESPAÑA

Los grandes nombres de las artes españolas han sido personajes fuertes, con valor suficiente para romper con los esquemas[1] establecidos: Dalí y Picasso en la pintura, Cervantes y Quevedo en la literatura, Albéniz y Manuel de Falla en la música, son sólo algunos ejemplos. Todas las manifestaciones culturales reciben apoyo directo del gobierno español.

En España, además de las celebraciones propias de la Navidad, Semana Santa y Carnaval, todos los pueblos y ciudades tienen sus propios santos patrones cuyas fiestas duran varios días. Entre ellas se encuentran Los Fermines en Pamplona, Las Fallas de Valencia, la Feria de Abril en Sevilla y la de San Isidro en Madrid, entre otras. Las corridas de toros son consideradas la fiesta nacional de España, muy extendidas y aceptadas por la mayoría de los españoles. Otra manifestación popular muy extendida es el flamenco, tradición folklórica del sur de España, en particular de Andalucía, que ha traspasado sus fronteras para convertirse en un espectáculo admirado en todo el mundo.

En el área gastronómica, España también está a la vanguardia.[2] Uno de sus mayores atractivos es la calidad de su cocina y la variedad de sus productos. No puede hablarse de una cocina nacional, sino de múltiples cocinas regionales. Cabe[3] mencionar con especial énfasis el desarrollo de la industria vitivinícola[4] española.

---

[1]estructuras   [2]at the forefront   [3]It is appropriate   [4]pertaining to (grape)vine growing and winemaking

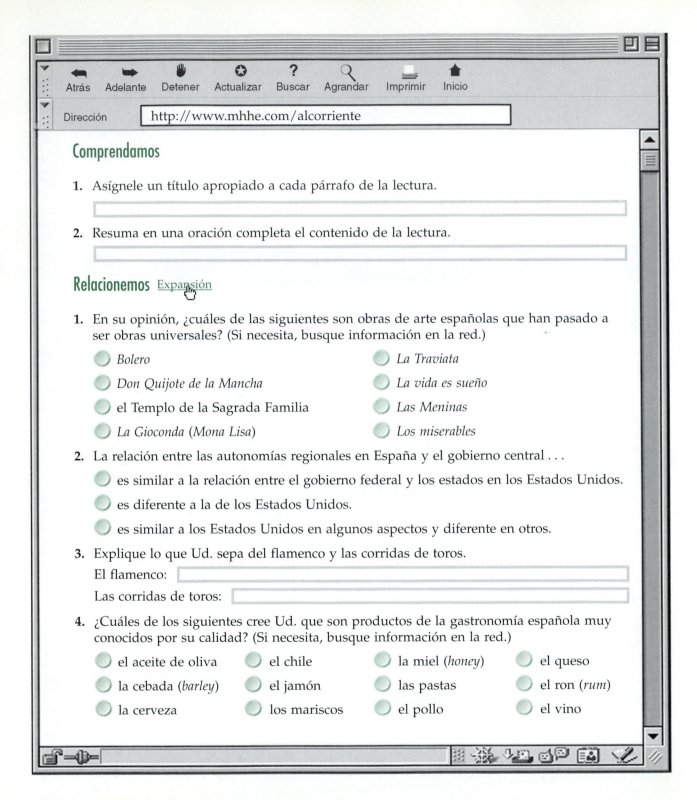

Dirección http://www.mhhe.com/alcorriente

Comprendamos

1. Asígnele un título apropiado a cada párrafo de la lectura.

2. Resuma en una oración completa el contenido de la lectura.

Relacionemos Expansión

1. En su opinión, ¿cuáles de las siguientes son obras de arte españolas que han pasado a ser obras universales? (Si necesita, busque información en la red.)

- ⬤ *Bolero*
- ⬤ *Don Quijote de la Mancha*
- ⬤ el Templo de la Sagrada Familia
- ⬤ *La Gioconda* (*Mona Lisa*)
- ⬤ *La Traviata*
- ⬤ *La vida es sueño*
- ⬤ *Las Meninas*
- ⬤ *Los miserables*

2. La relación entre las autonomías regionales en España y el gobierno central . . .

- ⬤ es similar a la relación entre el gobierno federal y los estados en los Estados Unidos.
- ⬤ es diferente a la de los Estados Unidos.
- ⬤ es similar a los Estados Unidos en algunos aspectos y diferente en otros.

3. Explique lo que Ud. sepa del flamenco y las corridas de toros.

El flamenco:

Las corridas de toros:

4. ¿Cuáles de los siguientes cree Ud. que son productos de la gastronomía española muy conocidos por su calidad? (Si necesita, busque información en la red.)

- ⬤ el aceite de oliva
- ⬤ la cebada (*barley*)
- ⬤ la cerveza
- ⬤ el chile
- ⬤ el jamón
- ⬤ los mariscos
- ⬤ la miel (*honey*)
- ⬤ las pastas
- ⬤ el pollo
- ⬤ el queso
- ⬤ el ron (*rum*)
- ⬤ el vino

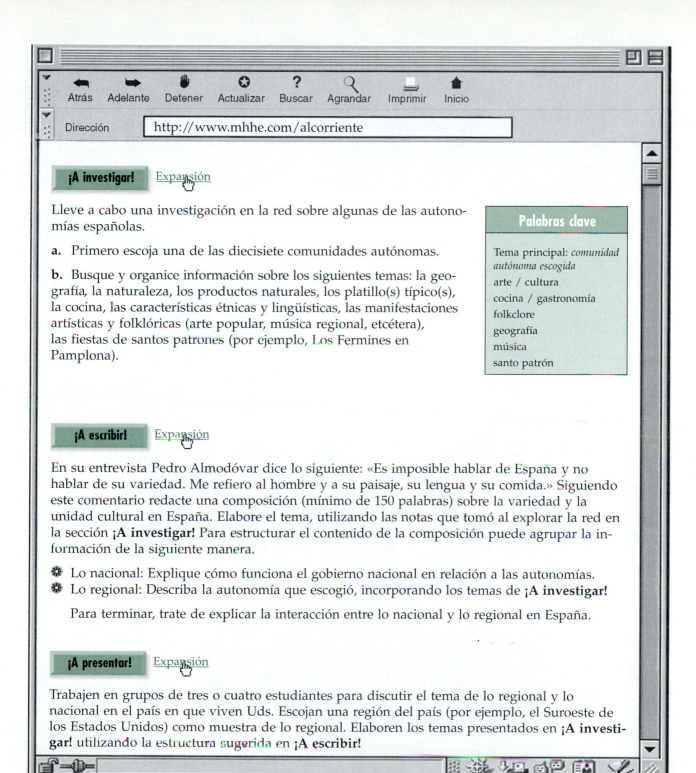

¡A investigar! [Expansión]

Lleve a cabo una investigación en la red sobre algunas de las autonomías españolas.

a. Primero escoja una de las diecisiete comunidades autónomas.

b. Busque y organice información sobre los siguientes temas: la geografía, la naturaleza, los productos naturales, los platillo(s) típico(s), la cocina, las características étnicas y lingüísticas, las manifestaciones artísticas y folklóricas (arte popular, música regional, etcétera), las fiestas de santos patrones (por ejemplo, Los Fermines en Pamplona).

> **Palabras clave**
>
> Tema principal: *comunidad autónoma escogida*
> arte / cultura
> cocina / gastronomía
> folclore
> geografía
> música
> santo patrón

¡A escribir! [Expansión]

En su entrevista Pedro Almodóvar dice lo siguiente: «Es imposible hablar de España y no hablar de su variedad. Me refiero al hombre y a su paisaje, su lengua y su comida.» Siguiendo este comentario redacte una composición (mínimo de 150 palabras) sobre la variedad y la unidad cultural en España. Elabore el tema, utilizando las notas que tomó al explorar la red en la sección **¡A investigar!** Para estructurar el contenido de la composición puede agrupar la información de la siguiente manera.

❋ Lo nacional: Explique cómo funciona el gobierno nacional en relación a las autonomías.
❋ Lo regional: Describa la autonomía que escogió, incorporando los temas de **¡A investigar!**

Para terminar, trate de explicar la interacción entre lo nacional y lo regional en España.

¡A presentar! [Expansión]

Trabajen en grupos de tres o cuatro estudiantes para discutir el tema de lo regional y lo nacional en el país en que viven Uds. Escojan una región del país (por ejemplo, el Suroeste de los Estados Unidos) como muestra de lo regional. Elaboren los temas presentados en **¡A investigar!** utilizando la estructura sugerida en **¡A escribir!**

CAPITULO 12 ¡Hablemos un poco!

El rey don Juan Carlos de Borbón

El Generalísimo Francisco Franco

La familia real

Vocabulario del tema

La política

Los sistemas políticos
la democracia
la dictadura
la monarquía
la república
el socialismo

Los conceptos políticos
los derechos (rights)
el partido político (political party)
el poder (power)
el voto

Los líderes y los representantes
el alcalde, la alcaldesa (mayor)
el/la congresista
el diputado, la diputada (representative [*to Congress, Parliament*])

el presidente, la presidenta
el primer ministro
el rey, la reina (king, queen)
el senador, la senadora

La sociedad

la alimentación (nutrition)
la calidad de vida (quality of life)
el censo (census)
la enseñanza (education)
la esperanza de vida (life expectancy)
la natalidad (birth rate)
el nivel de vida (standard of living)
el ocio (leisure)
la población (population)
la sanidad (public health)
la supervivencia (survival)

el transporte (transportation)
la vivienda (housing)

La economía

el capitalismo
el consumo
la empresa privada (private enterprise)
la fabricación (manufacturing)
el gasto (expense, expenditure, spending)
gratuito, gratis (free)
el ingreso (income)
el paro (unemployment)
el presupuesto (budget)
el Producto Interior Bruto, PIB (GNP)
la propiedad (property)
el sueldo (salary)

José María Aznar, Presidente del Estado Español

Hablando del tema

A. Una clase de ciencias políticas.   Imagínese que Ud. enseña ciencias políticas en una universidad española y quiere que sus estudiantes comprendan el significado de los siguientes términos. ¿Cómo les explica los siguientes conceptos relacionados con la política?

1. la diferencia entre un *rey* y un *presidente*
2. la diferencia entre una *democracia* y una *república*
3. un partido político
4. los derechos humanos
5. el voto
6. un diputado

B. Una clase de ciencias económicas. Imagínese que Ud. enseña ciencias económicas en una escuela secundaria española y quiere que sus estudiantes comprendan el significado de los siguientes términos. ¿Cómo les explica los siguientes conceptos relacionados con la economía?

1. la diferencia entre *ingreso* y *sueldo*
2. la diferencia entre *gasto* y *consumo*
3. el presupuesto
4. el paro
5. el capitalismo
6. la propiedad

C. De conferenciante. Imagínese que Ud. ha sido invitado/a para dar conferencias acerca de la sociedad norteamericana en varios colegios españoles. Le han pedido que se prepare para hablar de los siguientes temas y contestar las preguntas de los estudiantes españoles. Para prepararse, escriba una definición/explicación de cada uno y un comentario sobre cada concepto en relación a la sociedad.

1. la natalidad y la esperanza de vida
2. la población
3. la enseñanza
4. la sanidad
5. la vivienda
6. la alimentación
7. el ocio

D. Lluvia de ideas: España. Imagínese que hay un intercambio entre su institución y otro centro de enseñanza en España. Para que Uds. estén preparados para conversar inteligentemente sobre España, su profesor(a) de español les pide que hagan una «lluvia de ideas» en la clase. Primero, trabajando en un grupo pequeño, anoten todo lo que saben sus compañeros/as sobre España —su política, su economía, la gente y la sociedad—, y después hagan una lista de los aspectos sobre España que necesitan explorar más. Finalmente, compartan sus listas con el resto de la clase para adquirir una imagen más completa de España y para formular una sola lista general de preguntas. Pueden organizar sus apuntes bajo las dos siguientes categorías: lo que sabemos de España; lo que quisiéramos saber de España.

Lectura

Acercándonos a la lectura

The most profound event in Spain's recent history was the Spanish Civil War (1936–1939), which pitted **republicanos**—a coalition of moderate democrats, liberals, socialists, anarchists, and communists—against the **falangistas**—a coalition of the most conservative elements of society, including the hierarchy of the Catholic Church. The **falangistas,** or Nationalists, revolted against the democratic government in power in 1936 and, with the help of Nazi Germany and Fascist Italy, defeated the **republicanos,** or Loyalists, in 1939. General Francisco Franco took over and ruled the country with an iron hand. After his death in 1975, history took a surprising turn as his hand-picked successor, King Juan Carlos, ushered in a new age of democracy and prosperity.

Spain has undergone astonishing political, social, and economic transformations in the last three decades. Moving from dictatorship to democracy, from a traditional, rural society to a modern, urban one, and from a struggling, emerging economy to a post-industrial one, Spain shed its unofficial Third World status and was officially admitted to the European Community **(Comunidad Europea)** in 1986.

This chapter's reading, "**Vivir en España,**" balances statistical analysis with a portrait of a typical Spanish family to give both an abstract overview and a concrete sense of life in contemporary Spain. As you read, note the similarities and differences between contemporary Spain and your own society.

Vocabulario para leer

descender	to decrease	el frigorífico	refrigerator
		el hogar	home
la aspiradora	vacuum cleaner	el ordenador	computer
la calefacción	central heating	el piso	apartment
el calzado	footwear	la prenda de vestir	article of clothing
el centro	downtown	las rebajas	store sales, price reductions
el centro de enseñanza	school or educational institution		
el descenso	decrease	la revista	magazine
el diario	(daily) newspaper	el seguro	insurance
los enseres domésticos	household furnishings and appliances	mensual	monthly
el envejecimiento	aging process, deterioration	en vano	in vain

A. Asociaciones. Indique con qué palabra del **Vocabulario para leer** asocia Ud. cada palabra e indique cómo se relacionan.

1. la casa, la familia
2. el periódico
3. la vivienda
4. barato
5. cada mes
6. bajar
7. la recogedora de polvo
8. el refrigerador
9. la ropa
10. el futuro

B. Definiciones.   Explique en español qué significan las siguientes palabras o frases.

1. el envejecimiento
2. en vano
3. el descenso
4. los enseres domésticos
5. la calefacción
6. el centro
7. el calzado

Comentarios preliminares

El censo en su hogar.   Imagínese que Ud. es la persona designada en su hogar para dar las respuestas a la investigación del censo. Trabajando en un grupo pequeño, conteste cada uno/a de Uds. las preguntas a continuación mientras sus compañeros/as apuntan sus respuestas. Finalmente, sigan las instrucciones de su profesor(a) para presentar a la clase su análisis de un aspecto de la información.

EL CENSO OFICIAL DE ESTE AÑO

Su dirección:

I. Habitantes por vivienda
   1. ¿Cuántas personas hay en total? _____
   2. ¿Cuántos son adultos? _____   Edades: _____
   3. ¿Cuántos hijos tienen? _____   Edades: _____

II. Vivienda
   1. ¿Cuántos habitantes hay en esta ciudad/este (pueblo)? _____
   2. ¿Dónde está situada esta ciudad/este pueblo? _____
   3. ¿En qué tipo de vivienda vive? _____
   4. ¿Cuántas habitaciones hay en esta vivienda? _____
   5. ¿Tiene calefacción central? _____
   6. ¿Tiene aire acondicionado? _____
   7. ¿Hay agua corriente? _____ ¿ducha? _____
      ¿baño? _____

III. Empleo
   1. ¿Cuántos habitantes de esta vivienda tienen empleo? _____
   2. ¿Cuáles son sus carreras u oficios? _____
   3. ¿Cuántas horas trabaja cada uno/a a la semana? _____
   4. ¿Cuál es el sueldo más alto? _____
   5. ¿Cuál es el sueldo más bajo? _____

IV. Calidad de vida
   1. ¿Cuántos coches poseen los habitantes de esta vivienda? _____
   2. ¿Qué otros medios de transporte utilizan? _____
   3. ¿Cuál es el tipo de transporte que más utilizan? _____

4. ¿Cuántos habitantes de esta vivienda poseen seguro (*insurance*) médico? _____

5. ¿Cuántas visitas al año hacen al (a un centro) médico? _____

Estrategias para leer

Reading Formal Prose

In Spanish, formal prose tends to be more wordy and intricate than in English; the nouns are heavily modified, and the sentences often contain several subordinate clauses, sometimes nestled within one another. Long, complex sentences are preferred over the type of short, active sentences we are encouraged to write in English. But one basic fact remains: every complete sentence is made up of a subject, a verb, and usually an object that together form the main idea of each sentence. Everything else serves to elaborate and modify.

Learning to single out the main subject, verb, and object(s) of a sentence will simplify complex prose and help you understand it more easily. One of the ways you can do this is to skip over prepositional phrases and subordinate clauses (remember that these often begin with **que** or other relative pronouns you learned in **Capítulo 11,** including **aunque, para que, como, cuando**).

Once you have identified the main idea of a sentence, however, you will notice that some of the information in the eliminated phrases and clauses is important, too. After you understand the main idea, you can search for the details needed for clarification. Remember to keep these techniques in mind when reading the selection.

Estrategias en acción

El corazón de la oración. Examine las siguientes frases extraídas de la lectura de este capítulo para identificar el **sujeto,** el **verbo** y el **objeto.** Recuerde que puede eliminar frases preposicionales y cláusulas subordinadas para captar la idea básica.

1. Los ingresos de la familia Pérez García constan del sueldo de Francisco, el padre, que gana 280.000 pesetas* mensuales como analista informático de una empresa de seguros.

2. Los Pérez García son fieles usuarios (*users*) de la sanidad (*health services*) pública gratuita, pero la atención odontológica (*dental*) no entra en el paquete de la ortodoncia (*dental package*) de Ana y algunas caries (*cavities*) familiares aumentan el gasto en los carísimos odontólogos españoles.

---

*In 2002, Spain and eleven other European Union countries adopted the euro as official currency.

3. En el caso de los Pérez García, la enseñanza de Ana y Sergio se confía a un centro público y como ambos cursan EGB, 2° y 5° cursos, es gratuita, aunque hay clases complementarias de pago.
4. Las prospecciones (*prospects*) de futuro que se hacen con base en estadísticas y en los fenómenos sociales, económicos y políticos que observamos ahora mismo hablan de un necesario incremento de riqueza.

A CINCO AÑOS DEL AÑO 2000 LOS ESPAÑOLES HAN ALCANZADO, EN GENERAL, UNA CALIDAD DE VIDA INEDITA EN SU HISTORIA, PERO TAMBIEN EXISTEN SERIOS PROBLEMAS CON PROYECCION HACIA EL FUTURO.

Vivir en España

Carlos Piera

Las estadísticas sirven para hacernos[1] una idea media[2] de las cosas cuantificables, de cómo vivimos los españoles de mitad de los años noventa. Y no sólo cómo, sino de qué, cuánto, dónde y qué cosas nos preocupan.

Según los datos del censo de población del año 1991 somos 38.872.268 españoles, con casi ochocientas mil mujeres más que hombres. Somos la quinta nación más poblada de la Unión Europea (UE). La composición de la población por edades es la siguiente: entre 0 y 14 años, el 19,5 por 100; entre 15 y 64 años, el 66,7 por 100; y con más de 65, el 13 por 100. Con respecto a 1960, la población española es apreciablemente más vieja que hace treinta años. El porcentaje de extranjeros en España es casi inapreciable estadísticamente, 400.000 personas en 1992, poco más del 1 por 100. Pero es justo destacar que esta cifra[3] era la mitad en 1985; el incremento es debido a la llegada de inmigrantes, sobre todo magrebíes[4] y latinoamericanos.

El envejecimiento de la población viene determinado básicamente por el gran descenso de la natalidad que se fraguó[5] entre finales de los setenta y primeros años ochenta.

---

[1]darnos [2]idea... *average* [3]número [4]*North Africans* [5]se... comenzó

Un ama de casa con sus electrodomésticos de cocina.

En 1980 el número de hijos por mujer era de 2,1, en 1991 había descendido a 1,3. El aumento de la esperanza de vida también ha contribuido a ese envejecimiento. Para los hombres es de 73,4 años y para las mujeres de 80,5 en 1991.

Tal y como está la tasa[6] de natalidad en España, un matrimonio con dos hijos es lo que se podría llamar una familia políticamente correcta. Nuestra familia tipo son los Pérez García, que forman Maribel, de treinta y seis años, y Francisco, de treinta y nueve, los padres, y Ana, de diez años, y Sergio, de siete.

Desde que se levantan por la mañana empiezan a vivir y a consumir. Su vivienda es un piso de tres habitaciones y 90 metros cuadrados[7] —el 68,9 por 100 de las viviendas españolas tienen entre 61 y 120 metros cuadrados— en un barrio no demasiado lejano del centro en una ciudad —la mayoría de los españoles viven en poblaciones

mayores de 20.000 habitantes— de 200.000 habitantes. Su vivienda es en propiedad; el 78 por 100 de las viviendas en España son de propiedad, el mayor índice de la UE, aunque aún la están pagando mediante un crédito a veinte años. El 99 por 100 de las viviendas en España tienen agua corriente y baño o ducha, el 83 por 100 calefacción, el 75 por 100 teléfono y un 5,7 por 100 aire acondicionado. En cuanto a enseres domésticos, el 97,9 por 100 de los hogares tienen frigorífico, el 90 por 100 lavadora automática, el 27 por 100 aspiradora. El 59 por 100 tiene radio y el 30,9 por 100 equipo de sonido y, curiosamente, aún hay una máquina de coser[8] en el 56 por 100 de los hogares. El televisor está generalizado —no en vano los españoles ven de media más de cuatro horas diarias de televisión— en el 92 por 100 de los hogares el aparato de televi-

Los viejos de Chinchón que disfrutan jugando dominó.

sión es de color y en el 15 por 100 en blanco y negro. Al sumar más de cien ambos porcentajes se entiende que haya más de un televisor por hogar en bastantes casos.

Los ingresos de la familia Pérez García constan del sueldo de Francisco, el padre, que gana 280.000 pesetas mensuales como analista informático[9] de una empresa de seguros. Maribel, la madre, no trabaja, aunque lo hizo hasta después de nacer su segundo hijo; en la actualidad prepara el ingreso a la Universidad para mayores de veinticinco años.

Las horas puntas y el atasco de tráfico en Valencia, España.

---

[6]*rate*   [7]*metros… square meters*   [8]*máquina… sewing machine*   [9]*analista… computer analyst*

¿Cuánto recuerda Ud.?

Antes de continuar, indique (X) cuáles de los siguientes comentarios no coinciden con los datos en el artículo y corrija las frases para que sean ciertas. Después, trabaje con un compañero (una compañera) para especular cómo será la familia Pérez García. ¿En qué gastan el dinero? ¿Cómo pasan el tiempo libre?

1. _____ En España hay más personas ancianas que menores de 15 años.
2. _____ Hay más mujeres que hombres en la población española.
3. _____ Desde 1980 ha aumentado la esperanza de vida, a la vez que ha bajado la tasa de natalidad.
4. _____ El español típico vive en un pueblo pequeño.
5. _____ La mayoría de los españoles son propietarios de sus viviendas.
6. _____ De los enseres domésticos, la lavadora automática es el aparato más popular.

Los gastos empiezan ya con la hora del desayuno. El gasto en alimentación de la familia Pérez García ronda las 70.000 pesetas mensuales; otros gastos fijos son el agua, 1.500 pesetas mensuales; el gas, 3.000 pesetas mensuales de media; electricidad, 4.500 pesetas mensuales; y el teléfono, 4.000 pesetas mensuales. La energía eléctrica ha variado en el modo de su obtención: más de la mitad proviene del petróleo, un 20 por 100 de combustibles sólidos y un 15 por 100 de origen nuclear, pese a la moratoria de centrales nucleares.

Los gastos por transporte también se han incrementado en los últimos años. Francisco acude cada día a su trabajo en transporte público y utiliza el coche —un utilitario medio de 1.400 c.c. y fabricación nacional— alguna vez a diario y los fines de semana. En España hay demasiados coches, según los exper-

tos; la tasa es de 443 automóviles por 1.000 habitantes. El gasto en transporte alcanza el 15 por 100 de los gastos anuales de la familia, igual que en la UE.

Los gastos sanitarios de las familias han aumentado en los últimos años a pesar de la generalización de la sanidad pública. Los Pérez García son fieles usuarios[10] de la sanidad pública gratuita, pero la atención odontológica[11] no entra en el paquete y la ortodoncia de Ana y algunas caries[12] familiares disparan[13] el gasto en los carísimos odontólogos[14] españoles.

En 1984 los créditos suponían el 11,9 por 100 de la renta disponible, en 1990 pasó a casi el doble: el 22,8 por 100.

La enseñanza se lleva el 7 por 100 del gasto de las familias españolas; en el caso de los Pérez García la enseñanza de Ana y Sergio se confía a un centro público y como ambos cursan EGB,[15] 2° y 5° cursos, es gratuita, aunque hay clases complementarias de pago.

En vestido[16] y calzado los españoles emplean el 8,6 por 100 del consumo privado, 3,3 billones de pesetas de 1992, unas 70.000 pesetas por persona y año. El precio de ropa y calzado casi se ha duplicado entre 1983 y 1992. Nuestra familia prototipo de cuatro miembros no llega a las 280.000 anuales en ropa y calzado, recurren mucho a las rebajas y utilizan mucha prenda de *sport* y deportiva. Las situaciones más críticas en cuanto a vestido y calzado se producen a principio de curso con la reposición de ropa y calzado para los niños. Sobre todo el pequeño,

---

[10]*users*   [11]*dental*   [12]*cavities*   [13]*aumentan*   [14]*dentistas*   [15]*Educación General Básica*   [16]*ropa*

Sergio, que rompe zapatillas deportivas y zapatos que es un gusto.[17]

Las estadísticas de consumo de ocio y cultura dan una imagen que puede parecer tópica,[18] pero bastante cierta, de los españoles. Gastamos diez veces más en bares, restaurantes y hoteles que en libros, diarios y revistas, y ocho veces más que en cine, teatro y espectáculos.

Estos extremos se reflejan en los hábitos de los Pérez García, las salidas de esparcimiento[19] de los padres se concretan en salir a picar[20] algo o a cenar, a veces al cine y casi nunca al teatro. Los viajes se limitan a las vacaciones de verano y alguna escapada en Semana Santa. Los niños básicamente consumen televisión y algunas sesiones de cine. Sergio, el pequeño, ha ido un par de veces al fútbol con su padre. El cabeza de familia compra un diario todos los días y su esposa alguna revista muy ocasionalmente. El gasto en libros apenas si pasa de los de texto de los niños, algunos técnicos de Francisco y los manuales de Maribel.

Las prospecciones de futuro que se hacen con base en estas estadísticas y en los fenómenos sociales, económicos y políticos que observamos ahora mismo hablan de un necesario incremento de riqueza.

La situación del paro, la reforma laboral que está produciendo precariedad en el empleo, el envejecimiento de la población, las jubilaciones anticipadas y otros extremos van a encarecer notablemente el monto de la protección social.

En cuanto a los hábitos culturales y de consumo de ocio, se prevé que aumente más la adquisición de equipos y accesorios culturales: radios, televisiones, reproductores de vídeo, ordenadores multimedia y cadenas de sonido con respecto de libros, revistas y periódicos. También seguirán una línea ascendente los gastos en restaurantes, hoteles y bares, así como en viajes turísticos.

La educación se vinculará mucho a la supervivencia académica en los niveles no obligatorios. La actual supervivencia académica en la Universidad no llega al 20 por 100 de los que comienzan. Se va hacia la perpetuación de la carrera académica como una carrera de obstáculos cada vez más difíciles de salvar. En cuanto a las motivaciones, gana cada vez más adeptos la elección de «profesión mejor pagada» y «profesión con más posibilidades de empleo» que «profesión deseada».

Extraído de Carta de España

[17]que... *like it's going out of style* [18]estereotípica [19]recreation [20]snack

¿Cuánto recuerda Ud.?

Indique (X) cuáles de los siguientes comentarios no coinciden con los datos en el artículo y corrija las frases para que sean ciertas.

1. _____ El gasto mensual más alto de la familia Pérez García es el de la alimentación.
2. _____ En España hay relativamente pocos coches con relación a la población.
3. _____ Aunque pagan los gastos del dentista, los Pérez García no gastan mucho en atención médica, ya que utilizan los servicios de la sanidad pública.
4. _____ Para los Pérez García, la educación es importante, por eso gastan diez veces más en libros que en comer afuera y en ir de vacaciones.
5. _____ El paro y la reforma laboral pueden reducir el precio de la protección social en el futuro.
6. _____ En España terminar una carrera universitaria es difícil: menos del 20 por ciento lo logra.

¿Qué se imagina Ud.?

A. Una familia típica: escenas.   Trabajando en grupos pequeños, escojan una de las siguientes escenas en la vida de una familia típica española (con dos hijos); después representen la escena ante la clase —¡para grabar en vídeo! Tengan en cuenta lo que han aprendido en el artículo sobre la vida española.

1. Una pareja se sienta a preparar el presupuesto de la familia para el próximo año. Sólo el padre trabaja a sueldo y los dos tienen prioridades diferentes: la madre prefiere gastar más en los enseres domésticos y en la alimentación, mientras que el padre le da más importancia al transporte y al ocio. (dos personas)
2. La pareja asiste a la reunión de padres y profesores en el centro de enseñanza de sus hijos para discutir el progreso académico de éstos. Un hijo es muy listo e inquieto y para no aburrirse necesita clases particulares —de arte, música, informática, etcétera. (tres personas)
3. El domingo en familia: aunque todos los miembros de la familia quieren hacer cosas diferentes, al fin se ponen de acuerdo acerca de cómo pasar el día. (cuatro personas)
4. La madre joven habla con su madre: la anciana cree que su hija debe tener más hijos, pero la joven prefiere ingresar en la universidad ahora que los niños están en edad escolar. (dos personas)
5. El padre joven habla con su padre: el padre le recomienda comprar un piso o una casa más grande, pero el joven tiene miedo de caer en el paro. (dos personas)
6. Con sólo un sueldo, la familia no puede sostener el nivel de vida que desea. Por eso, van al banco para pedir un crédito. (tres personas)

B. Estudiantes de intercambio vuelven de España.   Imagínese que su clase acaba de regresar de España, donde estuvo en un programa de intercambio. La estación de radio de su comunidad quiere que cada estudiante de intercambio hable durante un programa especial de algún aspecto de su experiencia en España. Prepárese para presentar en cinco o seis frases su perspectiva sobre *uno* de los siguientes temas. También puede comparar su perspectiva actual con la imagen que la clase tenía de España en «Lluvia de ideas: España» (**Hablando del tema,** D).

1. la familia con quien Ud. vivió
2. la vivienda, el barrio y la ciudad en que Ud. vivió
3. los momentos de ocio con la familia
4. el nivel de vida de la familia
5. las esperanzas y los temores (*fears*) de la familia con respecto al futuro

Gramática en contexto

31. More on Talking About What You Have Done: The Present Perfect Subjunctive

As with its indicative equivalent, the present perfect subjunctive is used to express actions viewed as having happened before the moment of speech, actions that may still be relevant at that moment. The present perfect subjunctive is used instead of the indicative in circumstances already reviewed in Gramática 30.

The present perfect subjunctive is formed by the present subjunctive of **haber** plus the past participle.*

haya olvidado	hayamos olvidado
hayas olvidado	hayáis olvidado
haya olvidado	hayan olvidado

Es lástima que la gente se **haya olvidado** de la Guerra Civil.
Me sorprende que España **haya logrado** tanto progreso.
Ojalá que la clase media **haya mejorado** su posición económica.
Dudo que la clase alta **haya sufrido** mucho en estos años.
No hay ningún diputado que **haya reducido** los gastos del gobierno.

¡Practiquemos!

A. ¡No estoy de acuerdo!   Indique si Ud. está de acuerdo o no con las siguientes opiniones acerca de la política de los Estados Unidos. Si no, cambie la oración para que refleje su propia opinión.

1. Es bueno que las fuerzas militares nunca hayan intentado dar un golpe de estado en nuestro país.
2. Siento mucho que haya muerto tanta gente en defensa de nuestro país.

---

*To review the irregular past participles, see **Gramática 4.**

3. Me alegro de que hayamos gastado miles de millones de dólares para construir armas nucleares.
4. Es una lástima que el último candidato demócrata para presidente haya ganado/perdido.
5. No conozco a nadie que haya sido presidente, senador o diputado.
6. No hay ningún ciudadano que vote antes de que haya estudiado con atención las plataformas de los partidos políticos.

B. ¿Qué les parece? Trabajando con un compañero (una compañera), haga y conteste las siguientes preguntas según sus propias opiniones. Pueden usar los siguientes verbos y frases además de los otros que ya saben.

MODELO: ¿Siempre han participado los jóvenes norteamericanos en el proceso político? → No creo que *hayan participado* mucho. Es lástima que *hayan perdido* la oportunidad de tomar parte en decidir su propio futuro.

(no) creer	(no) ser natural
(no) dudar	(no) ser triste
(no) ser obvio	(no) ser lástima
(no) parecer maravilloso	(no) ser posible

1. ¿Nos ha mentido alguna vez algún presidente nuestro?
2. ¿Han hecho los políticos lo mejor para combatir el déficit de nuestro país?
3. ¿Ha hecho nuestro gobierno lo suficiente para ayudar a la gente desamparada (*homeless*)?
4. ¿Hemos puesto fin a la expansión nuclear?
5. ¿Ha aumentado la violencia en los últimos años?
6. ¿Es la democracia la mejor forma de gobierno?

C. ¿Qué opina Ud. de lo siguiente? Trabajando con un compañero (una compañera), combine las dos frases en una sola oración por medio de una conjunción (como **que, a menos que, para que,** etcétera).

MODELO: Franco ha muerto. Eso es natural.
Es natural **que** Franco **haya muerto.**

1. España tiene más de 40 millones de habitantes. Eso es sorprendente.
2. El matrimonio tiene dos hijos. La nación prefiere eso.
3. Los españoles pasan tanto tiempo viendo la televisión. Eso es una lástima.
4. Los españoles gastan diez veces más en los bares que los otros europeos. Las estadísticas ponen en duda eso.
5. Mucha gente está en paro. Eso es muy triste.
6. Los jóvenes ven con indiferencia el medio ambiente. Yo dudo eso.

32. Using the Subjunctive to Talk About the Past: The Imperfect Subjunctive

Concept of the Imperfect Subjunctive

Unlike the indicative, the subjunctive has only one simple past tense: the imperfect subjunctive. It is used when the main clause of a sentence is in the past (preterite, imperfect, or past perfect indicative) and the subjunctive is needed in the subordinate clause.

La gente quería que los problemas nacionales **se resolvieran** pacíficamente.	*People wanted national problems to be solved peacefully.*
Había insistido en que el gobierno **empezara** a solucionarlos.	*They (The people) had insisted that the government begin to solve them.*

Formation of the Past Subjunctive

The following are the endings for the imperfect subjunctive.*

-ra	**-'ramos**[†]
-ras	**-rais**
-ra	**-ran**

The imperfect subjunctive is formed by attaching these endings to the third-person plural of the preterite, minus its **-ron** ending. This means that the imperfect subjunctive forms include any irregularity found in the third-person plural of the preterite.[‡] The following chart shows the imperfect subjunctive forms of three verbs with irregularities in their third-person plural preterite form.

INFINITIVE		THIRD-PERSON PLURAL PRETERITE	IMPERFECT SUBJUNCTIVE	
-ar	estar	estuvieron	estuviera	estuviéramos
			estuvieras	estuvierais
			estuviera	estuvieran
-er	poder	pudieron	pudiera	pudiéramos
			pudieras	pudierais
			pudiera	pudieran
-ir	dormir	durmieron	durmiera	durmiéramos
			durmieras	durmierais
			durmiera	durmieran

---

*Some speakers also use an alternate set of imperfect subjunctive endings whose meanings are identical to those above: **-se, -ses, -se, -'semos, -seis, -sen.** These forms will not be practiced in *Al corriente.*

[†]Note that in the first-person plural a written accent falls on the vowel just before the subjunctive ending.

[‡]Irregular forms of the preterite are found in **Gramática 13.**

Deber, poder, and querer

The imperfect subjunctive forms of the verbs **deber, poder,** and **querer** are frequently used as extremely polite ways of asking that something be done.

¿Pudiera Ud. explicarme la diferencia entre un presidente y un primer ministro?	*Could you explain to me the difference between a president and a prime minister?*
Quisiera pedirle que me lo explicara de nuevo.	*I'd like to ask that you explain it to me again.*

¡Practiquemos!

A. ¡Así es la vida!   Combine las siguientes frases de una manera lógica.

1. _____ Era una lástima que…
2. _____ Los padres querían que…
3. _____ Los jóvenes buscaban un empleo que…
4. _____ No había nadie en España que…
5. _____ A los padres les molestaba que…

a. …pagara bien.
b. …no sufriera, económicamente, durante la Guerra Civil.
c. …tanta gente estuviera amenazada por el paro.
d. …sus hijos vieran cuatro horas de televisión.
e. …sus hijos tuvieran el nivel de educación más alto posible.

Ahora identifique el imperfecto del subjuntivo en cada oración.

B. ¿Qué dijo el presidente?   Trabajando con un compañero (una compañera), imagínese que son periodistas y acaban de entrevistar al presidente de los Estados Unidos. Ahora tienen que explicarle al público (sus compañeros de clase) lo que él dijo sobre cada uno de los temas que aparecen abajo. Usen los verbos y frases a continuación para inventar las opiniones del presidente.

❋ exigir, preferir, (no) querer
❋ dudar, negar, no creer, no ser verdad
❋ alegrarse de, gustarle
❋ lamentar, molestarle, sorprenderle, parecerle bien/mal
❋ ser bueno/malo/natural/(im)posible/preciso/(im)probable/(una) lástima

MODELO: La prensa habló mal de él. →
                  Dijo que no le gustó que la prensa hablara mal de él.

1. La producción nacional creció mucho.
2. No gastamos suficiente dinero en defensa.
3. Los rusos firmaron (*signed*) un acuerdo nuclear.
4. Un secretario robó dinero del gobierno.
5. No hubo mucha inflación este año.

6. Los demás gobiernos siguieron nuestro modelo.
7. La Reina de Inglaterra vino para una visita oficial.
8. Mucha gente no tenía trabajo.
9. Miles de personas estaban viviendo en las calles.
10. Algunos congresistas querían forzarlo a renunciar (*resign*).

C. ¡Por favor! Trabaje con un compañero (una compañera) para darse el uno (la una) al otro (a la otra) las siguientes órdenes de una manera muy cortés, usando las formas **pudiera, quisiera** y **debiera.**

MODELO: Tráigame un vaso de agua. →
¿Pudiera/Quisiera Ud. traerme un vaso de agua, por favor?

1. Repítamelo.
2. No me hable de ese asunto.
3. No fume aquí.
4. Mándeme los datos (*facts*).
5. Venga a mi oficina.
6. Vaya a hablar con ellos.
7. Deles estos documentos.
8. Dígame la verdad.

D. ¿Quién lo hizo? Alguien mató al Sr. Rico y ahora el inspector tiene que investigar el caso. ¿Quién tenía motivos para hacerlo? ¡Todos!

Trabajando en grupos, inventen el motivo de cada persona, completando las oraciones a continuación. Usen el pasado del subjuntivo en cada oración.

Vocabulario útil: tener relaciones amorosas (*to have an affair*), el testamento (*will*)

MODELO: *La Sra. Rico* dudaba que su esposo *la quisiera.*

1. _____ esperaba heredar mucho dinero cuando el Sr. Rico…
2. _____ le aconsejó al Sr. Rico que…
3. _____ quería que la Sra. Rico…
4. A _____ le molestaba que el Sr. Rico…
5. _____ deseaba que el Sr. Rico…
6. _____ hizo que el Sr. Rico…
7. A _____ le preocupaba que el mayordomo…
8. ¿ ?

33. Coordinating Tenses: Sequence of Subjunctive and Indicative Tenses (for Recognition Only)

You have already reviewed how to decide when to use the subjunctive, but once you have done this, how do you decide which subjunctive tense to use? The choice depends to a large extent on the tense of the main clause verb, as illustrated in the following table.

MAIN CLAUSE		SUBORDINATE CLAUSE
Llamo a Felipe *(present)* He llamado a Felipe *(present perfect)* Voy a llamar a Felipe *(present with future meaning)* Llamaré a Felipe *(future)* Llámelo/Llámalo *(command)*	antes de que	salga de la casa. *(present subjunctive)* haya salido de la casa. *(present perfect subjunctive)*
Llamé a Felipe *(preterite)* Llamaba a Felipe *(imperfect)* Había llamado a Felipe *(past perfect)* Llamaría a Felipe *(conditional)*	antes de que	saliera de la casa. *(imperfect subjunctive)* hubiera salido* de la casa. *(past perfect subjunctive)*

As the table indicates, if the main clause verb is in one of the present tenses, the subordinate clause verb should be in present or present perfect subjunctive. If the main clause verb is in one of the past tenses, however, the subordinate clause verb should be in the imperfect or past perfect subjunctive.

---

*The past perfect subjunctive tense is formed with the imperfect subjunctive of **haber** plus the past participle. It is used instead of the past perfect indicative (**había hecho**) when the subjunctive is required in the subordinate clause.

hubiera hecho	**hubiéramos hecho**
hubieras hecho	**hubierais hecho**
hubiera hecho	**hubieran hecho**

Como si + Past Subjunctive

The expression **como si** (*as if*) is always followed by the past subjunctive, either the imperfect or the past perfect tense.

> Los españoles consumen en los bares como si **tuvieran** mucho dinero.
>
> *The Spanish consume in the bars as if they have a lot of money.*

> Algunas familias compran gasolina como si los precios no **hubieran subido** nada.
>
> *Some families buy gas as if the prices had never gone up at all.*

¡Practiquemos!

Opciones. Termine las siguientes oraciones con la forma correcta del verbo entre paréntesis.

1. No es posible que la población española _____ (llegar) a los 50 millones antes del año 2020.
2. No parece raro que los españoles _____ (gastar) mucho dinero en ocio el año pasado.
3. Ahora se vive en España como si la Guerra Civil de los años treinta no _____ (ocurrir).
4. Hace veinte años, los padres no insistían en que sus hijos _____ (ir) a la universidad.
5. Franco construyó muchos estadios de fútbol para que la gente _____ (poder) gozar de ese deporte.
6. El año pasado nadie consiguió un buen empleo a menos que _____ (hacer) una carrera profesional.
7. Los españoles comen en restaurantes como si no _____ (tener) problemas económicos.

Español en acción

A. Encuentro con los candidatos. Imagínese que dos grupos de personas han sido invitados a una fiesta: un grupo de candidatos para el puesto de diputado en su distrito y un grupo de votantes (*voters*). Los/Las votantes no saben todavía por quiénes van a votar, pero les interesan los aspectos socioeconómicos de la vida actual; por eso preparan preguntas que les gustaría hacerles a los candidatos. Los candidatos (Las candidatas) contestan todas sus preguntas amablemente tratando de convencerles de que voten por ellos/ellas.

Escoja uno de los dos papeles (o candidato/a o votante) para representar en esa fiesta imaginaria.

B. Cinco promesas.   Imagínese que Ud. es candidato/a para alcalde de su ciudad o pueblo. Resuma su programa de gobierno en cinco promesas, o sea, haga cinco declaraciones acerca de sus proyectos si ganara las elecciones. Si desea, puede usar las promesas de un anuncio de Antonio Garrigues como modelo.

Antonio Garrigues
alcalde

Queremos un Madrid limpio, alegre y digno de vivír en él. Un Madrid optimista y ordenado.

En ello estamos, ANTONIO GARRIGUES y los liberales.

Haciendo por Madrid algo que merezca la pena de ser vivido y disfrutado por todos los hombres y mujeres que aquí habitamos.

Por ello es útil votar ahora a quienes por verse libres de compromisos parlamentarios no tienen otra tarea que la de demostrar su eficacia puesta al servicio de Madrid. Aportando su gestión ejecutiva y empresarial para solucionar los problemas.

Mis cinco promesas para Madrid

1 – MADRID POR UNA NUEVA VIA. Independencia en la gestión de la batalla política que mantiene los dos grandes partidos.

2 – VIVIR EN MADRID. Rechazo de la burocracia en la vida municipal, mediante la máxima participación ciudadana directa y descentralizada, en cada distrito o junta municipal.

3 – CAPITALIZAR MADRID. Evitar trabas inútiles a la implantación de empresas medianas y pequeñas, para generar realmente empleo en Madrid.
Estimular la creación de riqueza y la actividad económica.

4 – GESTIONAR MADRID. Atajar enérgicamente el déficit creciente del Ayuntamiento, mediante un riguroso saneamiento financiero que evite la perspectiva de quiebra que amenaza la Corporación.

5 – PRESTIGIAR LA ACTIVIDAD MUNICIPAL. Crear las condiciones objetivas necesarias para que los funcionarios municipales realicen su cometido en beneficio de todos los madrileños, al margen del "enchufismo" y la "confianza" por razones de partido.

Vota la nueva alternativa

PDL

los liberales

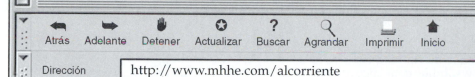

Al corriente

La España de la modernidad

La Plaza Mayor de Madrid durante la época de franco.

¡A leer!

Lea con detenimiento el artículo escrito por Justino Sinova para el periódico español *El mundo*. Luego conteste las preguntas que se encuentran a continuación.

25 AÑOS DESPUES

Veinticinco años después, el Rey conserva su sentido del humor. En eso sigue igual de joven. Los años se le notan en las huellas[1] que la vida deja sobre el rostro[2] y en una ligera[3] curva, casi imperceptible, que se dibuja sobre sus hombros. Ya no hace tanto deporte como entonces, ni se lesiona[4] tanto, pero se conserva fuerte cuando ya le han convertido en abuelo por dos veces. Sigue preguntando y escuchando a sus interlocutores pacientemente. Y ve cómo la España que el recibió desconfiada[5] hoy le mira con reconocimiento.

El Rey va a cumplir 25 años en el Trono. Si alguien hubiera pronosticado el 20 de noviembre de 1975, con el cadáver del general Franco expuesto en el Palacio Real, un período tan amplio de normalidad con etapas de emoción, todos le habrían tomado por iluso.[6] Porque la verdad es que entonces nadie apostaba[7] con entusiasmo por el futuro de aquel candidato de 37 años, que a una clase política envejecida en el poder le inspiraba la desconfianza de un joven profano y que a la nueva generación formada frente al poder le parecía un segundón.[8]

Las condiciones en que Don Juan Carlos tuvo que hacerse con[9] la Jefatura del Estado fueron las peores concebibles. Su imagen estaba ligada a Franco, con quien unas semanas antes había tenido que compartir presencia en el balcón de la Plaza de Oriente,* en el último acto público de la vida del dictador, poco después de haber firmado cinco sentencias de muerte. La oposición del exilio, que esperaba la desaparición de Franco para volver, no quería saber nada de

---

*A public square in Madrid that lies between the Royal Palace and the Opera Theater.
[1]señales   [2]cara   [3]*slight*   [4]*gets hurt*   [5]sin confianza   [6]soñador   [7]apostaba... tenía confianza en   [8]que ocupaba un puesto inferior   [9]hacerse... dominar

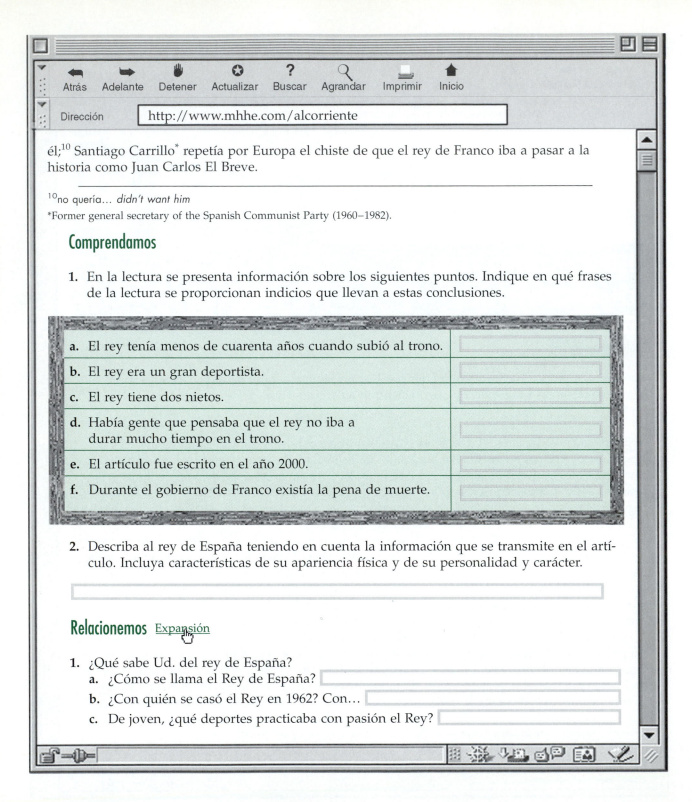

él;[10] Santiago Carrillo* repetía por Europa el chiste de que el rey de Franco iba a pasar a la historia como Juan Carlos El Breve.

[10]no quería… *didn't want him*

*Former general secretary of the Spanish Communist Party (1960–1982).

Comprendamos

1. En la lectura se presenta información sobre los siguientes puntos. Indique en qué frases de la lectura se proporcionan indicios que llevan a estas conclusiones.

a. El rey tenía menos de cuarenta años cuando subió al trono.	
b. El rey era un gran deportista.	
c. El rey tiene dos nietos.	
d. Había gente que pensaba que el rey no iba a durar mucho tiempo en el trono.	
e. El artículo fue escrito en el año 2000.	
f. Durante el gobierno de Franco existía la pena de muerte.	

2. Describa al rey de España teniendo en cuenta la información que se transmite en el artículo. Incluya características de su apariencia física y de su personalidad y carácter.

Relacionemos Expansión

1. ¿Qué sabe Ud. del rey de España?
   a. ¿Cómo se llama el Rey de España?
   b. ¿Con quién se casó el Rey en 1962? Con…
   c. De joven, ¿qué deportes practicaba con pasión el Rey?

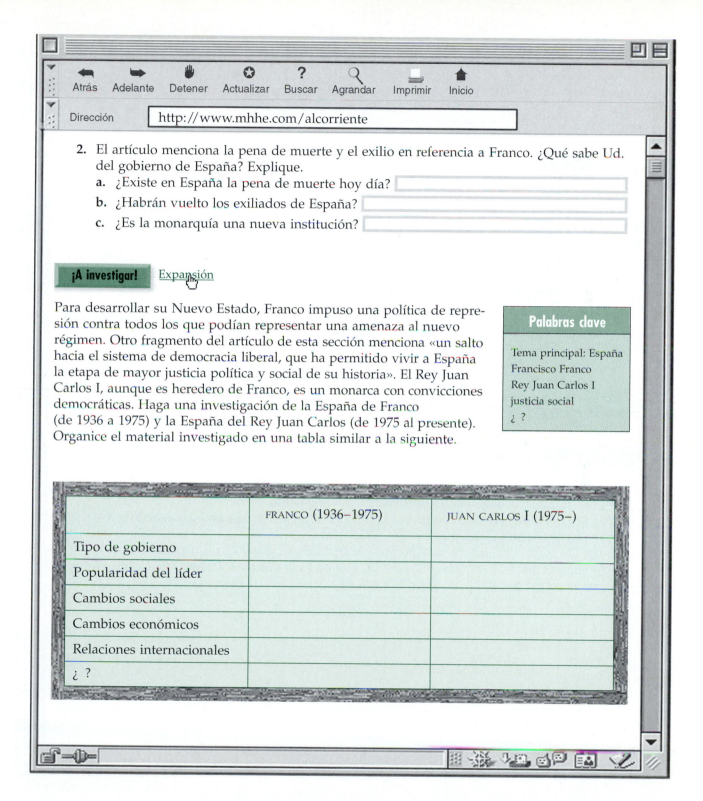

2. El artículo menciona la pena de muerte y el exilio en referencia a Franco. ¿Qué sabe Ud. del gobierno de España? Explique.

   a. ¿Existe en España la pena de muerte hoy día?

   b. ¿Habrán vuelto los exiliados de España?

   c. ¿Es la monarquía una nueva institución?

¡A investigar!   Expansión

Para desarrollar su Nuevo Estado, Franco impuso una política de represión contra todos los que podían representar una amenaza al nuevo régimen. Otro fragmento del artículo de esta sección menciona «un salto hacia el sistema de democracia liberal, que ha permitido vivir a España la etapa de mayor justicia política y social de su historia». El Rey Juan Carlos I, aunque es heredero de Franco, es un monarca con convicciones democráticas. Haga una investigación de la España de Franco (de 1936 a 1975) y la España del Rey Juan Carlos (de 1975 al presente). Organice el material investigado en una tabla similar a la siguiente.

Palabras clave

Tema principal: España
Francisco Franco
Rey Juan Carlos I
justicia social
¿ ?

	FRANCO (1936–1975)	JUAN CARLOS I (1975–)
Tipo de gobierno		
Popularidad del líder		
Cambios sociales		
Cambios económicos		
Relaciones internacionales		
¿ ?		

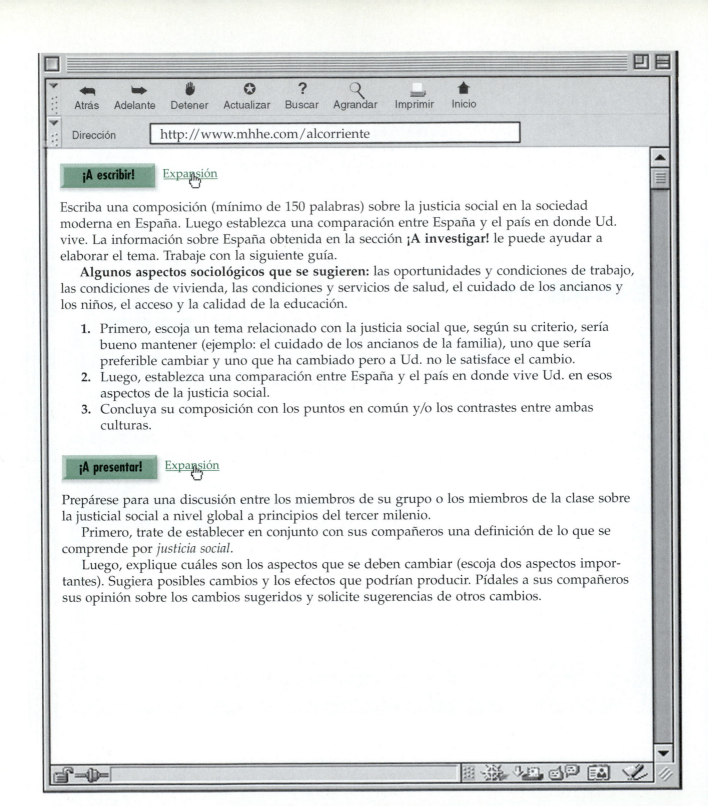

¡A escribir!   Expansión

Escriba una composición (mínimo de 150 palabras) sobre la justicia social en la sociedad moderna en España. Luego establezca una comparación entre España y el país en donde Ud. vive. La información sobre España obtenida en la sección **¡A investigar!** le puede ayudar a elaborar el tema. Trabaje con la siguiente guía.

Algunos aspectos sociológicos que se sugieren: las oportunidades y condiciones de trabajo, las condiciones de vivienda, las condiciones y servicios de salud, el cuidado de los ancianos y los niños, el acceso y la calidad de la educación.

1. Primero, escoja un tema relacionado con la justicia social que, según su criterio, sería bueno mantener (ejemplo: el cuidado de los ancianos de la familia), uno que sería preferible cambiar y uno que ha cambiado pero a Ud. no le satisface el cambio.
2. Luego, establezca una comparación entre España y el país en donde vive Ud. en esos aspectos de la justicia social.
3. Concluya su composición con los puntos en común y/o los contrastes entre ambas culturas.

¡A presentar!   Expansión

Prepárese para una discusión entre los miembros de su grupo o los miembros de la clase sobre la justicial social a nivel global a principios del tercer milenio.

Primero, trate de establecer en conjunto con sus compañeros una definición de lo que se comprende por *justicia social*.

Luego, explique cuáles son los aspectos que se deben cambiar (escoja dos aspectos importantes). Sugiera posibles cambios y los efectos que podrían producir. Pídales a sus compañeros sus opinión sobre los cambios sugeridos y solicite sugerencias de otros cambios.

Caracas, la capital de Venezuela, es una ciudad dinámica y moderna situada a orillas del mar Caribe.

UNIDAD V
América latina

Unidad V provides a small sampling of life in some of the many Latin American countries whose principal language is Spanish. Each Latin American country is unique, as is its population.

❋ **Capítulo 13** features Machu Picchu, the legendary "lost city of the Incas."
❋ **Capítulo 14** deals with the ecological problems of one of the world's largest and fastest-growing cities, Mexico City.
❋ **Capítulo 15** offers a glimpse of Latin American's multicultural history as seen through the lens of Carlos Fuentes, the brilliant Mexican novelist and essayist.

La cordillera de los Andes bordea la costa del Pacífico y pasa por Colombia, el Ecuador, el Perú, Bolivia, Chile y la Argentina.

Las imponentes cataratas del Iguazú (70 m. de altura) separan el territorio argentino del brasileño.

El lago Titicaca está situado en el altiplano andino (3.815 m. de altura) entre el Perú y Bolivia.

Vocabulario del tema

La naturaleza

La tierra

la barranca (ravine, gorge)
el bosque (forest)
el cabo (cape)
el cañón
el cerro / la colina (hill)
la cordillera/sierra
(mountain range)
el desierto
la isla
el istmo
la montaña
la nieve (snow)
el paisaje (landscape)
la pampa, el llano (prairie, grassland)
la península
el pico (mountain peak)
la piedra (rock, stone)
el prado (meadow)
el risco (cliff)
la selva (jungle, rain forest)
el terreno (terrain)
el valle
el volcán

El agua

el arroyo (stream)
la bahía (bay)
la catarata (waterfall)
el estrecho (strait)
el golfo
el lago
el mar (sea)
el océano
el río

CHIAPAS

Mar, selva, lagos, vida; parajes[a] donde la ecología no es una palabra, sino el modo normal de ser y existir. Chiapas te invita a convivir.

[a]lugares

317

Hablando del tema

A. Lugares famosos. Primero complete la descripción de cada uno de estos lugares famosos, usando una de las palabras del **Vocabulario del tema.** Luego indique lo que Ud. sabe acerca de cada uno: dónde está, cómo es el terreno por allí, por qué es importante histórica o políticamente, etcétera.

1. el _____ de Panamá
2. el _____ de Buena Esperanza (*Good Hope*)
3. la _____ de Yucatán
4. el _____ Mediterráneo
5. el _____ Grande (en México se llama el _____ Bravo)
6. la _____ Nevada
7. la _____ de Cochinos (*pigs*)
8. el _____ de Gibraltar
9. el _____ de México
10. el _____ Atlántico
11. la _____ de los Andes

B. Sitios espectaculares. La geografía de este país y de otros países nos ofrece sitios admirados por los amantes de la naturaleza. Trabajando en un grupo pequeño, completen una tabla como la siguiente para dar una definición de los diversos tipos de sitios naturales, ilustrar las definiciones con ejemplos concretos y explicar el motivo de su popularidad. Finalmente, compartan sus respuestas con las del resto de la clase.

SITIO	DEFINICION	EJEMPLO CONCRETO	MOTIVO DE SU POPULARIDAD
1. río	Corriente de agua que va al mar.	el río Misisipí	Es un río ancho y navegable.
2. cordillera			
3. cañón			
4. catarata			
5. lago			
6. bosque			
7. desierto			
8. pico			

C. La gente y la naturaleza. Mire el anuncio de la página 317 sobre Chiapas, un estado mexicano en la costa del océano Pacífico. Trabaje con un compañero (una compañera) para comentar el anuncio. Consideren los siguientes puntos.

1. Según el anuncio, ¿cómo es la ecología de Chiapas?
2. ¿Cuál es la atracción de convivir con la naturaleza?
3. ¿Cree Ud. que es realmente posible que el ser humano conviva con la naturaleza?
4. En su opinión, ¿cuál fue el propósito (*purpose*) del gobierno de Chiapas al publicar este anuncio?

Lectura

Acercándonos a la lectura

In the peaks of the Peruvian Andes lies one of the world's premiere pre-Columbian archeological sites, Machu Picchu. The gigantic stones that were used to build this "lost city of the Incas" symbolize the grandeur of a civilization that once ruled Ecuador, Peru, and most of Bolivia. How, the tourist wonders, did the Incas ever get such enormous stones up there? The terrain is so rugged and remote that its existence went undiscovered until the early 1900s, and it is still difficult to reach today.

The fact that Machu Picchu was ever built testifies to the sophistication of the Incas. The Incas, and the two other great pre-Columbian civilizations—the Aztecs of central Mexico and the Mayas of Central America and Mexico's Yucatan peninsula—continue to shape the societies of their respective countries.

Vocabulario para leer

destacar to stand out
permanecer (zc) to stay, remain
pertenecer (zc) to belong

el antepasado, la antepasada ancestor
la carretera highway
el dato fact
el detalle detail
el dios, la diosa god, goddess

la escalera stairway, staircase
la escritura writing
la fuente fountain
el muro wall
la obra (de arte) work (of art)
la plata silver
el techo roof

sagrado/a sacred, holy

A. Asociaciones. Primero indique con qué palabras del **Vocabulario para leer** se asocian las siguientes palabras. Luego explique cómo se asocian.

1. el oro
2. la pared
3. el camino
4. la religión
5. el artista
6. quedar
7. el descendiente
8. la literatura

B. Definiciones. Explique en español qué significan las siguientes palabras.

1. la escritura
2. la fuente
3. el antepasado
4. la escalera
5. destacar
6. pertenecer
7. el techo
8. el dato
9. los detalles

Comentarios preliminares

A. Una ciudad monumental (*landmark city*). Imagínese que Ud. forma parte de un equipo de expertos contratado para planificar una ciudad monumental que represente el poderío de su país para la posteridad. Trabajando en un grupo pequeño, presenten un breve plan de ese proyecto, teniendo en cuenta los detalles enumerados. Finalmente, compartan su proyecto con el resto de la clase.

1. el valor cultural más significativo del país (por ejemplo, el poder, la riqueza, el arte, la religión, la familia, etcétera)
2. lo que conmemora la ciudad
3. dónde se debe situar la ciudad y las condiciones geográficas del lugar de construcción
4. el número de edificios que se debe construir en vista de las condiciones geográficas: su altura, materiales de construcción, orientación, etcétera

B. ¡Se descubren ruinas! Imagínese que Ud. forma parte de un equipo de arqueólogos que recibieron una beca (*grant*) para explorar uno de los sitios más remotos del mundo. Allí descubren las ruinas —en bastante buenas condiciones— de lo que evidentemente fue una gran ciudad hace varios siglos. Trabajando en un grupo pequeño, presenten el informe que darán al comité de becas cuando vuelvan a su país. Incluyan los siguientes datos en su informe.

1. una descripción de cómo llegaron al lugar: cuántos días les tomó el viaje, qué tipo de transporte usaron, si necesitaron un guía, etcétera

2. una descripción del sitio: su geografía, si está habitado, construcciones que hay, los habitantes, etcétera
3. una teoría sobre la razón por la cual los miembros de esa cultura escogieron un lugar tan remoto para construir una ciudad
4. algunas recomendaciones para el futuro: restaurar las ruinas o dejarlas como están, establecer vías de comunicación o no, etcétera

Estrategias para leer

More About Reading Formal Prose

As you learned in **Capítulo 12,** when reading formal prose, it can be helpful first to identify the main noun, verb, and object(s) of a sentence in order to simplify its meaning. When doing this, however, keep in mind that in certain circumstances the subject of a particular sentence may not be expressly stated. It may be necessary to refer to a previous context in order to discover the subject of a sentence. The subject may also be difficult to identify in impersonal or passive **se** constructions where the subject (*one, people, you,* or *they*) is implied, not expressly stated.

Estrategias en acción

El verbo y el sujeto.   Lea los siguientes trozos de la lectura de este capítulo. Identifique en cada una el verbo principal. Acuérdese de saltar (*skip over*) las frases preposicionales y las cláusulas subordinadas. Después, vuelva a leer las frases para encontrar el sujeto de cada verbo. Finalmente, verifique sus respuestas con el resto de la clase.

1. En un sitio separado del resto del mundo por gigantescos acantilados (riscos), al pie de profundas gargantas (barrancas) excavadas por el río Urubamba, en terrenos devorados por la selva, se encuentra la impresionante *ciudad perdida* de los incas, Machu Picchu. Hoy, después de 90 años de haber sido descubierta, continúa siendo uno de los misterios más grandes del mundo.
2. Si los incas vivieron permanentemente o sólo por temporadas (períodos) en Machu Picchu, no se sabe.

Machu Picchu
90 AÑOS DESPUES, TODAVIA UN MISTERIO

Enrique Laurent

Noventa años después de su descubrimiento por el hombre moderno, Machu Picchu se aferra tenazmente[1] a sus secretos y sigue siendo un rebelde enigma, empeñado en desafiar[2] a historiadores y arqueólogos. Imposible decir si el misterio se resolverá algún día.

En un sitio separado del resto del mundo por gigantescos acantilados,[3] al pie de profundas gargantas[4] excavadas por el río Urubamba, en terrenos devorados por la selva, se encuentra la impresionante *ciudad perdida* de los incas, Machu Picchu. Hoy, después de 90 años de haber sido descubierta, continúa siendo uno de los misterios más grandes del mundo.

En ninguna de las crónicas españolas se menciona la probabilidad de una urbe[5] inca en el cerro de Machu Picchu. Evidentemente, los españoles nunca supieron de su existencia. Así, durante varios siglos, la ciudad permaneció oculta en las entrañas[6] de los majestuosos Andes peruanos.

No fue hasta 1911 que un intrépido arqueólogo norteamericano de la Universidad de Yale, Hiram Bingham, organizó una expedición en busca de la ciudad inca de Vilcabamba. Bingham, guiado por el agricultor peruano Melchor Arteaga, llegó el 24 de julio de 1911, después de un trayecto[7] de más de 2.500 metros por las montañas, a un pico llamado por los indios *Machu Picchu*. Desde allí, lleno de emoción, divisó,[8] envuelta en la maleza,[9] la imponente[10] ciudad.

Cuando Bingham descubrió Machu Picchu, estaba convencido de que había encontrado Vilcabamba, aunque luego salió de su error. (El propio Bingham habría de[11] excavar Vilcabamba al año siguiente.) De cualquier manera, el hallazgo[12] marcó un punto culminante en la exploración de la historia precolombina.

Cuando los españoles llegaron al Perú, fueron tomados por dioses, entre otras cosas porque su llegada coincidió con la división del Imperio Inca. Los incas creyeron que Pizarro era la encarnación del dios supremo, quien venía a resolver las disputas entre Huáscar y Atahualpa, los hermanos rivales, hijos del Inca XI, Huayna Cápac. Este al dividir su reino entre sus dos hijos, inició el desmembramiento[13] y la caída del gran imperio. Poco tiempo después, los incas se percataron[14] de que los españoles no eran dioses, pues profanaban sus templos y robaban sin escrúpulos su oro y su plata.

Quizás, previendo[15] que un día las Mujeres Escogidas* se quedarían sin guerreros[16] que las protegieran, los incas aseguraron para ellas un sitio

---

*The Chosen Women (**Las Mujeres Escogidas**) were daughters of commoners selected by the Emperor's representatives to be educated. At the age of nine or ten, the girls were taken to convents in provincial capitals, where they learned about religion and tasks considered appropriate for women: dyeing, spinning, weaving, and cooking. Around the age of thirteen they were presented to the Emperor. He would take some to be his wives (**Virgenes del Sol**) or servants; others would be given to other nobles for the same purposes.

---

[1]se... *clings tenaciously* [2]empeñado... *persistent in defying* [3]riscos [4]barrancas [5]ciudad [6]oculta... *hidden in the entrails*
[7]viaje [8]descubrió [9]*underbrush* [10]majestuosa [11]El... *Bingham himself would* [12]descubrimiento [13]división [14]se... se dieron cuenta [15]*foreseeing* [16]*warriors*

Machu Picchu, la mítica ciudad de los incas, todavía impresiona a cuantos la visitan.

inaccesible, amurallado[17] por sus constructores y por la propia naturaleza, un lugar que, como Machu Picchu, pudiese ser defendido por pocos hombres.

Si los incas vivieron permanentemente o sólo por temporadas[18] en Machu Picchu, no se sabe. Pero todo parece indicar que la ciudad fue, en efecto, un santuario especialmente escogido para albergar[19] a las Vírgenes del Sol. Así lo sugiere la proporción numérica de los esqueletos femeninos y masculinos encontrados por Bingham en las huacas (tumbas): diez femeninos por cada uno de hombre, de lo cual el arqueólogo dedujo[20] que los esqueletos debían pertenecer a esas damas[21] incas, entre las cuales se seleccionaban las jóvenes sagradas, intocables para los demás incas, pues eran las Esposas del Sol, su dios. Sin embargo, como los incas no tenían escritura, ésta y otras teorías que tratan de explicar el misterio de Machu Picchu no pasan de ser[22] especulaciones científicas.

Machu Picchu ha sido considerada como la más perfecta de las construcciones incaicas. La ciudad, que cubre más de cinco kilómetros cuadrados,[23] fue construida sobre una serie de picos y riscos muy pronunciados, imposibles de salvar,[24] a menos que no sea por medio de[25] los caminos fortificados hechos por los incas.

Lo primero que se divisa[26] al llegar a Machu Picchu son sus terrazas simétricas, en las que seguramente los incas cultivaban papas, maíz y otros frutos. También, en la entrada de la ciudad, puede verse el intrincado sistema de riego[27] con fuentes y acueductos, alimentado con[28] las aguas que corrían bajo tierra. Por todas partes se observan las ruinas de edificios. Entre éstos destacan el Templo del Sol, el *Intihuatana* (piedra del Sol), la Plaza Sagrada y el famoso Templo de las Tres Ventanas.

El Templo de las Tres Ventanas es una de las edificaciones más sugestivas de Machu Picchu. Se levanta en el costado oriental[29] de la Plaza Sagrada. Tiene muros en tres de sus lados y, en el otro, un pilar monolítico que sostiene el techo, detalle que lo distingue de todos los demás templos de la ciudad.

Según antiguas tradiciones peruanas, un oráculo había ordenado a Manco Cápac, fundador del Imperio Inca, edificar un palacio de tres ventanas en honor a *Inti*, el Sol, en el lugar de su nacimiento. La existencia de esta estructura y una serie de datos históricos fueron los factores que llevaron a Bingham a

---

[17]*walled in* [18]períodos [19]*to house* [20]concluyó [21]mujeres [22]no... son sólo [23]kilómetros... *square kilometers* [24]*to get around; to cross, go over* [25]por... *by way of* [26]se... se nota [27]*irrigation* [28]alimentado... *fed by* [29]costado... *east side*

afirmar que Manco Cápac había nacido, o por lo menos vivido, en Machu Picchu.

Las construcciones de Machu Picchu han reafirmado aun más la gloria de los incas como arquitectos e ingenieros. Algunos opinan que muchos de sus muros son más perfectos que los mejores de la ciudad del Cuzco.

Las edificaciones de Machu Picchu han hecho que los arqueólogos se repitan la misma pregunta: ¿Cómo pudieron lograr esos cortes[30] perfectos y esa magnífica simetría unos constructores que no conocían la rueda,[31] el torno,[32] el hierro[33] o el cemento?

Casi todos los caminos para ir a Machu Picchu pasan primero por la ciudad del Cuzco, localizada a 1.126 kilómetros al sur de Lima. Esta es la capital arqueológica de la América del Sur. Sus escalinatas[34] y calles empedradas[35] al estilo español están llenas de vendedores que ofrecen a los turistas abrigos de lana y cerámicas típicas de vistosos[36] colores. Las mujeres, descendientes de los incas, con sus faldas amplias y sus curiosos sombreros, arrean por las callejuelas[37] a las llamas cargadas de[38] mercancía; otras, con sus niños a la espalda, venden en las esquinas multicolores tejidos.[39]

La población del Cuzco es en su mayoría mestiza,[40] pero conserva los rasgos étnicos y muchas de las costumbres de sus antepasados, así como su lengua: el quechua. Por toda la ciudad se levantan imponentes los monumentos religiosos, donde la arquitectura refleja la fusión estrecha[41] de las creencias[42] incas con el cristianismo de los conquistadores.

Según los historiadores peruanos, los incas llegaron al valle del Cuzco hacia el año 1100 d.C.,[43] aunque en esto no hay plena coincidencia.[44] Hasta la llegada de los españoles, la maravillosa ciudad fue la capital del gran Imperio Inca. No hay calle del Cuzco en que no esté la presencia en piedra de esa antigua cultura. Los muros y las bases de muchos edificios, el pavimento de antiguos caminos aún en uso y las escaleras perfectamente trazadas[45] perpetúan el alto grado de ingeniería incaica. Sin embargo, los conquistadores no respetaron esa creación artística. No sólo fundieron[46] sus objetos de oro y plata, verdaderas obras de arte, sino que[47] destruyeron casi todas sus edificaciones para construir iglesias y palacios sobre sus sólidos cimientos.[48]

Del Cuzco sale un ferrocarril que se dirige al cañón del Urubamba, el tormentoso[49] río que corre al pie de las montañas donde se encuentra Machu Picchu.

Las personas que deseen visitar la ciudad deben tomar allí un automotor que asciende los 500 metros que faltan del cerro por una de las carreteras más empinadas[50] del mundo.

Unas veinte cuadras antes de llegar a los muros más bajos de Machu Picchu, la carretera termina frente a un pequeño albergue,[51] desde el cual la ascensión a la *ciudad perdida* de los incas se termina a pie. Para todos cuantos la han visitado, la experiencia ha sido algo inolvidable.

Extraído de *GeoMundo*, junio de 1987

---

[30]*cuts* [31]*wheel* [32]*winch* [33]*iron* [34]escaleras de piedra [35]hechas de piedra [36]*colorful; attractive* [37]arrean... *drive through the narrow streets* [38]cargadas... *loaded with* [39]*textiles* [40]mezcla de indio y europeo [41]*close, intimate* [42]*beliefs* [43]después de Jesucristo [44]no... no todos piensan igual [45]*laid out* [46]*melted down* [47]sino... *but* [48]*foundations* [49]*stormy* [50]*steep* [51]*hotel, hostel*

¿Cuánto recuerda Ud.?

Las siguientes oraciones contienen información incorrecta. Identifique las equivocaciones.

1. La ciudad perdida de los incas se encuentra en la selva argentina.
2. Fue descubierta en 1811 por Hiram Bingham, un arqueólogo inglés.

3. El hombre que mató a Bingham en Machu Picchu era un guerrero inca llamado Melchor Arteaga.
4. Al principio el arqueólogo pensó que había descubierto la fuente de la juventud porque en Machu Picchu encontró a miles de incas increíblemente jóvenes.
5. Los conquistadores españoles tomaron a los incas por dioses.
6. Huayna Cápac, el gran rey inca, dividió su reino entre su hijo Atahualpa y el conquistador español Pizarro.
7. Los incas dejaron escrituras abundantes.
8. Es triste que los incas no supieran nada de arquitectura ni de ingeniería.
9. La actual ciudad del Cuzco es un centro comercial totalmente moderno.
10. Debemos agradecerles a los conquistadores españoles por haber preservado tan cuidadosamente los edificios y las obras de los incas.
11. Es tan fácil visitar la ciudad perdida que muchos cuzqueños van a pie a Machu Picchu cada día para almorzar al aire libre antes de regresar a sus trabajos.

¿Qué se imagina Ud.?

A. El arqueólogo y el agricultor.   Trabaje con un compañero (una compañera) para representar en clase el contacto inicial, según Uds. se lo imaginan, entre el arqueólogo Hiram Bingham y Melchor Arteaga, el agricultor que lo condujo a Machu Picchu. Pueden incluir los siguientes detalles en su diálogo.

1. Hiram Bingham se identifica y le explica lo que busca a Melchor Arteaga.
2. Arteaga le describe a Bingham la ciudad perdida de los incas.
3. Arteaga le describe a Bingham el viaje que tienen que hacer para llegar al sitio.
4. Bingham reacciona al ver por primera vez las ruinas.

B. Los conquistadores y la cultura incaica.   Los conquistadores españoles intentaron destruir las culturas indígenas que encontraron en América. Trabajando con un compañero (una compañera), analice si se puede entender o justificar esa conducta. ¿Cree Ud. que los españoles habrían destruido Machu Picchu si hubieran encontrado ese lugar? ¿Por qué no se interesaron por llegar a esa zona?

C. ¿Es más respetuoso hoy el ser humano?: un debate.   Con respecto a la forma de tratar a las personas de otras culturas, ¿cómo nos comparamos las personas modernas con los conquistadores de otras épocas? ¿Somos más respetuosos, tolerantes y compasivos? ¿Somos más crueles y destructivos? ¿O somos iguales, en el fondo? Escoja una de las siguientes perspectivas para defenderla en un debate en clase. Apoye su punto de vista con ejemplos concretos: piense, por ejemplo, en la actitud de los antropólogos hacia las tribus indígenas que estudian, en los países que dominan o conquistan a otros como consecuencia de una guerra, en el terrorismo y en las relaciones entre los países poderosos y tecnológicamente avanzados y los menos desarrollados.

1. La gente de hoy es más compasiva, respetuosa y tolerante que la de otras épocas históricas.
2. Los humanos de hoy somos los seres más crueles y peligrosos de la historia.
3. La naturaleza humana es constante: no hay diferencia entre la gente moderna y la de épocas pasadas en cuanto a la crueldad, el respeto y la tolerancia hacia los demás.

Gramática en contexto

34. Focusing on the Outcome: The Passive Voice

Concept of the Passive

A passive construction shifts the focus of a sentence from the agent (the doer of the actions) to the action and its recipient or outcome. As a result, the normal subject and object roles are reversed in passive constructions: the recipient of the action (normally the object) becomes the subject. You have already studied one passive construction in **Capítulo 10:** the passive **se.** As you know, this construction focuses on the action and its recipient; no reference at all is made to the agent.

> **Se construyó** Machu Picchu en la cordillera andina.
>
> *Machu Picchu was built in the Andean mountain range.*

Now let us look at another passive construction: the passive voice construction with **ser.** This construction focuses on the outcome of the action and, in contrast to the passive **se,** always states or strongly implies an agent.

Formation of the Passive Voice

This construction consists of a form of the verb **ser** and a past participle.* The agent, when expressed, is introduced by the preposition **por.**

---

*To review past participle forms, see **Gramática 4.**

SUBJECT/RECIPIENT	+	**ser**	+	PAST PARTICIPLE	+	**por**	+	AGENT
Machu Picchu		**fue**		**construida**		por		los incas.
Machu Picchu		*was*		*built*		*by*		*the Incas.*

Note that in this construction the past participle functions as an adjective, agreeing in number and gender with the subject.

Los templos fueron **construid***os* por los sacerdotes.	*The temples were built by the priests.*
Esta ciudad ha sido **considera***da* una obra perfecta por los arquitectos modernos.	*This city has been considered perfect by modern architects.*

It is also possible to use this construction and not identify the agent, although one is still implied.

La fuente fue pintada en colores brillantes.	*The fountain was painted in brilliant colors.*

Passive constructions with **ser** appear more often in formal writing, as in this chapter's travelogue, but they are generally avoided in spoken Spanish in favor of passive **se** constructions.

¡Practiquemos!

A. El imperio inca.   En cada oración hay una opción correcta. Decida cuál es. Después, repase las oraciones e indique si se menciona el agente o no.

1. El Imperio Inca fue dividido en dos reinos / cincuenta estados por Huayna Cápac.
2. El sistema de gobierno de los incas fue desarrollado / destruido por los nobles más poderosos.
3. Los templos principales dedicados al dios del Sol fueron comprados / construidos por el gobierno.
4. Las carreteras que se extendían a los lugares más remotos del imperio fueron construidas de asfalto / piedra.
5. Los platos de los incas fueron pintados a mano.
6. Los animales salvajes, como el puma, el oso y el zorro, eran matados / adorados por los incas.

B. En Machu Picchu.   Haga oraciones pasivas con los siguientes elementos. Recuerde que el participio pasado funciona como adjetivo en esta construcción.

MODELO: Machu Picchu / destruir / el tiempo →
Machu Picchu fue destruido por el tiempo.

1. los muros / labrar (*to cut, carve*) / los mejores artesanos incaicos
2. las ruinas / descubrir / Hiram Bingham
3. la ciudad / planear / los ingenieros incaicos
4. esta creación artística / no respetar / los españoles

5. los terrenos / devorar / la selva
6. las disputas entre Huáscar y Atahualpa / solucionar violentamente / Pizarro
7. los españoles / considerar / como dioses / los incas

C. ¿Cómo es la universidad donde Ud. estudia? Usando oraciones pasivas, explíquele a un compañero (una compañera) de clase algo sobre la historia de su universidad. A continuación aparecen varias sugerencias para la conversación. **¡OJO!** A veces debe mencionar al agente pero no siempre será necesario.

MODELO: fundar (la universidad) →
La universidad fue fundada en _____ (por _____).

✱ diseñar (la biblioteca / los primeros edificios / ¿ ?)
✱ construir (la unión estudiantil / la capilla (*chapel*) / ¿ ?)
✱ modernizar (las residencias / los laboratorios / ¿ ?)
✱ pintar (este edificio / las oficinas de los administradores / ¿ ?)
✱ plantar (los árboles / el jardín / ¿ ?)

35. More About Describing: Past Participles as Adjectives

As you have seen in this chapter's reading and in **Gramática 34,** a past participle, whether standing alone or as part of a passive voice construction, can be used as an adjective to describe an object. As an adjective, it agrees with the noun it modifies in number and gender.

En **terrenos devorados** por la selva, se encuentra Machu Picchu.	*In terrain devoured by the jungle, one finds Machu Picchu.*
Desde allí, **envuelta** en la maleza, se ve la imponente **ciudad.**	*From there one sees, wrapped in the thicket, the imposing city.*

Past participles can present difficulties in a reading because they are often placed far away from the noun they describe. Both context and gender/number agreement will help you establish the correct connection. In the following example, notice how far the adjective **empeñado** is from **Machu Picchu,** the noun it modifies.

Noventa años después de su descubrimiento por el hombre moderno, Machu Picchu se aferra tenazmente a sus secretos y sigue siendo un rebelde enigma, **empeñado** (*persistent*) en desafiar a historiadores y arqueólogos.

¡Practiquemos!

A. Las ruinas perdidas. Combine dos frases para formar oraciones lógicas. Después, identifique los participios pasados usados como adjetivos.

1. Machu Picchu está en un sitio _____.
2. Son impresionantes las barrancas _____.
3. Las ruinas de la ciudad permanecieron _____.
4. Hiram Bingham la descubrió cuando subió a un pico _____.
5. Se puede notar los sistemas de riego (*irrigation*) _____.
6. La ciudad del Cuzco, _____, es la capital arqueológica de Sudamérica.

a. alimentados con las aguas subterráneas
b. ocultas hasta 1911
c. localizada a 1.126 kilómetros al sur de Lima
d. separado del resto del mundo
e. llamado Machu Picchu
f. excavadas por el río

B. ¡Dímelo con menos palabras! Combine las dos oraciones en una sola por medio del participio pasado usado como adjetivo.

MODELO: Sus paredes son de piedra. La piedra fue labrada. →
Sus paredes son de piedra labrada.

1. Hiram Bingham descubrió Machu Picchu. Bingham fue guiado por un agricultor peruano.
2. Los españoles se llevaron las joyas. Las joyas fueron hechas de oro y plata.
3. La gente del Cuzco conserva los rasgos étnicos. Los rasgos son heredados de los incas.
4. Las escaleras muestran el alto nivel que había alcanzado la ingeniería. Las escaleras fueron hechas en forma perfecta.
5. El museo del Cuzco tiene obras de arte en joyería (*jewelry*). Las obras fueron realizadas por los orfebres (*goldsmiths*) incaicos.

36. Discussing Similarities and Differences: Comparatives and Superlatives

Comparative Constructions

There are two types of comparisons you can make between pairs of objects, actions, or people: those of similarity and those of difference.

To talk about similarities, use the following patterns.

tan + *adjective/adverb* + **como**

Las ruinas de Machu Picchu son **tan impresionantes como** las pirámides de Egipto.	*The ruins of Machu Picchu are as impressive as the pyramids of Egypt.*

tanto/a/os/as + *noun* + **como**

Los indios del Perú tienen **tantos problemas como** los indios norteamericanos.	*The Indians of Peru have as many problems as the North American Indians.*

verb + **tanto como**

Los peruanos **visitan** Machu Picchu **tanto como** los extranjeros.	*Peruvians visit Machu Picchu as much as foreigners.*

¡Practiquemos!

A. Opiniones. Indique cuál de las siguientes palabras o frases expresa mejor los sentimientos de Ud.

1. Para mí, la clase de español (no) es tan (difícil / práctico / interesante) como mis otras clases.
2. A mi juicio, los instructores de secundaria (no) (trabajan / hablan / enseñan) tanto como los universitarios.
3. Creo que los instructores de secundaria (no) dan (tantos exámenes / tantas fiestas / tanta tarea) como los universitarios.
4. Dudo que mis compañeros de clase (estudien / se diviertan / coman) tanto como yo.
5. Es improbable que alguno de ellos tenga (tantos problemas / tanto trabajo / tanta mala suerte) como yo.

B. Semejanzas. Use las sugerencias a continuación para comentar las semejanzas de las personas de los dibujos.

1. fuerte, músculos, alto, pesar
2. querer a Adriana, puntual, rosas, sentimental
3. correr, rápido, competitivo, entrenar, rapidez

To compare differences, use the following structures.

más/menos + *adjective/adverb/noun* + **que**

Los picos de los Andes son **más altos que** los de los Rockies.	*The peaks of the Andes are higher than those of the Rockies.*
Se atraviesa la cordillera andina **menos rápido que** la Sierra Nevada.	*One crosses the Andes range more slowly than the Sierra Nevada.*
Machu Picchu tiene **más fama que** las pirámides de Guatemala.	*Machu Picchu is more famous than the pyramids of Guatemala.*

verb + **más/menos** + **que**

Los incas **trabajaban más que** la gente moderna.	*The Incas worked more than modern people.*

A few comparative forms are irregular.

grande*/viejo	mayor(es)
joven	menor(es)
bueno	mejor(es)
malo	peor(es)

La construcción incaica es **mejor que** la nuestra.	*Incan construction is better than ours.*
Las Vírgenes del Sol eran **menores que** el rey inca.	*The Virgins of the Sun were younger than the Incan king.*

When comparing numbers, use the expression **más/menos** *de* (instead of **más/menos...** *que*):

La ciudad cubre **más de** cinco kilómetros cuadrados.	*The city covers more than five square kilometers.*

¡Practiquemos!

A. Comparaciones. Indique si las siguientes comparaciones son verdaderas o falsas. Si son falsas, corríjalas.

1. Soy más alto/a que la persona sentada a mi derecha / izquierda.
2. Hablo español más rápido que el profesor (la profesora) de español.
3. Soy mayor que el profesor (la profesora).

---

*When **grande** refers to physical size, rather than to age or greatness, the comparative forms are regular.

Buenos Aires es **más grande que** el Cuzco.   *Buenos Aires is larger than Cuzco.*

4. Tengo más de cinco clases hoy.

5. Paso más tiempo estudiando que hablando con mis amigos.

6. Tengo que estudiar más en esta clase que en otras para sacar buenas notas.

B. Diferencias. Describa los contrastes que se notan en cada par de dibujos.

1.

2.

Superlative Constructions

To single out one member of a group as being the best or worst example of its kind, use the following pattern.

el/la/los/las + *noun* + **más/menos** + *adjective* + **de*** + *group/kind*

Machu Picchu es **el sitio** arqueológico **más remoto del** mundo.	*Machu Picchu is the most remote archeological site in the world.*
Los incas más conocidos de todos fueron Huayna Cápac y Atahualpa.	*The best known of all the Incas were Huayna Cápac and Atahualpa.*
Visitar a Machu Picchu ha sido **la experiencia más emocionante de mi vida.**	*Visiting Machu Picchu has been the most exciting experience of my life.*

*Note that the English equivalents of **de** in this construction are *in* or *of.*

The irregular forms usually precede the noun.

Las montañas peruanas fueron **el mejor sitio** para construir un escondite.

El Cuzco tiene **las peores calles del mundo** para un coche moderno.

The Peruvian mountains were the best place to build a hiding place.

Cuzco has the worst streets in the world for a modern car.

¡Practiquemos!

A. ¿Cuánto sabe Ud.?   Las siguientes personas son algunas de las más famosas de la historia. ¿Puede Ud. identificarlas?

a. Sir Francis Drake
b. Helena de Troya
c. Lucrecia Borgia
d. Cleopatra
e. Cristóbal Colón
f. Moctezuma

1. _____ el líder más conocido de los aztecas
2. _____ la reina más famosa del mundo antiguo
3. _____ el pirata inglés más conocido del siglo XVI
4. _____ la mujer más bella de la época helénica
5. _____ el explorador más famoso del siglo XV
6. _____ la mujer más poderosa de la Italia renacentista

Cristóbal Colón

B. Los mejores ejemplos.   Trabajando con un compañero (una compañera), haga y conteste las preguntas, según el modelo.

MODELO: isla / bonita / de todas →
—¿Cuál es la isla más bonita de todas?
—Creo que _____ es la (isla) más bonita de todas.

1. pico / alto / del mundo
2. cordillera / conocida / de Norteamérica
3. selva / grande / de Sudamérica
4. volcán / activo / del mundo
5. cataratas / famosas / de los Estados Unidos
6. el mar / históricamente importante / de Europa
7. el río / largo / del mundo
8. el país / democrático / de todos
9. el sistema político / represivo / de todos
10. el presidente / viejo / de nuestra historia

Español en acción

A. ¡Ataque de dinosaurio!   Imagínese que Ud. forma parte de un equipo de reporteros de televisión enviados a informar sobre la noticia de un hombre que fue atrapado por un dinosaurio —evidentemente el último que sobrevive. Escoja *uno* de los siguientes temas para su parte del reportaje.

1. el lugar del suceso: ¿Dónde sucedió? Compare la naturaleza del lugar con Nueva York, lugar en donde viven los hombres. ¿Cómo llegaron los hombres allí?
2. el motivo del viaje de los dos hombres: ¿Fueron de vacaciones o por razones de trabajo? ¿Tendrían motivaciones políticas? ¿Por qué viajaban solos? ¿Cuánto tiempo habían estado allí cuando ocurrió el incidente?
3. el dinosaurio y su apariencia externa: Comparado con los seres humanos, ¿cómo es su tamaño, las partes de su cuerpo, inteligencia, etcétera? ¿En qué se diferencian y qué tienen en común?
4. la víctima: ¿Cómo cayó entre las garras (*claws*) del dinosaurio? ¿Cuánto tiempo hace que el animal lo tiene atrapado? ¿Qué dice la víctima? ¿Qué emociones siente? ¿Tiene algo que decirle a su familia o al público?
5. entrevista con el compañero: El compañero da su testimonio sobre lo que ocurrió, los consejos que le ha dado a su amigo cautivo (*captive*) y su mensaje para su familia, sus colegas y sus amigos.
6. el comentario del / de la periodista: El/Ella da su opinión acerca de lo que le espera al pobre hombre. Informa al público sobre lo que dicen los expertos sobre este tipo de incidente.

—*No te dejes impresionar: su especie está extinguida.*

B. ¿Para qué fue usado?   Con un compañero (una compañera), imagínese que son antropólogos/as que excavan un pueblo norteamericano abandonado en el siglo XVII. Comenten cada objeto encontrado en la excavación, usando la voz pasiva. Luego comparen sus conclusiones con las de sus compañeros.

MODELO: una olla de hierro (*iron pot*) →
Fue usada por una mujer para preparar las comidas.

1. una llave (*key*) de hierro
2. unas botellas de vidrio (*glass*)
3. los restos de un muñeco (*doll*) de trapo
4. una carreta (*cart*) de dos ruedas
5. unos libros en que aparece el alfabeto
6. una palmatoria (*candlestick*)
7. una pala (*shovel*)
8. los restos de un vestido blanco

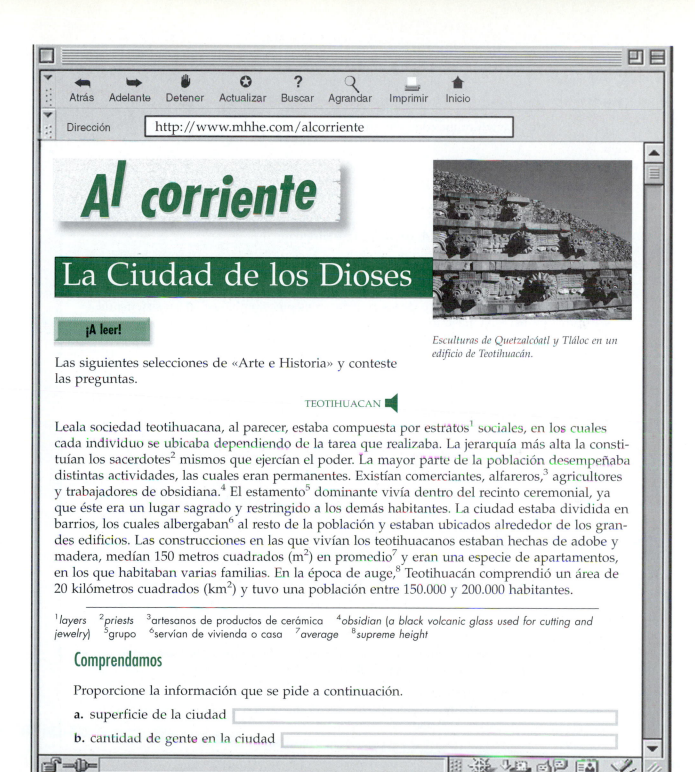

Al corriente

La Ciudad de los Dioses

Esculturas de Quetzalcóatl y Tláloc en un edificio de Teotihuacán.

¡A leer!

Las siguientes selecciones de «Arte e Historia» y conteste las preguntas.

TEOTIHUACAN

Leala sociedad teotihuacana, al parecer, estaba compuesta por estratos[1] sociales, en los cuales cada individuo se ubicaba dependiendo de la tarea que realizaba. La jerarquía más alta la constituían los sacerdotes[2] mismos que ejercían el poder. La mayor parte de la población desempeñaba distintas actividades, las cuales eran permanentes. Existían comerciantes, alfareros,[3] agricultores y trabajadores de obsidiana.[4] El estamento[5] dominante vivía dentro del recinto ceremonial, ya que éste era un lugar sagrado y restringido a los demás habitantes. La ciudad estaba dividida en barrios, los cuales albergaban[6] al resto de la población y estaban ubicados alrededor de los grandes edificios. Las construcciones en las que vivían los teotihuacanos estaban hechas de adobe y madera, medían 150 metros cuadrados (m^2) en promedio[7] y eran una especie de apartamentos, en los que habitaban varias familias. En la época de auge,[8] Teotihuacán comprendió un área de 20 kilómetros cuadrados (km^2) y tuvo una población entre 150.000 y 200.000 habitantes.

---

[1]*layers*   [2]*priests*   [3]*artesanos de productos de cerámica*   [4]*obsidian (a black volcanic glass used for cutting and jewelry)*   [5]*grupo*   [6]*servían de vivienda o casa*   [7]*average*   [8]*supreme height*

Comprendamos

Proporcione la información que se pide a continuación.

a. superficie de la ciudad _____

b. cantidad de gente en la ciudad _____

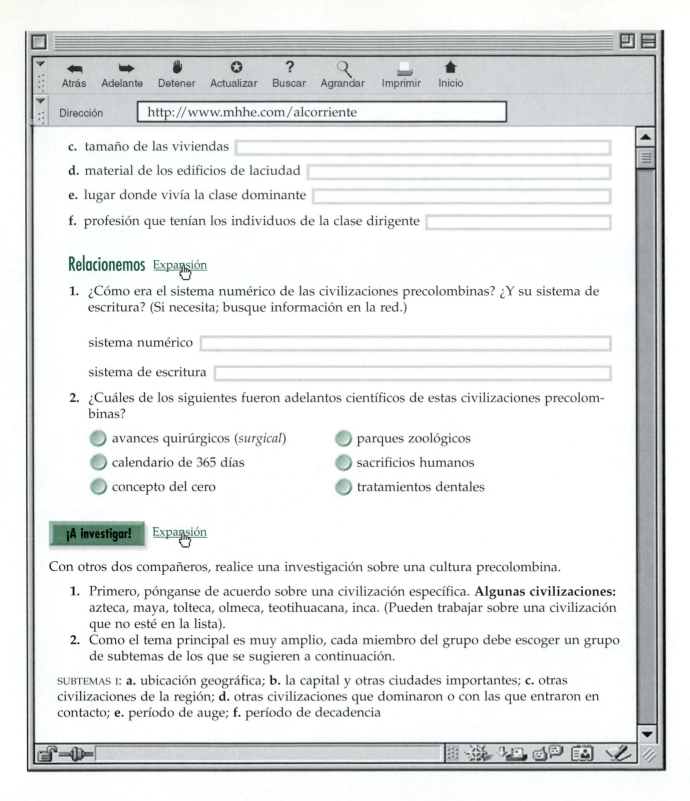

c. tamaño de las viviendas [   ]

d. material de los edificios de laciudad [   ]

e. lugar donde vivía la clase dominante [   ]

f. profesión que tenían los individuos de la clase dirigente [   ]

Relacionemos Expansión

1. ¿Cómo era el sistema numérico de las civilizaciones precolombinas? ¿Y su sistema de escritura? (Si necesita; busque información en la red.)

sistema numérico [   ]

sistema de escritura [   ]

2. ¿Cuáles de los siguientes fueron adelantos científicos de estas civilizaciones precolombinas?

◯ avances quirúrgicos (*surgical*) ◯ parques zoológicos

◯ calendario de 365 días ◯ sacrificios humanos

◯ concepto del cero ◯ tratamientos dentales

¡A investigar! Expansión

Con otros dos compañeros, realice una investigación sobre una cultura precolombina.

1. Primero, pónganse de acuerdo sobre una civilización específica. **Algunas civilizaciones:** azteca, maya, tolteca, olmeca, teotihuacana, inca. (Pueden trabajar sobre una civilización que no esté en la lista).

2. Como el tema principal es muy amplio, cada miembro del grupo debe escoger un grupo de subtemas de los que se sugieren a continuación.

SUBTEMAS I: **a.** ubicación geográfica; **b.** la capital y otras ciudades importantes; **c.** otras civilizaciones de la región; **d.** otras civilizaciones que dominaron o con las que entraron en contacto; **e.** período de auge; **f.** período de decadencia

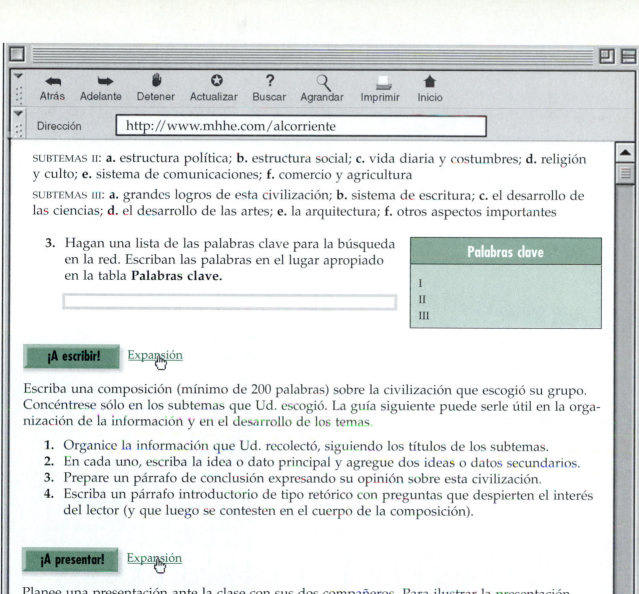

SUBTEMAS II: **a.** estructura política; **b.** estructura social; **c.** vida diaria y costumbres; **d.** religión y culto; **e.** sistema de comunicaciones; **f.** comercio y agricultura

SUBTEMAS III: **a.** grandes logros de esta civilización; **b.** sistema de escritura; **c.** el desarrollo de las ciencias; **d.** el desarrollo de las artes; **e.** la arquitectura; **f.** otros aspectos importantes

3. Hagan una lista de las palabras clave para la búsqueda en la red. Escriban las palabras en el lugar apropiado en la tabla **Palabras clave.**

Palabras clave
I
II
III

¡A escribir!   Expansión

Escriba una composición (mínimo de 200 palabras) sobre la civilización que escogió su grupo. Concéntrese sólo en los subtemas que Ud. escogió. La guía siguiente puede serle útil en la organización de la información y en el desarrollo de los temas.

1. Organice la información que Ud. recolectó, siguiendo los títulos de los subtemas.
2. En cada uno, escriba la idea o dato principal y agregue dos ideas o datos secundarios.
3. Prepare un párrafo de conclusión expresando su opinión sobre esta civilización.
4. Escriba un párrafo introductorio de tipo retórico con preguntas que despierten el interés del lector (y que luego se contesten en el cuerpo de la composición).

¡A presentar!   Expansión

Planee una presentación ante la clase con sus dos compañeros. Para ilustrar la presentación, utilicen fotografías, ilustraciones de libros de arte, arquitectura o viajes, fragmentos de películas, o cualquier otro medio visual o audiovisual que tengan a su disposición en el Internet o en la biblioteca de su universidad. Organicen el orden de la presentación según los temas que manejó cada uno y restructuren el contenido de la presentación según las partes siguientes:

Primera parte: Descripción (por ejemplo, de instituciones) y narración (de acontecimientos históricos).
Segunda parte: Opinión personal sobre los méritos y/o problemas de estas civilizaciones.
Tercera parte: El valor de la conservación de los sitios arqueológicos de civilizaciones pasadas.

...ALGUNAS ¡INDISPENSABLES!

¡cuidado
GOTA[a] A GOTA
EL AGUA SE AGOTA!

[a]drop

PELIGRA[a] LA VIDA EN EL PLANETA

Los científicos están muy inquietos[b] porque desde hace algunos años han observado que sobre la Antártida está desapareciendo un gas vital para la vida: el ozono, que nos protege de los rayos ultravioleta

[a]It endangers
[b]preocupados

TÚ DEBERÍAS LEER ESTE ARTÍCULO SOBRE LA EXPLOSIÓN DEMOGRÁFICA

¡NO ME INTERSSAN LOS ATENTADOS[a] TERRORISTAS!

CHENTO

[a]attacks

Lluvia ácida

Uno de los principios de la física –la ley de entropía– señala que todas las cosas del universo marchan lentamente hacia su propia destrucción. En nuestro planeta esto parece evidente, en lo que a medio ambiente se refiere, aunque no por simple incercia, sino por la acción destructiva del hombre. Dentro de las consecuencias más graves de la falta de cuidado ambiental se pueden señalar:

- La contaminación en casi su totalidad de los mares Mediterráneo y Muerto.
- Las mareas negras de petróleo del Mar del Norte.
- La destrucción de la capa de ozono que comenzó en la Antártida y lentamente se extiende hacia el norte del planeta.
- La lluvia ácida provocada por nubes de gases sulfurosos que provienen de las plantas de fabricación de carbón.

Para tener idea de las dimensiones del problema se debe reparar en un caso concreto. Un ejemplo ilustrativo puede ser la zona que comprende la frontera de Canadá y Estados Unidos, una amplia faja de terreno poblada en su mayor parte por lagos y enormes extensiones de bosques naturales. Por efecto de esta lluvia ácida, que en su mayor parte ocasionan refinerías norteamericanas, trece ríos de Nueva Escocia y 14 mil lagos de la costa este de Canadá se encuentran totalmente inutilizados para albergar vida animal, por el altísimo grado de contaminación. Asimismo, los bosques se deterioran progresiva e inevitablemente.

Vocabulario del tema

El medio ambiente (*environment*)

Los recursos (resources) naturales

el agua (*f.*)
el aire
el carbón (coal)
la madera (wood)

el petróleo
el sol
el suelo (soil)
el viento

Los productores de energía

los aeromotores (modern windmills)
los reactores nucleares

los sistemas solares

Los problemas ambientales

la basura (garbage)
la contaminación (pollution)
la deforestación
el desecho de los desperdicios (waste disposal)

la destrucción de la capa del ozono
el efecto invernadero (greenhouse)

la erosión
la escasez (shortage)
la extinción de las especies
la inundación (flood)

la lluvia ácida
la sequía (drought)
la sobrepoblación
la urbanización

Las acciones

acabarse/agotarse (to run out, be used up)
conservar
contaminar
desperdiciar (to waste)
destruir (y)

evitar (to avoid)
explotar (to exploit)
extinguir (ga) (to wipe out)
perjudicar (qu) (to damage)
plantar
proteger (j)
sembrar (ie) (to seed)

Hablando del tema

A. Consecuencias ecológicas. En su opinión, ¿cuáles serán las consecuencias ecológicas de las siguientes acciones? ¿Qué se puede hacer para evitar estas consecuencias?

1. la destrucción de las selvas y los bosques
2. la explosión demográfica
3. la construcción de fábricas (*factories*) que utilizan carbón
4. la construcción de reactores nucleares
5. la eliminación de los pantanos (*swamps, marshes*)
6. la producción excesiva de basura
7. la urbanización
8. el uso de productos que contienen fluorocarburos

Ahora repase la lista, escoja los tres problemas que le parezcan los más graves de todos y explique por qué.

B. Problemas ecológicos, soluciones políticas.   Forme un grupo pequeño en el que la mitad de las personas hará el papel de miembros de un grupo de presión política (*lobbyists*) dedicado a la ecología: éstos/as escogerán *uno* de los problemas enumerados en el ejercicio A para llamar a su diputado/a, informarle de los peligros de la situación y proponerle medidas (*measures*) que se puedan introducir en la legislatura. La otra mitad del grupo hará el papel de secretarios/as, quienes apuntarán el mensaje para dárselo al diputado (a la diputada). Finalmente, los secretarios (las secretarias) seguirán las instrucciones del profesor (de la profesora) para leer el mensaje oralmente en clase.

C. Lluvia de ideas contra la lluvia ácida.   Lea el breve artículo sobre la lluvia ácida en la página 338. Después reúnanse en un grupo pequeño para elaborar una lista de las maneras en que Uds. mismos/as pueden ayudar a remediar este problema ambiental. Finalmente, cada grupo compartirá su lista con la clase para compilar una sola lista general.

Lectura

Acercándonos a la lectura

One of the characteristics of developing nations is that the majority of modern services such as universities, hospitals, and governmental agencies are concentrated in a single capital city, whereas in the provinces traditional lifestyles continue to dominate. Many Latin American countries fit this pattern.

Mexico City, **(México, D.F. [Distrito Federal])**, for example, is home to close to a quarter of Mexico's total population. While providing Mexico City with an exciting and vibrant cultural life, the demographic pressures make the need for a diversified economy all the more urgent.

The two articles in this chapter are taken from Mexican publications. Patricia Aridjis Perea, the author of the first selection, focuses on the historical founding of Tenochtitlán, the Aztec capital, and the problems that resulted from building Mexico City on that same site. When Hernán Cortés and the other Spanish conquistadors reached Tenochtitlán, it was an island city in the middle of Lake Texcoco, linked to the shore by gigantic causeways. After conquering the Aztecs, Cortés maintained this original site because of its religious and political significance to the Indian population. But the huge landfill that has become Mexico City represents a potential geological disaster in the midst of an active earthquake zone.

The second article concerns the economic and political problems of modern Mexico. The author, Miguel Angel Orozco Deza, foresees the development of a megacity incorporating not just Mexico City but also the surrounding cities of Puebla, Cuernavaca, and Toluca. Orozco likens the problems of this city to the Gordian knot, one that, according to Greek mythology, could not be untied. He does offer solutions but underscores the political resolve necessary to bring them about.

Vocabulario para leer

abarcar (qu)	to encompass, include	**la dependencia**	department; branch office
arrojar	to throw, toss	**el sismo**	earthquake
fortalecer (zc)	to fortify		
surgir (j)	to spring up, arise		
ubicarse (qu)	to be located	**cuanto antes**	as soon as possible
		en medio de	in the middle of (*a place*)
el alimento	food, nourishment		
el bienestar	well-being		

A. Asociaciones. Identifique las palabras del **Vocabulario para leer** que se relacionan con las siguientes.

1. el temblor, el terremoto
2. el sitio, situarse
3. la comida
4. fuerte
5. tirar, lanzar
6. incluir

B. Definiciones. Explique en español qué significan las siguientes frases.

1. hacer algo cuanto antes
2. surgir en medio del desierto
3. experimentar (*to experience*) un sismo
4. pensar en el bienestar de otras personas
5. trabajar en una dependencia del gobierno

Comentarios preliminares

A. El medio ambiente: dos caras. ¿Cuáles de las siguientes características ambientales se asocian típicamente con las ciudades y centros urbanos (U) y cuáles se asocian con las zonas rurales o con el campo (R)? ¿Cuáles se asocian con los dos (U/R)? Después de apuntar sus respuestas, verifíquelas con el resto de la clase.

1. _____ la extinción de las especies
2. _____ la contaminación del aire
3. _____ las inundaciones
4. _____ la sobrepoblación
5. _____ la lluvia ácida
6. _____ la deforestación

B. Una ciudad ecológica. Si se pudiera construir una ciudad ecológicamente perfecta, ¿cómo se haría? Trabajando en un grupo pequeño, planifiquen esa ciudad ideal con los elementos socioambientales esenciales. Después compartan sus ideas con el resto de la clase. Consideren los siguientes puntos entre otros.

1. su ubicación: ¿Está en las montañas, en el llano, a la orilla del mar, etcétera?
2. su población: ¿Cuál sería el número ideal de habitantes?
3. el transporte: ¿Cómo se llegaría a esa ciudad y cómo se viajaría dentro de la ciudad?
4. los servicios: ¿Cuáles serían los servicios públicos esenciales?
5. la economía: ¿Cuál sería la fuente principal de ingresos y de empleos? ¿Cómo generaría el gobierno municipal el dinero para operar?

Estrategias para leer

Distinguishing Fact from Opinion

Because nonfiction writers commonly weave other people's opinions together with widely known or well-researched facts, you need to be able to distinguish fact from opinion in order to accurately evaluate any nonfictional reading. Like many nonfiction writers, the authors of this chapter's readings bolster their own arguments by citing the opinions of experts.

The first step in distinguishing fact from opinion is to be able to recognize when the author is citing another source. Most often he or she will reproduce someone else's opinion through a direct quotation, often referred to as direct discourse. The quotation marks make clear the exact words of the source. When the quotation ends, the author may then interject his or her own views again. Direct discourse frequently is introduced by phrases such as **dice que, asevera que** (_he/she asserts that_), **cree que, ha declarado que,** and so on, followed by quotation marks.

Authors can also choose to summarize or paraphrase the ideas of their sources through indirect discourse, which is usually narrated using past tense. In reading indirect discourse, you must accept the author's interpretation as true because you generally have no other access to the expert's testimony. When you read the following selections, note how the authors build their arguments by skillfully combining facts and opinions.

Estrategias en acción

A. Discursos diversos. El párrafo a continuación contiene un ejemplo de material citado (*quoted*), discurso indirecto y una afirmación del autor. Léalo para identificar cada tipo de discurso, indicándolos con C (citado), I (discurso indirecto) o A (afirmación del autor), respectivamente.

El doctor Enrique Beltrán relata que los mexicas tuvieron que peregrinar (viajar por tierras extrañas) de un lado a otro porque, «a pesar de su poca importancia numérica, su carácter agresivo los hacía entrar en conflictos; terminaban por arrojarlos del sitio que ocupaban». Finalmente se establecieron en el islote (isla pequeña), en medio del lago de Texcoco.

B. ¿Dato u opinión? A veces los datos (*facts*) y las opiniones son prácticamente inseparables. Cada uno de los siguientes párrafos contiene un dato y una opinión. Trate de distinguir entre la opinión del autor (O) y lo que debe de ser un dato indisputable (D).

El año pasado, construir un kilómetro del Metro (tren subterráneo) costaba 25 mil millones (*25 billion*) de pesos; si esta cantidad se destinara a un estado de la República le ayudaría considerablemente.

Vivir en la ciudad de México es estimulante cuando se tiene el nivel económico adecuado… Las autoridades se han preocupado por darle la infraestructura necesaria para mantener la ciudad en condiciones aceptables.

As you read the following selections, notice how the authors build their arguments by skillfully combining facts and opinions.

La ciudad que no debió construirse

Patricia Aridjis Perea

Moctezuma

El doctor Enrique Beltrán, el director del IMENAR (Instituto de Recursos Renovables) asevera[1] que «estamos situados en un lugar donde nunca se debió de haber construido una gran ciudad» y relata:[2] los mexicas tuvieron que peregrinar[3] de un lado a otro porque, «a pesar de su poca importancia numérica, su carácter agresivo los hacía entrar en conflictos; terminaban por arrojarlos del sitio que ocupaban». Finalmente se establecieron en el islote,[4] en medio del lago de Texcoco. «Esto fue una necesidad histórica; además de que ningún grupo los quería por belicosos,[5] fueron los últimos en llegar al valle de las siete tribus, cuando la tierra buena ya la habían tomado los otros.»

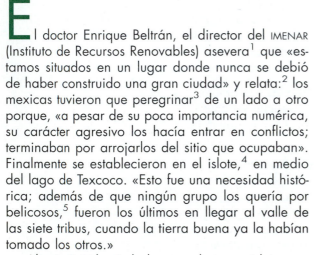

Al principio la ciudad era modesta, un islote pantanoso.[6] De modo que sus moradores[7] tuvieron que acarrear[8] piedra, madera y otros materiales para hacerla más sólida. Con la creencia de que debían preservar la vida del Sol ofreciéndole sangre como alimento, iniciaron una serie de conquistas que ensancharon[9] sus fronteras hasta convertirse en un verdadero imperio cuyos dominios abarcaron el centro y sureste del país.

Sin embargo no pudieron cambiar su entorno[10] físico. «El sitio donde se fundó la ciudad generó múltiples problemas que hasta la fecha subsisten.[11]

La vulnerabilidad sísmica, por ejemplo. Aunque en épocas pasadas los movimientos telúricos[12] no provocaron daños[13] graves, la complejidad de nuestra sociedad contemporánea contribuyó para que las consecuencias de los últimos sismos fueran verdaderamente catastróficas.

«Cuando el imperio mexica cayó, la destrucción prácticamente fue total. Muchos de los compañeros de Cortés[14] pensaban que no se debía reconstruir Tenochtitlán por sus condiciones físicas. Así pues, surgió la idea de establecerse en Coyoacán.[15] Pero Cortés, consciente del poder político y el peso histórico que la ciudad de los mexicas tenía, decidió quedarse aquí.» De tal manera que pudiera continuar el sistema tributario que los ahora conquistados habían establecido entre los grupos sometidos.[16] Y lo que es más, fortalecer su dominio.

«Desde entonces nos quedamos en este lugar. Después hemos echado remiendo[17] aquí y allá, pero estamos en un lugar malo y lo hemos hecho peor con la sobrepoblación.»

Extraído de *ICYT* (*Información científica y tecnológica*), México, agosto de 1987

---

[1]afirma [2]dice [3]viajar por tierras extrañas [4]isla pequeña [5]inclinados a la guerra [6]*swampy* [7]habitantes [8]transportar [9]hicieron más amplias [10]lugar, ambiente [11]hasta… todavía existen [12]de la tierra [13]*damages* [14]Hernán Cortés (1485–1547), conquistador de México [15]zona cerca de Tenochtitlán [16]conquistados [17]echado… *made improvements*

La provincia y el D.F., ese gran nudo gordiano

Miguel Angel Orozco Deza

Edmundo Flores, destacado economista e intelectual político, llegó a aseverar a mediados de los años setenta que la ciudad de México pronto debería cambiar de nombre, proponiendo que se denominara[1] «Mexcuepuetopan», es decir, el nombre provenía[2] de México, Cuernavaca, Puebla y Toluca; quizá omitió involuntariamente Querétaro. Lo anterior hace reflexionar[3] sobre las consecuencias de la excesiva concentración que se da en esta área del país. En ella se concentran casi 20 millones de habitantes, el 25% de la población actual. Se adoptan las decisiones políticas fundamentales, porque se encuentran las sedes[4] de los Poderes, Ejecutivo, Legislativo y Judicial. El primero tiene en la ciudad de México la casi totalidad de sus dependencias, las cuales se resisten a ubicarse en la provincia, a pesar de serios intentos[5] realizadas después del sismo de 1985. Están localizadas dos universidades públicas, que son la UNAM,[6] la UAM[7] y las más importantes universidades privadas. Las decisiones económicas, y la mayoría de los trámites[8] burocrático-administrativos que ellas implican, se tiene que dirimir[9] en la ciudad de México, las principales actividades culturales y recreativas se generan en la macrourbe.[10] La industria se encuentra mayoritariamente en los alrededores[11] de la zona metropolitana.

Ventajas y desventajas se tienen al vivir en la provincia, pero la realidad es que muchos de los que ahora forman parte integral del hacinamiento[12] en el Distrito Federal llegaron de provincia. Los menos[13] porque querían estudiar en la Universidad, otros porque no tenían trabajo y los más para engrosar[14] los cinturones de miseria que le caracterizan en sus principales salidas carreteras. Vivir en la ciudad de México es estimulante cuando se tiene el nivel económico adecuado para hacerlo en una ciudad tan compleja como lo es. La verdad sea dicha[15] las autoridades se han preocupado por darle la infraestructura necesaria para mantenerla en condiciones aceptables. Pero de seguirlo haciendo,[16] se continuará sacrificando el bienestar de los provincianos. El costo del metro cúbico de agua, de la seguridad, de la pavimentación y de los innumerables servicios

---

[1]llamara   [2]vino   [3]pensar   [4]oficinas centrales   [5]esfuerzos   [6]Universidad Nacional Autónoma de México   [7]Universidad Autónoma Metropolitana   [8]acciones   [9]solucionar   [10]metrópoli   [11]*outskirts*   [12]multitud   [13]Los... Unos pocos   [14]los... *the majority to add to*   [15]La... Digamos la verdad   [16]Pero... *But if they were to keep on doing it*

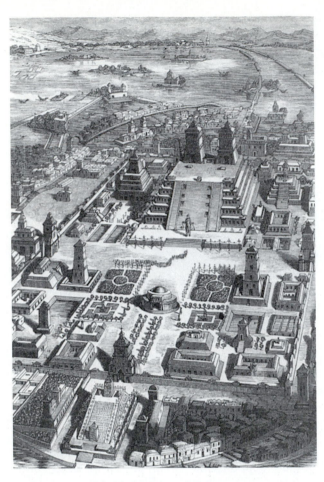

Este grabado de una reconstrucción de Tenochtitlán muestra la belleza de la gran ciudad azteca.

El dinámico Distrito Federal se encuentra en un valle que fue poblado por tribus indígenas unos ocho mil años antes de J.C.

públicos como el transporte, se cubre con cuantiosos[17] recursos que el Distrito Federal no genera y sería de provecho[18] para los otros mexicanos. El año pasado, construir un kilómetro del Metro[19] costaba 25 mil millones[20] de pesos; si esta cantidad se destinara a un estado de la República le ayudaría considerablemente.

Entonces, para desbaratar el nudo gordiano[21] que es el D.F., se requiere continuar con la voluntad[22] po-

lítica de hacerlo, obligando a las dependencias federales a que se ubiquen fuera en cualquier provincia, aun a costa de ciertos problemas temporales de ajuste. La otra decisión más cruel es convertir a la Ciudad de México en la ciudad más cara del mundo, de tal manera que quien quiera vivir en ella tenga que pagar los servicios que se le brindan.[23] Naturalmente, que esto resulta en una situación antisocial, pero es mejor que deje de ser cuanto antes un centro de atrac-

---

[17]abundantes   [18]beneficio   [19]tren subterráneo   [20]25... *25 billion*   [21]desbaratar... *untie the Gordian knot*   [22]*will*   [23]ofrezcan

La realidad de la vida en muchos pueblos mexicanos no les ofrece esperanza a sus habitantes; por eso millones se han mudado a la capital.

ción contaminado y rodeado[24] de ciudades perdidas,* poblado de vendedores ambulantes,[25] de desempleados y de delincuentes potenciales que afectan la armonía urbana. La primera decisión es la fundamental, porque atrás de ella se generaría la necesaria emigración del sistema burocrático que a fin de cuentas[26] beneficiaría a los inicialmente afectados porque lo que harían sería conocer mejor a la provincia y adaptarse a las condiciones de vida con los consecuentes efectos sociales y culturales para desbaratar «el nudo gordiano».

Extraído de *Siempre*, México, 12 de agosto de 1987

*Ciudades perdidas** is a term used to describe the shantytowns that have grown up around Mexico City in the past two decades.

[24]surrounded   [25]wandering   [26]a... al fin y al cabo

¿Cuánto recuerda Ud.?

Indique si la oración se refiere a Tenochtitlán (T), a México, D.F. (DF) o al resto del territorio mexicano (M).

1. _____ Los que construyeron esta ciudad habían viajado mucho antes de encontrar este sitio; fueron los últimos en llegar al valle central.

2. _____ Ha sufrido mucho a causa de los sismos.

3. _____ Allí se hicieron sacrificios humanos para ofrecerle alimento al dios Sol.

4. _____ Fue destruida casi por completo por los conquistadores, algunos de los cuales pensaban que no se debía volver a construir allí otra ciudad.

5. _____ Es el actual centro del gobierno nacional y el lugar preferido de casi todos los empleados federales.

6. _____ Se ha propuesto que se le llame «Mexcuepuetopan» porque llegará a abarcar varias ciudades.

7. _____ Mucha gente ha salido de allí por falta de empleos y se ha ido a la capital en busca de oportunidades económicas.

8. _____ Era el centro de un gran imperio que abarcó la parte central y el sureste del país actual.

9. _____ Se encuentran allí pocas ciudades de gran importancia; la mayoría son de mediano desarrollo.

¿Qué se imagina Ud.?

A. ¿Cómo desatar el nudo gordiano?   En su artículo Miguel Angel Orozco Deza ofrece varias soluciones al problema de la sobrepoblación del Distrito Federal. ¿Cree Ud. que tienen posibilidades de éxito? Trabajando en un grupo pequeño, discutan las ventajas y desventajas de las siguientes soluciones. Después, compartan sus ideas con los otros grupos de la clase y compárenlas para llegar a un acuerdo acerca de la mejor solución.

POSIBLES SOLUCIONES	VENTAJAS	DESVENTAJAS
1. instalar algunas dependencias federales fuera de la capital		
2. hacer que los residentes del D.F. paguen por los servicios urbanos		
3. destinar más dinero para obras públicas en otros estados		
4. consolidar varias ciudades vecinas para crear «Mexcuepuetopan»		
5. otras soluciones		

B. Una reunión entre el alcalde (la alcaldesa) y los habitantes del D.F. Imagínese que el alcalde (la alcaldesa) de México, D.F., convoca a una reunión a varios residentes de la ciudad para discutir los problemas ambientales que les preocupan y sus posibles soluciones. Trabajando en un grupo pequeño, escojan *uno* de los siguientes papeles para representar —y filmar— la reunión en clase.

1. el alcalde (la alcaldesa) del Distrito Federal
2. un(a) estudiante universitario/a
3. un obrero (una obrera) que trajo a su familia de una provincia
4. un(a) profesional con buena posición económica
5. un destacado (una destacada) economista, especialista en estudios urbanos

C. ¿Emigrar de la Ciudad de México a Taxco?   Imagínese que una madre de familia del Distrito Federal ve en el periódico el anuncio sobre Taxco, un pueblecito ubicado en las montañas del estado de Guerrero, a algunas horas deviaje al norte de la capital mexicana. A la señora se le ocurre que quizás en Taxco gozarían de mejores condiciones de vida que en la Ciudad de México donde cada día se hace más difícil vivir debido a la contaminación, la sobrepoblación y otros problemas urbanos. Por eso ella decide proponerle a su esposo irse a vivir a Taxco, aunque sospecha que él no estará muy de acuerdo con ella.

Trabajando con un compañero (una compañera), prepare el diálogo entre los esposos para representar ante la clase.

Gramática en contexto

37. Telling What You Would Do: The Conditional

Uses of the Conditional

As you know, the future tense is used to anticipate an event with respect to the present moment of speech. Like the future tense, the conditional also signals an anticipated event, but one that is set in the past, very often in the form of indirect discourse.

El Dr. Robles dice (dijo): «La nueva universidad **estará** localizada en Puebla».

Dr. Robles says (said): "The new university will be located in Puebla."

El Dr. Robles dijo que la nueva universidad **estaría** localizada en Puebla.

Dr. Robles said that the new university would* be located in Puebla.

The conditional is also used to express hypothetical actions or conjectures.

El dinero gastado en la capital **sería** de provecho para los otros mexicanos.

The money spent in the capital would be useful for other Mexicans.

Ese dinero **ayudaría** a las provincias.

That money would help the provinces.

Just as the future can be used to express probability in the present, the conditional can be used to express probability in the past.

—¿Dónde están mis libros?
　—**Estarán** en la mesa; siempre los dejas allí.

"Where are my books?" "They're probably on the table; you always leave them there."

—¿Por qué no vino Juan a la fiesta anoche?
　—**Estaría** estudiando para el examen de química.

"Why didn't Juan come to the party last night?" "He was probably studying for the chemistry exam."

---

*Remember that when *would* means *used to*, the imperfect indicative is used.

Todos los días **íbamos** al parque.

We would go to the park every day.

The conditional of the verbs **querer, poder,** and **deber** can also be used to soften requests or suggestions, just as with the past subjunctive.

La Ciudad de México **debería** cambiar de nombre.	*Mexico City should change its name.*
¿**Podrías** decirme dónde queda Taxco?	*Could you please tell me where Taxco is?*

Formation of the Conditional

The conditional tense is formed by adding the following endings to the infinitive stem.

arrojar	
arrojar**ía**	arrojar**íamos**
arrojar**ías**	arrojar**íais**
arrojar**ía**	arrojar**ían**

Verbs with irregular stems in the future tense use the same stems in the conditional.

INFINITIVE	IRREGULAR STEM		CONDITIONAL ENDINGS	
decir	dir-			
haber	habr-			
hacer	har-			
poder	podr-			
poner	pondr-		-ía	-íamos
querer	querr-	+	-ías	-íais
saber	sabr-		-ía	-ían
salir	saldr-			
tener	tendr-			
valer	valdr-			
venir	vendr-			

¡Practiquemos!

A. Vivir en la Manzana Grande. México, D.F., tiene algunos de los mismos problemas que la ciudad de Nueva York, la famosa «Manzana Grande». Trabajando con un compañero (una compañera), indique si está de acuerdo o no con las siguientes afirmaciones y dé sus razones.

1. No deberían permitir que Nueva York y el D.F. crecieran más.
2. Con un buen sistema de transporte público, no sería necesario tener coche en esas ciudades.
3. Con menos coches, todos pagaríamos menos impuestos (*taxes*) de gasolina.
4. Sería un placer caminar por las calles sin tantos coches.
5. Sin tanto tránsito de automóviles, la gente andaría más en bicicleta y sería más sana.
6. Sin tanta contaminación, la gente podría respirar el aire sin miedo.

B. ¿Qué haría Beto? Beto Chapa es un joven mexicano que no se preocupa mucho por el medio ambiente de su país. Combine un verbo de la columna A con una frase de la columna B para indicar lo que Beto haría si quisiera reducir la contaminación. **¡OJO!** A veces hay más de una combinación posible.

MODELO: manejar / el coche solamente con más de una persona →
Beto manejaría el coche solamente con más de una persona.

A	B
(no) arrojar	el bienestar de todos
conservar	para hacer más estrictas las medidas contra la contaminación
evitar
pensar en	los recursos naturales por medio del reciclaje
plantar	el autobús en vez de usar su coche cada día
tomar	basura en la carretera
trabajar	productos que contienen fluorocarburos
(no) usar	árboles en el Distrito Federal
	desperdiciar el agua y el petróleo

C. ¿Qué dijo el gobierno? Trabajando con un compañero (una compañera), imagínese que Uds. son empleados de una estación de radio. Acaban de ver un anuncio del gobierno sobre las nuevas leyes de tránsito en el Zócalo (Plaza Mayor de México, D.F.). Preparen un resumen del nuevo sistema para comunicárselo a sus radioyentes (*listeners*). No deben repetir el anuncio textualmente.

MODELO: El nuevo sistema empezará el domingo. →
El gobierno dijo que el nuevo sistema empezaría el domingo.

Cierre dominical del Zócalo

- Para combatir la contaminación ambiental en el centro de la ciudad, el Departamento del Distrito Federal **iniciará** un nuevo sistema de tránsito que **evitará** el paso indiscriminado de vehículos por el Zócalo.

 A partir de este domingo y todos los siguientes, **se cerrará** el Zócalo de las 8:00 a las 20:00 horas, lo que **permitirá** a los capitalinos y visitantes disfrutar a pie el Centro Histórico.

 Los conductores de vehículos **podrán** utilizar las siguientes alternativas:

- La circulación de norte a sur, **deberá** utilizar la calle Bucareli.
- En la circulación de sur a norte, **se saldrá** por Bulevar Lázaro Cárdenas.
- El acceso al Centro **será** por Allende.
- Uds., los ciudadanos, **tendrán** la responsabilidad de reducir la contaminación.

REDUCIR LA CONTAMINACION ES RESPONSABILIDAD COLECTIVA.

DEPARTAMENTO DEL DISTRITO FEDERAL, CERCA DE USTED PARA SERVIRLE MEJOR.

38. Expressing "Let's...": *nosotros* Commands

First-person plural commands ("Let's . . . ") are formed by using the **nosotros** form of the present subjunctive.

	INFINITIVE	**nosotros** COMMAND
-ar	pelear	peleemos
-er	permanecer (zc)	permanezcamos
-ir	dormir (ue, u)	durmamos

¡No **peleemos** sobre asuntos de política!

Let's not fight about politics!

¡**Durmamos** una hora más esta mañana!

Let's sleep one more hour this morning!

For affirmative **nosotros** commands only, the expression **vamos a** plus *infinitive* is equivalent in meaning to the subjunctive form. In the negative, the expression "No vamos... " is a statement, not a command.

¡**Vamos a visitar** Xochimilco! = ¡**Visitemos** Xochimilco!

but: ¡**No visitemos** Xochimilco!

Object pronouns are attached to the end of affirmative commands and are placed before negative commands.

¿Dónde sacamos una foto? Saquémos**la** desde aquí.

No **la** saquemos desde aquí; no se ven las montañas.

When forming affirmative commands with reflexive verbs, the **-s** of the **-mos** ending is dropped. It is also dropped before attaching the object pronoun **se.**

¡**Quedémonos** en el Zócalo!

Queremos sacar más fotos. **Digámoselos** al guía.

The verb **irse** (*to leave, go away*) has an irregular affirmative form: **vámonos** (*not* **vayámonos**). The negative command is regular: **No nos vayamos.**

¡Practiquemos!

A. ¡No les hagamos daño! Hay personas que luchan para eliminar el maltrato de los animales. Indique si una de esas personas haría las declaraciones que siguen (Sí) o no (No).

1. ＿＿＿ ¡Usemos los animales para hacer más investigaciones científicas!
2. ＿＿＿ Pobres gatitos. ¡Llevémoslos a casa y démosles de comer!

3. _____ Hagamos que los gallos (*roosters*) peleen para entretener (*entertain*) a la gente!
4. _____ ¡Fotografiemos los animales salvajes en vez de cazarlos!
5. _____ ¡Dejemos de usar los pesticidas que matan miles de pájaros!
6. _____ Los órganos de ciertos animales pueden salvarles la vida a algunos seres humanos. ¡Usémoslos!

B. ¡Hagamos algo!   Imagínese que Ud. y su mejor amigo/a se encuentran en un hotel en la ciudad de Taxco. De repente a uno/a de Uds. se le ocurre una serie de ideas fabulosas. Con su compañero/a de clase, cambie las preguntas por mandatos afirmativos o negativos en plural. No se olviden de colocar los pronombres de complemento directo o indirecto cuando sea necesario.

MODELO: ¿Compramos esta pulsera de plata? → ¡Comprémosla!

1. ¿Visitamos la Iglesia de Santa Prisca?
2. ¿Buscamos el Bar Paco?
3. ¿Nos sentamos en la terraza del bar?
4. ¿Empezamos a cenar inmediatamente?
5. Si hay otros turistas allí, ¿les decimos algo?
6. ¿Tomamos el autobús para Acapulco esta tarde?
7. ¿Le pedimos instrucciones para llegar a la estación al gerente del hotel?
8. ¿Nos vamos para el Distrito Federal mañana?

39. Emphasizing to Whom Something Belongs: Stressed Possessive Adjectives and Possessive Pronouns (for Recognition Only)

You already know how to use the possessive adjective forms that precede the nouns (*mis* **esperanzas,** *nuestro* **país,** *su* **marido,** and so on). (See the **Capítulo preliminar** for a review of these forms.) To emphasize the idea of possession, the following forms can be used after the noun or a linking verb. These forms are called stressed possessive adjectives.

mío/a, míos/as	**nuestro/a, nuestros/as**
tuyo/a, tuyos/as	**vuestro/a, vuestros/as**
suyo/a, suyos/as	**suyo/a, suyos/as**

Estas observaciones **mías** son mucho más inteligentes que esas teorías **tuyas.**

These observations of mine are much more intelligent than those theories of yours.

Possessive pronouns are formed by adding a definite article before the stressed forms. Note that both the definite article and the possessive pronoun agree with the noun that has been eliminated.

Nuestros planes son interesantes; **los suyos** son aburridos. Tu casa está cerca del lago; **la mía** está en el bosque.	*Our plans are interesting; theirs (yours, his, hers) are boring. Your house is near the lake; mine is in the forest.*

¡Practiquemos!

¿Quién pudiera haberlo dicho?   Indique qué persona pudiera haber hecho cada declaración.

1. _____ Esos pobres no tienen pan. ¿Por qué no les das el tuyo?
2. _____ Gracias a esa vaca suya, se ha quemado (*burned down*) nuestra granja (*barn*). ¡Debiera haberse quemado la suya!
3. _____ ¡Acabas de cortar el árbol mío! ¿Por qué no cortaste el tuyo?
4. _____ Nuestra piel (*skin*) es morena. ¿Por qué es tan pálida la suya?
5. _____ Los barcos de los portugueses van a la India. ¿Adónde van los nuestros?

a. el padre de George Washington
b. un marinero que acompañaba a Cristóbal Colón
c. una amiga de María Antonieta de Francia
d. unos vecinos de Mrs. O'Leary
e. un azteca que miraba a Hernán Cortés

40. More on Talking About the Past: A Review of the Indicative Past Tenses

Four indicative tenses can be used to express past events in Spanish.

Present Perfect:	La tecnología ha sido brillante.
Imperfect:	La tecnología era brillante.
Preterite:	La tecnología fue brillante.
Past Perfect:	La tecnología había sido brillante.

Each tense expresses a different focus or point of view.

The Present Perfect

The present perfect is a present tense that signals an event completed or started before the present moment of speech (and possibly still going on).

Estamos en un mal lugar y lo **hemos empeorado** con la sobrepoblación.	*We are in a bad spot, and we have made it worse with overpopulation.*

El Mundo es Tuyo.

The Imperfect

The imperfect describes events or states in the past and narrates habitual or repeated actions.

Algunos españoles **pensaban** que no se debía reconstruir Tenochtitlán.

Al principio la ciudad **era** modesta.

El carácter agresivo de los mexicas los **hacía** entrar en conflictos con otras tribus.

Some Spaniards thought that Tenochtitlán should not be rebuilt.

At first the city was modest.

The aggressive character of the Mexicas made them enter into conflicts with other tribes.

The Preterite

The preterite is used to express events started or completed in the past.

Finalmente los mexicas **se establecieron** en la isla.

Finally the Mexicas established themselves on the island.

The Past Perfect

The past perfect **(El pluscuamperfecto)** signals an event completed or started before another past action or moment of speech.

Los mexicas **habían viajado** de un lugar a otro antes de llegar al lago.

The Mexicas had traveled from one place to another before reaching the lake.

¡Practiquemos!

La sobrepoblación.   Complete el siguiente párrafo con los verbos de la lista. Después, repase el párrafo e indique el tiempo de cada verbo y por qué se usa en cada caso.

ha concentrado	ha hecho	querían
construyeron	informó	ha venido
costó	llegaron	vivían
habían encontrado	han preocupado	

Este artículo me _____[1] reflexionar sobre la excesiva concentración de gente en la Ciudad de México. Dice que en ella se _____[2] el 25% de la población actual del país. ¿De dónde _____[3] tanta gente? Muchos _____[4] de las provincias porque _____[5] estudiar en la universidad, otros porque no _____[6] trabajo en las provincias donde _____.[7] El artículo tambien me _____[8] de que las autoridades se _____[9] por darle a toda la gente las condiciones y los servicios aceptables para vivir. Pero el año pasado, _____[10] una extensión del Metro, que _____[11] 25 mil millones de pesos por kilómetro.

Español en acción

A. En busca de soluciones. Estos dos anuncios ilustran algunos esfuerzos que hacen varias organizaciones latinoamericanas para educar al público. Comente los problemas que reflejan y lo que cada individuo puede hacer para ayudar a solucionarlos.

1. El desperdicio del agua es uno de los problemas más graves hoy en día. ¿Conoce Ud. a alguien, un grupo o una organización que desperdicie mucha agua? ¿Cómo la desperdicia? ¿Qué podría hacer para evitarlo? ¿Alguien le ha dicho a esa persona o grupo que debería evitar el desperdicio? Si la respuesta es *no,* ¿podría Ud. decírselo? ¿Por qué sí o por qué no? ¿Qué otras cosas podríamos todos hacer para evitar desperdiciar tanta agua? ¿Cree Ud. que anuncios como éste ayudan a solucionar esta clase de problema?

2. ¿Ha visto Ud. alguna vez en una tienda de animales un loro (*parrot*) multicolor como el del anuncio? ¿Preguntó si procedía de este país o si había sido importado? Cada año miles de loros como éste mueren al ser cazados para ser vendidos como mascotas. ¿Qué otras especies están en peligro de extinción a causa del tráfico internacional de animales y los productos derivados de ellos? ¿Qué se ha hecho para frenar (*stop*) esta clase de actividades? ¿Qué más cree Ud. que se podría hacer?

B. ¿A qué huele el aire puro? Trabajando con un compañero (una compañera), utilice estas sugerencias para explicar por qué sería mejor vivir en Taxco (véase el anuncio de la página 348) que en el Distrito Federal. ¡OJO! Recuerden que están hablando de una hipótesis, así que tienen que usar el condicional.

❋ poder respirar aire puro
❋ comprar comida fresca todos los días
❋ ver las montañas sin contaminación
❋ disfrutar de un ritmo de vida más lento
❋ eliminar el «estrés» de la vida

❋ conocer mejor la vida tradicional de México
❋ no desear viajar para las vacaciones porque Taxco es tan bonito
❋ pasear todos los días por las calles coloniales
❋ ¿ ?

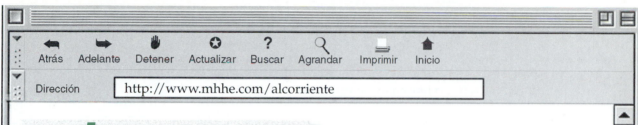

Al corriente

El peso de la deuda externa

Manifestantes argentinos en la Plaza de Mayo.

¡A leer!

El siguiente fragmento es de un artículo de Walter Alberto Pengue, publicado en la red de Internet. Léalo con detenimiento y conteste las preguntas que se encuentran a continuación.

LO QUE EL NORTE LE DEBE AL SUR

Además del tremendo impacto que el peso de la deuda tiene sobre las sociedades de los países en desarrollo, debe tenerse en cuenta la presión sobre el patrimonio natural. Jacobo Achatan indica que. «Entre 1982 y hasta 1996, en catorce años, América Latina había pagado 739.900 millones de dólares, es decir, más del doble de lo que debía en 1982 —unos 300.000 millones de dólares— y sin embargo seguía debiendo 607.230 millones de dólares.»

Desde la perspectiva Sur-Norte se puede definir la *deuda ecológica* como «aquella que ha venido siendo acumulada por el Norte, especialmente por los países más industrializados, hacia las naciones del Tercer Mundo, a través de la expoliación[1] de los recursos naturales por su venta subvaluada, la contaminación ambiental, la utilización gratuita[2] de sus recursos genéticos o la libre ocupación de su espacio ambiental para el depósito de los gases de efecto invernadero u otros residuos acumulados y eliminados por los países industrializados.» A esta deuda generada por la sobreproducción, el sobreconsumo y la superproducción de desechos actuales y pasados de los países del Norte, debería sumárseles (¿por qué no?, al menos para tenerla en cuenta), la *deuda colonial* por la extracción y usufructo de recursos minerales no reembolsados.[3]

Los daños[4] ambientales generados por este comercio ecológicamente desigual se replican en todo el mundo subdesarrollado, especialmente en América Latina.

---

[1]*plundering* [2]*gratis* [3]*usufructo… profiting from unreimbursed mineral resources* [4]*damage*

Comprendamos

1. Según el contexto de la lectura deduzca el significado de las siguientes palabras.

   a. patrimonio [   ]   c. superproducción/sobreproducción [   ]

   b. subvaluada [   ]   d. actuales [   ]

2. Explique con sus propias palabras y de una manera simple la definición del autor de los siguientes conceptos.

   a. la deuda ecológica: [   ]   b. la deuda colonial: [   ]

Relacionemos* Expansión

1. La excesiva deuda externa de los países latinoamericanos…

   ○ proviene de la mala política de gastos de sus gobernantes.

   ○ se debe a las políticas económicas de los países dominantes.

   ○ proviene de las condiciones prácticamente incumplibles que los préstamos imponen.

2. ¿Qué efectos causa la deuda externa en las condiciones de vida de la gente?

   ○ Mejora el nivel de vida.   ○ Empeora el nivel de vida.

   ○ No produce ningún efecto.

¡A investigar! Expansión

Con dos compañeros/as de clase, prepare las palabras o frases claves que necesitan para efectuar la búsqueda del material en la red. Luego, divídanse los temas; cada uno debe escoger dos temas para investigar individualmente. Por último, compartan la información recolectada con el resto del grupo. (Esta información es esencial para la sección **¡A escribir!**)

Palabras clave	
1.	4.
2.	5.
3.	6.

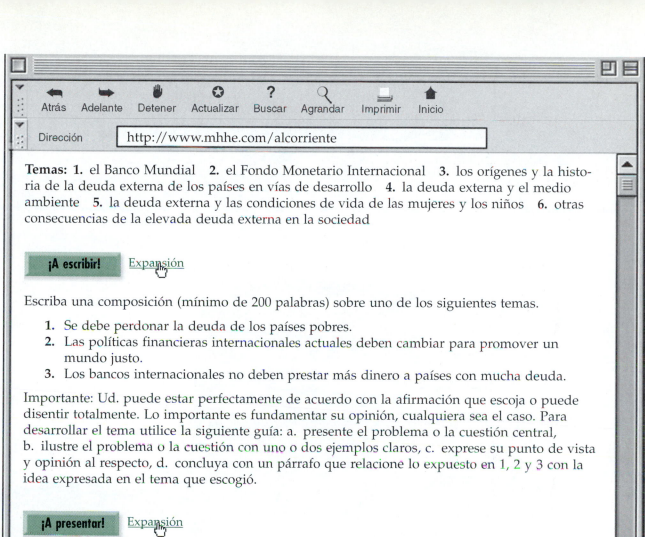

Temas: **1.** el Banco Mundial   **2.** el Fondo Monetario Internacional   **3.** los orígenes y la historia de la deuda externa de los países en vías de desarrollo   **4.** la deuda externa y el medio ambiente   **5.** la deuda externa y las condiciones de vida de las mujeres y los niños   **6.** otras consecuencias de la elevada deuda externa en la sociedad

¡A escribir!   Expansión

Escriba una composición (mínimo de 200 palabras) sobre uno de los siguientes temas.

1. Se debe perdonar la deuda de los países pobres.
2. Las políticas financieras internacionales actuales deben cambiar para promover un mundo justo.
3. Los bancos internacionales no deben prestar más dinero a países con mucha deuda.

Importante: Ud. puede estar perfectamente de acuerdo con la afirmación que escoja o puede disentir totalmente. Lo importante es fundamentar su opinión, cualquiera sea el caso. Para desarrollar el tema utilice la siguiente guía: a. presente el problema o la cuestión central, b. ilustre el problema o la cuestión con uno o dos ejemplos claros, c. exprese su punto de vista y opinión al respecto, d. concluya con un párrafo que relacione lo expuesto en 1, 2 y 3 con la idea expresada en el tema que escogió.

¡A presentar!   Expansión

Con su grupo prepárese para hacer un debate sobre sus opiniones sobre la deuda externa. Antes de la presentación sigan los siguientos pasos.

1. comparta con los miembros de su grupo el contenido de su composición.
2. tome nota de los puntos de sus compañeros en que Ud. está de acuerdo y los puntos en los que Ud. no coincide.
3. Prepárese para defender su punto de vista y disuadir a sus compañeros de que su punto de vista de ellos no está bien fundamentado. Busque razones muy sólidas y convincentes.

En la presentación inicie un debate con sus compañeros de grupo usando el material que Ud. preparó y trate de incorporar a los otros estudiantes de la clase, haciéndoles preguntas dirigidas a confirmar su punto de vista.

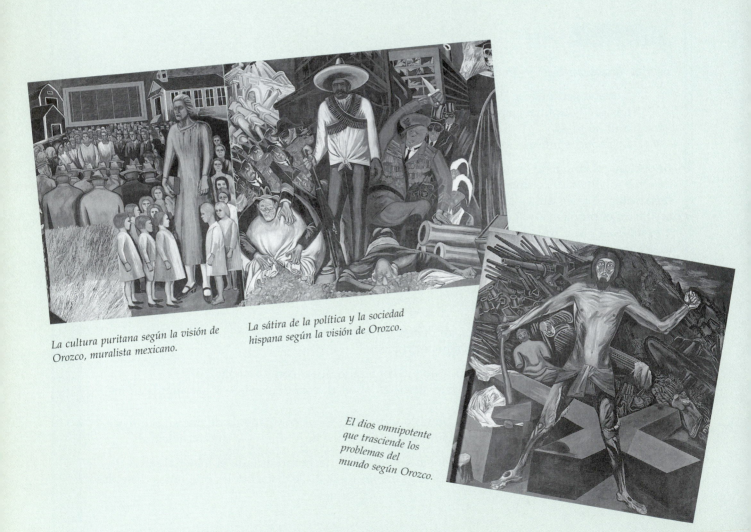

La cultura puritana según la visión de Orozco, muralista mexicano.

La sátira de la política y la sociedad hispana según la visión de Orozco.

El dios omnipotente que trasciende los problemas del mundo según Orozco.

Vocabulario del tema

Los conceptos abstractos: unos contrastes

la amistad (friendship)	**la enemistad** (enmity)	**la justicia**	**la injusticia**
la compasión	**la crueldad**	**la libertad**	**la tiranía, la represión, la opresión**
la confianza (trust)	**la desconfianza**		
la estabilidad	**la inestabilidad**	**la presencia**	**la ausencia** (absence)
la fidelidad ≠	**la traición**	**la riqueza** (wealth) ≠	**la pobreza**
la fuerza	**la debilidad**	**la sinceridad**	**la hipocresía**
la generosidad	**la avaricia** (greed)	**la unificación**	**la fragmentación**
la igualdad	**la desigualdad, la jerarquía** (hierarchy)	**la valentía** (bravery)	**la cobardía** (cowardice)
la independencia	**la dependencia**	**la verdad**	**la mentira** (lie)
la integridad	**la corrupción**	**la victoria**	**la derrota** (defeat)

Hablando del tema

A. Orozco: la abstracción y el contraste.   Examine las secciones del mural de José Clemente Orozco en la página 360. Orozco pintó este mural en la biblioteca de Dartmouth College. Preste atención en cómo el muralista mexicano usa los conceptos abstractos y los contrastes en su arte.

1. En las primeras dos secciones, se representan dos pueblos. ¿Los puede identificar? Trate de indicar los contrastes generales entre los dos pueblos. ¿Qué conceptos abstractos se representan en cada una de las secciones? Compare las circunstancias en cada una. ¿Qué sucede o ha sucedido? ¿Qué tipos de personas se ven en cada una? Identifique la figura principal en cada sección. Fíjese en la ropa y las cosas que cada una lleva para contrastarlas.

2. Estudie la tercera sección. Para Ud., ¿qué es un dios omnipotente o un hombre cósmico? ¿En qué sentido puede ser esta figura un dios omnipotente u hombre cósmico? Vea lo que tiene la figura a su alrededor. ¿Qué aspectos del mundo transciende? ¿Puede Ud. identificar los conceptos abstractos representados en esta sección? ¿Puede identificar los contrastes? ¿Qué importancia tienen para el *mensaje* de Orozco?

3. Trabaje con un compañero (una compañera) para formar oraciones que

generalicen las ideas representadas en estas secciones del mural de
Orozco. Deben escribir una oración por sección. Traten de usar palabras del **Vocabulario del tema.** Luego, comparen sus oraciones con las
de sus compañeros/as de clase.

B. Asociaciones. ¿Cuáles de los conceptos de la lista del **Vocabulario del
tema** se asocian con las siguientes personas, lugares y cosas? ¿Por qué? ¿Qué
conceptos *no* se asocian con cada uno? ¿Por qué?

1. Mohammed Ali	**7.** Madre Teresa	**12.** un contrato pren
2. Benedict Arnold	**8.** Richard Nixon	upcial
3. Martin Luther King, Jr.	**9.** Beverly Hills, CA	**13.** la Declaración de la
4. Adolf Hitler	**10.** la Casa Blanca	Independencia
5. George Washington	**11.** el Coliseo de Roma,	**14.** la Carta Magna
6. Donald Trump	Italia	

C. Mis valores. Examine la lista del **Vocabulario del tema** para escoger los
cinco conceptos que le inquietan más a Ud. Después, reúnase en un grupo
pequeño para explicarles a sus compañeros/as los conceptos que más le preocupan y por qué. Finalmente, sigan las instrucciones de su profesor(a) para
compartir con el resto de la clase la información presentada por el grupo.

Lectura

Acercándonos a la lectura

Carlos Fuentes (b. 1928), is one of Mexico's foremost writers. Although his
narrative is representative of the stylistic and technical innovations of the
Latin American "Boom" writers, his early exposure to international affairs as
the child of diplomats prepared him for one of his current roles as analyst
and interpreter of both Mexican and Latin American culture for readers
abroad. A keen social awareness and a critical stance toward political sys-
tems are salient characteristics of Fuentes' writings.

In this chapter's excerpt from *El espejo enterrado*, his analysis and commentary on the entirety of Latin American history, Fuentes reflects on the
multicultural dynamic of the American hemisphere and emphasizes the
Hispanic roots of North America. Fuentes makes clear that Latin American
immigration to the United States is not a recent intrusion but a return to its
own heritage, to which it continues to make significant—yet unsung—
cultural and economic contributions. Although to him the concept of the
melting pot is a dubious one, Fuentes sees a convergence of Latin- and

Carlos Fuentes

Anglo-American experience through the crises of modern society. Thus, two cultures that have continually negotiated coexistence and redefined their identities in the presence of the other can transcend their isolation and give new meaning to their alliance.

Vocabulario para leer

aportar to bring, contribute
asustarse to become frightened
chocar (qu) to clash
dañar to harm
dirigirse (a) to steer oneself
ganarse la vida to earn a living
heredar to inherit
llenar to fill
oponerse (a) to oppose
retener to retain, keep

el antepasado, la antepasada ancestor
el asombro astonishment, wonder
el compromiso commitment
el empresario, la empresaria businessman, businesswoman
la estrechez narrowness
la herencia heritage
el orgullo pride

el recién llegado, la recién llegada new arrival
la red network
la tribu tribe
el vacío emptiness
la vergüenza shame

amplio/a wide, broad

(a/de/en) otra parte elsewhere

A. Asociaciones. Empareje cada palabra de la columna A con una palabra o expresión de la columna B. Explique la relación: ¿son sinónimos? ¿antónimos?

COLUMNA A

1. _____ llenar
2. _____ orgullo
3. _____ amplio
4. _____ aportar
5. _____ herencia
6. _____ chocar
7. _____ asombro
8. _____ de otra parte

COLUMNA B

a. antepasado
b. estrechez
c. vacío
d. recién llegado
e. oponerse, estar en conflicto
f. asustarse
g. vergüenza
h. retener, conservar

B. Definiciones. Explique en español qué significan las siguientes palabras o frases.

1. compromiso   3. dirigirse (a)   5. ganarse la vida   7. tribu
2. red   4. dañar   6. empresario   8. heredar

Comentarios preliminares

A. Otra mirada a la historia norteamericana. Trabajando en un grupo pequeño, escojan uno de los siguientes temas de la historia norteamericana. Primero, hagan una *lluvia de ideas* para recordar todo lo que saben sobre el tema. Finalmente, compartan con el resto de la clase los datos que han reunido.

1. la colonización española
2. el Destino Manifiesto
3. la guerra fría

B. Un país de inmigrantes. Se dice que los Estados Unidos es un país de inmigrantes. Considere las diversas corrientes de inmigración a los Estados Unidos desde la Independencia hasta nuestros días. ¿Ha sido la inmigración un proceso uniforme o ha sido variado? ¿Dónde se establecieron los inmigrantes y cómo fueron recibidos allí? ¿Influyeron ellos en la cultura del país?

Trabajando en un grupo pequeño, completen una tabla como la siguiente para desarrollar su propia teoría de la inmigración norteamericana. Luego compartan su teoría con la clase.

LOS INMIGRANTES…	¿CUANDO LLEGARON?	¿DONDE SE ESTABLECIERON?	¿COMO FUERON RECIBIDOS?	¿(COMO) INFLUYERON ELLOS EN LA CULTURA DE LOS ESTADOS UNIDOS?
alemanes				
chinos				
coreanos				
escandinavos				
ingleses				
irlandeses				
italianos				
japoneses				
latinoamericanos				
rusos				
otros				

Estrategias para leer

Reading a Historical-Political Essay

Because an essay **(ensayo)** is by definition an exploration of a subject, whereby the author tries to persuade the reader to accept a particular point of view, essay writers tend to make their prose clear and accessible to the reader. Essayists expose their thinking process so that their ideas are easy to follow. Nevertheless, essays can display a texture that can raise them to an artistic level.

Despite his straightforward use of language, Carlos Fuentes does make certain demands of the reader in "Un continente de inmigrantes." The writer assumes that the reader can understand without explanation references to icons of contemporary U.S.–Latino culture, such as Gloria Estefan, Rubén Blades, and Oscar Hijuelos, as well as to the ancient Stoics and to Byzantium: a solid foundation in world geography and history will help the reader grasp the connections Fuentes makes. In addition, the reader should be ready to revisit familiar moments of American history from a Hispanic perspective. The quest for gold, the Manifest Destiny, and the Cold War do not evoke different connotations for Anglo American and Latin American minds. Remember to approach historical and cultural references with an open mind as you read.

Estrategias en acción

Asociaciones. Trabajando con un compañero (una compañera), empareje cada cita extraída de la lectura con el correspondiente (a–j).

1. _____ « …el nuestro fue un continente vacío. Todos nosotros llegamos de otra parte.»
2. _____ « …los españoles, en busca de las Siete Ciudades de oro… »
3. _____ «El imperio español se extendió hacia el norte hasta California y Oregón… »
4. _____ « …la expansiva república norteamericana y su ideología del «"Destino Manifiesto"»
5. _____ « …los chicanos, los norteamericanos de origen mexicano, quienes siempre han estado ahí incluso antes que los gringos (angloamericanos)»
6. _____ «[M]uchos anglos disparan (*shoot*) contra los inmigrantes… , a fin de estigmatizarlos, como lo fueron los judíos (*Jews*) en la Edad Media.»
7. _____ «los iberoamericanos (latinoamericanos) vemos los espacios anteriormente homogéneos del poder religioso, militar y político invadidos por la heterogeneidad de las nuevas masas urbanas.»
8. _____ « …la antigua pugna (*struggle*) ideológica determinada por la estrechez estéril de la guerra fría»
9. _____ « …la propia ciudad de Los Angeles es… [u]na Bizancio moderna.»
10. _____ «[E]l aislamiento significa la muerte y el encuentro significa el nacimiento e, incluso, a veces el Renacimiento.»

a. La guerra no declarada contra el comunismo en el siglo XX.
b. El oeste norteamericano fue un eje de la colonización española.
c. Un puente entre continentes y culturas: también se llamó Constantinopla.
d. La presencia mexicana en parte del territorio estadounidense fue anterior a la angloamericana.
e. Epoca entre los siglos XV y XVII en Europa de gran desarrollo artístico, científico, etcétera.
f. Toda América es tierra de inmigración.
g. La Doctrina Monroe estimuló la expansión de los Estados Unidos hacia el oeste, proclamando posesión de todas la tierras por los Estados Unidos.
h. El oro fue una motivación de la conquista española.
i. Los poderes tradicionales en Latinoamérica hoy se ven amenazados por la diversidad social en las ciudades.
j. La intolerancia y la violencia contra los judíos en la historia, hoy se repite contra los inmigrantes.

Un continente de inmigrantes

Carlos Fuentes

Cuando el trabajador hispánico cruza la frontera mexicano-norteamericana, a veces se pregunta, ¿acaso no ha sido ésta siempre mi tierra? ¿Acaso no estoy regresando a ella? ¿No es siempre esta tierra, de algún modo nuestra? Basta saborearla, oír su lenguaje, cantar sus canciones y orarle a sus santos. ¿No será ésta siempre, en sus huesos,[1] una tierra hispánica? Pero antes de dar respuesta a estas preguntas debemos recordar una vez más que el nuestro fue un continente vacío. Todos nosotros llegamos de otra parte. Los primeros americanos fueron las tribus nómadas provenientes de Asia; siguieron los españoles, en busca de las Siete Ciudades de oro: no las encontraron en lo que hoy es el suroeste de los Estados Unidos, pero en él dejaron su lengua y su religión, y a veces hasta sus huesos.

El imperio español se extendió hacia el norte hasta California y Oregón, y para siempre llenó a la región con los nombres sonoros de sus ciudades: Los Angeles, Sacramento, San Francisco, Santa Bárbara, San Diego, San Luis Obispo, San Bernardino, Monterey, Santa Cruz. Con la independencia, la república mexicana heredó estos territorios vastos y poco poblados y enseguida los perdió, en 1848, ante la expansiva república norteamericana y su ideología del «Destino Manifiesto».

De tal manera que el mundo hispánico no vino a los Estados Unidos, sino que los Estados Unidos vinieron al mundo hispánico. Quizás sea un acto de equilibrio y aun de justicia poética que hoy el mundo hispánico regrese tanto a los Estados Unidos como a una parte a veces olvidada de su herencia ancestral en el hemisferio americano.

Los inmigrantes continúan llegando a los Estados Unidos, y no sólo al suroeste, sino a la costa occidental, a Nueva York y Boston, antes de dirigirse nuevamente a Chicago y el medio oeste, y de vuelta a la faja[2] que se extiende de Texas en el Golfo de México a California sobre el Pacífico. Ahí, el inmigrante se encuentra con los chicanos, los norteamericanos de origen mexicano, quienes siempre han estado ahí, incluso antes que los gringos. Pero juntos, fortalecen a la minoría que con mayor rapidez crece en los Estados Unidos: 25 millones de hispánicos, la inmensa mayoría de origen mexicano, pero también provenientes de Puerto Rico, Cuba, Centro y Sudamérica.

Actualmente, Los Angeles es la tercera ciudad de lengua española del mundo, después de México y Buenos Aires y antes que Madrid o Barcelona. Es posible ganarse la vida y hasta prosperar en el sur de la Florida sin hablar más que español, tal es el grado de cubanización de la región. Pero San Antonio ha sido una ciudad bilingüe durante 150 años, integrada por mexicanos. Hacia mediados del siglo XXI, casi la mitad de la población de los Estados Unidos hablará español. Y si sus antepasados no encontraron las ciudades del oro, los nuevos trabajadores hispánicos llegan buscando el oro gringo,

---

[1]bones   [2]strip (of land)

pero las comunidades hispánicas de los Estados Unidos, finalmente, heredan y aportan el oro latino. Un oro que rehúsa[3] derretirse en el mito del vasto crisol[4] social de los Estados Unidos de América.

De ahí que las culturas hispánicas de los Estados Unidos deben manifestarse de manera tan visual como una pintura de Luján, o tan dramáticamente como una producción de teatro de Luis Valdés, o con una prosa tan poderosa como la de Oscar Hijuelos y sus reyes del mambo, o con un ritmo tan vital como el de Rubén Blades y sus baladas en salsa de las tristezas urbanas y el humor callejero,[5] o con una energía tan avasalladora[6] como la de la cubana Gloria Estefan y su *Miami Sound Machine.*

Esta inmensa corriente de negaciones y afirmaciones obliga a los recién llegados, pero también a los viejos hispánicos norteamericanos, a preguntarse: ¿Qué aportamos a la sociedad norteamericana? ¿Qué nos gustaría retener de nuestra herencia? ¿Qué deseamos ofrecerle a los Estados Unidos?

Las respuestas son determinadas por el hecho de que, trátese de descendientes de familias largo tiempo establecidas en los Estados Unidos o de inmigrantes recientes, todos ellos reflejan un amplísimo proceso social que incluye a familias, individuos, comunidades enteras y redes de relación cultural, transmitiendo valores, memorias, protecciones. Pues si de un lado del espectro se encuentran 300.000 empresarios hispánicos que han prosperado en los Estados Unidos, del otro tenemos a un adolescente angloamericano de 19 años matando a tiros a dos inmigrantes por la simple razón de que «odio a los mexicanos». Una estadística nos indica que los negocios de propiedad hispánica en los Estados Unidos generan más de 20.000 millones de dólares al año; pero este motivo de orgullo debe ser equilibrado por un motivo de vergüenza: muchos anglos disparan contra los inmigrantes con balas cargadas de pintura, a fin de estigmatizarlos, como lo fueron los judíos en la Edad Media. Si consignamos[7] el hecho de que comunidades enteras en México viven gracias a las remesas[8] de los trabajadores migrantes

en los Estados Unidos, que suman 4.000 millones de dólares al año y son la segunda fuente de divisas para México, después del petróleo, también es necesario recordar que muchos trabajadores inmigrantes son simplemente arrollados[9] intencionalmente por vehículos en los caminos cercanos a los campos de trabajo. Y si, finalmente, nos damos cuenta de que la mayoría de los inmigrantes mexicanos son trabajadores temporales que eventualmente regresan a México, también es necesario consignar las diferencias persistentes entre las culturas de Angloamérica e Iberoamérica que, en medio de todo este proceso, continúan oponiéndose, influenciándose y chocando la una contra la otra en el trasiego fronterizo.

En el corazón de Nueva Inglaterra, el artista mexicano José Clemente Orozco pintó un extraordinario retrato de las dos culturas del Nuevo Mundo, Angloamérica e Iberoamérica, en la Biblioteca Baker del Dartmouth College.* Las dos culturas coexisten, pero se cuestionan y se critican, en asuntos tan definitivos para la personalidad cultural como la religión, la muerte, la horizontalidad o verticalidad de sus estructuras políticas, y hasta su respectiva capacidad de derroche[10] y de ahorro.

Pero el hecho es que ambas culturas poseen infinitos problemas internos así como problemas que comparten, que exigen cooperación y comprensión en un contexto mundial nuevo e inédito.[11] Los angloamericanos y los iberoamericanos nos reconocemos cada vez más en desafíos[12] como las drogas, el crimen, el medio ambiente y el desamparo urbano. Pero así como la sociedad civil anteriormente homogénea de los Estados Unidos se enfrenta a la inmigración de los inmensamente heterogéneos (la nueva inmigración hispánica y asiática), los iberoamericanos vemos los espacios anteriormente homogéneos del poder religioso, militar y político invadidos por la heterogeneidad de las nuevas masas urbanas. ¿Es posible que América Latina y los Estados Unidos acaben por comprenderse más en la crisis que en la prosperidad, más en la complejidad compartida de los nuevos problemas urbanos y

---

[3]*refuses* [4]*melting pot* [5]*de la calle* [6]*overwhelming* [7]*we record; we understand* [8]*el dinero que ganan en los Estados Unidos para mandar a sus familias en México* [9]*run over* [10]*extravagance, lavish expenditure* [11]*hitherto unknown* [12]*challenges, duels*

---

*Véase estas secciones del mural de Orozco en la página 360.

ecológicos, que en la antigua pugna ideológica determinada por la estrechez estéril de la guerra fría?

En todo caso, Angloamérica e Iberoamérica participan en un movimiento común que se mueve en todas las direcciones y en el que todos terminamos por darnos algo a nosotros mismos y a la otra parte. Los Estados Unidos llevan a la América Latina su propia cultura, la influencia de su cine, su música, sus libros, sus ideas, su periodismo, su política y su lenguaje. Ello no nos asusta en Latinoamérica, porque sentimos que nuestra propia cultura posee la fuerza suficiente y que, en efecto, la enchilada puede coexistir con la hamburguesa, aunque aquélla, para nosotros, sea definitivamente superior. El hecho es que las culturas sólo florecen en contacto con las demás, y perecen en el aislamiento.

Pero la cultura de la América española, moviéndose hacia el norte, también porta sus propios regalos. Cuando se les interroga, tanto los nuevos inmigrantes como las familias largo tiempo establecidas, le dan especial valor a la religión, y no sólo al catolicismo, sino a algo semejante a un hondo sentido de lo sagrado, un reconocimiento de que el mundo es sagrado: ésta es la más vieja y profunda certeza del mundo indígena de las Américas. Pero se trata también de una sacralidad sensual y táctil, producto de la civilización mediterránea en su encuentro con el mundo indígena del hemisferio occidental. Los hispánicos hablan de otro valor que es el del respeto, el cuidado y la reverencia debidos a los viejos, el respeto hacia la experiencia y la continuidad, más que el asombro ante el cambio y la novedad. Y este respeto no se constriñe[13] al hecho de la edad avanzada, sino que se refiere al carácter básicamente oral de la cultura hispánica, una cultura en la cual los viejos son los que recuerdan las historias, los que poseen el don de la memoria. Se puede decir que cada vez que mueren un hombre o una mujer viejos en el mundo hispánico, toda una biblioteca muere con ellos.

Este valor está íntimamente ligado al de la familia, el compromiso familiar, la lucha para mantenerla unida, a fin de evitar la pobreza, y aun cuando no se la venza,[14] para evitar una pobreza solitaria. La familia vista como hogar, calidez primaria. La familia vista casi como un partido político, el parlamento del microcosmos social, red de seguridad en tiempos difíciles. Pero, ¿cuándo no han sido difíciles los tiempos? La vieja filosofía estoica de la Iberia romana persiste de manera profunda en el alma hispánica.

¿Qué traen los iberoamericanos a los Estados Unidos, qué les gustaría retener? Nuevamente, las encuestas nos indican que les gustaría retener su lengua, a la lengua castellana. Pero otros insisten: olviden la lengua, intégrense en la lengua inglesa dominante. Otros argumentan: el español es útil sólo para aprender el inglés y unirse a la mayoría. Y otros, más y más, empiezan a entender que hablar más de un idioma no daña a nadie. Hay calcomanías[15] en los automóviles en Texas: «El monolingüismo es una enfermedad curable.» Pero, ¿es el monolingüismo factor de unidad, y el bilingüismo factor de disrupción? ¿O es el monolingüismo estéril y el bilingüismo fértil? El decreto del estado de California declarando que el inglés es la lengua oficial sólo demuestra una cosa: el inglés ya no es la lengua oficial del estado de California.

El multilingüismo aparece entonces como el anuncio de un mundo multicultural, del cual la propia ciudad de Los Angeles en California es el principal ejemplo mundial. Una Bizancio moderna, la ciudad de Los Angeles recibe todos los días, le guste o no, las lenguas, las cocinas, las costumbres, no sólo de los hispanoamericanos, sino de los vietnamitas, los coreanos, los chinos y los japoneses. Tal es el precio, o más bien el regalo, de un mundo basado en la interdependencia económica y la comunicación instantánea.

De esta manera, el dilema cultural norteamericano de ascendencia mexicana, cubana o puertorriqueña, se universaliza: ¿Integrarse o no? ¿Mantener la personalidad propia, enriqueciendo la diversidad de la sociedad norteamericana? ¿O extinguirse en el anonimato de lo que es, después de todo, un crisol inexistente? ¿Derretirse[16] o no derretirse? Bueno, quizás la cuestión una vez más es, ¿ser o no ser? Ser con otros o ser solo; y cultural, así como humanamente, el aislamiento significa la muerte y el encuentro significa el nacimiento e, incluso, a veces, el Renacimiento.

Extraído de *El espejo enterrado*

---

[13]se... se limita   [14]derrote   [15]*bumper stickers*   [16]*Melt down*

¿Cuánto recuerda Ud.?

Indique con **Sí** o **No** si las siguientes afirmaciones reflejan o no el punto de vista de Carlos Fuentes.

1. _____ Los inmigrantes hispanos que vienen a trabajar a los Estados Unidos se sienten en su tierra porque sus antepasados dejaron su lengua, su religión y sus huesos en este país.

2. _____ La presencia de los chicanos se fortalece con la llegada de 25 millones de hispanos de todas partes de América Latina.

3. _____ El oro que aportan los latinoamericanos no es un oro de metal, sino cultural; éste no se puede derretir fácilmente.

4. _____ Hay negocios hispanos muy prósperos en los Estados Unidos.

5. _____ Los angloamericanos toleran la presencia hispana en los Estados Unidos: no se conocen casos de asesinato ni de violencia contra ellos.

6. _____ Las diferencias culturales entre Angloamérica e Iberoamérica persisten porque la mayoría de los inmigrantes mexicanos insisten en volver a su país.

7. _____ A los hispanos en los Estados Unidos les gustaría retener el respeto a los ancianos quienes guardan la memoria de su cultura.

8. _____ La familia hispana funciona como una red de seguridad que protege a sus miembros durante tiempos difíciles.

9. _____ No hay hispano que se oponga al bilingüismo.

10. _____ La cultura angloamericana debería apreciar como si fuera un regalo las aportaciones culturales de los inmigrantes hispanos y asiáticos porque sólo las culturas abiertas al contacto con otras pueden florecer.

¿Qué se imagina Ud.?

A. ¿Es justicia poética?   En este ensayo Carlos Fuentes se pregunta si no será justicia poética que el mundo hispano regrese a los Estados Unidos a reafirmar la herencia de sus antepasados. ¿Qué opina Ud.?

Trabajando en un grupo pequeño, comenten las implicaciones de esta idea y preparen una respuesta para Carlos Fuentes. Después compartan sus ideas con las de otros grupos y compárenlas antes de llegar a una conclusión definitiva.

B. *En contacto se florece, en aislamiento se perece:* un debate.   Carlos Fuentes ha querido persuadirnos de que en un mundo basado en la interdependencia económica y en la comunicación, sólo las culturas que mantengan contacto con otras podrán florecer. ¿Está Ud. de acuerdo? ¿Puede Ud. convencerles a otros de su punto de vista?

Defienda o refute el siguiente punto de vista en un debate ante la clase: *Hay mucha evidencia que apoya la teoría de que las culturas en contacto florecen, en aislamiento perecen.* Prepare sus argumentos cuidadosamente, tomando en cuenta el impacto de algunas de las siguientes consideraciones: la inmigración, los estudiantes extranjeros, la economía global, las telecomunicaciones, las empresas internacionales.

Gramática en contexto

41. Making Hypothetical Statements: *si* Clauses

People often talk hypothetically about events that don't currently exist or haven't occurred. These speculations take one of the following three forms.

1. talking about possible events linked to another future action (*If this happens, I will . . .*)
2. talking about impossible events or dreams linked to another unlikely event (*If this were to happen* [*but it won't*], *I would . . .*)
3. talking in hindsight about events linked to a hypothetical past event (*If this had happened, I would have . . .*)

Each of these three hypothetical situations is signaled in Spanish by means of an *if* **(si)** clause, a main clause, and a correct use of the subjunctive or indicative tenses, as outlined in the following tables. Note that the order of the clauses can be reversed.

TYPE OF EVENT	**si** CLAUSE	MAIN CLAUSE
a possibility (may happen)	present indicative	present/future indicative

Si estudio español, **aprendo** a hablarlo.

If I study Spanish, I (will) learn to speak it.

Tendrán un gobierno democrático **si consiguen** la independencia económica.

They will have a democratic government if they get economic independence.

TYPE OF EVENT	**si** CLAUSE	MAIN CLAUSE
a dream (unlikely to happen)	imperfect subjunctive	conditional

Si estudiara español, **aprendería** a hablarlo.

Tendrían un gobierno democrático **si consiguieran** la independencia económica.

If I studied (were to study) Spanish, I would learn to speak it.

They would have a democratic government if they got (were to get) economic independence.

TYPE OF EVENT	si CLAUSE	MAIN CLAUSE
hindsight (too late to happen)	(past perfect) pluperfect subjunctive	conditional perfect

Si hubiera estudiado español, **habría aprendido** a hablarlo.

Habrían tenido un gobierno democrático **si hubieran conseguido** la independencia económica.

If I had studied Spanish, I would have learned to speak it.

They would have had a democratic government if they had gotten economic independence.

¡Practiquemos!

A. ¿Cómo sería nuestro país si... ? Seleccione la declaración que mejor exprese lo que Ud. cree que pasará, pasaría o habría pasado en estas circunstancias. ¡OJO! Es posible que Ud. esté de acuerdo con más de una opción. Después, vuelva a leer cada oración e indique si se refiere a una posibilidad, un sueño o una percepción retrospectiva (*hindsight*).

1. Si todos los ciudadanos votamos, _____.
   a. tendremos un gobierno más responsable
   b. seremos más ricos
   c. no le daremos tanto dinero al gobierno
2. Si queremos mantener nuestra libertad, _____.
   a. tenemos que vigilar nuestro gobierno
   b. debemos mantener muy bien nuestras fuerzas militares
   c. es necesario asegurar la justicia para todas
3. Si no tuviéramos dos partidos políticos muy fuertes, _____.
   a. habría más problemas sociales
   b. la política sería menos interesante
   c. el gobierno funcionaría mucho mejor
4. Si nuestro ejército pudiera gastar más dinero, _____.
   a. habría mejores escuelas por todas partes
   b. compraríamos más aviones, submarinos y bombas
   c. toda la gente del hemisferio viviría en paz

TIEMPOS MODERNOS

¡Viviríamos más tranquilos si hubiera menos defensores de la paz!

5. Si no vinieran millones de inmigrantes a este país, _____.
   a. tendríamos una sociedad menos dinámica
   b. sería más fácil comunicarnos porque no hablaríamos tantas lenguas
   c. trataríamos de atraerlos poniendo anuncios en los periódicos de otros países

6. Si los Estados Unidos no hubieran atacado a Panamá en 1989, Manuel Noriega _____.
   a. habría gobernado ese país por muchos años más
   b. habría dicho que no quería gobernar otro año más
   c. habría empezado una guerra contra los narcotraficantes

7. No habríamos luchado contra Iraq en 1991 si _____.
   a. Saddam Hussein hubiera invitado al presidente George Bush, Sr. a su palacio
   b. el presidente George Bush, Sr. no hubiera tenido confianza en nuestras fuerzas armadas
   c. los demás países de esa región hubieran podido defenderse contra Hussein

8. Todos viviríamos más tranquilos si _____.
   a. hubiera menos defensores de la paz
   b. hubiera menos armas en el mundo
   c. hubiera más interés en resolver nuestros problemas que en pelear entre nosotros

B. Una sociedad multicultural. Convierta las siguientes frases que expresan posibilidades, en la expresión de un sueño.

> MODELO: Si dos culturas están en contacto, ambas florecen.
> Si dos culturas estuvieran en contacto, ambas florecerían.

1. Si voy a otro país, tendré que hablar la lengua de ese país.
2. Si los trabajadores prosperan, pueden mandar dinero a sus familias.
3. Si se declara el inglés la lengua oficial de los Estados Unidos por decreto, ya no es la lengua oficial de verdad.
4. Si nuestros niños estudian otra lengua, conocerán otra cultura.
5. Si una cultura no tiene contacto con las demás, sufre en el aislamiento.

C. ¿Qué haría yo en esa situación? Trabaje con un compañero (una compañera) para completar individualmente cada una de las siguientes oraciones hipotéticas con una respuesta apropiada para Ud. Después, díganle a la clase lo que haría su pareja en algunas de estas circunstancias.

1. Si mi trabajo no me pagara bien,…
2. Si mi mejor amigo/a se mudara a otra ciudad,…
3. Si fuera profesor(a) de español,…
4. Si no tuviera que estudiar ni trabajar,…
5. Si hubiera decidido ir a otra universidad,…
6. Si hubiera aprendido a hablar español en casa,…
7. Si hubiera sacado F en varias materias en la escuela secundaria,…
8. Si hubiera ganado diez millones de dólares en la lotería el año pasado,…

D. Los sueños. Todos tenemos sueños, cosas que deseamos pero que no podemos realizar por el momento. Describa los sueños de la gente en los dibujos, usando cláusulas con **si.**

1.   2.   3.   4.

42. Talking About Actions as Concepts: Infinitives Used as Nouns (for Recognition Only)

An infinitive can occur wherever a noun appears: as the subject or complement of a verb or as the object of a preposition. When functioning as a noun, an infinitive is considered to be masculine singular.

As the subject of a verb:

Ser americano significa que todos hemos venido de otra parte.

Being an American means that we have all come from somewhere else.

Cruzar la frontera es una experiencia difícil.

Crossing the border is a difficult experience.

As the complement of a verb:

Los inmigrantes quieren **tener** una vida mejor.

Immigrants wish to have a better life.

Es necesario **aceptar** las diferencias de otras culturas.

It's necessary to accept the differences of other cultures.

As the object of a preposition:

Todavía falta mucho por **hacer.**

There is still a lot to be done.

Para **tener** una nación fuerte, ¿hace falta una sola lengua?

In order to have a strong nation, is it necessary to have only one language?

¡Practiquemos!

Una nueva sociedad bilingüe.   Escoja la palabra que le parezca más lógica en cada caso.

1. Para (ganar / entender) a otra persona hay que aprender su lengua.
2. La reacción más común ha sido (retener / olvidar) su propia cultura.
3. Después de (unirse / destruir) a la mayoría angloamericana, ¿se sentirá feliz el inmigrante?
4. A los inmigrantes no les interesa (caer / derretirse) en el crisol de los Estados Unidos.
5. Parece muy difícil (conocer / cambiar) la enchilada por la hamburguesa.

43. More On Talking About Events in Progress: Other Helping Verbs Used |with the Present Participle (for Recognition Only)

In **Capítulo 5** you learned how to form the progressive tense by linking the helping verb **estar** with the gerund (**-ndo** form).

> En su artículo, Carlos Fuentes **está describiendo** dos culturas en contacto.

Other verbs can also be used as helping verbs to form the progressive. Each adds its own special meaning to the construction, as shown below.

❋ **ir + -ndo:**

Emphasizes the idea of gradual movement toward a goal.
Angloamérica e Iberoamérica **van participando** en un movimiento común.

❋ **venir + -ndo:**

Focuses on the continuation of an event, from its very beginning up through the present.
La sociedad **viene discutiendo** el multilingüismo durante años.

❋ **andar + -ndo:**

Indicates disorganized or nonlinear movement (often with a negative connotation).
Los trabajadores **andan buscando** oro gringo.

❋ **continuar**
❋ **seguir** } **+ -ndo:**

Focuses on repeated or habitual events.
Los inmigrantes **continúan llegando** a los Estados Unidos a pesar de la policía fronteriza.

The gerund can also stand alone and function as an adverb, indicating under what conditions an event occurs.

Angloamérica e Iberoamérica se oponen, **influenciándose** y **chocando** la una contra la otra en la frontera.	*Anglo-America and Ibero-America oppose each other, influencing each other and clashing one against the other at the border.*
La cultura de la América española, **moviéndose** hacia el norte, también aporta sus propios regalos.	*The Spanish-American culture, (in) moving up to the north, also brings its own gifts.*

But the gerund is never used as an adjective (as the *-ing* form is sometimes used in English). Only an adjective clause can express that type of meaning in Spanish.

| Aquellos inmigrantes **que buscan trabajo** no quieren derretirse en el criso social de los Estados Unidos. | *Those immigrants looking (that are looking) for work don't want to be absorbed into the U.S. melting pot.* |

¡Practiquemos!

A. Cuba y los Estados Unidos. Complete las oraciones con el verbo correcto.

Desde la Revolución cubana de 1959, los Estados Unidos y Cuba (vienen / van)[1] atacándose ideológicamente. Los Estados Unidos (vienen / andan)[2] publicando cosas negativas sobre Cuba cuando se presenta la oportunidad. Si estos dos países siguen así, nunca tendremos paz en el continente. Sin embargo, los intercambios culturales son una señal de que se (siguen / van)[3] fortaleciendo los lazos (*ties*) entre los dos países. Si Cuba (viene / continúa)[4] liberando a los prisioneros políticos como lo ha hecho en el pasado, los Estados Unidos tendrán que responder de una forma positiva. Poco a poco nosotros (seguimos / vamos)[5] aprendiendo que los cubanos desean la paz tanto como nosotros. Es obvio que la gente cubana quiere tener más libertades civiles porque aún hoy en día (viene / continúa)[6] abandonando el país. Pero siempre existen algunos políticos mal intencionados que (andan / continúan)[7] traicionando las esperanzas de la gente cubana al dejar pasar las oportunidades de iniciar la paz.

Fidel Castro (1927–)

B. El nuevo gobierno cambiará las cosas. Combine elementos de cada grupo para formar oraciones lógicas.

1. _____ El nuevo presidente demostrará su sinceridad…
2. _____ El nuevo ministro mejorará la economía…
3. _____ El nuevo secretario fortalecerá la educación…
4. _____ El nuevo congreso garantizará la participación del pueblo…
5. _____ El nuevo gobierno buscará la paz…
6. _____ El nuevo presidente llegará a un acuerdo nacional…

a. realizando elecciones frecuentes.
b. eliminando la pobreza.
c. suprimiendo leyes que favorecen a los grandes intereses (*special interests*).
d. liberando a los presos (*prisoners*) políticos.
e. estimulando los estudios científicos y tecnológicos.
f. negociando con los países vecinos.

Español en acción

A. «Aw blah es span yol.»   Imagínese lo que pasaría si Ud. y sus compañeros de clase se convirtieran de repente en delfines y fueran llevados a este laboratorio marino.

1. Si Uds. fueran los delfines del dibujo, ¿cómo reaccionarían ante esta situación? ¿Tendrían miedo o curiosidad? ¿Estarían contentísimos o deseosos de escaparse? ¿Quisieran Uds. hacerse amigos de estos científicos? ¿Por qué sí o por qué no?

2. Si los científicos trataran de comunicarse con Uds., ¿qué les dirían? ¿Les darían sus opiniones sobre cómo solucionar los problemas ecológicos? ¿Les harían preguntas acerca de la guerra y la paz? ¿acerca de los sistemas políticos? ¿acerca de las computadoras del laboratorio? ¿Qué más querrían saber acerca del mundo de los seres humanos?

3. Si Uds. fueran los delfines del dibujo, ¿qué pensarían de la apariencia física de los científicos que los estaban estudiando? (Fíjese en el dibujo: «be-in fayo».) Si otro delfín le preguntara a Ud. acerca del carácter del ser humano, ¿qué le diría después de esta experiencia?

B. ¡Reunión cumbre (*Summit meeting*) entre México y los Estados Unidos! Trabajando en grupos de cuatro, dos representan a México y los otros (las otras) representan a los Estados Unidos en una reunión para fortalecer las relaciones económicas entre los dos países. Tendrán que hablar de varias situaciones hipotéticas.

THE FAR SIDE® BY GARY LARSON

© 1985 FarWorks, Inc. All Rights Reserved/Dist. by Creators Syndicate

Kay pas-uh THH THH III
aw-blah es spanyol THH III
be-in fayo THH THH II
bwayno dee-us THH

The Far Side® by Gary Larson © 1985 FarWorks, Inc. All Rights Reserved. Used with permission.

"Matthews ... we're getting another one of those strange 'aw blah es span yol' sounds."

CONDICIONES MEXICANAS

* no imponer barreras (*barriers*) al comercio
* aceptar más obreros de México
* reducir la demanda de drogas
* dejar entrar más productos agrícolas como tomates, lechuga, fruta, etcétera
* no intervenir en nuestra política

❈ eliminar la corrupción política
❈ exportar más petróleo a los Estados Unidos
❈ eliminar el narcotráfico en la frontera
❈ comprar más productos electrónicos
❈ permitir el crecimiento de los otros partidos políticos

¡OJO! Esta reunión cumbre puede filmarse para la televisión.

C. Yo, para el mundo del futuro.   Imagínese que ha llegado el momento de entrevistar a los candidatos nominados para los siguientes puestos.

1. Delegado/a estadounidense ante las Naciones Unidas
2. Presidente/a de una gran universidad pública norteamericana
3. Ministro/a de Educación

Trabajando en un grupo pequeño, escojan uno de los puestos para representar esa entrevista en clase. Ud. forma parte del **comité de selección** (*search committee*) y debe preparar preguntas que ayuden a determinar la experiencia y, sobre todo, la visión del candidato (de la candidata) sobre las crisis de la sociedad moderna. Si Ud. es el candidato (la candidata), prepárese para explicar por qué Ud. es la persona mejor calificada para resolver los desafíos de una sociedad pluricultural. Finalmente, representen la entrevista ante la clase.

Dirección http://www.mhhe.com/alcorriente

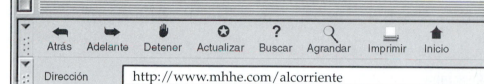

El arte como crónica

¡A leer!

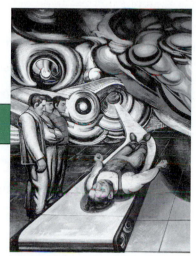

La siguiente selección fue escrita por Claudia Ovando para un sitio de la red. Léala con detenimiento y conteste las preguntas que se encuentran a continuación.

Detalle del mural de Diego Rivera titulado «El desembarco de Cortés en Mexico» que se encuentra en el Palacio Nacional de la Ciudad de México.

EL MOVIMIENTO MURALISTA MEXICANO

Sin lugar a dudas el Movimiento Muralista es el fenómeno artístico de mayor importancia del arte mexicano del siglo XX. Sus aportes[1] han hecho que su influencia rebase[2] las fronteras de lo nacional. Si bien en México ha habido pintura mural desde tiempos remotos, el muralismo se inicia en 1921, fecha en que se realizaron las primeras obras, y termina en 1955 cuando perdió fuerza como movimiento artístico articulado. Se trata de un fenómeno complejo, en el que participaron gran cantidad de artistas, entre los que hubo fuertes diferencias estéticas y políticas.

Al concluir la fase armada de la Revolución,* surgió la inminente necesidad de generar una imagen en torno a la cual pudiera cohesionarse la heterogénea sociedad mexicana. Retomando la vieja confianza[3] liberal en la educación como motor del progreso, el entonces secretario de Educación, José Vasconcelos, echó a andar un ambicioso proyecto educativo, en el cual el arte desempeñó un papel relevante. Fue así como Vasconcelos ofreció los primeros muros a los pintores mexicanos.

La necesidad de generar una imagen que nos fuera propia, ajena a[4] la proverbial importación de modelos europeos, llevó a los muralistas a dar distintas respuestas en relación con las temáticas. Fermín Revueltas y Fernando Leal optaron por representar fiestas populares en Alegoría de la Virgen de Guadalupe y la Fiesta del Señor de Chalma. Otros decidieron abrevar[5] en la historia nacional como fuente de inspiración y como fuente de identidad.

[1]contribuciones [2]*overflows* [3]*trust* [4]ajena... *having nothing to do with* [5]nutrirse, alimentarse

*Revolución Mexicana (1910–1920). La fase armada de la Revolución cóncluyó en el año 1917.

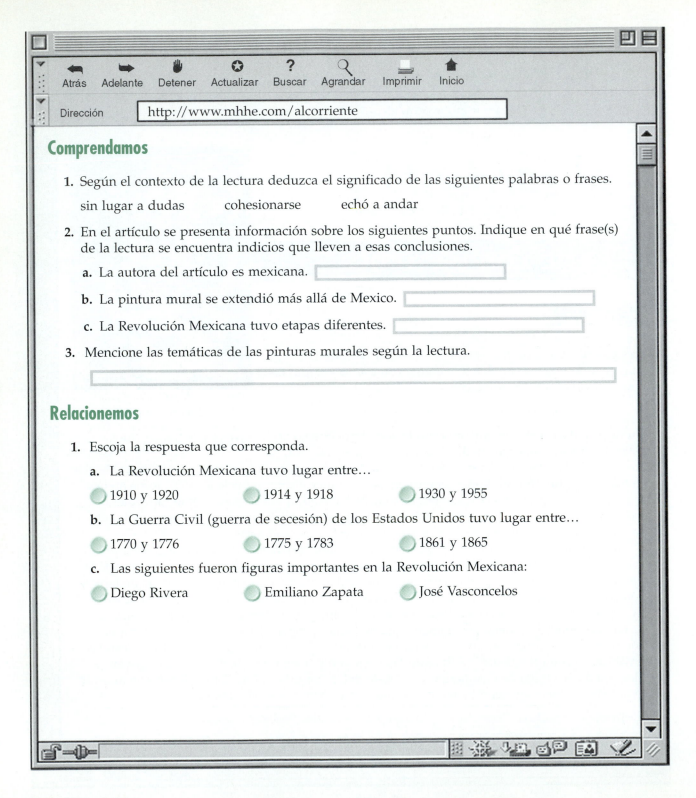

Comprendamos

1. Según el contexto de la lectura deduzca el significado de las siguientes palabras o frases.

   sin lugar a dudas   cohesionarse   echó a andar

2. En el artículo se presenta información sobre los siguientes puntos. Indique en qué frase(s) de la lectura se encuentra indicios que lleven a esas conclusiones.

   a. La autora del artículo es mexicana.

   b. La pintura mural se extendió más allá de Mexico.

   c. La Revolución Mexicana tuvo etapas diferentes.

3. Mencione las temáticas de las pinturas murales según la lectura.

Relacionemos

1. Escoja la respuesta que corresponda.

   a. La Revolución Mexicana tuvo lugar entre…

   ⬤ 1910 y 1920   ⬤ 1914 y 1918   ⬤ 1930 y 1955

   b. La Guerra Civil (guerra de secesión) de los Estados Unidos tuvo lugar entre…

   ⬤ 1770 y 1776   ⬤ 1775 y 1783   ⬤ 1861 y 1865

   c. Las siguientes fueron figuras importantes en la Revolución Mexicana:

   ⬤ Diego Rivera   ⬤ Emiliano Zapata   ⬤ José Vasconcelos

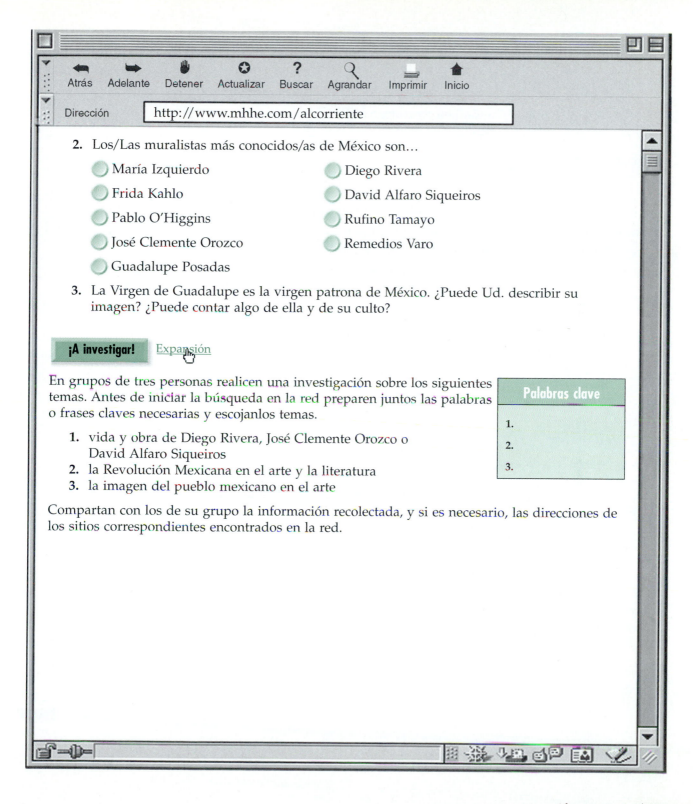

2. Los/Las muralistas más conocidos/as de México son…

○ María Izquierdo ○ Diego Rivera

○ Frida Kahlo ○ David Alfaro Siqueiros

○ Pablo O'Higgins ○ Rufino Tamayo

○ José Clemente Orozco ○ Remedios Varo

○ Guadalupe Posadas

3. La Virgen de Guadalupe es la virgen patrona de México. ¿Puede Ud. describir su imagen? ¿Puede contar algo de ella y de su culto?

¡A investigar!   Expansión

En grupos de tres personas realicen una investigación sobre los siguientes temas. Antes de iniciar la búsqueda en la red preparen juntos las palabras o frases claves necesarias y escojanlos temas.

Palabras clave
1.
2.
3.

1. vida y obra de Diego Rivera, José Clemente Orozco o David Alfaro Siqueiros
2. la Revolución Mexicana en el arte y la literatura
3. la imagen del pueblo mexicano en el arte

Compartan con los de su grupo la información recolectada, y si es necesario, las direcciones de los sitios correspondientes encontrados en la red.

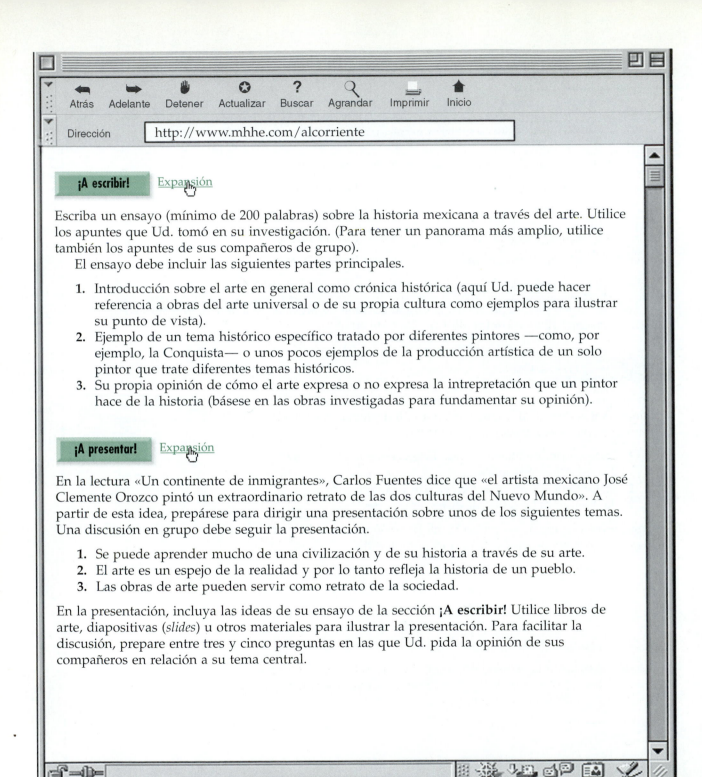

¡A escribir! Expansión

Escriba un ensayo (mínimo de 200 palabras) sobre la historia mexicana a través del arte. Utilice los apuntes que Ud. tomó en su investigación. (Para tener un panorama más amplio, utilice también los apuntes de sus compañeros de grupo).

El ensayo debe incluir las siguientes partes principales.

1. Introducción sobre el arte en general como crónica histórica (aquí Ud. puede hacer referencia a obras del arte universal o de su propia cultura como ejemplos para ilustrar su punto de vista).
2. Ejemplo de un tema histórico específico tratado por diferentes pintores —como, por ejemplo, la Conquista— o unos pocos ejemplos de la producción artística de un solo pintor que trate diferentes temas históricos.
3. Su propia opinión de cómo el arte expresa o no expresa la intrepretación que un pintor hace de la historia (básese en las obras investigadas para fundamentar su opinión).

¡A presentar! Expansión

En la lectura «Un continente de inmigrantes», Carlos Fuentes dice que «el artista mexicano José Clemente Orozco pintó un extraordinario retrato de las dos culturas del Nuevo Mundo». A partir de esta idea, prepárese para dirigir una presentación sobre unos de los siguientes temas. Una discusión en grupo debe seguir la presentación.

1. Se puede aprender mucho de una civilización y de su historia a través de su arte.
2. El arte es un espejo de la realidad y por lo tanto refleja la historia de un pueblo.
3. Las obras de arte pueden servir como retrato de la sociedad.

En la presentación, incluya las ideas de su ensayo de la sección **¡A escribir!** Utilice libros de arte, diapositivas (*slides*) u otros materiales para ilustrar la presentación. Para facilitar la discusión, prepare entre tres y cinco preguntas en las que Ud. pida la opinión de sus compañeros en relación a su tema central.

Appendices

I. Syllabication and Stress

Syllabication Rules

1. The basic rule of Spanish syllabication is to make each syllable end in a vowel whenever possible.

   ci-vi-li-za-do   ca-ra-co-les   so-ñar   ca-sa-do

2. Two vowels should always be divided unless one of the vowels is an unaccented **i** or **u**. Accents on other vowels do not affect syllabication.

   fe-o   bue-no   ac-tú-e   des-pués
   pre-o-cu-pa-do   ne-ce-sa-rio   rí-o   a-vión

3. In general, two consonants are divided. The consonants **ch, ll,** and **rr** are considered single letters and should never be divided. Double **c** and double **n** *are* separated.

   en-fer-mo   ban-de-ra   mu-cha-cha   ac-ci-den-te
   doc-to-ra   cas-ti-llo   a-rroz   in-na-to

4. The consonants **l** and **r** are never separated from any consonant preceding them, except for **s.**

   ha-blar   a-trás   a-brir   pa-dre
   com-ple-to   is-la   o-pre-si-vo   si-glo

5. Combinations of three and four consonants are divided following the rules above. The letter **s** should go with the preceding syllable.

   es-truc-tu-ra   trans-cur-so   ex-tra-ño   obs-cu-ro
   cons-tan-te   es-tre-lla   in-fle-xi-ble   ins-truc-ción

Stress

Spanish pronunciation is governed by two basic rules of stress. Written accents to indicate stress are needed only when those rules are violated. The two rules are as follows:

1. For words ending in a vowel, **-n,** or **-s,** the natural stress falls on the next-to-last syllable. The letter **y** is not considered a vowel for purposes of assigning stress (see example in rule 2).

   ha-blan   pe-*rri*-to   tar-*je*-tas   a-me-ri-*ca*-na

2. For words ending in *any other letter,* the natural stress falls on the last syllable.

| pa-*pel* | di-fi-cul-*tad* | es-*toy* | pa-re-*cer* |

If these stress rules are violated, stress must be indicated with a written accent.

| re-li-*gión* | e-*léc*-tri-co | fran-*cés* | ha-*blé* |
| *ár*-bol | *Pé*-rez | *cés*-ped | ca-*rác*-ter |

Note that words that are stressed on any syllable other than the last or next-to-last will always show a written accent. Particularly frequent words in this category include adjectives and adverbs ending in **-ísimo** and verb forms with pronouns attached.

| mu-*chí*-si-mo | la-*ván*-do-lo | *dár*-se-las | *dí*-ga-me-lo |

Written accents to show violations of stress rules are particularly important when diphthongs are involved. A diphthong is a combination (in either order) of a weak **(i, u)** vowel and a strong **(a, e, o)** vowel or of two weak vowels together. The two vowels are pronounced as a single sound, with one of the vowels being given slightly more emphasis than the other. In all diphthongs the strong vowel or the second of two weak vowels receives this slightly greater stress.

| a*i*: paisaje | *u*e: vuelve | *i*o: Rioja | u*i*: fui | *i*u: ciudad |

When the stress in a vowel combination does not follow this rule, no diphthong exists. Instead, two separate sounds are heard, and a written accent appears over the weak vowel or first of two weak vowels.*

| a-*í*: país | *ú*-e: acentúe | *í*-o: tío |

Use of the Written Accent as a Diacritic

The written accent is also used to distinguish two words with similar spelling and pronunciation but different meaning. Nine common word pairs are identical in spelling and pronunciation; the accent mark is the only distinction between them.

dé	give	**de**	of		**sí**	yes	**si**	if
él	he	**el**	the		**sólo**	only	**solo**	alone
más	more	**mas**	but		**té**	tea	**te**	you
mí	me	**mi**	my		**tú**	you	**tu**	your
sé	I know	**se**	*refl. pron.*					

---

*There are no common examples of the latter.

Diacritic accents are used to distinguish demonstrative adjectives from demonstrative pronouns. This distinction is disappearing in many parts of the Spanish-speaking world.

aquellos países	those countries	**aquéllos**	those (ones)
esa persona	that person	**ésa**	that one
este libro	this book	**éste**	this one

Diacritic accents are placed over interrogative words or adverbs that are used interrogatively or in exclamations.

¿cómo?	how	**como**	as, since	**¿por qué?**	why?	**porque**	because
¿dónde?	where?	**donde**	where	**¿qué?**	what?	**que**	that

II. Spelling Changes

In general, Spanish has a far more phonetic spelling system than many other modern languages. Most Spanish sounds correspond to just one written symbol. Those that can be written in more than one way are of two main types: those for which the sound/letter correspondence is largely arbitrary and those for which the sound/letter correspondence is determined by spelling rules.

Arbitrary Sound/Letter Correspondence

In the case of arbitrary sound/letter correspondences, writing the sound correctly is partly a matter of memorization. The following are some of the more common arbitrary, or *nonpatterned*, sound/letter correspondences in Spanish.

SOUND	SPELLING	EXAMPLES
/b/ + *vowel*	b, v	barco, ventana
/y/	y, ll, i + *vowel*	haya, amarillo, hielo
/s/	s, z, c	salario, zapato, cielo
/x/ + e, i	g, j	general, jefe, gitano, jinete

Note that, although the spelling of the sounds /y/ and /s/ is largely arbitrary, two patterns occur with great frequency.

/y/ Whenever an unstressed **i** occurs between vowels, the **i** changes to **y.**

leió → leyó   creiendo → creyendo   caieron → cayeron

/s/ The sequence **ze** is rare in Spanish. Whenever a **ze** combination would occur in the plural of a noun ending in **z** or in a conjugated verb (for example, an **e** ending on a verb stem that ends in **z**), the **z** changes to **c**.

luz → luces   voz → voces   empez + é → empecé   taza → tacita

Patterned Sound/Letter Correspondence

There are three major sets of *patterned* sound/letter sequences.

SOUND	SPELLING	EXAMPLES
/g/	g, gu	gato, pague
/k/	c, qu	toca, toque
/g^w/	gu, gü	agua, pingüino

/g/   Before the vowel sounds /a/, /o/, and /u/, and before all consonant sounds, the sound /g/ is spelled with the letter **g.***

gato   gorro   agudo   grave   gloria

Before the sounds /e/ and /i/, the sound /g/ is spelled with the letters **gu.**

guerra   guitarra

/k/   Before the vowel sounds /a/, /o/, and /u/, and before all consonant sounds, the sound /k/ is spelled with the letter **c.**

casa   cosa   curioso   cristal   club   acción

Before the sounds /e/ and /i/, the sound /k/ is spelled with the letters **qu.**

queso   quitar

/g^w/   Before the vowel sounds /a/ and /o/, the sound /g^w/ is spelled with the letters **gu.**

guante   antiguo

Before the sounds /e/ and /i/, the sound /g^w/ is spelled with the letters **gü.**

vergüenza   lingüista

These spelling rules are particularly important in conjugating, because a specific consonant sound in the infinitive must be maintained throughout the conjugation, despite changes in stem vowels. It will help if you keep in mind the patterns of sound/letter correspondence, rather than attempt to conserve the spelling of the infinitive.

---

*Remember that before the sounds /e/ and /i/, the *letter* **g** represents the sound /x/: **gente, lógico.**

/ga/ =	**ga**	lle*g*ar	/ge/ =	**gue**	lle*gue* (*present subjunctive*)
/ga/ =	**ga**	lle*g*ar	/gé/ =	**gué**	lle*gué* (*preterite*)
/gi/ =	**gui**	se*gu*ir	/go/ =	**go**	si*g*o (*present indicative*)
/gi/ =	**gui**	se*gu*ir	/ga/ =	**ga**	si*g*a (*present subjunctive*)
/xe/ =	**ge**	reco*g*er	/xo/ =	**jo**	reco*j*o (*present indicative*)
/xe/ =	**ge**	reco*g*er	/xa/ =	**ja**	reco*j*a (*present subjunctive*)
/gʷa/ =	**gua**	averi*gu*ar	/gʷe/ =	**güe**	averi*güe* (*present subjunctive*)
/ka/ =	**ka**	sa*c*ar	/ke/ =	**qué**	sa*qué* (*preterite*)

III. Verb Conjugations

The following chart lists common verbs whose conjugation includes irregular forms. The chart lists only those irregular forms that cannot be easily predicted by a structure or spelling rule of Spanish. For example, the irregular **yo** forms of the present indicative of verbs such as **hacer** and **salir** are listed, but the present subjunctive forms are not, since these forms can be consistently predicted from the present indicative **yo** form. For the same reason, irregular preterites and futures are listed, but not the past subjunctive nor the conditional, since these forms are based on the preterite and future, respectively. Spelling irregularities such as **busqué** and **leyendo** are also omitted, since these follow basic spelling rules (Appendix II).

| | INDICATIVE | | | | PRESENT | AFFIRMATIVE | PARTICIPLES | |
INFINITIVE	*Present*	*Imperfect*	*Preterite*	*Future*	SUBJUNCTIVE	**tú** COMMAND	*Present*	*Past*
1. abrir								abierto
2. andar			anduve					
3. caer	caigo							cayendo
4. conocer	conozco							
5. cubrir								cubierto
6. dar	doy		di diste dio dimos disteis dieron		dé			
7. decir (i)	digo		dije	diré		di	diciendo	dicho

| INFINITIVE | INDICATIVE | | | | PRESENT SUBJUNCTIVE | AFFIRMATIVE **tú** COMMAND | PARTICIPLES | |
	Present	Imperfect	Preterite	Future			Present	Past
8. escribir								escrito
9. estar	estoy estás está estamos estáis están		estuve		esté			
10. haber	he has ha hemos habéis han		hubo	habré	haya			
11. hacer	hago		hice hiciste hizo hicimos hicisteis hicieron	haré		haz		hecho
12. ir	voy vas va vamos vais van	iba	fui fuiste fue fuimos fuisteis fueron		vaya	ve	yendo	
13. morir (ue, u)							muriendo	muerto
14. oír	oigo oyes oye oímos oís oyen		oí oíste oyó oímos oísteis oyeron				oyendo	
15. oler (ue)	huelo hueles huele olemos oléis huelen							

| INFINITIVE | INDICATIVE | | | | PRESENT SUBJUNCTIVE | AFFIRMATIVE **tú** COMMAND | PARTICIPLES | |
	Present	Imperfect	Preterite	Future			Present	Past
16. poder (ue)			pude	podré			pudiendo	
17. poner	pongo		puse	pondré		pon		puesto
18. querer (ie)			quise	querré				
19. reír (i, i)	río ríes ríe reímos reís ríen		rió (3rd sing.) rieron (3rd pl.)				riendo	
20. romper								roto
21. saber	sé		supe	sabré	sepa			
22. salir	salgo			saldré		sal		
23. ser	soy eres es somos sois son	era	fui fuiste fue fuimos fuisteis fueron		sea	sé		
24. tener (ie)	tengo		tuve	tendré		ten		
25. traducir	traduzco		traduje					
26. traer	traigo		traje				trayendo	
27. valer	valgo			valdré				
28. venir (ie)	vengo		vine	vendré		ven	viniendo	
29. ver	veo	veía						visto
30. volver (ue)								vuelto

Spanish-English Vocabulary

The following word list defines words as they appear in context in *Al corriente*, Fourth Edition. It does not include exact or predictable cognates of English, nor does it include very basic vocabulary, such as subject pronouns and numbers. In some cases, regular forms of adverbs and participles are omitted if the infinitive form of the verb is listed.

All nouns ending in **-o** are masculine unless otherwise indicated, and all nouns ending in **-a, -d,** or **-ción** are feminine unless otherwise indicated. Adjectives that have regular feminine and plural forms are given only in the masculine singular. Words that appear as plurals are listed *m. pl.* or *f. pl.* to indicate gender; irregular plural forms are indicated within parentheses. Stem changes and regular spelling changes for verbs are given in parentheses as well. For verbs with irregularities in only one tense, the basic form is given; wholly irregular verbs are marked with an asterisk (*) and are listed in the appendix.

Abbreviations

abbrev.	abbreviation	*gram.*	grammar	*pl.*	plural
adj.	adjective	*inf.*	infinitive	*p.p.*	past participle
adv.	adverb	*interj.*	interjection	*prep.*	preposition
coll.	colloquial	*inv.*	invariable	*sing.*	singular
conj.	conjunction	*L.A.*	Latin America	*sl.*	slang
f.	feminine	*m.*	masculine	*Sp.*	Spain
fig.	figurative	*Mex.*	Mexico	*v.*	verb
gen.	general	*n.*	noun		

A

abajo below; **calle** *f.* **abajo** down the street; **hacia abajo** down, downward
abandonar to leave, abandon
abarcar (qu) to encompass, include
abdomen *m.* abdomen
abierto *p.p.* open(ed)
abogado/a lawyer
aborigen aboriginal; indigenous
abrazar (c) to embrace
abrevar to quench (*thirst*)
abreviatura abbreviation
abrigo overcoat
abrir to open

absolutista *adj. m., f.* absolutist
absorto *p.p.* absorbed
abuelo/a grandfather, grandmother; **abuelito/a** grandpa, grandma; **abuelos** grandparents
abundar to abound
aburrido boring; bored
aburrirse (de) to get bored (with)
acabar to end, finish; **acabar de + ** *inf.* to have just (*done something*); **acabarse** to run out, be used up
acantilado cliff
acanto acanthus
acarrear to transport

acaso perhaps; **por si acaso** just in case
acceder a to have access to
accesorio accessory
aceite *m.* oil
aceituna olive
acentuar (acentúo) to stress, accent
acepción meaning
aceptación acceptance
acerca de about
acercar(se) (qu) (a) to approach, come near
acero steel
aclamar to acclaim

aclarar to clarify
acogida *n.* welcome
acomodar to accommodate
acompañar to accompany
aconsejable advisable
aconsejar to advise
acontecer (zc) to happen
acontecimiento event
acordarse (ue) (de) to remember; to become aware (of)
acostarse (ue) to go to bed
acostumbrado: estar acostumbrado to be used to
acostumbrarse a to become accustomed to
actitud attitude
actor; actriz (*f. pl.* **actrices**) actor; actress
actuación performance
actual current; present; active; actual
actualidad present time
actuar (actúo) to act
acudir to go; to attend
acuerdo agreement; **de acuerdo con** in agreement with; **estar de acuerdo** to agree; **llegar a un acuerdo** to reach an agreement; **ponerse de acuerdo** to come to an agreement
acumular to accumulate
adecuado appropriate; adequate, sufficient
adelantado advanced
adelante forward; ahead; **hacia adelante** forward
adelanto advance; progress
adelgazar (c) to slim down, lose weight
además *adv.* moreover; *prep.* **además de** besides; in addition to
adentrarse to go into, penetrate into
aderezo seasoning; dressing
adiestrar to train, teach, guide
adivinador(a) diviner, soothsayer; guesser
adivinanza guessing game; riddle
adivinar to guess
administración de empresas business administration
adolescente *n. m., f.* adolescent
¿adónde? where (to)?
adorno adornment, decoration, ornament
adquirir (ie) to acquire
aduana *sing.* customs
adulto/a adult
advertencia warning

advertir (ie) (i) to warn
aéreo/a *adj.* air; **línea aérea** airline
aeróbico: hacer ejercicios aeróbicos to do aerobics
aerolínea airline
aeromotor *m.* modern windmill
aeropuerto airport
afectuoso affectionate
afeitar(se) to shave; **hoja de afeitar** razorblade
aferrarse (ie) to cling to
afición fondness, liking; hobby, interest
aficionado/a fan
afirmación statement
afirmar to affirm; to make fast, secure
aflojar to become slack (*in one's studies*)
afluencia crowd, influx
afortunado fortunate
afuera *adv.* outside
afueras *f. pl.* outskirts, suburbs
agachar to bend, bow
agente *m., f.* agent
agitado busy
agotado exhausted
agotador(a) exhausting
agotarse to run out, be used up
agradable nice, pleasant
agradar to please
agradecer (zc) to thank
agradecido thankful
agraz: en agraz prematurely
agregar (gu) to add
agresividad aggressiveness
agrícola *adj. m., f.* agricultural
agricultor(a) farmer
agrupar to group together
agua *f.* (*but* **el agua**) water
aguantar to tolerate, endure
águila *f.* (*but* **el águila**)
ahí there; **de ahí** hence, in this way
ahora now; **ahora mismo** right now
ahorrar to save
ahorro saving, economy
aire *m.* air; **al aire libre** outdoors
aislamiento isolation
aislar to isolate
ajá *interj.* fine
ajedrez *m.* chess
ajeno separate; of another; alien
ajustar(se) to adjust
ajuste *m.* adjustment
ajusticiamiento execution (*of a criminal*)
**al + ** *inf.* on; upon (*doing something*)

alambre *m.* **de púas** barbed wire
alargado stretched out
albañilería bricklaying
albergar (gu) to house
albergue *m.* hotel, hostel
álbum *m.* **de fotos** photo album
alcachofa artichoke
alcalde, alcaldesa *m., f.* mayor
alcaldía mayor's office
alcanzar (c) to attain, reach
alcaparra caper
alcázar *m.* fortress
alegrarse (de) to become happy (about)
alegre happy
alegría happiness
alejarse (de) to go away (from); to detach (oneself)
alemán, alemana *n., adj.* German
Alemania Germany
alfarero potter
algo something; **algo por el estilo** something like that
algodón *m.* cotton
alguien someone
algún, alguno/a some; any; **alguna vez** ever; sometimes
alienar to alienate
alimentación food, nourishment; nutrition
alimentarse (de, con) to feed (oneself)
alimento food, nourishment
alinear to align
alisar to smooth down
aliviar to alleviate
allá (over) there; **más allá** farther
allí there; **por allí** over there
alma *f.* (*but* **el alma**) soul
almacén *m.* store
almacenero/a storekeeper
almorzar (ue) (c) to eat lunch
almuerzo lunch
alojarse to stay
alquilar to rent
alrededor de *prep.* around; *m. pl.* surroundings, outskirts; **a mi alrededor** around me
alto tall; high; **en alto** on high; raised; **en voz alta** aloud; **zapato de tacón alto** high-heeled shoe
altruista *adj. m., f.* altruistic
altura height; **a esas alturas** at this advanced stage
alumno/a student

alzar (c) to erect; to raise up; **alzarse en armas** to rise up (with arms)

ama *f.* (*but* **el ama**) **de casa** housewife

amable kind

amante *m., f.* lover

amar to love

amarillo yellow

ambiental environmental

ambiente *m.* atmosphere; ambiance; **medio ambiente** environment

ámbito *fig.* surroundings

ambos/as both

ambulante: vendedor(a) ambulante street vendor

amenazar (c) to threaten

amigo/a friend

amistad *f.* friendship; *pl.* friends, acquaintances; **entablar amistad** to strike up a friendship

amistoso friendly

amor *m.* love

amoroso amorous; **tener relaciones amorosas** to be romantically involved

ampliar (amplío) to extend, amplify

amplio wide, broad

amurallado walled in

analizar (c) to analyze

anaranjado orange (*color*)

anaranjarse to become orange

anaranjoso orange colored

ancho wide, broad

anciano/a *n.* old man/woman

andar* to walk; **andar en bicicleta** to ride a bicycle; **andar en busca de** to go in search of

andén *m.* boarding platform

andino Andean

anfitrión, anfitriona host, hostess

anglosajón, anglosajona *n., adj.* Anglo-Saxon

ángulo angle

angustia anguish

anillo ring

animado animated; **dibujo animado** cartoon

anís *m.* anise, anisette

anoche last night

anonimato anonymity

anotar to annotate; to jot down, note

ansiar to yearn for

Antártida Antarctica

ante before; facing

anteayer day before yesterday

antecedente *m.* precedent

anteojos *m. pl.* eyeglasses

antepasado/a ancestor

anterior previous

anteriormente previously, before

antes *adv.* before, formerly; **antes de** *prep.* before; **antes de que** *conj.* before; **cuanto antes** as soon as possible

anticipación: de anticipación in advance

anticonvencional unconventional

anticuado antiquated, old-fashioned

antigüedad antiquity, ancient times

antiguo old, ancient; traditional; former

antipático unpleasant, disagreeable

antropólogo/a anthropologist

anudar to knot

anular *m.* ring finger

anunciador(a) announcer

anuncio announcement; advertisement; **anuncio comercial** advertisement

añadir to add

año year; **a los... años** at . . . years of age; **cumplir... años** to turn . . . years old; **tener... años** to be . . . years old

añorar to yearn/long for

apagar (gu) to blow out

aparecer (zc) to appear

apariencia appearance

apartado (de correos) post office box

apartar to put aside; to move away

apasionadamente passionately

apellido last name, family name

apenas barely, scarcely

apertura opening

aplaudir to applaud

aplicar (qu) to apply

aportación contribution

aportar to bring, contribute

aporte *m.* contribution

apoyar to support

apoyo support

apreciado/a valued, esteemed

apreciar to appreciate

aprender to learn

aprendizaje *m.* learning

apresurarse to hurry

apretón *m.* **de manos** handshake

aprobar (ue) to pass (*a course*)

aprovechar(se) (de) to take advantage of

apuntar to point out, indicate; to jot down, note

apuntes *m. pl.* notes

aquel, aquella that (over there); **aquellos/as** those (over there); **aquél,**

aquélla that one (over there); **aquéllos/as** those (things) (over there); **en aquel entonces** (way) back then

aquello that; that thing

aquí here; **por aquí** around here

arábigo/a *n., adj.* Arabian

arañar to scratch

árbol *m.* tree

arbusto bush

arcada arcade, arches

archivo archive

arco arch

arena sand

argumentar to dispute; to argue

argumento plot; argument, reasoning

arma *f.* (*but* **el arma**) weapon; **alzarse (c) en armas** to rise up (with arms); **escudo de armas** coat of arms

armado armed; **fuerzas armadas** armed forces

armonía harmony

arqueólogo/a archeologist

arquitectónico architectural

arrear to drive cattle

arreglado orderly; tidy, neat

arriba: calle *f.* **arriba** up the street

arribo arrival

arrinconar to place in a corner

arrodillarse to kneel

arrojar to throw, toss

arrollado run over

arroyo stream

arte *f.* (*but* **el arte**) art; **bellas artes** fine arts

artesanía handcrafted item

artesano/a craftsperson, artisan

artificial: fuegos artificiales fireworks

artista *n. m., f.* artist

arzobispal archiepiscopal

arzobispo archbishop

asada roast beef

asado roast(ed)

ascendencia ancestry

ascender (ie) to be promoted

ascensor *m.* elevator

asegurar to assure; **asegurarse (de)** to make sure (that)

asentarse (ie) to establish

asesinar to murder

asesinato murder

asesino/a murderer

asesor(a) counselor, advisor

asesoramiento counsel, advice

aseverar to assert

así *adv.* so; thus; like that, this way; **así como** just as; **así que** so, then
asiático/a *n., adj.* Asian
asiento seat
asignación allowance; salary
asignar to assign
asimilarse to become assimilated
asimismo likewise
asistencia assistance; attendance
asistir (a) to attend
asomarse to look or lean out
asombro astonishment, wonder
asombroso surprising
aspecto aspect; appearance
astilla splinter; chip; **de tal palo, tal astilla** like father, like son; a chip off the old block
asunto matter, subject
asustarse to become frightened
atacar (qu) to attack
atajar to halt; to cut short
atar to tie
atardecer *m.* late afternoon
atención attention; **con atención** carefully; **llamar la atención** to call attention (to); **prestar atención** to pay attention
atentado attack
aterrizar (c) to land
atleta *m., f.* athlete
atraer* (*like* **traer***) to attract
atrapado trapped
atrás *adv.* behind; back; **atrás de** *prep.* behind; **echarse para atrás** to lean back; **hacia atrás** backward
atravesar (ie) to cross; to pass through
atreverse (a) to dare (to)
atrevido daring, bold
aturdido bewildered
auditoría auditing
auge *m.* supreme height, culmination; **en la época de auge** at the height of
aula *f.* (*but* **el aula**) classroom
aullar to howl
aumentar to increase
aumento increase
aun even
aún still, yet
aunque although
ausencia absence
ausente absent
autoabastecerse (zc) to self-supply
autobús *m.* bus
autodeterminación self-determination
autoimagen *f.* self-image

automotor *m.* electric railcar; self-propelled vehicle
autónomo autonomous; self-governing, independent
autopista highway
autoridad authority
autorretrato self-portrait
autoservicio self-service
autostop *m.* hitch hiking
auxiliar *m.* assistant
avaricia greed
avasallador overwhelming
avenida avenue
avergonzado ashamed; embarrassed
averiguar (güe) to verify; to find out
avión *m.* airplane
avisar to notify
ayer yesterday
ayuda help
ayudante *m., f.* helper
ayudar to help
ayuntamiento city hall; city council
azar *m.* fate, chance
azúcar *m.* sugar
azul blue; **azul marino** navy blue
azulado bluish

B

bachiller *m., f. person who has passed the* **bachillerato**
bachillerato elemental primary school studies; primary school diploma; **bachillerato superior** secondary school studies; secondary school diploma
badana strop (*for sharpening a barber's razor*)
bahía bay
bailar to dance
baile *m.* dance; **baile de etiqueta** formal dance, ball
bajar to lower; **bajarse** to get down; to go down
bajo *prep.* under, below, beneath; *adv.* down, below, underneath; *adj.* low; short (*height*); **en voz baja** in a low voice; **planta baja** ground floor
bala bullet
balazo bullet; gun shot
balcón *m.* balcony
balonmano jai alai
bancarrota bankruptcy
banco bank
banda music band
bandera flag

banderillero *bullfighter who places the banderillas in the bull*
bandido/a bandit, outlaw
bañar to bathe; **bañarse** to take a bath
baño bathroom; **traje** *m.* **de baño** swimsuit
barato cheap, inexpensive
barba beard
barbacoa barbecue
barbería barber shop
barbero barber
barbilla chin
barco boat, ship; **barco volador** speed boat
barra bar, railing
barranca ravine, gorge
barrera barrier
barrigón, barrigona chubby, big-bellied
barrio neighborhood
barroco baroque
basarse en to be based on
base *f.* base, basis, foundation; **a base de** based on
bastante fairly, quite; enough
bastar to be enough, be sufficient
basura garbage
batalla battle
batallar to battle
batir to beat
bautizar (c) to baptize
bebé *m.* baby
beber to drink
bebida beverage
beca scholarship
belicoso warlike
belleza beauty
bello beautiful; **bellas artes** fine arts
beneficiar to benefit
beneficio benefit
besar to kiss
beso kiss
bestia beast
biblioteca library
bici *f.* = **bicicleta**
bicicleta bicycle; **andar en bicicleta** to ride a bicycle
bien *n. m.* good
bien *adv.* well; **bien educado** well-behaved; **(no) caerle bien a alguien** to (not) like; to (not) get along well with; **llevarse bien (con)** to get along well (with)
bienestar *m.* well-being
bienvenido welcome
bigote *m.* mustache

billete *m.* ticket

bisabuelo/a great-grandfather, great-grandmother; **bisabuelos** *m. pl.* great-grandparents

bisnieto/a great-grandson, great-granddaughter; **bisnietos** *m. pl.* great-grandchildren

Bizancio *f.* Byzantium

Blancanieves *f. sing.* Snow White

blanco white; **espacio en blanco** blank space

bloqueo blockade

blusa blouse

boca mouth

bocadillo snack

boceto sketch

boda wedding

bodega wine cellar; pantry; shop

boleto ticket

bolsa purse

bolsillo pocket

bombero/a firefighter

bonito pretty

Borbón Bourbon

borde *m.* border, edge; **al borde de** on the verge of

bordo: a bordo de on board

borrador *m.* rough draft

bosque *m.* forest, woods

bosquejo sketch

bota boot

botella bottle

bóveda underground chamber

brasileño/a *n., adj.* Brazilian

brazo arm

breve brief

brillar to shine

brillo shine; splendor, magnificence

brindar to offer; to toast

brindis *m. sing.* toast (*to one's health*)

británico British

brocha brush

bromear to joke, kid

bronceado tanned

brotar to gush out, flow

bruto: producto interior bruto (PIB) gross national product (GNP)

buen, bueno *adj.* good; **de buen humor** in a good mood; **de buena gana** willingly; gladly; **hace buen tiempo** it's good weather; **sacar buenas notas** to get good grades

bufanda scarf

bulevar *m.* boulevard

bullicio bustle, hubbub

burguesía bourgeoisie

burlar to thwart; to outwit; **burlarse (de)** to make fun (of), mock

busca search; **andar en busca de** to go in search of

buscar (qu) to look for

búsqueda search

C

caballeresco code of chivalry

caballero knight; gentleman

caballo horse

cabalmente completely

cabello hair

caber to be appropriate, fitting

cabeza head

cabo cape (*geographical*); **al fin y al cabo** after all; in the end; **llevar a cabo** to carry out

cacha handle

cacique *m.* chieftain

cada each; **cada cual** each one; **cada vez más** more and more

cadalso scaffold

cadena chain

cadera hip

caer* to fall; **(no) caerle bien a alguien** to (not) like; to (not) get along well with; **caerse** to fall down; **caerse desmayado** to faint; **dejar caer** to drop

café *m.* coffee; café

caída fall

cajón *m.* drawer

calcetín *m.* sock

calcomanía (bumper) sticker

caldo broth

calidad quality

calidez *f.* heat, warmth

calificado qualified

callado quiet

calle *f.* street; **calle arriba (abajo)** up (down) the street

callejero *adj.* street

callejón *m.* alley, lane

callejuela side street; narrow lane, alley

calor *m.* heat; **hace calor** it's hot (*weather*); **tener calor** to be hot

calumnia slander

calvo bald

calzada cobblestone road

calzar (c) to wear (*footwear*)

cama bed

cámara camera; chamber

camarero/a waiter, waitress

camarón *m.* shrimp

cambiar to change; **cambiar de lugar** to change places

cambio change; **en cambio** on the other hand

caminar to walk

caminata hike, long walk

camino road; **ponerse en camino** to set out

camión *m.* truck; *Mex.* bus

camionera *Mex.* bus station

camioneta van, light truck

camisa shirt

camiseta t-shirt

campaña campaign

campero *adj.* country

campesino/a *n.* country dweller; *adj.* country, rural

campo field; countryside

canal *m.* channel; canal

canción song

canería cannery

cansado tired

cansarse (de) to get tired (of)

cantante *m., f.* singer

cantar *n. m.* song

cantar to sing

cantidad quantity

caoba mahogany tree

capa layer; **capa de ozono** ozone layer

capacidad capacity

capaz (*pl.* **capaces**) capable

Caperucita Roja Little Red Riding Hood

capilla chapel

capitalino/a one who lives in a capital city

capitán *m.* captain

capítulo chapter

captar to grasp

cara face

carácter *m.* character, nature

caramba *interj.* expression of surprise, dismay, anger

carátula title page

carbón *m.* coal

cargar (gu) to carry; to load; to charge

caricia caress

caridad charity

cariño affection

cariñoso affectionate

carne *f.* meat; flesh

carnicería butcher shop

carnita meat-filled taco

caro expensive

carpintero/a carpenter

carrera career; race
carreta cart
carretera highway
carrito small car
carta letter
cartera wallet
cartero/a mail carrier
casa house; **ama** *f.* (*but* **el ama**) **de casa** housewife; **casa consistorial** town hall; **casa editorial** publishing house
casado: estar casado (con) to be married (to)
casarse (con) to get married
casi almost
caso case; **en todo caso** in any case
castellano/a *n., adj.* Castilian
castigar (gu) to punish
castigo punishment
castillo castle
castrense *adj.* pertaining to the military
casualidad: por casualidad by chance
catapultar to launch
catarata waterfall
cátedra: sentar cátedra to state opinions forcefully
caucho rubber
caudillo (strong-arm) leader
causa cause; **a causa de** because of
cautivo *adj.* captive
cazar (c) to hunt
cebada barley
ceder to give way, yield
ceja eyebrow
celebrar to celebrate
célebre famous
celoso jealous
célula cell
cena dinner, supper
cenar to dine
Cenicienta Cinderella
ceniza ash
censo census
censura censorship
censurar to censor
centro center; downtown; **centro comercial** shopping center, mall
cera wax
cerámica pottery, ceramics
cerca *n.* fence; *adv.* near, close by; **cerca de** close to, near; approximately
cercano *adj.* close, near
cerdito little pig
cerillo packer

cero zero
cerrar (ie) to close
cerro hill
certeza certainty
cerveza beer
cesar to stop, cease
chalaneo wheeling and dealing
champú *m.* shampoo
chaqueta jacket
charanga *musical group of wind instruments*
charlar to chat
chaval *m., f.* youngster
chicano/a *person of Mexican ancestry born and living in the United States*
chicle *m.* chewing gum
chico/a boy, girl
chillido squeal, shriek
chismes *m. pl.* gossip
chiste *m.* joke
chistoso funny
chocar (qu) to clash
chofer *m.* driver, chauffeur
chorro spurt
choza hut
churrigueresco baroque (*style of architecture*)
ciego/a *n.* blind person; *adj.* blind
cielo sky; heaven
científico/a scientist
ciento: por ciento percent
cierto certain, true; **por cierto** of course
cifra figure
cigarillo cigarette
cimientos *m. pl.* foundations
cine *m.* movies; movie theater
cintura waist
cinturón *m.* belt
circulación traffic
circular to circulate
círculo circle
cita quote; date, appointment
citar to quote
ciudad city; **ciudad monumental** landmark city
ciudadanía citizenship
ciudadano/a citizen
claro clear; light colored; *interj.* of course
clase *f.* class; **clase dirigente** ruling class; **compañero/a de clase** classmate; **sala de clase** classroom
cláusula clause

clavar to fix (*one's eyes*); to nail
clave *adj. inv.* key
clavo nail
clima *m.* climate
cobarde *m., f.* coward
cobardía cowardice
cobrar to charge (*money*)
coche *m.* car
cochino pig
cocina kitchen; cooking
coco coconut
codiciado coveted, sought after
código code
codo elbow
coger (j) to grasp, take
cohesionarse to become cohesive
coincidir to coincide
colaborar to collaborate
colectivo communal
colega *m., f.* colleague
colegio primary or secondary school
colgar (ue) (gu) to hang
colina hill
coliseo coliseum
colmena beehive
colocar (qu) to place, put
Colón: Cristóbal Colón Christopher Columbus
comandar to command, lead
combatir to fight
comedor *m.* dining room
comentar to comment on
comentario comment, commentary
comenzar (ie) (c) to begin
comer to eat; **comerse** to eat up
comercial: anuncio comercial advertisement; **centro comercial** shopping center, mall
comerciante *m., f.* dealer, merchant
comerciar to trade, deal in
comercio trade; business; **corredor(a) de comercio** stockbroker; travelling salesman
cometa *f.* kite; *m.* comet
cometer to commit
cómico funny; **tira cómica** comic strip
comida food; meal; **darle comida (a alguien)** to feed
comienzo beginning
comité *m.* committee
como like; as; since; **así como** just as; **tal como** such as; **tan... como** as . . . as; **tan pronto como** as soon as; **tanto como** as much as; **tanto/a(s)... como** as much/many . . . as

¿cómo? how? what?

cómoda chest of drawers, bureau

comodidad comfort

cómodo comfortable

compacto compact; **tocadiscos** *m. sing.* **compacto** CD player

compañero/a companion; **compañero/a de clase** classmate; **compañero/a de cuarto** roommate; **compañero/a de equipo** teammate

compartir to share

compasivo compassionate

compatriota *m., f.* compatriot, fellow citizen

competir (i, i) to compete

complejidad complexity

complejo complex

complemento: pronombre *m.* **de complemento directo/indirecto** *gram.* direct/indirect object pronoun

completo: por completo completely

complicar (qu) to complicate

componer* (*like* **poner***) to compose

comportarse to behave

compra purchase; **ir de compras** to go shopping

comprador(a) buyer

comprar to buy

comprender to understand

comprensible comprehensible

comprensión comprehension

comprensivo understanding

comprobar (ue) to prove

comprometerse to commit oneself to

compromiso commitment

compuesto mixed

común common; **por lo común** generally

comunicación: medios de comunicación media (*communications*)

comunicar(se) (qu) to communicate

comunidad community

comunista *n. m., f., adj.* communist

concebir (i, i) to conceive

concentrarse en to concentrate on; to be concentrated in

conciencia conscience

concienzudo conscientious

concierto concert

concluir (y) to conclude

concretarse to become (more) definite

concurrido well-attended

conde *m.* count

condenado/a *n.* convict, criminal; *adj.* condemned

condominio joint ownership

conducir* (*like* **traducir**) to drive; to conduct

conductor(a) driver

conferencia conference; lecture

conferenciante *m., f.* lecturer, speaker

confesar (ie) to confess

confianza confidence; trust

confiar (confío) to trust

conformar (por) to agree (to)

confundido confused

congelar(se) to freeze

congresista *n. m., f.* member of a congress or convention

conjugar (gu) to conjugate

conjunto band (*musical*); **en conjunto** as a whole

conmemorar to commemorate

conmigo with me

conmoción disturbance, commotion

conocer (zc) to know, be familiar with; to meet

conocido/a acquaintance, friend

conocimiento knowledge

conquista conquest

conquistador(a) conqueror

conquistar to conquer

consabido well-known

consciente conscious

conseguir (*like* **seguir**) to get, obtain

consejero/a counselor

consejo piece of advice; *pl.* advice

conservador(a) conservative

conservar to preserve, conserve; to keep

consignar to record, state

consigo with oneself

consistorial: casa consistorial town hall

consolar (ue) to console

constituir (y) to constitute

construir (y) to construct

consulta advice; consultation

consultar to consult

consumo consumption

contabilidad accounting

contador(a) accountant

contaminación pollution

contaminar to pollute

contar (ue) to count; to tell (*a story*); **contar con** to count on, rely on

contener* (*like* **tener***) to contain

contenido *n.* content

contento happy

contestar to answer

contigo with you (*fam.*)

continuación: a continuación following

continuar (continúo) to continue

contra against; **en contra (de)** against

contradecir* (*like* **decir***) to contradict

contrapuesto *p.p.* opposite

contrario contrary, opposite; **al contrario de** contrary to; **llevar la contraria** to rebel; to contradict; **lo contrario** the opposite; **por el contrario** on the contrary

contrarreforma counter reform

contratar to contract

contrato contract

contribuir (y) to contribute

controvertido controversial

contundente conclusive, overwhelming

convencer (z) to convince

convencimiento conviction; convincing

convenio agreement

convenir* (*like* **venir***) to suit; to be suitable, be best to

converso converted

convertir (ie, i) to convert; to change, turn; **convertirse en** to become, change (into)

convincente convincing

convivencia living together

convivir to live together

convocar (qu) to summon, call

cónyuge *m., f.* spouse

copa glass (*of wine*)

copia copy

coquetear to flirt

coqueteo flirtation

coraje *m.* courage; anger

corazón *m.* heart

corbata tie

cordero lamb

cordillera mountain range

coreano/a *n., adj.* Korean

corona crown

corporativo corporate

corredor(a) de comercio stockbroker; travelling salesman

corregir (i, i) (j) to correct

correr to run; **correr el riesgo** to run the risk

correspondiente corresponding

corresponsal *m., f.* correspondent

corrida de toros bullfight

corrido *n.* ballad; *adj.* connecting, continuous

corriente *f.* current; *adj.* running; **al corriente** up to date

cortada small side street; short cut

cortar(se) to cut

corte *m.* cut; *f.* court (*of law*); **corte de pelo** haircut

cortés *m., f.* polite

cortesano courtly

corto short; **pantalones cortos** shorts

cosa thing

costado side

costar (ue) to cost; to be difficult

costarricense *n. m., f., adj.* Costa Rican

costo cost

costumbre *f.* custom

costurero/a tailor, seamstress

cotidianamente daily

coyuntura situation

creador(a) creator

crear to create

crecer (zc) to grow

creciente growing

crecimiento growth

creencia belief

creer to believe

crespo curly, kinky (*hair*)

criado/a servant, maid

crianza raising, bringing up (*children*)

criar (crío) to raise, bring up (*children*)

criatura creature; child

crimen *m.* crime

crisol *m.* melting pot

cristianismo Christianity

Cristóbal Colón Christopher Columbus

criterio criterion

criticar (qu) to criticize

crítico/a critic

crónica chronicle

crucero cruise ship

crucigrama *m.* crossword puzzle

crudo raw

crueldad cruelty

cruz *f.* (*pl.* **cruces**) cross; **Cruz Roja** Red Cross

cruzar (c) to cross

cuadra city block

cuadrado *adj.* square(d)

cuadro painting; table, chart

cual(es) which; **cada cual** each one; **¿cuál(es)?** which one(s)?; **lo cual** which

cualidad quality

cualquier(a) any

cualquiera anyone; either one

cuando when; **¿cuándo?** when?; **de vez en cuando** once in a while

cuanto/a *relative pron.* as much as; **¿cuánto?** how much?; **¿cuántos/as?** how many?; *adv.* as, as much as; **cuanto antes** as soon as possible; **en cuanto** as soon as; while; **en cuanto a** as for, as regards; **unos cuantos** a few

cuarto fourth; quarter; room; bedroom; **compañero/a de cuarto** roommate

cubanazo/a true Cuban

cubierto *p.p. adj.* covered

cubrir to cover

cuello neck

cuenta bill; account; **a fin de cuentas** all things considered; **darse cuenta (de)** to realize; **echar la cuenta** to tally; **tener en cuenta** to keep in mind; **tomar en cuenta** to take into account

cuentista *n. m., f.* storyteller

cuento story; **cuento de hadas** fairy tale

cuerpo body

cuestión matter, question

cuestionamiento questioning

cuidado care; *interj.* careful; **con cuidado** carefully; **tener cuidado** to be careful

cuidadoso careful

cuidar to take care of

culminante highest, culminating

culminar to reach, attain

culpable guilty

culto religion

cumbre: reunión cumbre summit meeting

cumpleaños *m. sing.* birthday

cumplimiento fulfillment, carrying out

cumplir con to fulfill; **cumplir... años** to turn . . . years old

cuñado/a brother-in-law, sister-in-law

cupo quota, share

cura *m.* priest

curandero/a folk healer

curar to cure

curativo curative

curiosidad curiosity; **tener curiosidad** to be curious

curso course

curtido weather-beaten

cutre *coll.* down and out

cuyo/a(s) whose

cuzqueño/a inhabitant of Cuzco

D

dactilografía typing

dama lady

dañar to harm; to damage

daño damage; **hacerse daño** to hurt oneself

dar* to give; **dar un paseo** to go for a walk; **dar un paso** to take a step; **dar un salto** to jump; **dar una vuelta** to take a spin; **darle comida (a alguien)** to feed; **darse** to present oneself; **darse cuenta (de)** to realize; **darse la vuelta** to turn around

dato fact, piece of information; *pl.* data, information, facts

debajo de below, under

deber *n. m.* duty

deber to owe; should, must, ought; **deberse a** to be due to

débil weak

debilidad weakness

decapitado beheaded

decir* to say; to tell; **es decir** that is to say; **querer decir** to mean

decisión: tomar una decisión to make a decision

declaración statement

decreto decree, order

dedicar (qu) to dedicate

dedo finger; toe; **dedo del pie** toe; **dedo gordo** big toe; **yema del dedo** fingertip

deducir* (*like* **traducir***) to deduce

defender (ie) to defend

defensa propia self-defense

defensor(a) defender

definitivo final

degollar to slit the throat

deidad deity

dejar to leave; to permit, allow; **dejar caer** to drop; **dejar de + inf.** to stop (*doing something*); **dejar en paz** to leave alone

delante *adv.* before, in front, ahead; **delante de** *prep.* in front of

deletrear to spell

delfín *m.* dolphin

delgado slim, thin

deliberado deliberate

delito crime

demás: los/las demás the others, the rest

demasiado *adv.* too; too much; **demasiados/as** *adj.* too many

demonio: de todos los demonios hellish

demostrar (ue) to demonstrate

denominar to name, call

dentista *n. m., f.* dentist

dentro de inside, within

denuncia accusation, denouncement

dependencia dependency; department, branch office

depender de to depend on

deporte *m.* sport

deportivo *adj.* sports, sporting

deprimido depressed

derecha *n.* right (*direction*); **a la derecha** to/on the right

derecho *n.* right (*legal*); law; *adv.* straight (ahead)

derecho *adj.* right (*side*)

derivar to derive, come from

derretir (i, i) to melt

derroche *m.* extravagance, lavish expenditure

derrota defeat

derrotar to defeat

desacuerdo disagreement

desafiante defiant

desafiar (desafío) to defy; to challenge

desafío challenge; duel

desafortunadamente unfortunately

desagradable unpleasant, disagreeable

desagradar to displease

desahogado relieved

desamparado homeless

desamparo homelessness

desaparecer (*like* **aparecer**) to disappear

desaparición disappearance

desarmarse to fall apart

desarraigo uprooting; banishment

desarrollar to develop

desarrollo development; **país** *m.* **en vías de desarrollo** developing country

desayunar to eat breakfast

desayuno breakfast

desbaratar to undo

descalzo barefoot

descansar to rest

descanso rest, relaxation

descomponer* (*like* **poner***) to break down

desconfianza distrust

desconocer (zc) to not know, be ignorant of

desconocido unknown

descortés *m., f.* rude, impolite

describir to describe

descrito *p.p.* described

descubierto *p.p.* discovered

descubridor(a) discoverer

descubrimiento discovery

descubrir to discover

descuento discount

descuidar to neglect, disregard

desde from, since; **desde… hasta** from . . . to/until; **desde entonces** since then; **desde hace +** *period of time* for + *period of time*

desear to desire, wish

desecho waste, refuse; **desecho de desperdicios** waste disposal

desembarco landing

desempeñar to play (*a role*); to act, perform

desempleado/a unemployed person

desempleo unemployment

desenfrenado wild

desenraizado rootless

desenvolver (*like* **volver**) to unravel; **desenvolverse** to grow, develop

deseo desire

deseoso desirous

desesperado desperate

desfilar to file or line up

desfile *m.* parade

desgracia disgrace

desgraciadamente unfortunately

desgrasado nonfat, skim

deshabitado uninhabited

deshacer* (*like* **hacer***) to undo

desierto desert

designar to designate

desigual unequal

desigualdad inequality

desinteresado uninterested

desmayado: caerse desmayado to faint

desmembramiento division

desmerecer (*like* **merecer**) to be undeserving, unworthy of

desnudo naked

desobediencia disobedience

desocupado unemployed

despacio slowly

despedida farewell

despedirse (i, i) to say goodbye

despegar (gu) to take off (*airplane*)

despejado: semblante *m.* **despejado** self-assured expression

despensa pantry

desperdiciar to waste

desperdicio waste; **desecho de desperdicios** waste disposal

despertador *m.* alarm clock

despertar (ie) to awaken; **despertarse** to wake up

despierto *p.p., adj.* awake; **soñar despierto** to daydream

despoblado unpopulated

despreciar to scorn, disdain

desprovisto *p.p., adj.* lacking, devoid of

después afterward; later; **después de/que** after

destacado prominent

destacar (qu) to stand out; to emphasize

destinar to allot (*money*); to designate

destino fate, destiny; **destino manifiesto** manifest destiny

destrozar (c) to destroy, break into pieces

destruir (y) to destroy

desventaja disadvantage

desviar (desvío) to divert

desvirtuar (desvirtúo) to change, adulterate

detallar to specify in detail

detalle *m.* detail

detener* (*like* **tener***) to detain; **detenerse** to stop, halt

detenimiento: con detenimiento carefully

deteriorarse to deteriorate

detrás de behind

deuda debt; **deuda externa** foreign debt

devolver (*like* **volver**) to return (*something*)

devorar to devour

devoto devout, pious

día *m.* day; **día feriado** holiday; **hoy (en) día** nowadays; **todos los días** every day

diablero wheelbarrow pusher

diablo: ¡qué diablos! what the devil!

dialogar (gu) to converse

diapositiva slide (*film*)

diario *n.* newspaper; *adj.* daily

dibujar to draw

dibujo drawing; **dibujo animado** cartoon

dicho *p.p.* said

dictador(a) dictator

dictados *m. pl.* rules; dictation

dictadura dictatorship

dictar to dictate

diente *m.* tooth; **diente de leche** baby tooth; **sacar un diente** to pull a tooth

diferenciarse to differ, be different

diferir (ie) (i) to differ

difícil difficult

dificultad difficulty

difundir to disseminate

difusión spreading; broadcasting

dignificado dignified

digno worthy

diminuto tiny, small

dinero money

Dionisio Dionysus

Dios *m.* God; **dios, diosa** god, goddess; **por Dios** *interj.* my God

diputado/a *n.* representative (*to Congress, Parliament*)

dirección direction; address; management

directo direct; **en directo** live (*broadcast*); **pronombre de complemento directo** *gram.* direct object pronoun

dirigente: clase *f.* **dirigente** ruling class

dirigir (j) to direct; **dirigirse a** to go to, make one's way to; to address, speak (to)

disco record

discográfico: industria discográfica recording industry

disculpe *interj.* excuse me

discurso speech

discutir to discuss; to argue

diseminado broadcast, disseminated

disentir (*like* **sentir**) to disagree

diseñador(a) designer

diseñar to design

disfraz *m.* (*pl.* **disfraces**) costume, disguise

disfrutar (de) to enjoy

disgustar to displease, annoy

disgusto annoyance, displeasure

disimular to pretend

disminución decrease, decline; **ir en disminución** to decline, go into a decline

disminuir (y) to diminish, decrease, lessen

dispar uneven, different

disparar to shoot

disponer* (*like* **poner***) to be available

disponible available

disposición disposal

dispuesto willing

disputa dispute, argument

disputar to argue about

distanciamiento distancing

distanciarse to distance oneself

distinguir to distinguish

distintivo distinctive

distinto different

distraerse* (*like* **traer***) to amuse oneself, entertain oneself

distraído absent-minded

distribuir (y) to distribute

diversión amusement

divertido fun, entertaining

divertirse (ie, i) to have fun, be entertained

divisar to see, perceive

divisas *f. pl.* foreign currency

divorciarse (de) to get divorced (from)

divorcio divorce

divulgar (gu) to make known, disclose

doblar to turn; to fold

doler (ue) to hurt, ache

dolor *m.* pain, ache

doméstico: trabajo doméstico housework

dominante dominating

dominical *adj.* Sunday

dominio power, control; domain

don *title of respect used with a man's first name*

donde where; **¿dónde?** where?

doña *title of respect used with a woman's first name*

dorado golden

dormir (ue, u) to sleep; **dormirse** to fall asleep

dormitorio bedroom

dorso *n.* back

droga drug

ducharse to take a shower

duda doubt; **sin duda** without a doubt; **sin lugar a dudas** with no room for doubt

dudar to doubt

dudoso doubtful

dueño/a owner

dulce *m.* candy, sweet

duque, duquesa duke, duchess

durante during

durar to last

duro: sin un duro *coll.* broke; *adj., adv.* hard

E

echar a + *inf.* to begin, start (*doing something*); **echar la cuenta** to tally;

echar remiendo to make improvements; **echar un piropo** to compliment, flatter; **echarse para atrás** to lean back

economista *n. m., f.* economist

ecuanimidad composure

edad age; **Edad Media** Middle Ages

edificación construction, building

edificar (qu) to build, construct

edificio building

editorial: casa editorial publishing house

educado educated; **bien educado** well-behaved

educar (qu) to educate; to rear, bring up

educativo educational

efecto effect; **efecto invernadero** greenhouse effect; **en efecto** as a matter of fact; **por efecto de** because of

efectuar (efectúo) to carry out, perform

eficacia efficiency

egipcio/a *n., adj.* Egyptian

egoista *adj. m., f.* selfish

eje *m.* axis; main point, crux; hub

ejecución execution; performance, completion

ejemplar *adj.* exemplary

ejemplificar (qu) to exemplify, illustrate

ejemplo example; **por ejemplo** for example

ejercer (z) to practice (*profession*); to exercise (*rights*)

ejercicio exercise; **hacer ejercicio** to exercise; **hacer ejercicios aeróbicos** to do aerobics

ejército army

elaborar to manufacture, make; to work (out)

elegir (i, i) (j) to choose, elect

elemental: bachillerato elemental *first two years of* **bachillerato**

elenco list; cast (*of a play*)

elevar to raise, lift

ello it

emasculado emasculated

embarazo pregnancy

embarcar (qu) to go aboard

embargo: sin embargo however, nevertheless

embarque *m.*: **tarjeta de embarque** boarding pass

embestir (i, i) to confront, face; to attack, assail

emborracharse to get drunk
emisora broadcast station
emocionado excited
emocionante exciting
emocionarse to get excited; to be moved, stirred
emotivo emotional; causing emotion
empacador(a) packer
empacar (qu) to pack
empanada turnover (*pie*)
empapar to soak; to soak up, absorb; **empaparse de** to become immersed (in)
emparejar to pair, match
empedrado *adj.* cobblestone
empeñado persistent, determined
empeorar to make worse
emperador(a) emperor, empress
empezar (ie) (c) to begin
empinado steep
empleado/a employee
empleador(a) employer
emplear to employ; to use
empleo work, employment; job
emplumado feathered, with feathers
emprender to undertake
empresa company, business, corporation; **administración de empresas** business administration; **empresa privada** private enterprise
empresario/a businessman, businesswoman
empujar to push
enajenación alienation
enamorado in love
enamorarse (de) to fall in love (with)
enano dwarf
encabezar (c) to head, lead
encajar (con) to fit, go together
encantar to delight, charm
encanto charm
encargarse (gu) (de) to be in charge (of)
encargo responsibility, duty; **obra por encargo** commissioned work
enchufismo having (*political, professional*) connections
encima de above; overhead; on top of; **por encima de** above
encino oak (*tree*)
encontrar (ue) to find; **encontrarse** to meet; to find oneself
encrucijada crossroad
encuentro encounter; meeting
encuesta survey
enderezar (c) to straighten up

endeudado indebted
enemigo enemy
enemistad enmity, antagonism
enérgico energetic
enfermedad illness, disease
enfermero/a nurse
enfermo sick
enflaquecerse (zc) to become thin
enfrentarse to face; to confront
enfrente de in front of; opposite
engalanar to decorate
engordarse to get fat
engrosar to increase, augment
enigma *m.* puzzle, riddle
enjabonar to soap
enjuiciamiento prosecution
enlace *m.* link; linking word
enojado angry, upset
enojarse (con) to get mad (at)
enredar to tangle
enriquecer (zc) to enrich
enrolarse to sign up
ensalada salad
ensanchar to widen, expand
ensayar to test, try; to teach, train
ensayo essay
enseguida right away
enseñanza teaching; education
enseñar to teach
entablar to start, begin; **entablar amistad** to strike up a friendship
entender (ie) to understand
enterado informed, up to date
enterarse (de) to find out (about)
entero entire, whole; **leche** *f.* **entera** whole milk
enterrado buried
entierro burial
entonces then; **desde entonces** since then; **en aquel entonces** (way) back then
entorno surroundings
entrada entrance
entrañable *n. m., f.* beloved
entrañas *f. pl.* entrails
entrar to enter
entre between; among; **entre paréntesis** in parentheses
entregar (gu) to hand in/over
entrenamiento training
entrenar(se) to train
entretanto meanwhile
entretener* (*like* **tener***) to entertain
entretenimiento entertainment
entrevistado/a interviewee

entrevista interview
entrevistar to interview
entristecerse (zc) to become sad
entropía entropy
entusiasmado excited
entusiasmar to make enthusiastic; to encourage
entusiasmo enthusiasm
enumerar to enumerate
enunciar to state
envejecer (zc) to age
envejecimiento aging
envergadura importance; extent; complexity
enviar (envío) to send
envidioso envious
envuelto *p.p.* wrapped
episodio episode
época era, age; time; **en la época de auge** at the height of
equilibrado balanced
equilibrio balance
equipaje: facturar el equipaje to check the baggage
equipo team; **compañero/a de equipo** teammate
equivocación mistake, error
equivocarse (qu) to make a mistake
erróneo mistaken
esbozar (c) to sketch
escala port of call, stopping point
escalera stairway; staircase
escalinata front steps
escandalizar (c) to scandalize
escandinavo/a *n., adj.* Scandinavian
escapar(se) to escape
escarbar to research; to scratch out
escarlata *m., f.* scarlet
escarmentar (ie) to learn from one's mistakes
escasez *f.* (*pl.* **escaseces**) shortage
escaso rare
escena scene
escenario stage
escepticismo skepticism
esclavitud slavery
Escocia: Nueva Escocia Nova Scotia
escoger (j) to choose
escolar *adj.* school
esconder(se) to hide, conceal (oneself)
escondite *m.* hiding place
escribir to write; **escribir a máquina** to type
escrito *n.* writing, work; *p.p., adj.* written
escritor(a) writer

escritura writing
escrúpulo scruple
escuchar to listen
escudo shield; **escudo de armas** coat of arms
escuela school; **escuela primaria** elementary school
escultura sculpture
escurrirse to escape, slip out
ese/a that; **esos/as** those; **ése/a** that one; **ésos/as** those (things)
esforzarse (ue) (a) to exert oneself, strive (to)
esfuerzo effort
esgrima fencing (*sport*)
esgrimir to fend off; to fence (*sport*)
esmero meticulousness
esmoquin *m.* dinner jacket; tuxedo
eso: por eso for that reason
espacio space; **espacio en blanco** blank space
espada sword
espalda back
espantar to frighten, scare
espantoso frightening, terrifying
especialidad specialty
especialización major (*studies*)
especializarse (c) to specialize
especie *f.* species; type, kind, sort
espectáculo show
espectro spectrum
especulación speculation
especular to speculate
espejo mirror
espejuelos *m. pl.* eyeglasses, spectacles
espera: sala de espera waiting room
esperanza hope; **esperanza de vida** life expectancy
esperar to hope; to expect; to wait for
espíritu *m.* spirit
esplendoroso resplendent, magnificent
espontáneo spontaneous
esposo/a spouse
espuma foam
esqueleto skeleton
esquema *m.* plan, diagram
esquemático schematic
esquiar (esquío) to ski
esquina (street) corner
estabilidad stability
establecer (zc) to establish
establecimiento establishment
estación station; season
estacionamiento parking

estacionar to park
estadio stadium
estadística statistic
estado state; **golpe** *m.* **de estado** coup d'état
estadounidense *n. m., f.* person from the United States; *adj.* pertaining to the United States
estamento estate
estante *m.* bookshelf
estar* to be; **estar acostumbrado** to be used to; **estar casado (con)** to be married (to); **estar de acuerdo** to agree; **estar de vuelta** to be back, return; **estar en paro** to be unemployed; **estar parado** to be standing
estatal *adj.* state
estatua statue
estatura stature
este/a this; **estos/as** these; **éste/a** this one; **éstos/as** these (things); **esta noche** tonight
estereotipo stereotype
estéril sterile
estética *f. sing.* aesthetics
estigmatizar (c) to stigmatize
estilo style; **algo por el estilo** something like that
estimulante stimulating
estimular to stimulate
estímulo stimulus
esto this
estoico *adj.* stoic
estómago stomach
estratagema stratagem; scheme
estrategia strategy
estratificado stratified
estrato layer
estrechez *f.* narrowness
estrecho *n.* strait; *adj.* narrow
estrella star
estrés *m.* stress
estudiante *m., f.* student
estudiantil *adj.* student
estudiar to study
estudio study
estudioso/a studious person
etapa stage, phase
eterno eternal
etiqueta etiquette; **baile** *m.* **de etiqueta** formal dance, ball
etnicidad ethnicity
étnico ethnic
evidente clear, obvious

evitar to avoid
evocar (qu) to evoke
excavar to excavate
excedencia leave of absence
exceso: tener exceso de peso to be overweight
exigente demanding
exigir (j) to demand
exiliado exiled
exilio exile
éxito success; **tener éxito** to be successful
experimentar to experience; to experiment
explicación explanation
explicar (qu) to explain
explorador(a) explorer
explotar to exploit
expoliación plundering
exponer* (*like* **poner***) to expose; to explain, expound
exportación export
expuesto *p.p.* exposed
expulsado expelled
extender (ie) to extend, expand, spread
extensión size, expanse; extension
extenso extensive
exterior *n. m.* foreign country, abroad; outside; outer appearance; *adj.* exterior, outer
externo external; **deuda externa** foreign debt
extinguir (ga) to extinguish; to wipe out
extraditado extradited
extraer* (*like* **traer***) to extract
extranjero foreign country; abroad
extranjero/a *n.* foreigner; *adj.* foreign
extraño strange; foreign
extremeño/a *n.* inhabitant of Extremadura; *adj.* Extremaduran
extremo extreme; end, tip, limit

F

fábrica factory
fabricación manufacture, making
fabricar (qu) to manufacture, make
fachada façade
fácil easy
facilidad ease
facilitar to make easy; to facilitate
factoría factory, works, plant; agency
facturar el equipaje to check the baggage

facultad school (*of a university*); **facultad de medicina** medical school
faena task, job
fagocitar to absorb
faja strip (*of land*)
falangista *n. m., f.* Falangist
falda skirt
falta lack; **hacer falta** to be necessary; to need; **por falta de** through lack of
faltar to lack
fama fame; **tener fama** to be famous
familia family; **familia monoparental** single-parent family; **jefe/a de familia** head of household
familiar *n. m., f.* relative, family member; *adj.* family; familiar
familiarizarse (c) con to familiarize oneself with
fantasma *m.* ghost; **mujer** *f.* **fantasma** female ghost
farmacia pharmacy
fascinante fascinating
fascinar to fascinate; to like a lot
fatiga fatigue, weariness
favor *m.* favor; **a favor de** in favor of; for; **por favor** please
favorecer (zc) to favor
fe *f.* faith
fecha date
fecundidad fertility
felicidad happiness
feliz (*pl.* **felices**) happy
fenómeno phenomenon
feria fair; public holiday
feriado: día *m.* **feriado** holiday
férreo strong, tough
ferrocarril *m.* railroad
ferviente fervent
festejos *m. pl.* public festivities
fianza down payment
fibra thread, fiber
fidelidad faithfulness
fiebre *f.* fever
fiel faithful
fiera beast
fiesta party; feast; holiday; **hacer una fiesta** to have a party
figurar to figure, be, appear
fijar to fix; **fijarse en** to pay attention to; to notice
fijo fixed
fila row; **filas del trabajo** work force
filigrana filigree
filo cutting edge (*of a knife*)
filósofo/a philosopher

fin *m.* end; **a fin de** + *inf.* in order to; **a fin de cuentas** all things considered; **al fin** finally; **al fin y al cabo** after all; in the end; **fin de semana** weekend; **por fin** finally
final *m.* end; **a finales de** at the end of; **al final** finally
financiero/a *n.* financier; *adj.* financial
finca farm
fincar (qu) (en) to place (*pride*) (in)
fingido feigned, pretended
firmar to sign
física *n.* physics
físico physical
flaco skinny
flor *f.* flower
florecer (zc) to flourish, prosper
florecimiento blossoming
flotar to float
flujo flux, continuous change
fluorocarburo fluorocarbon
foco focus
fondo fund; depth; **en el fondo** basically; at heart; **más al fondo** more in depth
forjado forged
formar to form; **formar parte** to make up
fortalecer (zc) to strengthen; to fortify
fortaleza fortress
forzar (c) to force
forzoso unavoidable
foto(grafía) photograph; **álbum** *m.* **de fotos** photo album; **sacar fotos** to take pictures
fotógrafo/a photographer
fotonovela romance novel illustrated with photos
fracasar to fail
fracaso failure
francés, francesa *n.* Frenchman, Frenchwoman; *adj.* French
franquista *adj. m., f.* pertaining to Franco
frase *f.* phrase; sentence
frecuencia frequency; **con frecuencia** frequently
fregadero sink
freír* (*like* **reír***) to fry
frenar to stop; to brake
frente *f.* forehead
frente a facing, opposite
fresco cool; fresh
frío *n., adj.* cold; **hace frío** it's cold weather; **tener frío** to be cold

frito fried; **papas fritas** French-fried potatoes
frívolo frivolous
frontera *n.* border
fronterizo *adj.* border
frustrar to frustrate
fruta fruit (*edible*)
fruto: dar fruto to bear fruit
fuego fire; **fuegos artificiales** fireworks
fuente *f.* source; fountain
fuera outside; **fuera de** outside, outside of
fuerte strong
fuerza strength; force; **fuerzas armadas** armed forces
fumar to smoke
funcionar to work, function
funcionario/a civil servant
funda case, cover; sheath
fundación founding, establishment
fundador(a) founder
fundamentar to lay the foundations of; *fig.* to make firm
fundar to found
fundir to melt; **fundirse** to fuse, join
fusilamiento shooting; execution
fútbol *m.* soccer

G

gabinete *m.* cabinet (*government*)
gafas *f. pl.* eyeglasses; **gafas de sol** sunglasses
galleta cookie
gallo rooster
gana desire; wish; **de buena gana** willingly; gladly; **tener ganas de** + *inf.* to feel like (*doing something*)
ganador(a) winner
ganar to earn; to win; to gain; **ganar el gordo** to win first prize (*lottery*); **ganarse la vida** to make a living
ganga bargain
garaje *m.* garage
garantizar (c) to guarantee
garganta throat; *fig.* gorge, canyon
gastar to spend (*money*); to use up
gasto expense, expenditure
gato cat
gendarme *m.* policeman, guard
general: por lo general in general
generar to generate
género genre; kind, sort, type
generosidad generosity
generoso generous
genio genius

gente *f.* people
gentileza courtesy
gerente *m., f.* manager
gesta feat
gestión management
gestionar to manage
gesto grimace; gesture
gigantesco gigantic
gimnasia gymnastics
gimnasio gymnasium
Gioconda Mona Lisa
gira tour
gobernante *n. m., f.* ruler; *adj.* governing
gobernar (ie) to govern
gobierno government
golfo gulf
golpe *m.* blow, hit; **golpe (de estado)** coup (d'état)
golpear to strike, hit
golpista *adj. m., f.*: **intentona golpista** attempted coup d'état
gordiano: nudo gordiano Gordian knot (*perplexing problem*)
gordo fat; **dedo gordo** big toe; **ganar el gordo** to win first prize (*lottery*)
gota drop
gótico Gothic
gozar (c) (de) to enjoy
gozo joy, delight, pleasure
grabación recording
grabar to record
gracia grace; **dar las gracias** to thank; **gracias** thank you; thanks; **hacer gracia** to please
grado degree; grade
gran, grande great; big, large; **los grandes intereses** special interests
granja barn
granjear to earn
grano grain
grasa fat
gratis *adv.* free
gratuito/a free
grave serious
gringo/a *slang (sometimes pejorative)* term for a person from the United States; **oro gringo** American dream
gris gray
gritar to shout
grumo lump
grupo group; **miembro de un grupo de presión política** lobbyist
guaracha type of music and dance from the Caribbean

guardaespaldas *m. sing., pl.* bodyguard
guardar to keep; to put away
gubernamental *adj.* government, governmental
guerra war; **Segunda Guerra Mundial** World War II
guerrero/a *n.* warrior; *adj.* warlike, martial
guía *n. m., f.* guide (*person*); *f.* guide (*book*)
guiar (guío) to guide
guijarro pebble
guión *m.* script
guionista *n. m., f.* script writer
guitarrista *n. m., f.* guitar player
gustar to be pleasing
gusto taste; pleasure; **a gusto** as one wants or wishes; comfortable; **sentirse a gusto** to feel comfortable, feel at ease

H

Habana: la Habana Havana
haber* to have (*auxiliary*); **hay** there is; there are; **hay que + inf.** to be necessary to (*do something*)
habilidad ability; skill
habitación room
habitante *m., f.* inhabitant
habitar to inhabit; to live, reside
hablador(a) talkative
hablar to talk, speak
hacer* to do; to make; **hace años** years ago; **hace buen/mal tiempo** it's good/bad weather; **hace calor/frío** it's hot/cold (*weather*); **hacer ejercicio** to exercise; **hacer ejercicios aeróbicos** to do aerobics; **hacer el papel** to play the role; **hacer falta** to be necessary; to need; **hacer gracia** to please; **hacer señas** to signal, gesture; **hacer un viaje** to take a trip; **hacer una fiesta** to have a party; **hacer una pregunta** to ask a question; **hacerse** to become; to make oneself; **hacerse daño** to hurt oneself
hacia toward, towards; **hacia abajo** down, downward; **hacia adelante** forward; **hacia atrás** backward
hacinamiento heaping, piling; accumulation
hada *f.* (*but* **el hada**) fairy; **cuento de hadas** fairy tale; **hada madrina** fairy godmother

hallar to find
hallazgo find, discovery
hambre *f.* hunger; **tener hambre** to be (very) hungry
harto fed up
hasta until; up to; **desde… hasta** from… to/until; **hasta luego** see you later; **hasta pronto** see you soon
hebilla buckle
hebreo/a Hebrew
hecho *n.* fact; *p.p., adj.* made; done; **el hecho de que** the fact that
helado ice cream
heredar to inherit
heredero/a heir, heiress
hereje *m., f.* heretic
herencia inheritance
herir (ie, i) to wound
hermanastro/a step-brother, step-sister
hermano/a brother, sister; **medio/a hermano/a** half-brother, half-sister; **primo/a hermano/a** first cousin
hermoso beautiful
héroe *m.* hero
heroína heroine
híbrido hybrid
hierro iron
hijastro/a step-son, step-daughter; **hijastros** step-children
hijo/a son, daughter; **hijo/a único/a** only child; **hijos** children
hipocresía hypocrisy
hipócrita *adj. m., f.* hypocritical
hispano/a *n., adj.* Hispanic
hispanohablante *n. m., f.* Spanish speaker; *adj.* Spanish speaking
historia history; story
historiador(a) historian
historieta short story; anecdote
hogar *m.* home, household
hoja leaf; blade (*of a knife*); sheet (*of paper*); **hoja de afeitar** razorblade
hojear to leaf through
hombre *m.* man; **hombre de negocios** businessman
hombro shoulder
homicidio homicide, murder
homogeneidad homogeneity
homogéneo homogeneous
hondo deep
honradamente honorably, honestly
hora hour; time
horario schedule
horizontalidad horizontalness
horizonte *m.* horizon

horno oven; **al horno** baked, roasted
horrorizado horrified
hoy today; **hoy (en) día** nowadays
huaca burial ground
huella imprint, mark, trace
huequito little hole
hueso bone
huir (y) to flee
huizache *m.* acacia tree
humano human; **ser humano** human being
humilde humble
humor *m.* mood; **de buen/mal humor** in a good/bad mood
humorístico humorous
hundir to sink

I

Iberoamérica Latin America
iberoamericano/a *n., adj.* Latin American
idea: no tener la menor idea to not have the faintest idea
identidad identity
identificar (qu) to identify; **identificarse con** to identify oneself with
idioma *m.* language
ídolo idol
idóneo suitable
iglesia church
igual same; equal; **al igual que** just as, like; **igual que** the same as
igualdad equality
imagen *f.* image
imaginar(se) to imagine
imborrable indelible
impartir to impart; to grant
impedir (i, i) to impede, hinder; to prevent
imperar to prevail
imperio empire
impermeable *m.* raincoat
implantación introduction
implicar (qu) to imply
imponente imposing; majestic
imponer* (*like* **poner***) to impose
importar to import; to matter; to be important
importe *m.* cost, value
imprescindible essential, indispensable
impresionante impressive
impresionar to impress
imprimir to print; to imprint
impuesto *n.* tax; *p.p.* imposed
impulso boost, push

inacabado unfinished
incaico *adj.* Inca, Incan
incapaz (*pl.* **incapaces**) incapable
incendio fire
incierto uncertain
inclaudicable unavoidable
inclinarse to lean; to be, feel inclined
incluir (y) to include
incluso including
incómodo uncomfortable
incomprendido incomprehensible
inconcluso unfinished, incomplete
inconformismo nonconformity
inconstante variable, changeable
incontenible uncontrollable, irrepressible
incrementar to increase
inculcar (qu) to instill, implant (*ideas, knowledge*)
incumplible unable to fulfill
indeciso indecisive
indefenso defenseless, helpless
independizarse (c) to become independent
indicar (qu) to indicate; to show, point out
índice *m.* index finger
indicio indication, sign
indígena *n. m., f.* native, indigenous person; *adj. m., f.* indigenous, native
indirecto: pronombre *m.* **de complemento indirecto** *gram.* indirect object pronoun
indisciplinado undisciplined
indiscriminado indiscriminate
indisputable unquestionable
individualista *adj. m., f.* individualistic
individuo/a *n.* individual
indócil unmanageable
indocumentado/a undocumented person
industria industry; **industria discográfica** recording industry
industrializado industrialized
inédito unpublished; *fig.* unknown
inestabilidad instability
inevitable unavoidable
inexistente non-existent
inexplicable unexplainable
infancia infancy; childhood; **Naciones Unidas para la Infancia** UNICEF
infante *m.* infant; child
infantil *adj.* child; children's
inferior lesser, inferior
infidelidad infidelity

infiel unfaithful
infierno hell
influir (y) to influence
influyente influential
informar to inform; **informarse** to find out
informe *m.* report
ingeniería engineering
ingeniero/a engineer
Inglaterra England
ingreso income
inhumado buried
iniciar to initiate; to start, begin
injusto unfair
inmediato immediate
innato innate
inolvidable unforgettable
inquietar to worry
inquieto worried
inquietud uneasiness
insatisfecho dissatisfied
inseguro insecure; unsure, uncertain
instalación installation, facility
instalar to establish; to install
instituir (y) to institute, establish, found
instruir (y) to instruct, educate
integrante *m., f.* member
integrar to integrate; to form, make up
intelectualidad intellect
intentar to try
intento attempt; intention, aim
intentona attempt; **intentona golpista** attempted coup d'état
intercambiar to exchange
intercambio exchange
interés *m.* interest; **los grandes intereses** special interests; **tener interés (en)** to be interested (in)
interior interior; domestic, internal; **producto interior bruto (PIB)** gross national product (GNP)
intermedio intermediate
interminable endless
internarse to go (deeply) into, penetrate into
interrogar (gu) to question
interrumpir to interrupt
intervenir* (*like* **venir***) to take part in, participate; to intervene
Inti Incan sun god
intihuatana *m. piedra del sol*, at Machu Picchu
intimidad intimacy
íntimo intimate
intocable untouchable

intrincado intricate
introducir* (*like* **traducir***) to introduce
intruso/a intruder
inundación flood
inútil useless
inutilizado unused
inventario inventory
invernadero: efecto invernadero greenhouse effect
inversión investment
investigación investigation; research
investigar (gu) to investigate; to research
invierno winter
invitado/a guest
ir* to go; **ir a** + *inf.* to be going to (*do something*); **ir de compras** to go shopping; **ir en disminución** to decline, go into a decline; **irse** to go away, leave
isla island
islote *m.* islet
istmo isthmus
izquierda *n.* left (*direction*); **a la izquierda** to/on the left
izquierdo *adj.* left, left-hand

J
jabón *m.* soap
jactarse (de) to brag (about)
jamás never
jardín *m.* garden
jarro jug, pitcher
jaula cage
jefatura leadership; office of chief
jefe/a chief, leader; boss; head (*of state*); **jefe/a de familia** head of household
jerarquía hierarchy
jíbaro/a country person (*Puerto Rico*)
jornada journey, trip
jornalero/a day laborer
joven *n. m., f.* young person; *adj.* young
joya jewel; *pl.* jewelry
joyería jewelry
jubilación retirement
jubilarse to retire
judío/a Jew
juego game; **juegos Olímpicos** Olympic Games
juez *m.* (*pl.* **jueces**) judge
jugador(a) player
jugar (ue) (gu) to play (*a game*)
jugo juice
juguete *m.* toy

juicio opinion; judgment; **a mi juicio** in my opinion; **llevar a juicio** to bring to justice
junta council
junto *adj.* joined, united; *pl.* together
junto *adv.* together; **junto a** next to, beside
jurar to swear
justo fair
juventud youth
juzgar (gu) to judge

K
kepis *m. sing.* kepi, military cap

L
laberinto labyrinth, maze
labio lip
laboral *adj.* labor
laboreo tilling (*of the soil*)
labrar to cut, carve
lácteo: producto lácteo milk product
ladera slope
ladino/a mestizo, *person of mixed indigenous and European backgrounds*
lado side; **al lado de** beside, next to; **por ningún lado** nowhere; **por otro lado** on the other hand
lago lake
lágrima tear
lana wool
lanzar (c) to throw; to launch; **lanzarse** to hurl oneself
largo long; **a lo largo de** throughout
lástima pity, shame
lastimar to hurt
lavar(se) to wash
lazarillo blind person's guide
lazo tie
leal loyal
lealtad loyalty
lección lesson
leche *f.* milk; **diente** *m.* **de leche** baby tooth; **leche entera** whole milk
lechuga lettuce
lector(a) reader
lectura reading
leer (y) to read
legitimidad legitimacy
lejano *adj.* distant, far
lejos *adv.* far away; **a lo lejos** in the distance; **lejos de** far from
lengua tongue; language
lenguaje *m.* language; speech

lento slow
leño log; wood
letargo lethargy; period of inaction
letra letter (*of the alphabet*); lyrics
letrero sign
levantar to raise, lift; **levantar pesas** to lift weights; **levantarse** to get up
ley *f.* law
leyenda legend
liar (lío) to tie, bind
liberar to free, liberate
libertad freedom
librarse de to get rid of
libre free; **al aire libre** outdoors; **ratos libres** spare/free time
librería bookstore
libro book
licenciado lawyer
lidiar to fight, battle
lienzo canvas
ligado tied, linked
ligero light (*in weight*)
limar to sharpen, refine
limpiaparabrisas *m. inv.* windshield wiper
limpiar to clean
limpio clean
lindo pretty
línea line; **línea aérea** airline
linterna flashlight
lista *n.* list
listo *adj.* ready; smart, clever
llama flame; llama
llamar to call; **llamar la atención** to attract attention; **llamarse** to be named, call oneself
llano prairie, grassland
llanta tire
llanto cry; weeping
llave *f.* key
llegada arrival
llegado: recién llegado/a newcomer
llegar (gu) to arrive, reach, get; **llegar a** + *inf.* to manage to (*do something*); **llegar a ser** to become; **llegar a un acuerdo** to reach an agreement
llenar to fill; **llenarse (de)** to fill up (with)
lleno full
llevar to wear; to carry; to take, lead; **llevar** + *period of time* to have been (+ *period of time*); **llevar a cabo** to carry out; **llevar a juicio** to bring to justice; **llevar la contraria** to rebel; to contradict; **llevarse bien (con)** to get along well (with)

llorar to cry
llover (ue) to rain
lluvia rain
lluvioso rainy
localizar (c) to locate, find
loco crazy; **volverse loco** to go crazy
locutor(a) speaker; television or radio announcer
lograr to achieve
logro achievement
loma hill
Londres *m.* London
loro parrot
lotería lottery
lucha struggle, fight
luciérnaga firefly
lucir (zc) to look one's best
luego then; afterward; later; **hasta luego** see you later
lueguito in a little while
lugar *m.* place; **cambiar de lugar** to change places; **en lugar de** instead of; **sin lugar a dudas** with no room for doubt; **tener lugar** to take place
lujo: de lujo luxurious
luminoso bright
luna moon
lunar *m.* polka dot; *pl.* dotted
luz *f.* (*pl.* **luces**) light; **a la luz de** in light of

M

maceta flower pot
machismo male chauvinism
macrourbe *f.* metropolis
madera wood
madrastra stepmother
madre *f.* mother
madrileño/a *n.* inhabitant of Madrid, Spain; *adj.* of, from, or pertaining to Madrid
madrina: hada madrina fairy godmother
madurar to mature; to ripen
madurez *f.* maturity; ripeness
maduro mature; ripe
maestranza workshop
maestro/a teacher; **obra maestra** masterpiece
mágico magic
magnífico magnificent
maíz *m.* corn, maize
majestuoso majestic
mal *adv.* badly

mal, malo *adj.* bad; **caer mal** to not like, not get along with; **estar de mal humor** to be in a bad mood; **hace mal tiempo** it's bad weather
maldito cursed, damned
malestar *m.* discomfort, uneasiness
maleta suitcase
maleza underbrush
maltrato mistreatment
malvado villain
mambo *dance and music of Cuban origin*
Mami Mommy
manchar to stain
manchego/a *person from La Mancha* (*Spain*)
mandar to send; to order
mandato command; order
mandíbula jaw
manejar to drive; to manage
manejo management
manera manner; way; **de ninguna manera** in no way whatsoever; **de tal manera** in such a way that
manía whim
manifestación manifestation; demonstration
manifestar(se) (ie) to demonstrate, show
manifiesto: destino manifiesto manifest destiny
Manila: mantón *m.* **de Manila** embroidered shawl
mano *f.* hand; **a mano** by hand; **apretón** *m.* **de manos** handshake; **mano de obra** labor
manta blanket
mantener* (*like* **tener***) to maintain, keep
mantón *m.* **de Manila** embroidered shawl
manzana apple; city block
mañana morning; tomorrow; **pasado mañana** day after tomorrow; **por la mañana** in the morning
mapa *m.* map
máquina machine; **escribir a máquina** to type
maquinalmente mechanically
mar *m.* sea
maravillado amazed, astounded
maravilloso marvelous
marca brand
marcar (qu) to mark; to influence, shape; to score (*a goal*)

marciano/a Martian
marea tide
margen *m., f.* verge; edge
marido husband
marinero sailor
marino *adj.* marine; of the sea; **azul marino** navy blue
mariscos *m. pl.* seafood
marqués, marquesa marquis, marquise
más more; **más al fondo** more in depth; **más allá** farther
masa mass
máscara mask
mascota pet
matar to kill
matemáticas *f. pl.* mathematics
matemático/a mathematician
materia school subject
materno maternal
matiz *m.* (*pl.* **matices**) hue, shade (*of colors*)
matricularse to enroll
matrimonio marriage; married couple
máximo maximum; greatest
mayonesa mayonnaise
mayor *adj.* greater; greatest; older; oldest; main; *n. pl.* elders; **la mayor parte** majority
mayordomo house steward
mayoría majority
mecánica *sing.* mechanics
medalla medal
medallón *m.* medallion
media stocking; half an hour
mediados: a mediados de around the middle of
mediano medium; average
mediante by means of, through
medicina medicine; **facultad** *f.* **de medicina** medical school
médico/a doctor
medida measure
medio *n.* way, means; middle; environment, medium; **en medio de** in the middle of (*a place*); **medio ambiente** environment; **medios de comunicación** media (*communications*); **por medio de** by way of
medio/a half; middle; medium; **a medias** half, halfway; **Edad Media** Middle Ages; **medio/a hermano/a** half-brother, half-sister
medir (i, i) to measure
mejilla cheek

mejor better; best
mejorar to improve
mellizo/a twin brother, twin sister
menor *n. m.* minor, under-age person; *adj.* lesser; least; younger; youngest; **no tener la menor idea** to not have the faintest idea
menos *adv.* lesser; least; fewer; fewest; **a menos que** *conj.* unless; **al menos** at least; **menos de** less than; **por lo menos** at least
mensaje *m.* message
mensual monthly
mente *f.* mind
mentir (ie, i) to lie
mentira lie
mentirita little white lie
mentón *m.* chin
menudo: a menudo often
meñique *m.* little finger
mercadeo marketing
mercado market
mercador(a) merchant
mercancía merchandise
merecedor deserving, worthy
merecer (zc) to deserve
merengue *m. music and dance from the Caribbean*
mero mere, pure; unadorned
mes *m.* month
mesa table
mestizaje *m. mixing of different racial backgrounds*
mestizo/a *n. person of mixed indigenous and European ancestry; adj. of mixed indigenous and European ancestry*
meta goal
metálico: rock *m.* **metálico** heavy metal music
meterse to get into, enter
método method; form
metro meter; subway
mexica/o *n. m., f., adj.* Aztec
mezcla mixture
mezclar to mix
mezquita mosque
mezquite *m.* mesquite tree
miedo fear; **tener miedo** to be afraid
miel *f.* honey
miembro member; **miembro de un grupo de presión política** lobbyist
mientras (que) while
mijito/a = **mi hijo/a**
milagro miracle

milenio millennium
militar *n. m.* soldier; **mujer** *f.* **militar** female soldier; *adj.* military
milla mile
ministerio ministry
ministro: primer ministro prime minister
minoría minority
mío/a(s) my, of mine
mirada look, glance
mirar to look at, watch
misa (church) mass
miseria misery; poverty
mismo same; **ahora mismo** right away; **lo mismo** the same thing; **(sí) mismo** (one/him/her)self
misterio mystery
misterioso mysterious
místico mystic, mystical
mitad *n.* half
mítico mythical
mito myth
mochila backpack
moda fashion
modales *m. pl.* manners, behavior
modalidad way, manner
modelar to model; to mold, shape
moderado moderate
modificar (qu) to modify
modo way, manner; **de modo que** *conj.* so that; **de todos modos** anyway
molestar to bother
molestia nuisance, bother
molino mill
momento moment; **al momento** immediately; **de momento** for the time being
monarca *m.* monarch
monarquía monarchy
monárquico/a advocate for a monarchy
moneda coin
monoparental: familia monoparental single-parent family
monosílabo *n.* monosyllable; *adj.* monosyllabic
monstruo monster
montaña mountain
montañoso mountainous
montar en bicicleta to ride a bicycle
monte *m.* mountain, mount
monumental: ciudad monumental landmark city
morador(a) resident
mordida bribe
moreno dark-skinned
morir (ue, u) to die

morisco Moorish
moro/a Moor
mortalidad mortality; death rate
mostrador *m.* counter
mostrar (ue) to show
motín *m.* uprising
moto(cicleta) motorcycle
mover(se) (ue) to move
movimiento movement
mozárabe *m., f.* Mozarab (*Spanish Christian allowed to practice his/her religion in a modified form during the Moorish domination*)
muchacho/a boy, girl
mucho *adv.* a lot, very much; *adj.* much, a lot of; *pl.* many
mudarse to move (*a household*)
muebles *m. pl.* furniture
muela molar
muerte *f.* death
muerto *p.p.* died; *adj.* dead
mujer *f.* woman; wife; **mujer de negocios** businesswoman; **mujer fantasma** female ghost; **mujer militar** female soldier; **mujer policía** female police officer; **mujer torero** female bullfighter
multitud *f.* crowd
mundial *adj.* world, worldwide; **Segunda Guerra Mundial** World War II
mundo world
muñeca wrist
muñeco/a doll; **muñeca de trapo** rag doll; **muñeco de nieve** snowman
muralla rampart; city wall
muro wall
músculo muscle
museo museum
música campera country music
músico/a musician
muslo thigh
musulmán, musulmana *adj.* Moslem, Muslim
mutuamente mutually
muy very

N

nacer (zc) to be born
nacimiento birth; Nativity scene
nación: Naciones Unidas para la Infancia UNICEF
nada nothing; not anything; **nada más** nothing else
nadar to swim
nadie no one

narcotraficante *m., f.* drug dealer

narcotráfico drug trafficking

nariz *f.* (*pl.* **narices**) nose

narrador(a) narrator

narrar to narrate

natal *adj.* native; birth

natalidad birth rate

naturaleza nature

navaja knife; razor

navegar (gu) to sail, navigate

Navidad Christmas

necesidad need, necessity

necesitar to need

negar (ie) (gu) to deny

negociar to negotiate

negocio business; **hombre** *m.* / **mujer** *f.* **de negocios** businessman, businesswoman

negro/a *n.* Black; *adj.* black

neoclásico neoclassical

nervioso nervous

nevar (ie) to snow

ni neither; nor; not even; **ni... ni** neither . . . nor; **ni siquiera** not even

nieto/a grandson, granddaughter; **nietos** grandchildren

nieve *f.* snow; **muñeco de nieve** snowman

ningún, ninguno/a(s) no; none; not any; **de ninguna manera** in no way whatsoever; **por ningún lado** nowhere; **por ninguna parte** nowhere

niñez *f.* childhood

niño/a child; **de niño/a** as a child

nítido sharp

nivel *m.* level

no obstante nevertheless, however

noche *f.* night; **de noche** at night; **esta noche** tonight; **por la noche** at night; in the evening

nómada *adj. m., f.* nomadic

nombrar to name

nombre *m.* name

nopal *m.* prickly pear

noreste *m.* northeast

norma standard, norm

noroeste *m.* northwest

norte *m.* north

nota note; grade; **sacar buenas/malas notas** to get good/bad grades; **tomar nota (de)** *to take note (of)*

notar to note, notice, observe

noticia piece of news, news item; *pl.* news

noticiero newscast

notorio well-known

novato *adj.* beginning

novedad novelty

novio/a boyfriend, girlfriend; fiancé(e); groom, bride; **novios** newlyweds, bride and groom

nube *f.* cloud

nuca nape

nudo knot; **nudo gordiano** Gordian Knot (*perplexing problem*)

nuera daughter-in-law

nuestro/a(s) our; of ours

nuevamente again

nuevo new; **de nuevo** again; **Nueva Escocia** Nova Scotia

numerado numbered

número number

numeroso numerous

nunca never, (not) ever

nutrir to nourish; to feed

O

obedecer (zc) to obey

objetivo *n.* goal, objective; *adj.* objective

oblicuo oblique

obligar (gu) to compel, oblige

obra work; **mano** *f.* **de obra** labor; **obra maestra** masterpiece; **obra por encargo** commissioned work

obrero/a worker

observador observant

obsidiana obsidian

obstáculo obstacle

obstante: no obstante nevertheless, however

obtener* (*like* **tener***) to obtain

obvio obvious

ocasionar to cause

occidental western

occidente *m.* west

ocio leisure

ocultar to hide

oculto hidden

ocupado busy

ocupar to occupy

ocurrir to occur

odiar to hate

oeste *m.* west

oferta offer

oficina office

oficinista *m., f.* office worker

oficio occupation

ofrecer (zc) to offer

oído inner ear

oír* to hear

ojalá (que) *interj.* I hope that

ojear to scan

ojo eye; **¡ojo!** *interj.* watch out!

ola wave

óleo: al óleo in oils

oler* to smell

olimpiadas *f. pl.* Olympics

olímpico: juegos Olímpicos Olympic Games

olla pot

olor *m.* smell

oloroso fragrant; odorous

olvidar(se) (de) to forget (about)

ONU (Organización de Naciones Unidas) UN (United Nations)

opinar to think; to express or have an opinion

oponerse* (a) (*like* **poner***) to oppose

optar to choose

optimista *adj. m., f.* optimistic

óptimo most favorable

opuesto *p.p.* opposed; *adj.* opposite

oración sentence

oráculo oracle

orar to pray

orden *m.* order (*chronological*); *f.* order, command

ordenar to organize

oreja ear

orfebre *m.* goldsmith

orgullo pride

orgulloso proud

oriental eastern

oriente *m.* east

orilla bank (*of a river*); shore

oro gold; **oro gringo** American dream

oscuro dark

oso bear

OTAN NATO

otoño autumn

otorgar (gu) to bestow upon; to award

otro other; another; **(a/de/en) otra parte** elsewhere; **otra vez** again; **por otra parte / por otro lado** on the other hand; **uno al otro** each other

oveja sheep

oye *interj.* hey; listen

ozono: capa de ozono ozone layer

P

paciente *n. m., f., adj.* patient

padrastro stepfather

padre *m.* father; *pl.* parents

paella *rice dish with meat, fish, or seafood from Spain*

pagar (gu) to pay
página page
país *m.* country; **país en vías de desarrollo** developing country
paisaje *m.* landscape
pájaro bird
pala shovel
palabra word
palacio palace
pálido pale
palmatoria candlestick
palo: de tal palo, tal astilla a chip off the old block; like father, like son
paloma dove
palpar to touch, feel
pampa prairie, grassland
pan *m.* bread
panadería bakery
pantalla screen
pantalón *m.* (*gen. pl.*) pants; **pantalones cortos** shorts
pantano swamp, marsh
pantanoso swampy
pantorrilla calf (*muscle*)
papa *m.* pope; *f.* potato; **papas fritas** French-fried potatoes
papá *m.* daddy, father
papel *m.* paper; role; **hacer el papel** to play the role
paquete *m.* package
par *m.* pair
para for; in order to; by; **para que** *conj.* so that
parado: estar parado to be standing
paradójicamente paradoxically
parador *m.* inn
paraguas *m. inv.* umbrella
paraje *m.* place
parar to stop; **pararse** to stand up
pararrayos *m. inv.* lightning rod
parecer (zc) to appear, seem; **al parecer** apparently; **parecer que** to look as if, seem that; **parecerse** to look alike, resemble; **¿qué le parece?** what do you think?
parecido alike, similar
pared *f.* wall
pareja couple, pair
parentesco kinship, relationship
paréntesis: entre paréntesis in parentheses
pariente *m., f.* relative
parlamentario/a *n.* member of parliament; *adj.* parliamentary

paro unemployment; **estar en paro** to be unemployed
parque *m.* park; **parque zoológico** zoo
párrafo paragraph
parrilla: a la parrilla grilled
parrillada barbecue
parroquiano/a parishioner
parte *f.* part; party (*in a lawsuit*); **a/por todas partes** everywhere; **formar parte** to make up; **la mayor parte** the majority; **(a/de/en) otra parte** elsewhere; **por ninguna parte** nowhere; **por otra parte** on the other hand; **por su parte** as far as he/she/you is/are concerned; **por una parte** on the one hand
participio participle
partida departure; **punto de partida** starting point
partidario/a (political) supporter, follower; partisan
partido game, match; party (*political*)
partir to leave
pasado *n.* past; *adj.* past, gone by; **pasado mañana** day after tomorrow
pasajero/a passenger
pasar to pass; to happen; to spend (*time*); to go/pass by; to come in; to take or carry across; to wipe; **pasar de** to be more than, exceed; **pasar por** to pass through
pasatiempo pastime, leisure activity
pasear to take a walk, stroll
paseo walk, stroll; **dar un paseo** to go for a walk
paso step; passing, passage; **dar un paso** to take a step
pastar to graze
pastel *m.* pastry; pie, cake
pastor(a) shepherd, shepherdess
pata paw; foot
patilla sideburn
patinar to skate
patria country, motherland
patrimonio heritage; patrimony
patrocinador(a) sponsor
patrón *n. m.* pattern, model
patrón, patrona *adj.* patron
patronal *adj.* pertaining to a patron saint
patrono/a patron, patroness
paulatinamente gradually; slowly
pausa pause; break
pavimentación paving, flooring
pavimento pavement

pavo turkey; **pavo real** peacock
payaso clown
paz *f.* (*pl.* **paces**) peace; **dejar en paz** to leave alone
peca freckle
pecho chest; breast
pedir (i, i) to ask for, request; **pedir prestado** to borrow
pegar (gu) to hit, strike; to catch, come down with (*an illness*)
peinarse to comb one's hair
pelea fight
pelear to fight
película film; movie
peligrar to endanger
peligro danger
peligroso dangerous
pelo hair; **corte** *m.* **de pelo** haircut
pelota ball
peluquería beauty shop
peluquero/a hairdresser
pena pain, suffering; **valer la pena** to be worth the trouble
pender to hang, dangle
pensamiento thought
pensar (ie) (en) to think (about); **pensar + *inf.*** to plan to (*do something*)
peor worse; worst
pequeño small
percatarse de to notice; to realize
percepción retrospectiva hindsight
percibir to perceive
perder (ie) to lose; **perderse** to get lost
pérdida loss
perdón *m.* forgiveness; *interj.* excuse me
perdonar to forgive
perecer (zc) to perish, die
peregrinación pilgrimage
peregrinar to go on a pilgrimage; to journey
perezoso lazy
periódico newspaper
periodismo journalism
periodista *n. m., f.* journalist
periodístico journalistic
perjudicar (qu) to damage
permanecer (zc) to stay, remain
permiso permission
permitir to allow
pero but
perpetuar (perpetúo) to perpetuate
perpetuo perpetual
perplejidad perplexity, confusion
perplejo bewildered, perplexed

perro/a dog

perseguir (*like* **seguir**) to pursue; to persecute

personaje *m.* personality; character (*in a play*)

pertenecer (zc) to belong

perteneciente a belonging to

perturbación disturbance

perturbar to disturb, upset

pervertido/a pervert

pesa: levantar pesas to lift weights

pesadilla nightmare

pesado heavy

pesar to weigh; **a pesar de** in spite of

pescado fish

pescar (qu) to fish

pese a despite, in spite of

peseta *former monetary unit of Spain*

peso weight; *monetary unit of Mexico, Colombia, etc.;* **tener exceso de peso** to be overweight

pestaña eyelash

petición request; petition

petróleo oil, petroleum

PIB (producto interior bruto) GNP (gross national product)

picante spicy

picaresco roguish

pico mountain peak

pictográfico pictographic (*writing system using pictographs*)

pie *m.* foot; **a pie** on foot; **dedo del pie** toe; **ponerse de pie** to stand up

piedra rock, stone

piel skin

pierna leg

pilar *m.* pillar, column

pimiento pepper

pintar to paint

pintor(a) painter

pintoresco picturesque

pintura painting

piropo: echar un piropo to compliment, flatter

piscina swimming pool

piso floor

pizcar (qu) Mex. to pick (*a crop*)

placer *m.* pleasure

planear to plan

planificación planning

planificar (qu) to plan

plano *n.* map (*of a city*); plan, chart; *adj.* flat

planta plant; floor (*of a building*); **planta baja** ground floor

planteamiento raising, posing (*of a problem, doubt, question*); proposal (*of a solution*)

plantear to pose, raise (*questions*); to propose (*a solution*); to establish, set up

plata silver

plática conversation, chat, talk

platicar (qu) (con) to chat, talk, converse

platillo small dish (appetizers); saucer

plato plate, dish

plaza town square; **plaza de toros** bullring

pleito argument, complaint

pleno full, complete

pléyade *f.* plethora

pluma feather

pluricultural multicultural

pluscuamperfecto *gram.* past perfect tense

población population

poblar (ue) to populate, people

pobre *n. m., f.* poor person; *adj.* poor

pobreza poverty

poco *n.* little, small amount, little bit; *adv.* little; not very; **poco a poco** little by little

poco *adj.* little, not much; *pl.* few, not many

poder *m.* power

poder* to be able to, can

poderío power, strength, might

poderoso powerful

poesía poetry

policía *m.* police officer; *f.* police force; **mujer** *f.* **policía** female police officer

politeísta *adj. m., f.* polytheistic

política policy; politics

político/a *n.* politician; *adj.* political; **decidor** *m.* **político** designated policy; **miembro de un grupo de presión política** lobbyist

pollo chicken

poner* to put, place; to turn on; to set; **poner a prueba** to put to the test; **ponerse** to put on (*clothes*); **ponerse + *adj.*** to become; **ponerse a + *inf.*** to begin to (*do something*); **ponerse de acuerdo** to come to an agreement; **ponerse de pie** to stand up; **ponerse en camino** to set out

pontificio papal

por for; through; by; in; per; **por allí** over there; **por aquí** around here; **por casualidad** by chance; **por ciento** percent; **por cierto** of course; **por completo** completely; **por efecto de** because of; **por ejemplo** for example; **por el contrario** on the contrary; **por encima de** above; **por eso** for that reason; **por falta de** through lack of; **por favor** please; **por fin** finally; **por la mañana/tarde** in the morning/afternoon; **por la noche** in the evening, at night; **por lo común** generally; **por lo general** in general; **por lo menos** at least; **por lo tanto** therefore; **por lo visto** apparently; **por medio de** by way of; **por ningún lado** nowhere; **por ninguna parte** nowhere; **por otra parte / por otro lado** on the other hand; **¿por qué?** why?; **por si acaso** just in case; **por su parte** as far as he/she/you is/are concerned; **por suerte** fortunately; **por supuesto** of course; **por todas partes** everywhere; **por una parte** on the one hand

porcentaje *m.* percentage

poro pore

porque because

portal *m.* porch; entry; vestibule; town's gate

portar to carry, bear; **portarse** to behave, act

portátil portable

portero/a porter; doorkeeper

porvenir *m.* future; *fig.* promise

pos: en pos de after

posarse to put or lay down (*to rest*)

poseer to possess

posponer* (*like* **poner***) to postpone, put off

postergar (gu) to postpone

posteridad posterity

posterioridad: con posterioridad afterward, subsequently

postigo shutter

postre *m.* dessert

póstumo posthumous

pozo well

practicar (qu) to practice

prado meadow

precio price

precioso precious

preciso necessary; exact, precise

precoz (*pl.* **precoces**) precocious

predominar to predominate, prevail
predominio predominance
preferir (ie, i) to prefer
pregunta question; **hacer una pregunta** to ask a question
preguntar to ask; **preguntarse** to wonder
premio prize; **premio gordo** first prize
prensa press
preocupación concern, worry
preocuparse (por) to worry, get worried (about)
presenciar to witness, see
presentar to present; to introduce
presión pressure; **miembro de un grupo de presión política** lobbyist
preso/a prisoner
prestado: pedir prestado to borrow
préstamo loan
prestar to lend; **prestar atención** to pay attention
prestigiar to lend prestige or authority to
presupuesto budget
pretérito *gram.* preterite (past) tense
prevalecer (zc) to prevail
prever* (*like* **ver***) to foresee
previo previous
primario: escuela primaria elementary school
primer(o) first; **primer ministro** prime minister; **primer puntapie** *m.* kick off
primo/a cousin; **primo/a hermano/a** first cousin
princesa princess
principal main, principle
príncipe *m.* prince
principio: a principios de at the beginning of; **al principio** in the beginning
prisa: tener prisa to be in a hurry
prisionero/a prisoner
privado private; **empresa privada** private enterprise
probar (ue) to try; to test
procedente de coming from
proceder to come from
procesamiento indictment; processing
producto product; **producto interior bruto (PIB)** gross national product (GNP); **producto lácteo** milk product
productor(a) producer
profanar to desecrate
profundizar (c) to delve deeply into (*a subject*)

profundo deep
promedio average
promesa promise
prometer to promise
promiscuo promiscuous
promover (ue) to promote
pronombre *m.* pronoun; **pronombre de complemento directo/indirecto** direct/indirect object pronoun
pronto soon; **hasta pronto** see you soon; **tan pronto como** as soon as
pronunciar to pronounce
propensión propensity, inclination
propiedad property
propietario/a owner; landlord
propio own; one's own; typical, characteristic; **defensa propia** self-defense
proponer* (*like* **poner***) to propose
proporcionar to furnish, provide, supply
propósito purpose
propuesto *p.p.* proposed
proscrito/a exile, outcast
proseguir (*like* **seguir**) to continue
proteger (j) to protect
provecho benefit, advantage
provechoso beneficial, advantageous
proveniente de originating from
provenir* (de) (*like* **venir***) to come/originate (from)
provinciano/a *n.* provincial
provocar (qu) to cause
próximo next
proyectar to project; **proyectar + *inf.*** to plan to (*do something*)
proyecto project
prueba test; **poner a prueba** to put to the test
púa: alambre *m.* **de púas** barbed wire
publicar (qu) to publish
público *n.* audience; *adj.* public
pueblo town; people
puente *m.* bridge
puerta door
puerto port
pues… well . . .
puesto *n.* post; place; stand, booth; *p.p.* put; placed, set
pugna struggle
pulcritud honesty; ethical conduct
pulgar *m.* thumb
pulir to polish
pulmón *m.* lung
pulsera bracelet

punta point (*of a star*)
puntaje *m.* score
puntapie *m.*: **primer puntapie** kick off
puntiagudo sharp
puntilla: de puntillas on tip-toe
punto point; **en punto** on the dot; **punto de partida** starting point; **punto de vista** point of view

Q

que that, which; than
¿qué? what? which?; **¿qué le parece?** what do you think?
quedar to remain, stay (behind); to be left; to finish, stop; to be, get (*emotion*); to be situated; **quedar bien** to fit well (*clothing*); **quedarse (en)** to stay (in/at)
quedito very softly, quietly
quejarse (de) to complain (about)
quemar to burn
querer* to want; to love; **querer decir** to mean
quesero/a cheese maker
queso cheese
quiebra bankruptcy
química chemistry
quinceañera *young woman's fifteenth birthday party (coming out party)*
quirúrgico surgical
quitar to take away; **quitarse** to take off (*clothing*)
quizá(s) perhaps

R

radical *fig.* unyielding; radical
radicar (qu) to be rooted
radio *m.* radius; radio (*set*); *f.* radio (*broadcast*)
radioyente *m., f.* radio listener
raíz *f.* (*pl.* **raíces**) root
rajar: no te rajes don't give up
rama branch
ramada *var. of* **ramaje** *m.* mass or network of branches
ranchera *Mexican country song*
rapidez *f.* speed
rápido fast, quick
raro strange
rasgo trait, feature
ratificar (qu) to confirm
rato while, short time; **a ratos** at times; **ratos libres** spare/free time
raya stripe
rayar to draw lines on; to scratch

rayo ray; **rayo x** x-ray
raza race (of human beings)
razón f. reason; **no tener razón** to be wrong; **tener razón** to be right
razonable reasonable
razonamiento reasoning
reaccionar to react
real royal; real; **pavo real** peacock
realidad reality
realista adj. m., f. realistic
realizar (c) to carry out, perform; to accomplish
realzar (c) to highlight
reanimarse to revive, recover
reanudar to resume
rebanada slice
rebaño flock
rebasar to overflow
rebelde n. m., f. rebel; adj. rebellious
rebosante full, brimming
recado message
recaer* sobre (like **caer***) to fall on
recargado overdecorated
receta recipe; prescription
recetar to prescribe
rechazar (c) to reject
rechazo rejection; denial
recibir to receive
reciclaje m. recycling
recién llegado/a newcomer
reciente recent
recinto enclosure; space, area
recipiente m. container
recíproco reciprocal
reclamar to demand
recobrar to retrieve; to recover
recoger (j) to pick up; to gather, collect
recolectar to gather, collect
reconocer (zc) to recognize
reconocimiento recognition
reconquistar to conquer again
reconstruir (y) to reconstruct
recontar (ue) to recount, tell
recopilar to compile
recordar (ue) to remember
recorrer to roam; to travel
recreativo recreational
recreo recess (school)
rectificar (qu) to adjust
recto straight
recuerdo memory; souvenir
recurrir (a) to resort (to)
recurso resource
red f. network, net
redactar to write, draft; to edit

redescubrir to rediscover
redondo round
reducir* (like **traducir***) to reduce
reedificación reconstruction
reembolzado reimbursed
reemplazar (c) to replace
referente referring, relating
reflejar to reflect
reflexionar to reflect, think
refrán m. saying
refresco soft drink
refugiarse to take refuge
regalar to give (as a gift)
regalo gift
regatear to bargain
régimen m. regime
registrar to examine, inspect; to register, record
regla rule
regresar to return
regreso return
rehusar to refuse
reina queen
reinado reign
reino kingdom
reír(se)* to laugh
reja grille
rejuvenecer (zc) to rejuvenate
relación: tener relaciones amorosas to be romantically involved
relacionar to relate, connect; to report, narrate; **relacionarse** to be or become related
relajador relaxing
relatar to tell, recount, relate a story
relato account, story
reliquia relic
relleno filling
reloj m. clock; watch
remediar to remedy
remedio remedy, cure, solution
remesa remittance
remiendo: echar remiendo to make improvements
remolino tuft (of hair)
renacentista adj. m., f. Renaissance
renacer (zc) to be reborn
Renacimiento Renaissance
rendir (i, i) to render (homage)
renombrado renowned, famous
renombre m. renown
renovable renewable
renuncia renunciation
renunciar to resign; to renounce
reparar to repair

repartir to allot; to distribute, give out
repasar to review
repente: de repente suddenly
repertorio repertoire
repetir (i, i) to repeat
replicar (qu) to answer, reply
reponerse* (like **poner***) to recuperate, recover
reportaje m. report
reportero/a reporter
representante n. m., f. representative
requerir (ie) (i) to require
reseña outline; summary
resfriarse (me resfrío) to catch (a) cold
residuo residue
resolver (ue) to resolve
respecto: con respecto a with regard to
respetar to respect
respeto respect
respetuoso respectful
respirar to breathe
responder to answer
respuesta answer
restantes adj. remaining
restaurar to restore
restituir (y) to restore, bring back
restringido restricted
resultado result
resumen m. summary
resumir to summarize
retablo altar piece; series of paintings or carvings representing a story or event
retener* (like **tener***) to retain, keep
retomar to retake
retornar to return
retorno return
retratar to paint a portrait of; to depict
retrato portrait
retrospectivo: percepción retrospectiva hindsight
reunión meeting; **reunión cumbre** summit meeting
reunir(se) (reúno) to assemble, gather, get together; to join, unite
revelar to reveal
revés: al revés backward; in the opposite way
revisar to check, examine
revista magazine
revolver (like **volver**) to stir
rey m. king
rezar (c) to pray
ribera bank (of a river)
ribeteado trimmed

rico rich
ridículo ridiculous
riego irrigation
riesgo risk; **correr el riesgo** to run the risk
riguroso rigorous; strict
rincón m. corner
río river
riqueza wealth
risco cliff
rítmico rhythmical
ritmo rhythm
rito rite, ceremony
robar to steal
robo robbery, theft
rock m. **metálico** heavy metal music
rocoso rocky
rodar (ue) to shoot (a film)
rodear to surround
rodilla knee
rogar (ue) (gu) to beg
rojo red; **Caperucita Roja** Little Red Riding Hood; **Cruz** f. **Roja** Red Cross
romper to break
ron m. rum
roncar (qu) to snore
ropa clothing
ropero clothes closet
roquero rock musician
rostro face
roto p.p. broken
rubio blond
ruda rue (plant)
rueda wheel
ruido noise
ruidoso noisy
ruinas f. pl. ruins (archeological)
rumbo a bound for, toward
ruso/a n., adj. Russian
ruta route

S

sábana sheet, cloth
saber* to know (facts, information); to find out about; **saber + inf.** to know how to (do something)
sabiduría wisdom
sabio/a n. sage, wise man; adj. wise
saborear to savor
sabroso delicious, tasty
sacar (qu) to take out; to remove; to get, receive (a grade); **sacar buenas/malas notas** to get good/bad grades; **sacar fotos** to take pictures; **sacar un diente** to pull a tooth

sacerdote m. priest
sacralidad sacredness
sacrificar (qu) to sacrifice
sacudir to shake
sagrado sacred, holy
sala room; **sala de clase** classroom; **sala de espera** waiting room
salario salary
salesiano pertaining to the Salesian order of priests
salida departure; exit
salir* to leave; to go out; to appear; **salir a + inf.** to go or come out to (do something); **salir bien** to turn out well
salmantino/a n. person from Salamanca; adj. pertaining to Salamanca
salón m. room
salsa sauce; dance and music from the Caribbean
salsero pertaining to salsa music or dance
saltar to skip over
salto: dar un salto to jump
salud health
saludable healthy
saludar to greet
saludo greeting
salvaguardar to safeguard
salvaje wild
salvar to save (from danger); to get around; to cross, go over
salvo except for, barring
sandalia sandal
saneamiento putting on a sound basis or footing
sangre f. blood
sanidad public health
sano healthy; sane
santo/a n. saint; adj. holy; **Semana Santa** Holy Week
santuario sanctuary
satisfacer (zc) to satisfy
satisfecho p.p. satisfied
secar (qu) to dry
seco dry
secuestrado kidnapped
secundario secondary; **escuela secundaria** middle school; high school
sed f. thirst; **tener sed** to be thirsty
seda silk
sede f. seat; headquarters; see (ecclesiastical)
seductor seductive

sefardita adj. m., f. Sephardic
seguir (i, i) (g) to follow; to continue
según according to
segundo n. second (time); adj. second; **Segunda Guerra Mundial** Second World War
seguridad security
seguro sure
seleccionar to select, choose
selva jungle, rain forest
semáforo traffic signal
semana week; **fin** m. **de semana** weekend; **Semana Santa** Holy Week
semblante m. look, appearance; **semblante despejado** self-assured expression
sembrar (ie) to seed, sow
semejante similar
semejanza similarity
semilla seed
senador(a) senator
sencillez f. simplicity
senda path
sensible sensitive
sensualidad sensuality; sexiness
sentar (ie) to set, establish; **sentar cátedra** to state opinions forcefully; **sentarse** to sit down
sentido sense; **sin sentido** senseless; **tener sentido** to make sense
sentimiento feeling
sentir (ie, i) to feel; to regret; **sentirse** to feel; to become (+ adj./adv.); **sentirse a gusto** to feel comfortable
seña: hacer señas to signal, gesture
señal f. signal
señalar to indicate, point out
señor m.: **el Señor** the Lord
separar to separate
séptimo seventh
sequía drought
ser m. being; **ser humano** human being
ser* to be; **es decir** that is to say; **llegar a ser** to become
serenata serenade
sereno clear; calm
serie f. series
serio serious
serpiente f. snake
servir (i, i) to serve
sevillano/a n. person from Seville; adj. pertaining to Seville
sexteto sextet (group of six musicians)
siempre always

sierra mountain range
siglo century
significado meaning
significar (qu) to mean
siguiente following, next
silla chair
similitud similarity
simpatía affection
simpático nice, pleasant
simpatizante *m., f.* sympathizer, supporter
simpatizar (c) con to get along well with
simplificar (qu) to simplify
sin *prep.* without; **sin duda** without a doubt; **sin embargo** nevertheless, however; **sin lugar a dudas** with no room for doubt; **sin que** *conj.* unless; **sin sentido** senseless; **sin un duro** *sl.* broke
siniestro sinister
sino (que) but (*rather*)
sinónimo *n.* synonym; *adj.* synonymous
síntoma *m.* symptom
siquiera: ni siquiera not even
sísmico seismic
sismo earthquake
sitio place; site
situar(se) (sitúo) to situate, locate
sobrar to exceed; to be in the way
sobre about; above, on, upon; **sobre todo** above all, especially
sobreconsumo overconsumption
sobrepoblación overpopulation
sobreponer* (*like* **poner***) to put on top, superimpose
sobreproducción overproduction
sobresaliente outstanding
sobretodo overcoat
sobrevivir to survive
sobriedad moderation
sobrino/a nephew, niece
sociable outgoing, friendly
sociedad society
socioambiental socioenvironmental
socorro help
sofocado suffocated
sol *m.* sun; **gafas** *f. pl.* **del sol** sunglasses; **tomar el sol** to sunbathe
soldado soldier
soledad loneliness; solitude
soler (ue) + *inf.* to be accustomed to (*doing something*)
solicitar to ask for, request; to apply for (*a job*)

solicitud application
solo *adj.* alone, by oneself; single, sole; **a solas** alone
sólo *adv.* only
soltar (ue) to untie; to let go/out
soltero/a bachelor, unmarried woman
solucionar to solve
sombra shadow
sombrero hat
sonar to sound; to ring
sonido sound
sonreír(se) (*like* **reír**) to smile
sonriente smiling
sonrisa smile
soñador(a) dreamer
soñar (con) to dream (about); **soñar despierto** to daydream
sopa soup
soportable bearable
soportal *m.* arcade
soportar to tolerate, put up with
sorprendente surprising
sorprender to surprise
sorpresa surprise
sortija ring
sospechar to suspect
sostener* (*like* **tener***) to affirm, contend, sustain; to hold up
suave soft
subdesarrollado underdeveloped
subir to climb; to go up; to get in (*a car*)
subordinado *gram.* subordinate
subrayar to underline
subsistir to continue to exist
subtema subtopic
subterráneo *adj.* underground
subvalorado undervalued
suceder to happen, take place, occur
suceso event, happening
sucio dirty
sudadera sweat suit
sudar to sweat
sudor *m.* sweat, perspiration
suegro/a father-in-law, mother-in-law
sueldo salary
suelo ground; floor
sueño dream; **tener sueño** to be sleepy
suerte *f.* luck; **por suerte** fortunately; **tener suerte** to be lucky
suéter *m.* sweater
sufrimiento suffering
sufrir to suffer; to experience
sugerencia suggestion
sugerir (ie, i) to suggest

sulfuroso sulfurous
suma *n.* sum, amount
sumar to add up
sumo *adj.* extreme, greatest
superar to overcome
superficie *f.* surface
superior: bachillerato superior secondary school studies; secondary school diploma
superponer* (*like* **poner***) to superimpose
supervivencia survival
suplicio torment
suponer* (*like* **poner***) to suppose
suprimir to suppress; to eliminate
supuesto: por supuesto of course
sur *m.* south
sureste *m.* southeast
surgir (j) to spring up, arise
suroeste *m.* southwest
suspender to fail, flunk
suspirar to sigh
sustantivo noun
sustentar to maintain
susto fright
susurrar to murmur, whisper
suyo/a(s) your, of yours; his, of his; her, of hers

T

tabla table, chart
tacaño stingy
tacón *m.* heel (*of shoe*); **zapato de tacón alto** high-heeled shoe
tal such, such a; **con tal de (que)** *conj.* provided that; **de tal manera** in such a way; **¿qué tal?** how are you?; **tal como** such as; **tal vez** perhaps, maybe
talón *m.* heel (*of foot*)
tamaño size
también also
tampoco neither, (not) either
tan so; **tan... como** as . . . as; **tan pronto como** as soon as
tanto/a *adj.* so much; *pl.* so many; *adv.* so/as much; **por lo tanto** therefore; **tanto como** as much as; **tanto/a(s)... como** as much/many . . . as
tapar to cover
tapas *f. pl.* hors d'oeuvres
tardar to be or take a long time
tarde *n. f.* afternoon; *adv.* late; **de/por la tarde** in the afternoon; **más tarde** later, afterward

tarea homework; task

tarjeta card; **tarjeta de embarque** boarding pass

tasa rate

taurino *adj.* pertaining to bulls or bullfighting

taxista *m., f.* taxicab driver

taza cup

teatral theatrical

teatro theater

techo roof

técnica technique

técnico technical

tejido *adj.* woven; **tejidos** *n. m., pl.* textiles

tela cloth

telefónica telephone company

telefónico *adj.* telephone

telefonista *m., f.* switchboard operator

teleserie *m. sing.* television series

televisor *m.* television set

telúrico terrestrial

tema *m.* subject, theme

temblar (ie) to tremble

tembloroso trembling

temer to fear

templado temperate, mild

temporada season

temporal seasonal

temprano *adj., adv.* early

tenazmente tenaciously

tener* to have; **no tener la menor idea** to not have the faintest idea; **tener… años** to be . . . years old; **tener calor/frío** to be hot/cold; **tener cuidado** to be careful; **tener curiosidad** to be curious; **tener en cuenta** to keep in mind; **tener exceso de peso** to be overweight; **tener éxito** to be successful; **tener fama** to be famous; **tener ganas de +** *inf.* to feel like (*doing something*); **tener hambre** to be hungry; **tener interés (en)** to be interested (in); **tener lugar** to take place; **tener miedo** to be afraid; **tener prisa** to be in a hurry; **tener que + *inf.*** to have to (*do something*); **tener que ver (con)** to have to do (with); **(no) tener razón** to be right (wrong); **tener relaciones amorosas** to be romantically involved; **tener sed** to be thirsty; **tener sentido** to make sense; **tener sueño** to be sleepy; **tener suerte** to be lucky

tentación temptation

tentempié *m. coll.* snack

teocrático theocratic

teoría theory

terapia therapy

tercer(o) third

terco stubborn

terminación ending

terminar to end

término term

ternura tenderness

terraza terrace

terremoto earthquake

terreno terrain

tertulia social gathering

tesoro treasure

testamento will, testament

testarudo stubborn

tibio tepid, lukewarm

tiburón *m.* shark

tiempo time; weather; *gram.* tense; **a tiempo** on time; **hace buen/mal tiempo** it's good/bad weather

tienda store

tierno tender

tierra land; earth; ground

timidez *f.* shyness

tímido shy, timid

timo fraud, lie

tío/a uncle, aunt

tira cómica comic strip

tiranía tyranny

tirar to throw

tiro shot

titular to title, entitle

título title

toalla towel

tobillo ankle

tocadiscos *m. sing.* **compacto** CD player

tocar (qu) to touch; to play (*an instrument*); to knock

todavía still

todo *n.* all, everything; *pl.* everybody; *adv.* wholly, completely; *adj.* all, whole; every, each; **a/de todas partes** everywhere; **a todo volumen** at full volume; **de todos los demonios** hellish; **de todos modos** anyway; **en todo caso** in any case; **sobre todo** above all, especially; **todos los días** every day

tomar to take; to drink; to eat; **tomar el sol** to sunbathe; **tomar en cuenta** to take into account; **tomar una decisión** to make a decision

tonelada ton

tontería silly thing

tonto foolish

tópico stereotypical

torear to fight bulls in the ring

torero bullfighter; **mujer** *f.* **torero** female bullfighter

tormentoso stormy

torneo tournament

torno winch; **en torno a** about, regarding

toro bull; **corrida de toros** bullfight; **plaza de toros** bullring

torre *f.* tower

torta cake

tortilla omelet (*Sp.*); *thin cake made of cornmeal or flour (Mex.)*

trabajador(a) *n.* worker; *adj.* hardworking

trabajar to work

trabajo work; job; **filas del trabajo** work force; **trabajo doméstico** housework

traducción translation

traducir* to translate

traductor(a) translator

traer* to bring

traición betrayal

traicionar to betray

traje *m.* suit; **traje de baño** swimsuit

trama plot

trámites *m. pl.* transaction

tranquilizarse (c) to calm down

tranquilo calm, quiet

transcurso course

tránsito traffic

transmitir to transmit

transporte *m.* transportation

trapo: muñeca de trapo rag doll

tras behind

trascender (ie) to transcend

trasfondo background

trasiego mixing; shuffling

trasladar to transfer, move; **trasladarse** to move, change residence

traspasar to go across, cross

tratado treaty

tratamiento treatment

tratante *m.* dealer, trader

tratar to treat; **tratar de +** *inf.* to try to (*do something*); **tratarse de** to be a question of, be a matter discussed

través: a través de across, through

travesura prank, mischief

travieso mischievous

trayecto distance; journey

trazar (c) to draw; to lay out
tremendo tremendous
tren *m.* train
trenza braid
trenzar (c) to braid
trepar to climb
tribu *f.* tribe
tributación paying of taxes
trigésimo thirtieth
trinchera trench
triste sad
tristeza sadness
triunfador(a) victor
triunfar to triumph
triunfo triumph
trono throne
tropa troop
tropezar (ie) (c) to bump into
trovador(a) troubadour, poetess
trozo piece, fragment
tuna student musical group
turno turn
tuyo/a(s) your, of yours; yours

U

ubicación location
ubicarse (qu) to be located
último last
umbral *m.* threshold
un, uno/a one; a, an; **una vez** once; **uno al otro** each other; **unos cuantos** a few
unicamente only
único only; unique; **hijo/a único/a** only child
unidad unity
unido close; close-knit; **Naciones Unidas para la Infancia** UNICEF
unir(se) to unite, join; **unirse** to join together
universalizarse (c) to become universal
universitario/a university student; *adj.* university
universo universe
uña fingernail
urbe *f.* city
usufructo profiting
utensilio utensil, tool
útil useful
utilizar (c) to use, utilize

V

vaca cow
vacío *n.* emptiness; *adj.* empty
valentía bravery

valer* to be worth; **valer la pena** to be worth the trouble
validez *f.* validity
valiente brave
valle *m.* valley
valor *m.* value
valorar to value, appraise the value of
valorizar (c) to value, appraise the value of
vals *m.* waltz
vanguardia: a la vanguardia at the forefront
vanguardista *adj. m., f.* avant-gardist
vanidad vanity
vanidoso vain
vapor: al vapor steamed
vaqueros *m. pl.* blue jeans
variar (varío) to vary
variedad variety
varios/as several
varón *m.* male
vaso glass
vecino/a *n.* neighbor; *adj.* neighboring
vejez *f.* old age
vela candle
vena vein
venadito/a small deer
vencer (z) to conquer
vendedor(a) salesperson; **vendedor(a) ambulante** street vendor
vender to sell
vengador(a) avenger
venganza vengeance; revenge
venir* to come; **la semana que viene** next week
venta sale
ventaja advantage
ventana window
ventanilla ticket window
ver* to see; **a ver** let's see; **tener que ver (con)** to have to do (with)
verano summer
verdad *f.* truth
verdadero true
verde green
verdugo executioner
verdura vegetable
vereda path
vergüenza embarrassment, shame
verificar (qu) to check, verify
vertiente *f.* branch
vestido dress
vestigios *m. pl.* ruins
vestir (ie) (i) to dress; **vestirse** to get dressed

vez *f.* (*pl.* **veces**) time; **a la vez** at the same time; **a veces** sometimes; **alguna vez** sometime, ever; **cada vez más** more and more; **de vez en cuando** once in a while; **en vez de** instead of; **otra vez** again; **tal vez** perhaps, maybe; **una vez** once
vía track; route; **país** *m.* **en vías de desarrollo** developing country
viajar to travel
viaje *m.* trip; **hacer un viaje** to take a trip
viajero/a traveler
víbora viper
vibrar to vibrate
vida life; **esperanza de vida** life expectancy; **ganarse la vida** to make a living
vidrio glass
viejo/a *n.* old man, old woman; *adj.* old
viento wind
viequense *m., f.* inhabitant of Vieques, Puerto Rico
vigencia force, effect
vigilar to watch, keep an eye on
vinagre *m.* vinegar
vinculado related
vino wine
violar to violate
virtud virtue
visigodo *adj.* Visigoth
visitante *m., f.* visitor
vista view; **a la vista** in view; **punto de vista** point of view
vistazo glance
visto *p.p.* seen; **por lo visto** apparently
vistoso colorful, attractive
visualizar (c) to visualize
vitivinícola pertaining to grape-growing and wine-making
viuda widow
viudez *f.* widowhood
víveres *m. pl.* food, provisions
vivienda housing
vivir to live
vivo alive; lively; clever
vocero/a spokesperson
volador: barco volador speed boat
volar (ue) to fly
volcán *m.* volcano
voltearse to turn around
volumen *m.* volume; **a todo volumen** at full volume
voluntad will

volver (ue) to return; **volver a** + *inf.* to (*do something*) again; **volverse** to become; to turn (around); **volverse loco** to go crazy

votante *m., f.* voter

voz *f.* (*pl.* **voces**) voice; **en voz alta** aloud; **en voz baja** in a low voice

vuelo flight

vuelta return; **dar una vuelta** to take a spin; **estar de vuelta** to be back, return

vuelto *p.p.* returned

Y

ya already; **ya no** no longer; **ya que** since

yacer (zc) to lie

yacimiento bed, deposit, field

yate *m.* yacht

yema del dedo fingertip

yerbabuena mint

yerno son-in-law

yeso clay; wax; plaster

yuca *root vegetable*

yuxtaposición juxtaposition, contact; proximity

Z

zapatilla slipper

zapato shoe; **zapato de tacón alto** high-heeled shoe

¡zas! *interj.* bang!, crash!

zócalo public square, plaza (*Mex.*)

zoológico: parque *m.* **zoológico** zoo

zorro fox

Index

Grateful acknowledgment is made for use of the following:

Realia:
Page 7 Más/Univision Publications; *66* © Quino/Quipos; *67 Semana*; *72 top* Courtesy of *El Espectador*; *72 bottom* © Quino/Quipos; *89* Reprinted with permission of Lipton, Limited; *91* Courtesy of *El Espectador*; *109* Courtesy of *El Espectador*; *118* © Quino/Quipos; *178 Más*, Univision Publications; *188 top left* American Airlines; © 1993 Hertz System, Inc. Hertz is a registered servicemark and trademark of Hertz System, Inc.; *214* WICU-TV Channel 26; *262* © ALI, Brussels; *270 right* Junta de Andalucia; *271* © Quino/Quipos; *317 Impacto*; *334* ALI, Brussels; *338 left* Courtesy of *El Espectador*; *338 right Emmanuelle*; *353* Courtesy of *El Espectador*; *372 El Mercurio*; *377* The Far Side® by Gary Larson © 1985 FarWorks, Inc. All Rights Reserved. Used with permission.

Readings:
Page 32 From *Body in Flames/Cuerpo en llamas* by Francisco X. Alarcón © 1990. Published in the U.S. by Chronicle Books, LLC, San Francisco. Reprinted with permission; *56* From *Mujeres Latinoamericanas en Cifras. Tomo Comparativo*, Teresa Valdés & Enrique Gomáriz (Editors), FLACSO/Instituto de la Mujer, 1995. Courtesy of the Instituto de la Mujer de España and FLACSO-Chile; *68* From *La razón de mi vida*, Eva Perón. Originally published in 1951 by Ediciones Peuser, Buenos Aires. http://www.granavenida.com/evita/razonenew.htm; *77* From *Prietita y la Llorona* by Gloria Anzaldúa. Reprinted with permission from the publisher, Children's Book Press, San Francisco, CA; *92* From "La niñez robaba" by Tania Molina, "Masioare," Suplemento de *La Jornada*, Mexico, 25 March 2001. http://www.jornada.unam.mx/2001/mar01/mas-cara.html; *101* From *Rigoberta: La nieta de los mayos*, Rigoberta Menchú, with Gianni Minà and Dante Liano, Madrid: Aguila, 1998. Used by permission of Santillana, S. A.; *114* From "La biografía de Pinochet es la cobardía" by Irene Selser, *Milenio Diario*, Mexico. http//www.eurosur.org/rebelion/ddhh/biograf_pinochet070201.htm; *123* "Espuma y nada más" by Hernando Téllez. © El Áncora Editores, Bogotá, Colombia; *141* Universidad de los Andes; *152* From "Carlos Santana incicia exitosa gira por la union americana y canada" by Lucero Luna Campos, *La Prensa San Diego*, Vol. XXIV No. 34 August 25, 2000. Used by permission; *153* AGENCIA EFE; *162* From http://www.uol.com.ar/especiales/rock/historia.htm; *173 Imagen*, published by Casiano Communications, Inc., San Juan, Puerto Rico (Esmeralda Santiago); *185* Reprinted with permission of Edgardo Garayuá and Minielitt Sanchez; *196* From "Cartas a Enrique" by Jesús Rosales. Used by permission of the author; *217* From "Luis Valdez es la nueva voz de telemundo," http://www.laprensa-sandiego.org/archieve/october09/valdez.htm. Originally published in *La Prensa de San Diego*, 9 october 1998, vol. XXII, No. 40. Used by permission of La Prensa, San Diego; *228* Samuel Mark/*La Opinión*; *232* "Ohming instick" by Ernesto Padilla from *Palabra nueva: Cuentos chicanos II*, Dos Pasos Editions. Reprinted with permission of Ernesto Padilla; *242* From Amadeus GTD, S. A.–TravelView, C.I.T. Feedback web site: http://www.rumbo.es/guide/es/america/cuba/gente.htm, http://www.rumbo.es/guide/es/america/republica%20dominicana/histo.htm, and http://www.rumbo.es/guide/es/america/puerto%20rico/geo.htm; *254* From "Toledo y El Greco" by Luís Tamayo y Miguel Gleason, *Geomundo*, XVI, no. 10, oct. 1993, pp. 378–391; *267* "Las tres culturas de españa" by Warren Kenton, translator Blanca Rosa Dominguez. Used by permission; *277* © *El País* 1993 (Almodovar); *289* From "Me quiero ir a vivir en España: Vida cultural y social," www.mequieroir.com. Used by permission; *298* Carlos Piera/*Carta de España*; *311* "25 AÑOS despues" by Justino Sinova, http://www.el-mundo.es/

nacional/XXV_aniversario/justino.html; *335* From Artes e Historia México, Manuel Zavala y Alonso; *357* "Lo que el Norte le debe al Sur: Comercio desigual y 'deuda ecológica'" by Walter Alberto Pengue, Le Monde Diplomatique, Edición Cono Sur, No. 34, abril de 2002; *366* Excerpt from *El espejo enterrado* by Carlos Fuentes. © Carlos Fuentes, 1992; *379* Excerpts from "El Movimiento Muralista Mexicano" by Claudia Ovando, http://www.contactomagazine.com/muralmex.htm.

Photos:

Page 27 Mike Mazzaschi/Stock Boston; *28* Bob Daemmrich/Stock Boston; *46* Elizabeth Crews/The Image Works; *50* © Stuart Cohen; *51* © Michael Newman/PhotoEdit, Inc.; *68* Ediciones Peuser, Buenos Aires; *72 middle* © Stuart Cohen; *73* © Arlene Collins; *92* © Danny Lehman/CORBIS; *95* AP/World Wide Photos; *96* Paul Menzel/Stock Boston; *101* AP Photo/Plinio Lepri; *104 top left* Vanessa Vick/Photo Researchers, Inc.; *104 top right* © Dex Images/CORBIS; *104 middle left* Jeff Greenberg/Photo Researchers, Inc.; *104 middle right* © Pelletier Micheline/CORBIS SYGMA; *104 bottom* James Nelson © GettyImages; *105* Robb Kendrick/AURORA; *114* Photo courtesy of Proyecto Internacional de Derechos Humanos, Londres; *141* Oscar Sabetta/Getty Images; *144 left* © Jim Marshall/Liaison Agency; *144 right* Susana Gonzalez/Newsmakers; *152* AP Photo/Reed Saxon; *162* Emilio Guzman/Archive Films/Getty; *162* Rudi Von Briel/PhotoEdit, Inc.; *166 top left* © Dave G. Houser/CORBIS; *166 bottom left* Robert Daniel Ulmann; *166 bottom right* Beryl Goldberg; *173* Benno Friedman; *185* © Robbie Jack/CORBIS; *198* Paul Conklin/PhotoEdit, Inc.; *202* José Herrerra; *217* Martha Swope/TIMEPIX; *220 left* © Stuart Cohen; *220 right* © Robert Frerck/Odyssey/Chicago; *233* Bob Daemmrich/The Image Works; *247* Gamma Presse Images; *248* © Jon Hicks/CORBIS; *254* © Robert Frerck/Odyssey/Chicago; *255* © Robert Frerck/Odyssey/Chicago; *256* © Scala/Art Resource, NY; *267* © Giraudon/Art Resource, NY; *270 left* © Stuart Cohen; *272 left* V.O. PRESS/PhotoEdit, Inc.; *272 right* © Elizabeth Crews/The Image Works; *273* © Robert Frerck/Odyssey/Chicago; *277* © Catherine Cabrol/MPA/CPI; *292 top left* Photo by Interactive Press/Getty Images; *292 top right* © Bettman/Corbis; *292 bottom* © AFP/CORBIS; *293* © AFP/CORBIS; *299 top left* © Beryl Goldberg; *299 top right* © Hugh Rogers/Monkmeyer Press; *299 bottom* © Peter Menzel/Stock Boston; *315* © Pablo Corral V/CORBIS; *316 top left* © DigitalVision; *316 top right* Peter Menzel/Stock Boston; *316 bottom* George Holton/Photo Researchers, Inc.; *323* © CORBIS; *333* © Bettman/CORBIS; *334* © Robert Frerck/Odyssey/Chicago; *346 left* Mary Evans Picture Library/Photo Researchers, Inc.; *346 right* Owen Franken/Stock Boston; *347* Paul Conklin/PhotoEdit, Inc.; *357* © AFP/CORBIS; *360* Commissioned by the Trustees of Dartmouth College, Hanover, NH; *362* © Christopher Cormack/CORBIS; *376* Paul Conklin/PhotoEdit, Inc.; *379* © Schalkwijk/Art Resource, NY © Estate of David Alfaro Siqueiros/SOMAAP, Mexico/Licensed by VAGA, New York, NY.

Color insert photos:

Robert Frerck/Odyssey/Chicago; Robert Frerck/Odyssey/Chicago; © Pablo Corral V/CORBIS; © D. Donne Bryant/DDB Stock Photo; Gustau Nacarino/Archive Films/Getty; TIMEPIX/REUTERS; © AFP/CORBIS; AP Photo/Carlos Lopez; © AFP/CORBIS; © GettyImages News Services; Bob Daemmrich/Stock Boston; © Murray Greenberg; VIC BIDER/PhotoEdit, Inc.; © Arlene Collins; © Robert Frerck/Odyssey/Chicago; David Norton © GettyImages; © Nancy Black & Isaac Hernandez/Mercury Press International; © CORBIS; Grant LeDuc/Stock Boston; Owen Franken/Stock Boston; © Flat Earth; © Robert Frerck/Odyssey/Chicago.

About the Authors

Robert J. Blake is Professor of Spanish at UC Davis and Director of the UC Consortium for Language Learning & Teaching. He has published widely in the fields of Spanish linguistics, second language acquisition, and computer-assisted language learning. He co-authored "Spanish Without Walls," a distance-learning course offered through the UC Davis Extension, with María Victoria González Pagani. In addition, he was the academic consultant for *Nuevos Destinos* (Annenberg/CPB Project, WGBH, and McGraw-Hill) and is a co-author of *Tesoros* (BeM, McGraw-Hill), a five-disk multimedia CD-ROM program for Introductory Spanish.

María Victoria González Pagani is a faculty member at the University of California, Santa Cruz. She is a co-author of *Tradición y cambio* (McGraw-Hill), and also co-authored "Spanish Without Walls," a distance-learning course offered through the UC Davis Extension, with Robert J. Blake. She is also the author of several Web sites for Spanish courses at all levels. She has done extensive work in content-based instruction and web technology and is presently working on a dynamic grammar of Spanish for the Web.

Alicia Ramos is Assistant Professor of Spanish and Coordinator in Romance Languages at Hunter College (CUNY). Professor Ramos has served on the faculties of Barnard College, Indiana University of Pennsylvania, Williams College, and of the Spanish School of Middlebury College. In addition to publishing in the field of Hispanic literature, Alicia Ramos is co-author of several other college Spanish textbooks, including *Entrevistas* and *Cofre literario,* both published by McGraw-Hill. Professor Ramos is, in addition, a certified ACTFL Oral Proficiency Tester.

Martha Alford Marks (Ph.D., Northwestern University) served on the faculties of Kalamazoo College and Northwestern University, where she coordinated the first- and second-year Spanish programs, supervised teaching assistants, appeared consistently on the Faculty Honor Roll, and won an Outstanding Teaching Award. Nationally known for her work as an ACTFL Oral Proficiency tester and trainer, Dr. Marks is also the co-author of several other McGraw-Hill Spanish textbooks for the college level, including *¿Qué tal?* and *Destinos.*